UTB 2201

Eine Arbeitsgemeinschaft der Verlage

Wilhelm Fink Verlag München
A. Francke Verlag Tübingen und Basel
Paul Haupt Verlag Bern · Stuttagart · Wien
Hüthig Fachverlage Heidelberg
Verlag Leske + Budrich GmbH Opladen
Lucius & Lucius Verlagsgesellschaft Stuttgart
Mohr Siebeck Tübingen
Quelle & Meyer Verlag Wiebelsheim
Ernst Reinhardt Verlag München und Basel
Schäffer-Poeschel Verlag Stuttgart
Ferdinand Schöningh Verlag Paderborn · München · Wien · Zürich
Eugen Ulmer Verlag Stuttgart
Vandenhoeck & Ruprecht in Göttingen und Zürich
WUV Wien

Fachbücherei Öffentliche Verwaltung

Horst Wagenblaß

Volkswirtschaftslehre, öffentliche Finanzen und Wirtschaftspolitik

C.F. Müller Verlag
Heidelberg

Dr. Horst Wagenblaß ist Professor an der Fachhochschule des Bundes für öffentliche Verwaltung in Mannheim. Hier vertritt er die Fachgebiete Volkswirtschaftslehre und Wirtschaftspolitik. Sein Interesse gilt daneben auch der öffentlichen Finanzwissenschaft und der Wirtschaftsgeschichte. Darüber hinaus nimmt Prof. Dr. Wagenblaß einen Lehrauftrag für Volkswirtschaftslehre und Volkswirtschaftspolitik an der staatlichen Berufsakademie des Landes Baden-Württemberg in Mannheim wahr.

Vor seiner Tätigkeit als Professor war er wissenschaftlicher Assistent an der Universität Heidelberg.

Abbildungen auf den Seiten 12, 26, 100, 117, 168, 178, 182, 190, 196, 198, 209, 220, 222, 223, 224, 227, 314 von Globus-Kartendienst

Abbildungen auf den Seiten 10, 11, 105, 122, 177, 197, 226, 228, 245, 247, 269 aus *Zahlenbilder*, Erich Schmidt Verlag

Die Deutsche Bibliothek – CIP-Einheitsaufnahme

Wagenblaß Horst:
Volkswirtschaftslehre, öffentliche Finanzen und Wirtschaftspolitik /
von Horst Wagenblaß. – 7. völlig überarbeitete Aufl. –
Fachbücherei Öffentliche Verwaltung – Heidelberg : C. F. Müller 2001
   (UTB für Wissenschaft)
   ISBN 3-8252-2201-2

© 2001 C. F. Müller Verlag, Hüthig GmbH, Heidelberg
Einbandgestaltung: Jürgen Reichert, Stuttgart
Satz: C. Hölzer, Hagenbach
Druck und Bindung: Druckerei Lokay, Reinheim
ISBN 3-8252-2201-2

Geleitwort

Die „Volkswirtschaftslehre, öffentliche Finanzen und Wirtschaftspolitik" – ein Standardwerk der Fachbücherei öffentliche Verwaltung – erscheint mit dieser Auflage erstmals in der Reihe UTB für Wissenschaft. Verlag, Herausgeber und Autor wollen damit das seit zwanzig Jahren gut eingeführte und in 6 Auflagen bewährte Werk einer noch größeren, interessierten Leserschaft erschließen.

UTB für Wissenschaft hat sich die Vermittlung von fundierten Informationen – für Einsteiger wie für Fortgeschrittene – auf ihre Fahnen geschrieben. Seit dreißig Jahren erscheinen in dieser Reihe Lehrbücher, Standardwerke, Kommentare und Wörterbücher, die in erster Linie für Studierende konzipiert sind, darüber hinaus aber auch einen schnellen Einstieg in ein fremdes Fach- oder Wissensgebiet bieten. Dies betrifft in unserer heutigen Wissensgesellschaft nicht mehr nur den akademisch Tätigen, sondern in immer stärkerem Maße auch den Laien, der sich für bestimmte Themen interessiert und deshalb auf verlässliche Informationen angewiesen ist.

Dieser Zielsetzung entspricht Wagenblaß mit seiner Volkswirtschaftslehre in hohem Maße. In sieben Auflagen hat der Autor sein Werk ständig aktualisiert; dies gilt insbesondere für die vorliegende Auflage, in der der Europäisierung und Globalisierung und den sich daraus ergebenden Folgen für die Volkswirtschaftslehre ausführlich Rechnung getragen wird.

Herausgeber und Verlag wünschen dem Autor für sein Werk auch in der neuen Reihe UTB für Wissenschaft den gleichen Erfolg wie bisher.

Bonn, im Oktober 2000   *Michael Streffer*

Vorwort

Auch die sechste Auflage dieses Buches war rasch vergriffen, so dass eine siebte Auflage erforderlich wurde. Nachdem die dritte Auflage durch das Hinzufügen der beiden Kapitel „Preisbildung bei öffentlichen Aufträgen" und „Nachfrageorientierte versus angebotsorientierte Wirtschaftspolitik" eine Erweiterung erfuhr und die vierte Auflage überarbeitet wurde, erschien es vertretbar, bei der Folgeauflage sich auf redaktionelle Verbesserungen und einige Aktualisierungen zu beschränken. Die 6. Auflage berücksichtigte u.a. die grundlegenden Veränderungen durch die deutsche Einheit. Das statistische Material für Gesamtdeutschland war damals immer noch unbefriedigend, so dass sich viele aktuelle Aussagen auf die alten Länder beschränken mussten.

Seit dem Erscheinen der 6. Auflage im Jahre 1995 haben sich auf fast allen Gebieten einschneidende Veränderungen vor allem durch die Europäisierung und Globalisierung der Wirtschaft ergeben, so dass eine siebte Auflage notwendig wurde. Die jetzt vorliegende siebte Auflage ist völlig überarbeitet und auf den neuesten Stand gebracht worden, was angesichts der vielen Veränderungen für den Verfasser eine nicht leichte Aufgabe darstellte.

Das Buch soll Studierenden an Fachhochschulen, insbesondere denen der Fachhochschulen für die öffentliche Verwaltung, eine Grundlage zum Verständnis gesamtwirtschaftlicher Zusammenhänge geben. Der sehr umfangreiche Stoff wurde systematisch aufgearbeitet und in konzentrierter Form dargestellt. Zum besseren Verständnis der Probleme ist z.T. auf Schaubilder zurückgegriffen worden, wie sie der Leser auch im Wirtschaftsteil der Tagespresse findet. Dadurch soll ein enger Bezug zu Alltagsfragen unserer Wirtschaft hergestellt werden.

Da sich das Buch in erster Linie an die Studierenden der Fachhochschulen für öffentliche Verwaltung wendet, habe ich es für erforderlich gehalten, auch in einer Allgemeinen Volkswirtschaftslehre die enge Verknüpfung staatlicher Tätigkeit mit der Gesamtwirtschaft besonders zu behandeln. Dies erfolgte in den Kapiteln – Markt und Preisbildung in der Sozialen Marktwirtschaft (insbesondere Preisbildung bei öffentlichen Aufträgen) – Das gesamtwirtschaftliche Gleichgewicht und seine Bedingungen – Öffentliche Finanzen – Finanzwirtschaftliche Tätigkeit und Bedeutung des Staates in der sozialen Marktwirtschaft. Den Studierenden soll die Ausübung staatlicher Funktionen (Dienstleistungs-, Umverteilungs- und Stabilisierungsfunktion) in ihren Wechselbeziehungen zur Gesamtwirtschaft verständlich gemacht werden. In diesem Zusammenhang wird nicht zuletzt auch auf die Darstellung wesentlicher Bestandteile der Wirtschaftspolitik eingegangen. Zugleich soll damit eine Grundlage zum

Erkennen dieser Zusammenhänge in der praktischen Verwaltungstätigkeit geschaffen werden.

Ich habe in diesem Buch die langjährigen Erfahrungen verwendet, die ich in der wirtschaftswissenschaftlichen Aus- und Fortbildung des gehobenen und höheren Verwaltungsdienstes gesammelt habe.

Im übrigen gilt mein Dank meinen Kollegen Professor Dr. Walter Schönfelder, Professor Günter Merker, Professor Hans-Jürgen Schmidt, Regierungsoberamtsrat Dietrich Walkiewicz und Oberregierungsrat Wolfhart Schulz, die mir in vielen Diskussionen zahlreichen Anregungen und kritische Hinweise gegeben haben.

Mannheim, Benneckenstein/Harz, im September 2000

Prof. Dr. Horst Wagenblaß

Inhaltsverzeichnis

Abkürzungsverzeichnis

BBankG	Gesetz über die Deutsche Bundesbank
BGBl.	Bundesgesetzblatt
BHO	Bundeshaushaltsordnung
BMF	Bundesminister der Finanzen/Bundesministerium der Finanzen
ECU	European Currency Unit
EG	Europäische Gemeinschaft
EU	Europäische Union
EuGH	Europäischer Gerichtshof
ESVG	Europäisches System der Volkswirtschaftlichen Gesamtrechnungen
ESZB	Europäisches System der Zentralbanken
EWS	Europäisches Währungssystem
EZB	Europäische Zentralbank
FAZ	Frankfurter Allgemeine Zeitung
GATT	General Agreement on Tariffs and Trade (Allgemeines Zoll- und Handelsabkommen)
GemHVO	Gemeindehaushaltsverordnung
GWB	Gesetz gegen Wettbewerbsbeschränkungen
HGrG	Haushaltsgrundsätzegesetz
IWF	Internationaler Währungsfonds
LHO	Landeshaushaltsordnung
OECD	Organization for Economic Cooperation and Development (Organisation für wirtschaftliche Zusammenarbeit und Entwicklung)
RGW	Rat für Gegenseitige Wirtschaftshilfe
StWG	Gesetz zur Förderung der Stabilität und des Wachstums der Wirtschaft
SVR	Sachverständigenrat zur Begutachtung der gesamtwirtschaftlichen Entwicklung
UBWV	Unterrichtsblätter für die Bundeswehrverwaltung. Zeitschrift für Ausbildung, Fortbildung und Verwaltungspraxis
UWG	Gesetz gegen den unlauteren Wettbewerb
VOB	Verdingungsordnung für Bauleistungen
VOL	Verdingungsordnung für Leistungen, ausgenommen Bauleistungen
VOPR	Verordnung über die Preisbildung bei öffentlichen Aufträgen
WISU	Das Wirtschaftsstudium. Zeitschrift für Studium und Examen
WiST	Wirtschaftswissenschaftliches Studium. Zeitschrift für Ausbildung und Hochschulkontakt
WTO	World Trade Organization (Welthandelsorganisation)

I. Grundbegriffe der Volkswirtschaftslehre

A. Wirtschaft und Wirtschaften, Volkswirtschaft

Unter *Wirtschaft* ist allgemein die Gesamtheit aller Einrichtungen und Maßnahmen zur Deckung des Bedarfs der Menschen an knappen Gütern zu verstehen[1].

Der Begriff Wirtschaft umfasst damit einerseits die materielle (sachliche) und institutionelle Ausstattung, deren sich der Mensch zur Beschaffung der knappen Mittel bedient, und andererseits das menschliche Verhalten selbst, das sich hier in der Vorbereitung und Durchführung von Maßnahmen äußert.

Der Vorgang *Wirtschaften* stellt auf das menschliche Handeln im Umgang mit knappen Gütern ab. Dabei wird vorausgesetzt, dass dieser Umgang mit knappen Gütern planvoll geschieht; d.h. das „ökonomische Prinzip" realisiert wird. Kurz gefasst kann man *Wirtschaften* wie folgt definieren: *Wirtschaften* ist das permanente Treffen von Entscheidungen über die Beschaffung und Verwendung von knappen Gütern unter der Berücksichtigung des *„ökonomischen Prinzips"*. Die Knappheit der Güter schafft für den Menschen den Zwang zum Wirtschaften. Wären die Güter wie im „Schlaraffenland" in Hülle und Fülle vorhanden, ergäbe sich die Notwendigkeit zum Wirtschaften nicht.

Der Rahmen, innerhalb dessen gewirtschaftet wird, entscheidet, ob es sich um Betriebs- oder Volkswirtschaft handelt. Bei der Volkswirtschaft ist der Rahmen weiter gesteckt als bei der Betriebswirtschaft. Man kann Volkswirtschaft als Wirtschaften innerhalb eines durch bestimmte Kriterien abgegrenzten Raumes kennzeichnen. Zum Begriff Volkswirtschaft gehören auch noch die Gesamtheit der Entscheidungsträger (Wirtschaftssubjekte) und die Einrichtungen wirtschaftlicher Art. Üblicherweise legt man als Abgrenzungskriterium für den Raum, in dem gewirtschaftet wird, die Staatsgrenzen zu Grunde, so dass man mit Häuser sagen kann: *„Als Volkswirtschaft bezeichnen wir dann die Gesamtheit aller Wirtschaftssubjekte, Einrichtungen und Maßnahmen wirtschaftlicher Art innerhalb der Grenzen eines Staates*[2]*."* Heute reichen auf vielen Gebieten der Wirtschaft die Staatsgrenzen als Abgrenzungskriterium nicht mehr aus.

So werden beispielsweise wirtschaftliche Entscheidungen im Bereich der Agrarpolitik nicht mehr innerhalb der Staatsgrenzen der Bundesrepublik Deutschland getroffen, sondern von der EU-Kommission in Brüssel für den durch *gemeinsame Außen-Zollgrenzen* abgesteckten Rahmen der Europäischen Union (EU).

---

1 Vgl. Meyers Handbuch über die Wirtschaft, hrsg. von der Lexikonredaktion des Bibliografischen Instituts 2. Aufl., Mannheim, Wien, Zürich, 1970, S. 1147.
2 Vgl. Häuser, K., Volkswirtschaftslehre, Frankfurt, 1974, S. 34.

Als weiteres Abgrenzungskriterium kommt auch der gemeinsame Währungsraum in Frage, denn bei der Lösung von internationalen Währungsproblemen können nationale Grenzen allein nicht mehr Richtschnur für wirtschaftliche Entscheidungen sein (z.B. Europäische Währungsunion mit dem Euro als gemeinsamer Währung). Bei den folgenden Ausführungen stehen die wirtschaftlichen Vorgänge innerhalb der Staatsgrenzen im Vordergrund. Falls es die Problematik erfordert, wird jedoch der Betrachtungsraum entsprechend erweitert. Dies ist u.a. bei der Währungspolitik der Fall, die ab dem 1. 1. 1999 *supranational* betrieben wird. Ab diesem Zeitpunkt ist für die Geldpolitik in der Europäischen Währungsunion allein die Europäische Zentralbank (EZB) mit Sitz in Frankfurt am Main zuständig.

B. Wirtschaftssubjekte

Wirtschaften heißt Entscheidungen treffen. Daher muss geklärt werden, wer in der Wirtschaft Träger von Entscheidungen sein kann und worüber entschieden wird. Man bezeichnet die Entscheidungsträger als *Wirtschaftssubjekte* oder Wirtschaftseinheiten[3], worunter alle natürlichen und juristischen Personen mit *selbstständiger* Entscheidungsmöglichkeit und Entscheidungsfreiheit fallen. Die Selbstständigkeit der Entscheidung ist ein charakteristisches Merkmal der Wirtschaftssubjekte. Personen, die nicht in der Lage sind, selbstständige wirtschaftliche Entscheidungen zu treffen, sind keine Wirtschaftssubjekte (z.B. unmündige Kinder).

Man unterscheidet im wesentlichen vier Gruppen von Wirtschaftssubjekten[4]:

1. private Haushalte
2. Unternehmen bzw. Betriebe
3. Staat
4. Ausland

Das Statistische Bundesamt hat eine Abgrenzung der Wirtschaftssubjekte vorgenommen[5]. Danach gehören zu den *privaten Haushalten* alle Ein- und Mehrpersonenhaushalte (einschließlich Anstaltsbevölkerung) sowie private Organisationen ohne Erwerbscharakter, wie Verbände, Vereine, Institute, deren Leistungen vorwiegend privaten Haushalten dienen, und die sich im wesentlichen aus freiwilligen Zahlungen (Beiträgen, Spenden usw.) von privaten Haushalten

---

3 Vgl. ebenda.
4 Vgl. Ponta, W., Lehrbuch der Wirtschaftswissenschaften, Bd. 1, Wiesbaden 1973, S. 23.
5 Statistisches Bundesamt (Hrsg.): Volkswirtschaftliche Gesamtrechnung (Fachserie N, Reihe 1) Konten und Standardtabellen 1969, Stuttgart und Mainz, 1970, S. 17 ff.; Statistisches Bundesamt (Hrsg), Wirtschaft und Statistik, Nr. 4 April 1999, Wiesbaden 1999, S. 272 ff.

und nur zu einem geringen Teil aus öffentlichen Zuwendungen finanzieren[6]. Mit der Einführung des neuen Europäischen Systems Volkswirtschaftlicher Gesamtrechnungen 1995 (ESVG 95) werden die privaten Organisationen ohne Erwerbscharakter aus dem Sektor private Haushalte herausgenommen und zu einem eigenen Sektor zusammengefasst. Unternehmen ohne eigene Rechtspersönlichkeit (z.B. Einzelunternehmer im produzierenden Gewerbe, Handwerker, freiberufliche Anwälte und Ärzte) werden dem Sektor private Haushalte zugeschlagen.[7]

Im Vordergrund unserer Betrachtungen stehen jedoch weiterhin die *privaten Haushalte im engeren Sinne*, also *„alle Institutionen, die auf dem Markt in erster Linie als Anbieter von Arbeitskraft, als letzte Käufer von Ver- und Gebrauchsgütern und als Anleger von Ersparnissen auftreten*[8]*"*. Die privaten Haushalte treffen also Entscheidungen hauptsächlich über die Bereitstellung von Arbeitsleistung, daneben noch über Kapital und Boden, sowie über die Aufteilung ihrer erzielten Einkommen in Konsum und Sparen.

Zu den Unternehmen rechnet man *„alle Institutionen, die vorwiegend Waren und Dienstleistungen produzieren bzw. erbringen und diese gegen spezielles Entgelt verkaufen, das in der Regel Überschüsse abwirft, zumindest jedoch annähernd die Kosten deckt*[9]*."* Wesentlicher Tatbestand im Bereich der Wirtschaftseinheit Betrieb bzw. Unternehmung sind Entscheidungen über Art und Weise der Beschaffung der Produktionsfaktoren, deren Kombination, sowie die Sachgüter- und/oder Dienstleistungserstellung einschließlich deren Verwertung.

Das Wirtschaftssubjekt Staat umfasst *„alle Institutionen, deren Aufgabe vorwiegend darin besteht, Dienstleistungen eigener Art für die Allgemeinheit zu erbringen und die sich hauptsächlich aus Zwangsabgaben finanzieren*[10]*."* Man zählt zum Wirtschaftssubjekt Staat die Gebietskörperschaften (Bund, Länder, Gemeinden) und die Sozialversicherung. Die Betriebe der Gebietskörperschaften werden dabei unabhängig von ihrer Rechtsform nicht zum Staat, sondern zu den Unternehmen gerechnet. Die wichtigsten Entscheidungen im Sektor Staat beziehen sich auf die Erstellung besonderer Dienstleistungen für die Allgemeinheit, die Einkommensverteilung und auf die Steuerung der Gesamtwirtschaft.

Unter dem Begriff Ausland fasst man alle *ausländischen Wirtschaftssubjekte* (private Haushalte, Betriebe bzw. Unternehmen und Staat) zusammen, soweit diese in Beziehung mit Wirtschaftssubjekten zum Inland stehen.

---

6 Ebenda.
7 Statistisches Bundesamt (Hrsg), Wirtschaft und Statistik, a.a.O., S. 272 ff.
8 Statistisches Bundesamt (Hrsg.), Volkswirtschaftliche Gesamtrechnung, a.a.O., S. 17.
9 Statistisches Bundesamt (Hrsg), Volkswirtschaftliche Gesamtrechnung, a.a.O., S. 17.
10 Ebenda.

C. Bedürfnis, Bedarf, Nachfrage

Bisher wurde immer von Wirtschaften gesprochen, ohne den Anlass dazu zu erläutern. Warum wird also gewirtschaftet? Die Antwort darauf lautet, um Bedürfnisse zu befriedigen, denn unbefriedigte Wünsche veranlassen den Menschen zu wirtschaftlicher Betätigung. Was versteht man unter Bedürfnis? Bei dem Bemühen um Erhaltung seiner Existenz bzw. Verbesserung seines Lebensstandards empfindet der Mensch gewisse Mängel, die er beheben will. „Bedürfnis ist das Gefühl des Mangels, verbunden mit dem Streben, ihn zu beseitigen[11]." Es gibt eine Reihe von Bedürfnissen, die sich nach ihrer *Dringlichkeit* und nach der *Art ihrer Befriedigung* unterscheiden lassen. Stellt man auf die Dringlichkeit ab, so gibt es *Existenzbedürfnisse, Kulturbedürfnisse* und *Luxusbedürfnisse*. Bedürfnisse, die der Mensch hat, um seine körperliche Existenz zu erhalten, sind *absolute* Existenzbedürfnisse. Gehen die Bedürfnisse über die unmittelbare Sicherung der Existenz hinaus, spricht man von *relativen* Existenzbedürfnissen[12]. So gehört ausreichende Nahrung zu den absoluten Existenzbedürfnissen, eine Tageszeitung zu den relativen Existenzbedürfnissen. Kulturelle Bedürfnisse liegen der Dringlichkeit nach i. d. R. unter den absoluten und relativen Existenzbedürfnissen. Diese umfassen Ausbildung, Information, Unterhaltung und werden von der Allgemeinheit als notwendig betrachtet. Bedürfnisse, die sich vom Normalempfinden der Bevölkerung abheben, werden als Luxusbedürfnisse bezeichnet. Ob ein Bedürfnis als Luxusbedürfnis zu kennzeichnen ist, hängt letztlich von der Beurteilung durch die Gesellschaft ab, die wiederum zeit- und umstandsbedingt ist. Ein privates Kraftfahrzeug galt vor 50 Jahren sicherlich als Luxusbedürfnis, während es heute nicht mehr als solches betrachtet wird. Wird nach der *Art der Bedürfnisbefriedigung* unterschieden, kann man die Bedürfnisse in *Individual-* und *Kollektivbedürfnisse* (Gemeinschaftsbedürfnisse) einteilen. Bei den Individualbedürfnissen befriedigt der Mensch individuell sein Mangelempfinden durch Güter z.B. durch den Kauf und Verzehr von Fleisch, während bei Kollektivbedürfnissen der einzelne Mensch seine Bedürfnisse nur mit Gütern befriedigen kann, die allen Mitgliedern der Gesellschaft gemeinsam zur Verfügung stehen. Es handelt sich im wesentlichen um Güter, die die *öffentliche Verwaltung* der Allgemeinheit durch ihre Einrichtungen zur Verfügung stellt, so z.B. die innere wie auch äußere Sicherheit (Polizei, Bundesgrenzschutz, Bundeswehr), Bildungswesen und Verkehrswege.

Besitzt man die erforderlichen Mittel, um seine Bedürfnisse zu befriedigen, werden Bedürfnisse zum Bedarf. Man kann Bedarf als die mit Kaufkraft ausgestatteten Bedürfnisse definieren[13].

---

11 Reip, H., Volkswirtschaftslehre in Problemen, Bad Homburg, Berlin, Zürich, 1976, S. 12.
12 Seeger, O., Unsere Wirtschaft, 13. Aufl. Rinteln 1975, S. 13.
13 Hartmann, G. B., Grundlagen der allgemeinen Volkswirtschaft, Rinteln 1976, S. 13.

Um den Bedarf durch Güter auch zu realisieren, ist es notwendig, am Markt seine Zahlungsbereitschaft zum Erwerb dieser Güter zu zeigen. Erfolgt dies, wird der Bedarf zur Nachfrage. Es gibt auf der anderen Marktseite Wirtschaftssubjekte, die bereit sind, die nachgefragten Güter durch ein Angebot zur Verfügung zu stellen. Das folgende Schema soll den Zusammenhang zwischen Bedürfnis, Bedarf und Nachfrage aufzeigen.

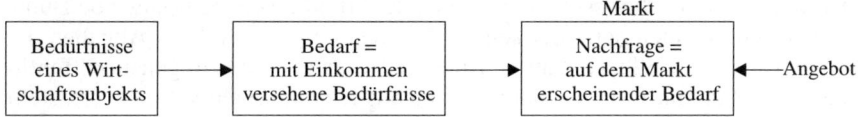

Abb. 1: Vom Bedürfnis zur Nachfrage[14]

D. Ökonomisches Prinzip

Die Knappheit der Mittel zur Bedürfnisbefriedigung zwingt den Menschen zum Wirtschaften und zwar zu einem rationalen. d.h. planvollen Handeln, um den Einsatz seiner Mittel in ein vernünftiges Verhältnis zum Erfolg zu bringen. Das Prinzip, nach dem der Mensch wirtschaften soll, wird als *„ökonomisches Prinzip“* oder auch *Wirtschaftlichkeitsprinzip* bzw. *Rationalprinzip* bezeichnet. Das ökonomische Prinzip lässt sich in zweifacher Weise ausdrücken:

1. Mit gegebenen Mitteln ist der größtmögliche Erfolg (Nutzen) zu erzielen (= *Maximal-* bzw. *Haushalts-* bzw. *Ergiebigkeitsprinzip)*

2. Ein angestrebter (bestimmter) Erfolg (Nutzen) ist mit einem möglichst geringen Einsatz an Mitteln zu erzielen *(Minimal- bzw. Sparsamkeitsprinzip)*

In einer marktwirtschaftlich orientierten Wirtschaftsordnung kann man das ökonomische Prinzip gleichsetzen mit dem Streben nach möglichst hohem (maximalem) Gewinn (Erlös – Kosten) bei den privaten Unternehmen. Die privaten Haushalte versuchen das ökonomische Prinzip zu realisieren, indem sie mit dem gegebenen Einkommen ihre Bedürfnisse so befriedigen, dass für sie ein Maximum an Nutzen erreicht wird.

Wird das ökonomische Prinzip nicht im Sinne des Strebens nach größtmöglichem Gewinn verfolgt, sondern mit dem Ziel der größtmöglichen Versorgung der Volkswirtschaft mit Gütern, findet das Ökonomische Prinzip in Form des *Bedarfsdeckungsprinzips* seinen Ausdruck. Diese Auslegung des ökonomischen Prinzips ist das beherrschende Prinzip einer Zentralverwaltungswirtschaft.

---

14 Entnommen aus: Seeger, O., a.a.O., S. 16.

Auch in einer marktwirtschaftlich orientierten Wirtschaftsordnung kann man nicht alle Produktionsbereiche nach dem erwerbswirtschaftlichen Prinzip organisieren, sondern muss auf bestimmten Gebieten das Bedarfsdeckungsprinzip anwenden. Dies ist der Fall bei der Befriedigung von Allgemeinbedürfnissen (Kollektivbedürfnissen) durch die Einrichtungen der öffentlichen Verwaltung oder durch öffentliche Betriebe.

Der Staat als Wirtschaftssubjekt (Summe der öffentlichen Haushalte von Bund, Ländern und Gemeinden), der seine Ausgaben überwiegend mit Abgaben der Bürger (Steuern, Zölle, Gebühren, Beiträge) wie auch mit Erträgen aus öffentlichen Betrieben mit Erwerbscharakter und aus Kreditaufnahme finanziert, stellt seine Wirtschaftspläne so auf, dass mit diesen Mitteln ein Höchstmaß von Allgemeinbedürfnissen der Bewohner befriedigt werden kann.

Auch für die öffentliche Verwaltung hat das ökonomische Prinzip zu gelten, denn es ist Ausdruck des systemunabhängigen Tatbestandes der Güterknappheit. Da aber die Leistungen (Produkte) der öffentlichen Verwaltung grundsätzlich nicht am Markt gehandelt werden, muss der Gesetzgeber die öffentliche Verwaltung durch entsprechende Vorschriften zur Einhaltung des ökonomischen Prinzips anhalten. Für die Bundesverwaltung findet man die entsprechende Vorschrift in § 7 der Bundeshaushaltsordnung (BHO), der bisher lautete:

§ 7 Wirtschaftlichkeit und Sparsamkeit, Nutzen-Kosten-Untersuchungen

(1) Bei Aufstellung und Ausführung des Haushaltsplans sind die Grundsätze der Wirtschaftlichkeit und Sparsamkeit zu beachten.

(2) Für geeignete Maßnahmen von erheblicher finanzieller Bedeutung sind Nutzen-Kosten-Untersuchungen anzustellen.

Das ökonomische Prinzip bezieht sich sowohl auf die Aufstellung des Haushalts als auch auf seinen Vollzug.

Ob und inwieweit das ökonomische Prinzip in der Verwaltungspraxis eingehalten wird, ist oft schwer nachzuvollziehen. Kontrollorgane, wie z.B. Bundesrechnungshof, können nicht umfassend die Einhaltung des Wirtschaftlichkeitsprinzips Gewähr leisten. Daraus hat der Gesetzgeber Konsequenzen durch einschneidende Änderungen des § 7 BHO gezogen (Änderung 1994, aktuelle Änderung gültig ab 1. 1. 1998). § 7 BHO in seiner jetzigen Fassung (Stand 1999) lautet:

§ 7 Wirtschaftlichkeit und Sparsamkeit, Kosten- und Leistungsrechnung

(1) Bei Aufstellung und Ausführung des Haushaltsplans sind die Grundsätze der Wirtschaftlichkeit und Sparsamkeit zu beachten. Diese Grundsätze verpflichten zur Prüfung, inwieweit staatliche Aufgaben oder öffentlichen Zwecken dienende wirtschaftliche Tätigkeiten durch Ausgliederung und Entstaatlichung oder Privatisierung erfüllt werden können.

(2) Für alle finanzwirksamen Maßnahmen sind angemessene Wirtschaftlichkeitsuntersuchungen durchzuführen. In geeigneten Fällen ist privaten Anbietern die Möglichkeit zu geben dar-

zulegen, ob und inwieweit sie staatliche Aufgaben oder öffentlichen Zwecken dienende wirtschaftliche Tätigkeiten nicht ebenso gut oder besser erbringen können (Interessenbekundungsverfahren).

(3) In geeigneten Bereichen ist eine Kosten- und Leistungsrechnung einzuführen.

Damit hat man stärker als bisher zur Kenntnis genommen, dass sich die öffentliche Verwaltung in einer Marktwirtschaft, wenn auch in einer sozialen, befindet und sie sich daher bei ihrer Leistungserstellung stärker mit dem Markt messen muss, auf dem ein ständiger Zwang zur Einhaltung des ökonomischen Prinzips besteht. Als Fazit der Änderung des § 7 BHO lässt sich folgendes herausstellen. Ist die Wirtschaftlichkeit mit der herkömmlichen Struktur der Verwaltung nicht oder nur unzureichend zu Gewähr leisten, müssen andere Organisationsformen der Verwaltungstätigkeit gefunden werden. Letztlich ist eine Privatisierung öffentlicher Tätigkeit, d.h. die Überprüfung der Wirtschaftlichkeit am Markt, nicht ausgeschlossen.

Eine Erläuterung des ökonomischen Prinzips in seinen beiden Formen (Minimal- und Maximalprinzip) hat man für die Angehörigen der Bundesverwaltung sehr präzise in den „Vorläufigen Verwaltungsvorschriften zur Bundeshaushaltsordnung" – Vorl VV-BHO – zu § 7 wie folgt formuliert:

Zu § 7: Grundsatz der Wirtschaftlichkeit

Nach dem Grundsatz der Wirtschaftlichkeit ist die günstigste Relation zwischen dem verfolgten Zweck und den einzusetzenden Mitteln (Ressourcen) anzustreben. Der Grundsatz der Wirtschaftlichkeit umfasst das Sparsamkeits- und das Ergiebigkeitsprinzip. Das Sparsamkeitsprinzip (Minimalprinzip) verlangt, ein bestimmtes Ergebnis mit möglichst geringem Mitteleinsatz zu erzielen. Das Ergiebigkeitsprinzip (Maximalprinzip) verlangt, mit einem bestimmten Mitteleinsatz das bestmögliche Ergebnis zu erzielen. Bei der Ausführung des Haushaltsplans, der in aller Regel die Aufgaben (Ergebnis, Ziele) bereits formuliert, steht der Grundsatz der Wirtschaftlichkeit in seiner Ausprägung als Sparsamkeitsprinzip im Vordergrund.

Für die anderen Gebietskörperschaften gelten die Vorschriften zur Wirtschaftlichkeit in analoger Form.

II. Grundprobleme jeder Volkswirtschaft

A. Allgemeines

Aus dem Grundtatbestand, dass die Güter zur Befriedigung menschlicher Bedürfnisse nicht beliebig zur Verfügung stehen, sondern knapp sind, treten in jeder Volkswirtschaft Probleme auf, mit denen sich die Volkswirtschaftslehre beschäftigen muss. Den Problemkreis kann man mit den Worten des bekannten amerikanischen Nationalökonomen Paul A. Samuelson umreißen: „Die Volkswirtschaftslehre behandelt und prüft die Gesichtspunkte, nach denen sich der Einzelne und die Gemeinschaft im Zeitablauf entscheiden, die stets knappen und für alternative Zwecke verwendbaren Produktionsmittel zur Güterproduktion heranzuziehen, und wie das Produktionsergebnis auf den heutigen und künftigen Konsum des Einzelnen und der Gesellschaft aufgeteilt wird"[15]. Es ergeben sich also *drei Kardinalprobleme,* die in jeder Volkswirtschaft unabhängig von der jeweils herrschenden Wirtschaftsordnung existieren, und die, wenn auch teilweise unterschiedlich, in jedem Fall gelöst werden müssen[16].

1. Was soll produziert werden?
2. Wie wird produziert?
3. Wie soll das volkswirtschaftliche Gesamtprodukt verteilt bzw. aufgeteilt werden?

Die Probleme treten überall dort auf, wo der Mensch wirtschaften muss; als solche sind sie *system*neutral bzw. *-indifferent,* während ihre Lösungsansätze als *systembezogen* (systemimmanent) gelten.

B. Erstes Grundproblem: Was soll produziert werden?

1. Güter

Bei diesem Problem geht es um die Bestimmung des Produktionszieles; d.h. es muss *Art* und *Umfang* der knappen Güter festgelegt werden, die zur Befriedigung der Bedürfnisse der Menschen in einer Volkswirtschaft dienen sollen. Da die Bedürfnisse im Verhältnis zu den Möglichkeiten ihrer Befriedigung praktisch unbegrenzt sind, ist eine Art „Prioritätenliste" nach Art und Umfang der

---

15 Samuelson, P. A., Volkswirtschaftslehre, Bd. 1, 4. Aufl. Köln, 1969, S. 22.
16 Vgl. Häuser K., a.a.O., S. 57/58.

Güter zu erstellen. Dabei hängt die Festlegung der Priorität von den unterschiedlichen Bedürfnissen und den wirtschaftlichen Mitteln der einzelnen Volkswirtschaft ab. Die „Prioritätenliste" eines hoch industrialisierten Landes der westlichen Welt wird anders aussehen als die eines Entwicklungslandes, und zwar von Art und Umfang der Güte her.

Um eine Auswahl treffen zu können, müssen die verschiedenen Arten der Güter bekannt sein, wobei nochmals zu betonen ist, dass der Mensch Güter benötigt, um seine Bedürfnisse zu befriedigen. Die Volkswirtschaftslehre unterscheidet folgende Güter:

2. Güterarten

a) Freie Güter – knappe Güter

Zunächst kann man die Güter einteilen in freie und knappe Güter. Ein freies Gut wird durch die Natur bereitgestellt. Es ist unbegrenzt verfügbar und hat daher keinen Preis. Beispiele für freie Güter: Sonne, Luft. Wie ein freies Gut – nämlich Wasser – zu einem knappen Gut werden kann, zeigen die Verhältnisse in einer modernen Industriegesellschaft. Wasser muss man heute in weiten Gebieten für den menschlichen Genuss erst aufbereiten. Es entstehen Kosten, die einen Preis für das Gut zur Folge haben. Die meisten Güter, die der Mensch zur Befriedigung seiner Bedürfnisse benötigt, werden nicht von der Natur zur Verfügung gestellt, sondern müssen produziert werden. Sie sind knapp, und der Mensch muss daher mit ihnen wirtschaften. Da sich die Volkswirtschaftslehre nur mit der Beschaffung und Verwendung von *knappen Gütern* beschäftigt, beziehen sich die folgenden Ausführungen nur auf knappe Güter.

b) Sachgüter – Dienstleistungen

Sachgüter sind alle materiellen Gegenstände (z.B. Waschmaschinen), während Dienstleistungen primär menschliche Leistungen zur Bedürfnisbefriedigung darstellen (z.B. ein Konzert, Beratung durch einen Rechtsanwalt, Bereitstellung von äußerer und inneren Sicherheit durch die Bundeswehr, Bundesgrenzschutz und Polizei, Leistungen von Versicherungen und Banken). Dienstleistungen unterscheiden sich von Sachgütern dadurch, dass sie a) keine Materie haben, b) nicht greifbar, nicht sichtbar sind, c) nicht gelagert werden können, d) Produktion und Verbrauch gleichzeitig stattfinden, e) ihre Bereitstellung in der Regel sehr personalintensiv ist. Eine Dienstleistung ist gegenüber einem Sachgut stark auf die Person ausgerichtet. Man kann eine ganz *persönliche Dienstleistung* (z.B. persönliche Beratung) von einer Dienstleistung unterscheiden, bei der die Mitwirkung eines Menschen bei der Erstellung der Dienstleistung eine geringere Rolle spielt (z.B. Geldautomat an Stelle eines Kassierers). Letztere Art von Dienstleistung kann man auch als *persönlich-sachliche Dienstleistung* bezeichnen. Eine *persönliche Dienstleistung* kann zu einer *persönlich-sachlichen Dienstleistung* werden, wenn 1. die technische Voraussetzung gegeben ist (z.B. Geldautomat mit Mikroelektronik) und 2. die Akzeptanz durch den Verbraucher. Liegt beides vor, so wird eine *persönlich-sachliche Dienstleistung* dort erbracht, wo es sich a) um Dienstleistungen mit Massencharakter handelt, b) die Dienstleistungen schematisierbar/standardisierbar sind und c) die Dienstleistungen gleicher Art in gewissen Zeitabständen wiederholbar (repetierbar) sind.

Wegen des hohen Personalbedarfs bei der Erstellung von Dienstleistungen sind die Rationalisierungsmöglichkeiten im Vergleich zum sachgüterproduzierenden Sektor relativ gering. Diese Aussage gilt in ihrer Allgemeinheit neuerdings nicht mehr für die persönlich-sachlichen Dienstleistungsbereiche. Durch die Entwicklung und Anwendung neuer Techniken (z.B. Elektronik – Computertechnik) sind hier in letzter Zeit erhebliche Rationalisierungsfortschritte im Dienstleistungsbereich (Tertiärer Sektor) erzielt worden. Es sei nur an die Rationalisierungswelle und die damit verbundene Freisetzung von Arbeitskräften im Büro- und Verwaltungsbereich erinnert.

Die Entwicklung in den Industrieländern zeigt, dass die Dienstleistungen ständig an Bedeutung gewinnen. Wie gering die Rationalisierung im Tertiären Sektor noch bis Anfang der 70er-Jahre gesehen wurde, geht aus folgender Aussage hervor: Nach Angaben des Deutschen Instituts für Wirtschaftsforschung (DIW)[17] hat der Anteil des Dienstleistungssektors am nominellen Bruttoinlandsprodukt (Summe der gesamtwirtschaftlichen Leistung bewertet zu jeweiligen Preisen) der Bundesrepublik Deutschland in den zwanzig Jahren von 1950 bis 1970 von 20 auf 25 Prozent zugenommen, während sich gleichzeitig die Quote der Erwerbstätigen dieses Bereichs an der Gesamtbeschäftigtenzahl von 19 auf 24 Prozent erhöhte. „Entsprechend abgenommen hat insbesondere die relative Wichtigkeit des produzierenden (sachgüterproduzierenden – der Verf.) Gewerbes, das fast allein kostendrückende Produktivitätsfortschritte hervorzubringen im Stande ist."[18] In dieser Aussage zeigt sich die damals weit verbreitete Auffassung, dass der Dienstleistungssektor im wesentlichen einer umfassenden Rationalisierung nicht zugänglich sei. Die technische Revolution durch die Mikroelektronik hat jedoch zwischenzeitlich auch im Dienstleistungssektor zu einer arbeitskräftesparenden Rationalisierung in ungeahntem Ausmaß geführt, deren Ende noch nicht absehbar ist. Die folgenden Zahlen geben einen Überblick über die Entwicklung des Dienstleistungssektors (Tertiärer Sektor). Sie zeigen die zunehmende Bedeutung dieses Sektors in der Gesamtwirtschaft deutlich auf.

Von 1950 bis 1988 ist die Zahl der Erwerbstätigen in der Bundesrepublik Deutschland von 20,6 Millionen auf 26,1 Millionen, d.h. um 26,7% gestiegen,

---

17 Vgl. FAZ vom 30. 11. 1972, S. 11.
18 Zitiert in: Ebenda.

während sich im gleichen Zeitraum die Zahl der Beschäftigten im Dienstleistungssektor (1950 = 6,8 Mio., 1988 = 14,3 Mio.) mehr als verdoppelte. Dadurch hat sich auch der Anteil des Tertiären Sektors an den Gesamtbeschäftigten von 33% im Jahre 1950 auf rd. 55% im Jahre 1988 vergrößert[19]. Interessant ist, dass seit Anfang der 80er-Jahre mehr Menschen in der Bundesrepublik Deutschland im Tertiären Sektor beschäftigt sind als in den beiden anderen Sektoren (Primärer Sektor und Sekundärer Sektor) zusammen[20].

Diese Entwicklung hat sich in den folgenden Jahren fortgesetzt, so dass Ende 1999 über 66% aller Erwerbstätigen in Deutschland im Teritären Sektor beschäftigt waren[21].

Die folgenden Abbildungen, die den tertiären Sektor im weiteren Sinne darstellen, zeigen die Entwicklung auf. Die Bundesrepublik Deutschland befindet sich wie alle hoch industrialisierten Länder auf dem Weg zur Dienstleistungsgesellschaft.

Die Bedeutung des Tertiären Sektors kann man sowohl am Anteil der Arbeitsplätze/Erwerbstätigen an den gesamten Arbeitsplätzen bzw. Erwerbstätigen der Volkswirtschaft als auch am Beitrag dieses Sektors zum Bruttoinlandsprodukt messen.

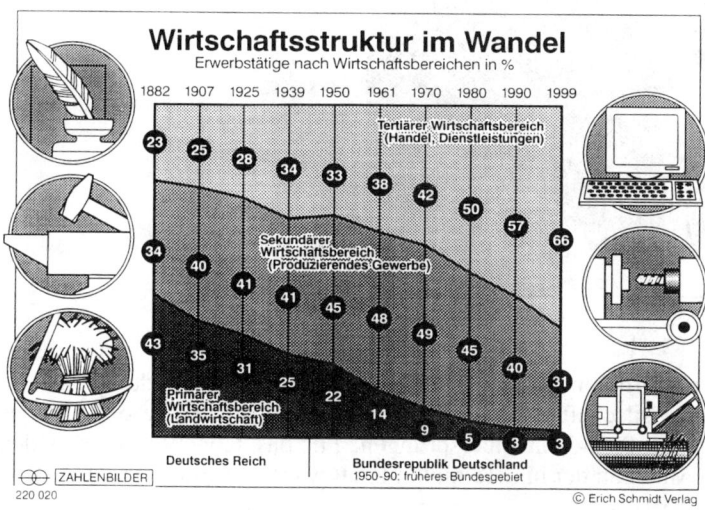

Abb. 2

19 Vgl. Deutsche Bundesbank (Hrsg.). Monatsbericht der Deutschen Bundesbank, 40. Jg. Nr. 8, Frankfurt/M., 1988, S. 41 und die Mitteilung aus dem Bundesministerium für Wirtschaft (Stand März 1989).
20 FAZ Nr. 144, vom 26. 6. 77, S. 12 und für Institut Arbeitsmarkt und Berufsforschung der Bundesanstalt für Arbeit Nürnberg.
21 Vgl. Sachverständigenrat zur Begutachtung der gesamtwirtschaftlichen Entwicklung (Hrsg.), Wirtschaftspolitik unter Reformdruck, Jahresgutachten 1999/2000, Stuttgart 1999, S. 237.

Die Abbildungen zeigen in eindrucksvoller Weise die Entwicklung Deutschlands zur Dienstleistungsgesellschaft. Dieser Trend setzt sich fort. Im Jahre 1994 ist bei beiden Bezugsgrößen die 60%-Marke überschritten worden. 1999 nähert sich die Entwicklung der 70%-Marke bzw. überschreitet diese.

Die Entwicklung des Anteils des Tertiären Sektors am Bruttoinlandsprodukt und an den Erwerbstätigen zeigen die Abbildungen (2, 2a).

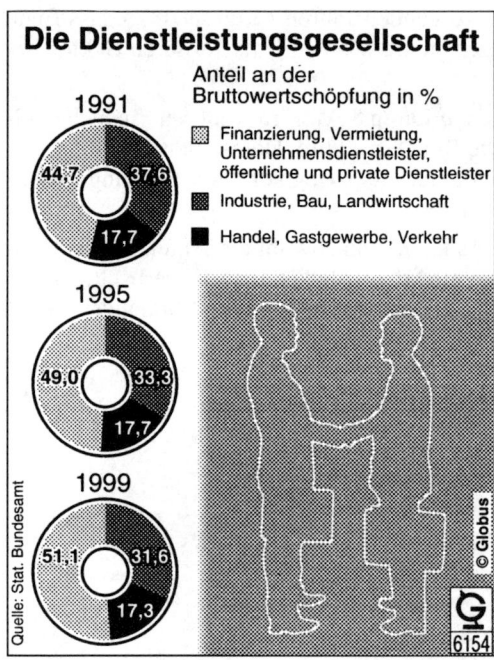

Abb. 2a

Beim Anteil des Tertiären Sektors am Bruttoinlandsprodukt ist der Trend zur Dienstleistungsgesellschaft besonders eindeutig. Hier wurde die 60%-Marke bereits Anfang der 90er-Jahre übersprungen. Für das Jahr 1999 beträgt der Anteil 70,5% (Anteil an der unbereinigten Bruttowertschöpfung = rd. 69%).

c) Konsumgüter – Produktionsgüter

Eine weitere Gütereinteilung lässt sich nach dem Gesichtspunkt des *Verwendungszwecks* der Güter vornehmen, und zwar in *Konsumgüter* (wie z.B. Kleidung, Nahrung) und *Produktionsgüter,* auch Produktionsmittel genannt (wie z.B. Kupfererz, Brennstoffe, Maschinen). Konsumgüter dienen der unmittelbaren Befriedigung menschlicher Bedürfnisse, während Produktionsgüter zur

12

Produktion anderer Güter eingesetzt werden. Sie dienen daher mittelbar dem Ziel der Befürfnisbefriedigung. Produktionsgüter, die eine länger dauernde Nutzung ermöglichen (dauerhafte Produktionsgüter), werden als *Investitionsgüter* bezeichnet (z.B. Maschinen, Fahrzeuge). Die Einteilung eines Gutes in Konsum- oder Produktionsgut wird nicht durch seine Eigenschaften bedingt, sondern ausschließlich durch seine Verwendung. Die Tiefkühltruhe, die von einem privaten Haushalt genutzt wird, ist in dieser Verwendungsrichtung ein Konsumgut; die gleiche Tiefkühltruhe, die man in einem Unternehmen zu gewerblichen Zwecken einsetzt, ist ein Produktionsgut und wird als solches z.B. vom Finanzamt steuerlich anders behandelt als das Konsumgut Tiefkühltruhe; d.h. es wird steuerlich gegenüber dem Konsumgut begünstigt.

d) Verbrauchsgüter – Gebrauchsgüter

Eine weitere wichtige Unterscheidung ist die in Verbrauchsgüter und Gebrauchsgüter.

Verbrauchsgüter sind solche, die nur eine einmalige Nutzung ermöglichen; sie verwandeln sich bei ihrer Verwendung oder werden vernichtet. Man bezeichnet die Verbrauchsgüter auch als nicht dauerhafte Güter und zählt dazu z.B. alle Dienstleistungen, Nahrungs- und Genussmittel, Brennstoffe u. a.

Im Gegensatz zu den Verbrauchsgütern werden *Gebrauchsgüter* nicht durch einmalige Nutzung vernichtet, sondern sie ermöglichen eine mehr oder weniger lange Nutzung. Man nennt sie daher auch dauerhafte Güter. Sie geben während ihrer Lebensdauer, die sich durch ihre Struktur bestimmt, eine Reihe von Nutzungen ab, die zeitlich durch Reparaturen verlängert werden können. Zu den Gebrauchsgütern werden die langlebigen Sachgüter des Konsums, wie z.B. Fernsehgeräte, Waschmaschinen, Möbel usw., sowie die dauerhaften Produktionsgüter, die nicht bei einem einmaligen Einsatz im Produktionsprozess untergehen (Investitionsgüter), gezählt.

e) Substitutionsgüter – Komplementärgüter

Nimmt man eine Einteilung der Güter bezüglich ihrer funktionalen Beziehung zueinander bei der Produktion oder beim Verbrauch vor, so erhält man Güter, die einander ersetzen können, nämlich so genannte *Substitutionsgüter*. Energie kann beispielsweise entweder mit Kohle oder Erdöl erzeugt werden. Kohle und Erdöl sind also Substitutionsgüter. Im privaten Haushalt sind z.B. Butter und Margarine ebenfalls Substitutionsgüter.

Auf der anderen Seite gibt es Güter, die nur durch gemeinsame Verwendung einen bestimmten Nutzen bringen. Man nennt diese Güter *Komplementärgüter*. Komplementärgüter sind also Güter, die sich in ihren Eigenschaften gegenseitig ergänzen. Die isolierte Verwendung des einen Gutes bringt keinen Nutzen. Beispiele: Auto – Benzin, Streichholz – Zigarette.

f) Individualgüter (private Güter) – Kollektivgüter (öffentliche Güter)

Für die Darstellung der öffentlichen Verwaltung im Wirtschaftsprozess ist die Unterscheidung von Individual- und Kollektivgütern von Bedeutung. Für die Individualgüter wird oft der Ausdruck „Private Güter", für Kollektivgüter der Begriff „Öffentliche Güter" gleichbedeutend verwendet. Dies kann jedoch dazu führen, dass fälschlicherweise der Eindruck entsteht, öffentliche Güter seien solche Güter, die allein durch die öffentliche Verwaltung, d.h. durch den Staat bereitgestellt werden könnten, was jedoch nicht der Fall sein muss. Daher soll im folgenden nur von Individual- bzw. Kollektivgütern gesprochen werden.

Das Unterscheidungskriterium ist die *Art und Weise der Bedürfnisbefriedigung*. Von einem Individualgut spricht man dann, wenn ein Gut ausschließlich der Befriedigung des Bedürfnisses einer Person dient, andere Personen davon ausgeschlossen sind. Es gilt also ein Ausschlussprinzip. Beispielsweise ist ein Stück Brot, das von einer Person verzehrt wird, ein Individualgut, da es nicht gleichzeitig von einem anderen Menschen zur Bedürfnisbefriedigung herangezogen werden kann.

Bei Kollektivgütern ist eine Bedürfnisbefriedigung nur in Gemeinschaft mit mehreren Personen möglich. Das Ausschlussprinzip gilt also hier nicht. Ein Bedürfnis nach äußerer Sicherheit kann zwar von einer Einzelperson artikuliert werden, die Bedürfnisbefriedigung ist aber nur zusammen mit anderen Personen möglich. Die Nutzung eines Straßenverkehrsnetzes ist als weiteres Beispiel für ein Kollektivgut zu nennen. Es muss betont werden, dass es bei der Einteilung in Individual- und Kollektivgüter nicht entscheidend ist, wie die Bedürfnisse geäußert, bzw. von wem sie befriedigt werden. Das Bedürfnis nach äußerer Sicherheit kann zwar eine einzelne Person artikulieren, zu befriedigen ist es aber nur kollektiv. Ein Straßennetz muss als Kollektivgut nicht notwendigerweise vom Staat (öffentliche Verwaltung) zur Verfügung gestellt werden; dies können auch private Träger tun (z.B. Autobahnnetz in Italien). Die meisten Kollektivgüter werden jedoch aus den verschiedensten Gründen von der öffentlichen Verwaltung zur Verfügung gestellt (z.B. private Wirtschaftssubjekte wollen mangels Gewinnaussichten nicht tätig werden, aus übergeordneten Gesichtspunkten lässt der Staat eine privatwirtschaftliche Befriedigung nicht zu). Ein Angebot an privaten Gütern durch den Staat ist prinzipiell möglich; es ist die Regel in zentralverwaltungswirtschaftlich orientierten Wirtschaftsordnungen.

g) Existenz-, Kultur- und Luxusgüter

Schließlich kann man die Güter noch nach der *Dringlichkeit der Bedürfnisbefriedigung* unterteilen.

Wenn Güter zur Sicherung der Existenz eines Menschen absolut notwendig sind, sie also absolute Dringlichkeit besitzen, nennt man diese Güter *Existenzgüter*. Dazu gehören insbesondere Güter, die zu einer ausreichenden Nahrung und Kleidung des Menschen erforderlich sind (z.B. Brot, jedoch *nicht* Kaviar).

Gehen die Bedürfnisse über die unmittelbare Sicherung der Existenz hinaus und werden sie von der Allgemeinheit als notwendig für die Bedürfnisbefriedigung angesehen, spricht man von *Kulturgütern.* Dazu gehören beispielsweise Zeitungen, Zeitschriften, Bücher usw.

Bedürfnisse, die sich vom Normalempfinden der überwiegenden Zahl der Bevölkerung abheben, werden als *Luxusgüter* bezeichnet. Da das Normalempfinden sich ständig ändert, zeit- und umständebedingt ist, wird die Beurteilung der Güter nach diesem Kriterium sehr schwierig. So galt ein Personenkraftfahrzeug vor 50 Jahren sicher eher als Luxusgut als heute, eine Geschirrspülmaschine ebenso.

Bei der Ausgestaltung der Mehrwertsteuer spielt die obige Unterteilung der Güter eine gewisse Rolle. In der Bundesrepublik Deutschland kommt sie teilweise in Form des gespaltenen Mehrwertsteuersatzes (7% auf Existenzgüter, wie Nahrungsmittel und Kulturgüter, wie Bücher, Zeitungen und 16% auf alle anderen Güter) zum Ausdruck.

Eine schematische Darstellung soll abschließend einen Überblick über die Güterarten ermöglichen. Die Unterscheidungskriterien für die einzelnen Güterarten werden in Kurzform angegeben.

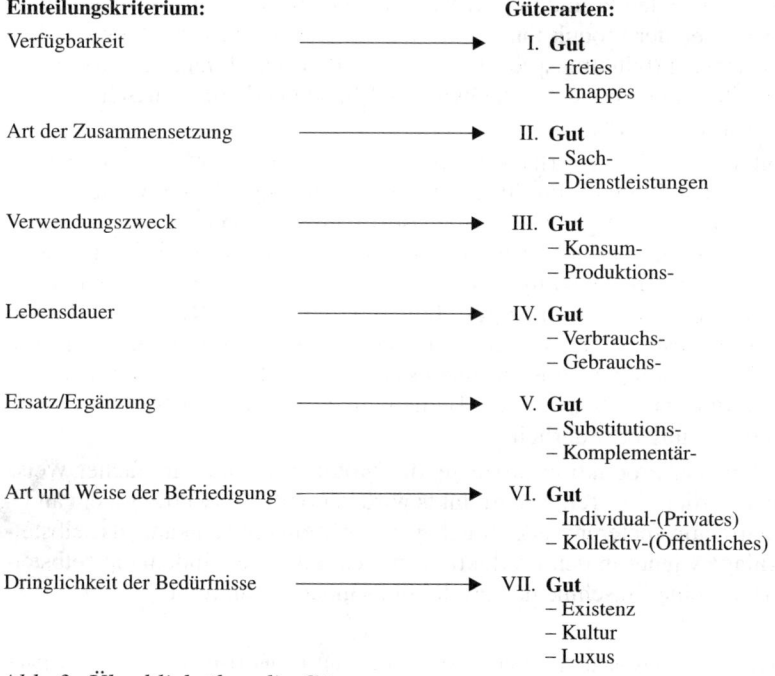

Einteilungskriterium:

Verfügbarkeit

Art der Zusammensetzung

Verwendungszweck

Lebensdauer

Ersatz/Ergänzung

Art und Weise der Befriedigung

Dringlichkeit der Bedürfnisse

Güterarten:

I. **Gut**
  – freies
  – knappes

II. **Gut**
  – Sach-
  – Dienstleistungen

III. **Gut**
  – Konsum-
  – Produktions-

IV. **Gut**
  – Verbrauchs-
  – Gebrauchs-

V. **Gut**
  – Substitutions-
  – Komplementär-

VI. **Gut**
  – Individual-(Privates)
  – Kollektiv-(Öffentliches)

VII. **Gut**
  – Existenz
  – Kultur
  – Luxus

Abb. 3: Überblick über die Güterarten

C. Zweites Grundproblem: Wie soll produziert werden?

1. Begriff der Produktion

Das zweite Grundproblem beinhaltet die Frage nach der Art und Weise der Produktion, d.h. nach der Produktionsorganisation.

Wir wissen, dass knappe Güter dem Menschen nur durch Produktion zur Verfügung gestellt werden können. Was ist unter dem Begriff Produktion zu verstehen?

„Produzieren im ökonomischen Sinne heißt, bestimmte Sachgüter und Dienstleistungen, die Produktionsfaktoren, im Rahmen eines technischen Prozesses, des Produktionsprozesses, so einzusetzen, dass entweder vorhandene Güter verändert oder neue Güter hergestellt werden"[22].

Die Produktion ist also die Summe aller Maßnahmen und Handlungen mit dem Ziel der Erzeugung neuer Güter oder Veränderung bestehender Güter. Sie vollzieht sich unter Einsatz der Produktionsfaktoren und Vorleistungen im Rahmen eines technischen Prozesses, der in einer Vielzahl von Produktionsstätten in der Volkswirtschaft abläuft. Dabei muss man einen einzelwirtschaftlichen Produktionsprozess, also den Produktionsprozess in den einzelnen Produktionsstätten, von der Summe aller Produktionsprozesse in einer Volkswirtschaft, dem volkswirtschaftlichen Produktionsprozess unterscheiden. Die folgende Darstellung soll einen Überblick über den einzelwirtschaftlichen und volkswirtschaftlichen Produktionsprozess geben.

Die Abbildung 4 soll kurz erläutert werden. Aus der technischen Kombination der Produktionsfaktoren (einschließlich der Vorleistungen) und deren Einsatz im Produktionsprozess gehen Erzeugnisse (Sachgüter und Dienstleistungen) hervor. Das Produktionsziel eines Betriebes sei beispielsweise die Herstellung von Motoren für Personenkraftwagen. Als Vorleistungen, d.h. die von anderen Unternehmen bzw. Betrieben hergestellten oder gelieferten Rohstoffe, Halbfabrikate und Dienstleistungen, gehen z.B. die Vergaser in den Produktionsprozess ein. Die Herstellung des Motorblocks erfolgt mit Maschinen (Nutzung dauerhafter Produktionsmittel). Für die Bedienung dieser Maschinen ist menschliche Arbeitsleistung erforderlich.

Das Ergebnis der Produktionsprozesse, die Motoren, kann in dreifacher Weise verwendet werden: Ein Teil des Produkts wird verkauft (Verwertung), ein anderer Teil wird zum späteren Verkauf gelagert, ein weiterer Teil kann als selbsterstellte Anlage wieder in den Produktionsprozess eingehen, indem ein selbsterstellter Motor eine Maschine des Produktionsapparates antreibt.

---

22 Stobbe, A., Volkswirtschaftliches Rechnungswesen, 2. Aufl. Berlin, Heidelberg, New York 1969, S. 1.

Schematische Darstellung des Produktionsprozesses:

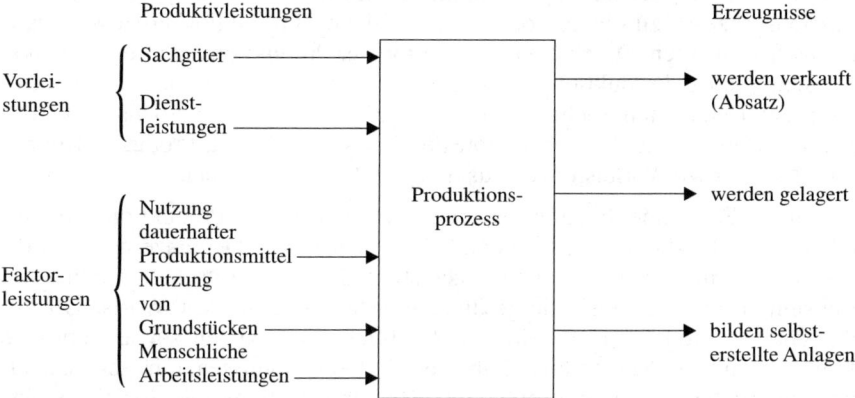

Abb. 4: Einzelwirtschaftlicher Produktionsprozess[23]

Bei Dienstleistungsbetrieben ist, wie bereits besprochen[24], sowohl eine Lagerung des Produkts als auch prinzipiell die Produktion von selbsterstellten Anlagen nicht möglich.

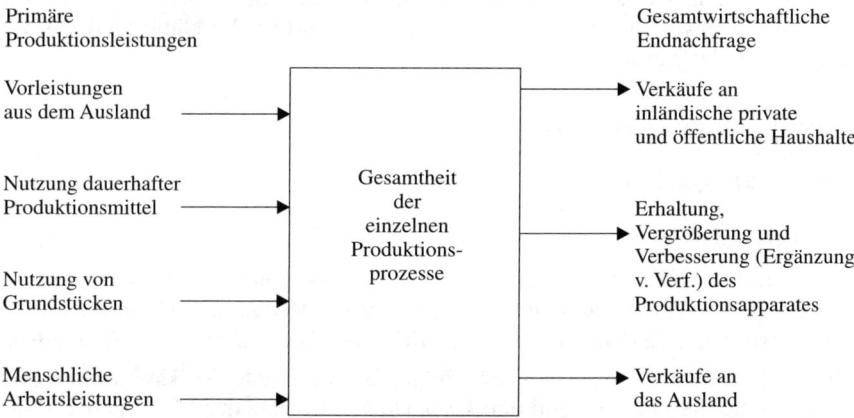

Abb. 5: Volkswirtschaftlicher Produktionsprozess[25]

---

23 Nach Stobbe, A., Volkswirtschaftliches Rechnungswesen, 3. Aufl., Berlin, Heidelberg, New York 1972, S. 3.
24 Vgl. die Ausführungen auf S. 8.
25 Nach Stobbe, A., a.a.O., S. 8.

Betrachtet man die nationale Volkswirtschaft als ein einziges Unternehmen bzw. als einzigen Betrieb, dann kann die Summe der einzelwirtschaftlichen Produktionsprozesse zu einem volkswirtschaftlichen Produktionsprozess zusammengefasst werden. Durch die Kombination der Produktionsfaktoren im volkswirtschaftlichen Produktionsprozess ergibt sich die Summe der von der Gemeinschaft erzeugten Sachgüter und Dienstleistungen – das Sozialprodukt –. Auf der Einsatzseite des Produktionsprozesses sind Arbeit, Produktionsmittel und Boden sowie Vorleistungen aus dem Ausland erforderlich.

Durch die Zusammenfassung der einzelwirtschaftlichen Produktionsprozesse erhalten die Produktionsfaktoren andere Dimensionen. Die einzelwirtschaftliche Arbeit wird zur gesamten Arbeitsleistung der Volkswirtschaft, die Produktionsmittel umfassen jetzt die gesamte Ausstattung einer Volkswirtschaft mit dauerhaften Produktionsmitteln einschließlich Wohnbauten sowie sämtliche Lagerbestände an Rohstoffen, Halb- und Fertigerzeugnissen, d.h. den gesamtwirtschaftlichen Produktionsapparat[26], der zur Erstellung des Sozialprodukts dient. Die Summe der genutzten Grundstücke ergibt die gesamte Fläche der Volkswirtschaft, die für wirtschaftliche Zwecke in Anspruch genommen wird.

Das Ergebnis des volkswirtschaftlichen Produktionsprozesses, das Sozialprodukt, kann zum Ge- und Verbrauch bei den privaten und öffentlichen Haushalten, zur Erhaltung und Vergrößerung des gesamtwirtschaftlichen Produktionsapparates (in diesem Fall wird von einer Investition gesprochen, wobei einmal zwischen Anlage- und Lagerinvestitionen, zum anderen zwischen Ersatz- und Erweiterungsinvestitionen zu unterscheiden ist) und für Verkäufe an das Ausland verwendet werden.

2. Die Produktionsfaktoren

a) Produktionsfaktor Arbeit

aa) Begriff und Arten

Unter *Arbeit* versteht man die *Summe aller ökonomischen Leistungen der Menschen einer Volkswirtschaft unterschieden nach Menge und Qualität, die in einer bestimmten Zeiteinheit (Stunden, Tage, Wochen, Jahre) erbracht werden.*

Man kennt verschiedene Arten der Arbeit. Es gibt in jeder Volkswirtschaft Arbeitsgebiete, die überwiegend den *körperlichen* Einsatz der Menschen verlangen, andere dagegen hauptsächlich *geistige* Arbeitsleistung. Der Faktor Arbeit lässt sich außerdem in *selbstständige* und *unselbstständige, leitende* und *ausführende,* sowie *gelernte* und *ungelernte* Tätigkeit aufgliedern. Eine Arbeit ist dann als unselbstständig anzusehen, wenn man sie an einem fremden Arbeitsplatz lei-

---

26 Ebenda, S. 7.

stet und dabei an Weisungen einer oder mehrerer Person(en) gebunden ist. Unselbstständige Arbeit verrichtet die große Gruppe der Arbeitnehmer. Wer dagegen eigene weisungsfreie Entscheidungen treffen kann, arbeitet selbstständig. Zu dieser Gruppe von Personen zählen vor allem die Arbeitgeber.

Als *leitende (dispositive)* Arbeit bezeichnet man jene Tätigkeiten, die durch freie Willensentscheidungen und auch eigene Verantwortung gekennzeichnet sind. Leitende (dispositive) Arbeit wird z.b. von den privatwirtschaftlich tätigen Unternehmern, den freiberuflich Schaffenden aber auch allen Führungspersonen z.b. im Bereich der öffentlichen Verwaltung ausgeübt. Teile dieser Tätigkeit können auf leitende Mitarbeiter delegiert werden.

Ausführende Arbeit besteht dagegen darin, die von einer leitenden Stelle angeordnete Aufgabe zu erfüllen. Wird der Mensch durch eine Lehre auf seinen zukünftigen Beruf vorbereitet, ist er in der Lage, gelernte Arbeit z.b. als Facharbeiter zu leisten. Personen, die Arbeit verrichten, für die weder eine Ausbildungszeit noch eine Anlernzeit erforderlich ist, sind ungelernte Arbeiter (Hilfsarbeiter).

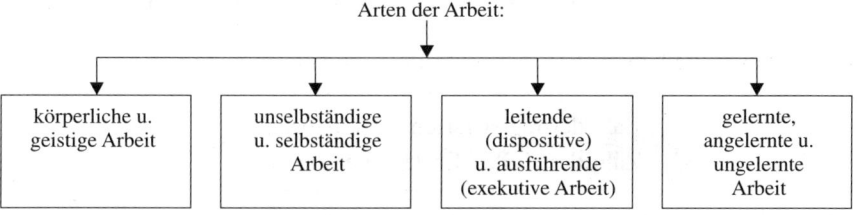

bb) *Gesamtwirtschaftliche Kennziffern zum Produktionsfaktor Arbeit*

(1) Erwerbspersonen, Erwerbstätige, Erwerblose (Arbeitslose), Erwerbs- und Arbeitslosenquote

Um das Arbeitskräftepotenzial einer Volkswirtschaft zu ermitteln, müssen von der Wohnbevölkerung alle sog. Nichterwerbspersonen abgezogen werden. Die Statistiker bezeichnen als Nichterwerbspersonen alle Personen, die auf keinerlei Erwerb gerichtete Tätigkeit ausüben[27], wie etwa Kinder, Schüler, Studenten sowie nicht berufstätige Hausfrauen, Rentner, Pensionäre usw.

Die Wohnbevölkerung abzüglich der Nichterwerbspersonen sind die *Erwerbspersonen*, d.h. alle Personen, die aktiv im Berufsleben als Selbstständige oder abhängige Beschäftigte stehen, selbst wenn sie vorübergehend arbeitslos, aber dennoch arbeitsfähig und arbeitswillig sind. Der prozentuale Anteil der Erwerbspersonen an der Wohnbevölkerung wird als *Erwerbsquote* bezeichnet.

---

27 Bundesministerium für Wirtschaft (Hrsg.), Leistung in Zahlen 75, Bonn 1976, S. 13.

$$\textbf{Erwerbsquote} \quad = \quad \frac{\text{Zahl der Erwerbspersonen}}{\text{Zahl der Wohnbevölkerung}} \cdot 100$$

Die Erwerbsquote gibt also an, wie viel Prozent der Gesamtbevölkerung Arbeitsleistung erbringen kann.

Werden von den Erwerbspersonen die Erwerbslosen (= Arbeitslosenquote) abgezogen, erhält man die *Erwerbstätigen,* d.h. alle Personen, die zu einem bestimmten Zeitpunkt tatsächlich eine auf Erwerb gerichtete Tätigkeit ausüben. Als erwerbslos bzw. arbeitslos gelten alle Personen, die arbeitswillig und arbeitsfähig sind und zugleich beim Arbeitsamt als Arbeitssuchende registriert wurden. Die Maßgröße für Arbeitslosigkeit ist die Arbeitslosenquote. Sie wird in der Bundesrepublik Deutschland als der prozentuale Anteil der Arbeitslosen an der Zahl der unselbstständigen Erwerbspersonen[28] ausgedrückt.

$$\textbf{Arbeitslosenquote} = \frac{\text{Zahl der registrierten Arbeitslosen}}{\text{Zahl der unselbstständigen, zivilen Erwerbspersonen}} \cdot 100$$

Die Europäische Union (EU) definiert die Arbeitslosenquote wie folgt

$$\frac{\text{Zahl der registrierten Arbeitslosen}}{\text{Zahl der zivilen Erwerbspersonen}} \cdot 100$$

Diese Quote bezieht die selbstständigen Erwerbspersonen mit ein. Damit ist zwar die Vergleichbarkeit der Arbeitslosenquoten in der EU gewährleistet, das wahre Ausmaß der Arbeitslosigkeit wird durch die Berücksichtigung der selbstständigen Erwerbspersonen verschleiert. Die EU-Quote ist immer niedriger als die deutsche Arbeitslosenquote.

Aus der folgenden Tabelle lässt sich die Entwicklung der Erwerbs- und Arbeitslosenquote der Jahre 1950 bis 1999 ablesen. Die Erwerbsquote ist in der Tendenz seit Anfang der 60er-Jahre rückläufig und steigt seit Ende der 70er-Jahre kontinuierlich an, während die Arbeitslosenquote in dieser Zeit zwischen 0,7 und 11,4% schwankte.

---

28 In den meisten Veröffentlichungen der letzten Jahre wird die Arbeitslosenquote als EU-Quote angegeben.

Tab. 1: Bevölkerung, Erwerbstätigkeit und Arbeitslosigkeit in Deutschland 1950–1999[29]

Jahr[1]	Einwohner (Wohnbevölkerung)	Erwerbspersonen[2]	Erwerbsquoten der Wohnbevölkerung insgesamt[3]	15- bis 65-jährigen[4]	Erwerbstätige[2] insgesamt	darunter Arbeitnehmer zusammen	darunter Ausländer[5)6)]	Nachrichtlich Pendlersaldo[7]	Erwerbslose[2]	Registrierte Arbeitslose[6]	Arbeitslosenquote[6)8)]	Offene Stellen[6]
	Tausend		v.H.					Tausend			v.H.	Tausend
	– Bundesrepublik Deutschland –
1950	46 908	21 577	46,0	.	19 997	13 674	.	– 427	.	1 580	10,4	116
1955	49 203	23 758	48,3	.	22 830	16 840	80	– 330	.	928	5,2	200
1960[9)]	55 433	26 518	47,8	.	26 247	20 257	279	– 184	.	271	1,3	465
1961	56 185	26 772	47,6	.	26 591	20 730	507	– 165	.	181	0,9	552
1962	56 837	26 845	47,2	.	26 690	21 032	629	– 172	.	155	0,7	574
1963	57 389	26 930	46,9	.	24 744	21 261	773	– 163	.	186	0,9	555
1964	57 971	26 922	46,4	.	26 753	21 484	902	– 149	.	169	0,8	609
1965	58 619	27 304	46,1	.	26 887	21 757	1 119	– 132	.	147	0,7	649
1966	59 148	26 962	45,6	.	26 801	21 765	1 244	– 128	.	161	0,7	540
1967	59 286	26 409	44,5	.	25 950	21 054	1 014	– 146	.	459	2,1	302
1968	59 500	26 291	44,2	.	25 968	21 183	1 019	– 142	.	323	1,5	488
1969	60 067	26 535	44,2	.	26 356	21 752	1 366	– 128	.	179	0,8	747
1970	60 651	26 817	44,2	.	26 668	22 246	1 807	– 108	.	149	0,7	795
1971	61 284	26 957	44,0	.	26 772	22 605	2 128	– 104	.	185	0,8	648
1972	61 672	27 121	44,0	.	26 875	22 841	2 285	– 101	.	246	1,1	546
1973	61 976	27 433	44,3	.	27 160	23 222	2 498	– 94	.	273	1,2	572
1974	62 054	27 411	44,2	.	26 829	23 036	2 381	– 91	.	582	2,5	315
1975	61 829	27 184	44,0	.	26 110	22 467	2 061	– 90	.	1 074	4,6	236
1976	61 531	27 034	43,9	.	25 974	22 512	1 925	– 92	.	1 060	4,5	235
1977	61 400	27 038	44,0	.	26 008	22 686	1 872	– 89	.	1 030	4,3	231
1978	61 326	27 212	44,4	.	26 219	22 961	1 857	– 89	.	993	4,1	246
1979	61 359	27 428	44,9	.	26 652	23 472	1 924	– 84	.	876	3,6	304
1980	61 566	27 948	45,4	.	27 059	23 897	2 018	– 79	.	889	3,6	308
1981	61 682	28 305	45,9	.	27 033	23 907	1 912	– 82	.	1 272	5,1	208
1982	61 638	28 558	46,3	.	26 725	23 639	1 787	– 95	.	1 833	7,2	105
1983	61 423	28 605	46,6	.	26 347	23 293	1 694	– 96	.	2 258	8,8	76
1984	61 175	28 659	46,8	.	26 393	23 351	1 609	– 100	.	2 266	8,8	88
1985	61 024	28 897	47,4	.	26 593	23 559	1 568	– 104	.	2 304	8,9	110
1986	61 066	29 188	47,8	.	26 960	23 910	1 570	– 104	.	2 228	8,5	154
1987	61 077	29 386	48,1	.	27 157	24 141	1 577	– 107	.	2 229	8,5	171
1988	61 449	29 608	48,2	.	27 366	24 365	1 610	– 105	.	2 242	8,4	189
1989	62 063	29 799	48,0	.	27 761	24 750	1 678	– 103	.	2 038	7,6	251
1990	63 253	30 369	48,0	.	28 486	25 460	1 775	– 7	.	1 883	6,9	314
	– Ab 1991 Gesamtdeutschland –
1991	79 984	40 012	50,0	72,6	37 804	34 224	.	– 45	2 208	2 602	.	363
1992	80 595	39 783	49,4	72,4	37 162	33 520	.	– 7	2 621	2 979	7,7	356
1993	81 180	39 689	48,9	71,9	36 577	32 888	.	9	3 112	3 419	8,9	279
1994	81 422	39 755	48,8	72,1	36 440	32 652	.	25	3 315	3 698	9,6	285
1995	81 661	39 574	48,5	71,9	36 376	32 544	.	52	3 198	3 612	9,4	321
1996	81 896	39 589	48,3	71,4	36 091	32 252	2 110	60	3 498	3 965	10,4	327
1997	82 053	39 709	48,4	71,7	35 802	31 888	2 038	62	3 907	4 384	11,4	337
1998	82 029	39 645	48,3	71,7	35 935	31 941	2 028	64	3 710	4 279	11,1	422
1999	82 110	39 604	48,2		36 029			65	3 563	4 099	10,5	456

[1] Ab 1996 vorläufige Ergebnisse. – [2] Ab 1991 Inländerkonzept. Nach dem ESVG 1995. – [3] Anteil der Erwerbspersonen (Erwerbstätige und Erwerbslose) an der Wohnbevölkerung insgesamt. – [4] Anteil der Erwerbspersonen im Alter von 15 bis 65 Jahren an der Wohnbevölkerung im gleichen Alter nach den Ergebnissen des Mikrozensus. – [5] Sozialversicherungspflichtig Beschäftigte. – [6] Quelle: BA. – [7] Erwerbstätige nach dem Inlandskonzept abzüglich Erwerbstätige nach dem Inländerkonzept. – [8] Ab 1991 Anteil der Arbeitslosen an den zivilen Erwerbspersonen (abhängige zivile Erwerbspersonen, Selbstständige, mithelfende Familienangehörige). – Bis 1990 Anteil der Arbeitslosen an den abhängigen Erwerbspersonen (beschäftigte Arbeitnehmer plus Arbeitslose).

---

29 Sachverständigenrat zur Begutachtung der gesamtwirtschaftlichen Entwicklung (Hrsg.), Jahresgutachten 1994/95, a.a.O., 1994, S. 339, Jahresgutachten 1999/2000, a.a.O, 1999, S. 236, Tab. 12* und eine Mitteilung des Sachverständigenrates zur Begutachtung der gesamtwirtschaftlichen Entwicklung vom Juni 2000.

(2) Volkswirtschaftliche Beschäftigungsgrade

In der Volkswirtschaftslehre unterscheidet man verschiedene Beschäftigungsgrade:

- Vollbeschäftigung
- Unterbeschäftigung bzw. Arbeitslosigkeit und
- Überbeschäftigung

Da sich der größte Teil der Menschen einer Volkswirtschaft nur durch die Zurverfügungstellung des Faktors Arbeit knappe Güter beschaffen kann, ist die *Vollbeschäftigung* des Produktionsfaktors Arbeit ein wichtiges wirtschaftspolitisches Ziel in der Bundesrepublik Deutschland. Die Vollbeschäftigung gehört zu den Hauptzielen des Gesetzes zur Förderung der Stabilität und des Wachstums der Wirtschaft. Wann liegt Vollbeschäftigung vor? Von absoluter Vollbeschäftigung spricht man dann, wenn jeder arbeitswilligen und arbeitsfähigen Person ein (angemessener) Arbeitsplatz zur landesüblichen Arbeitszeit zur Verfügung gestellt werden kann. Man könnte diese Definition noch absoluter fassen, indem gesagt wird, dass jeder arbeitswilligen und arbeitsfähigen Person ein ihrer Ausbildung und Fähigkeiten entsprechender Arbeitsplatz zur Verfügung steht. Ob eine solche Aussage jedoch in der Realität immer gelten kann, ist sehr fraglich. Es wird dann oft mit dem Begriff „angemessener Arbeitsplatz" operiert, wobei der Ausdruck „angemessen" einen gewissen Auslegungsspielraum zulässt. Man spricht in der Praxis auch dann noch von Vollbeschäftigung, wenn es eine gewisse Zahl von Arbeitslosen gibt, die zum Beispiel auf Grund des sich ständig vollziehenden Berufswechsels im Augenblick der statistischen Erhebung nicht arbeiten. Eine Arbeitslosenquote zwischen 0,7% und 1,0%[30] galt in den 70er-Jahren noch als Richtgröße für Vollbeschäftigung. Gegenwärtig hat man diese Richtgröße auf 3% erhöht. Ob diese Richtgröße auf Grund der anhaltenden strukturellen Probleme auf dem Arbeitsmarkt weiter nach oben korrigiert werden muss, bleibt eine offene Frage.

Steigt die Arbeitslosenquote über 3,0%, so ist in einer Volkswirtschaft *Arbeitslosigkeit* vorhanden.

Fällt die Arbeitslosenquote unter 0,7%, liegt eine *Überbeschäftigung* vor, d.h. das volkswirtschaftliche Arbeitskräftepotenzial ist nahezu ausgeschöpft.

Die Zahlenangaben für Vollbeschäftigung, Überbeschäftigung und Arbeitslosigkeit sind jedoch als relativ zu betrachten und von der allgemeinen wirtschaftlichen Entwicklung und in der Wirtschaftsstruktur der einzelnen Länder abhängig. So spricht man in den USA noch von Vollbeschäftigung bei einer weit höheren Arbeitslosenquote als in der Bundesrepublik Deutschland. Bezogen auf die

---

30 Vgl. dazu auch Jahreswirtschaftsbericht 1970 der Bundesregierung. Beilage zum Jahresgutachten 1969 des Sachverständigenrates Stuttgart 1970, S. 44.

westlichen Industrieländer liegt Vollbeschäftigung im allgemeinen noch dann vor, wenn die Arbeitslosenquote zwischen 1% und 5% schwankt[31]. Dieser Schwankungsbereich wird angesichts der strukturellen Arbeitslosigkeit möglicherweise in Zukunft auch für Deutschland gelten.

cc) Arten und Ursachen der objektiven Arbeitslosigkeit

Entsprechend den Ursachen unterscheidet man verschiedene Arten von Arbeitslosigkeit. Liegt die Ursache für *Arbeitslosigkeit* in der Person des Arbeitnehmers, handelt es sich um *subjektive* Arbeitslosigkeit, wobei diese persönlich verschuldet (z.B. Unzuverlässigkeit, Unehrlichkeit) oder persönlich unverschuldet (z.B. Krankheit) sein kann. Sie wird als unechte Arbeitslosigkeit angesehen.

Ist die Arbeitslosigkeit dagegen durch objektive Kriterien, d.h. nicht in der Person des Arbeitnehmers begründete Faktoren verursacht, spricht man von *objektiver* Arbeitslosigkeit. Diese wird üblicherweise als echte Arbeitslosigkeit bezeichnet und ihre Ursachen können vielfältiger Natur sein:

1. Unterschiedliche Jahreszeiten haben zur Folge, dass in bestimmten Berufen nicht kontinuierlich gearbeitet werden kann. So kann es beispielweise im Verlauf eines harten Winters zur Einschränkung der Tätigkeit in einigen Wirtschaftszweigen kommen (Bauwirtschaft). Ist die Arbeitslosigkeit durch jahreszeitliche Umstände bedingt, spricht man von *saisonaler* Arbeitslosigkeit.

2. Werden durch den Einfluss des technischen Fortschritts (neuartige Produktionsverfahren, Automation) Arbeitskräfte freigesetzt, führt dies zur *technologischen* Arbeitslosigkeit, sofern diese Arbeitskräfte nicht anderweitig beschäftigt werden können.

Ein berühmtes Beispiel für technologische Arbeitslosigkeit ist die Einführung des mechanischen Webstuhls an Stelle des Handwebstuhls, was in Schlesien im letzten Jahrhundert zu großen sozialen Problemen geführt hat und u. a. Gegenstand des bekannten Schauspiels „Die Weber" von Gerhart Hauptmann ist.

3. Die Entwicklung (ggf. Wachstum) unserer Wirtschaft verläuft in Schwankungen. Die kurzfristigen Schwankungen der Wirtschaft, die in Form einer *allgemeinen* Abschwächung oder Überhitzung der wirtschaftlichen Tätigkeit auftreten, bezeichnet man als Konjunkturschwankungen. Werden auf Grund einer abgeschwächten Konjunktur (allgemeiner Nachfragerückgang) Arbeitskräfte entlassen, spricht man von *konjunktureller* Arbeitslosigkeit. Kennzeichnend ist, dass von der konjunkturellen Arbeitslosigkeit alle Wirtschaftszweige betroffen sind, was Massenarbeitslosigkeit zur Folge haben kann, weil der konjunkturelle

---

31 Wittmann, W., Ziele und Zielbeziehungen der Finanzpolitik (I), in WISU 11/73, Tübingen 1973, S. 533.

Abschwung die Tendenz zur Selbstbeschleunigung in sich trägt. Die große Weltwirtschaftskrise zu Anfang der 30er-Jahre hat dies in Deutschland mit einer Arbeitslosenqoute von rd. 31% (ca. 6 Mio. Personen) im Jahre 1932 gezeigt.

4. Die Wirtschaftsstruktur, d.h. das innere Gefüge, der Aufbau einer Volkswirtschaft verändert sich durch Vorgänge, die im Gegensatz zu Saison- und Konjunkturschwankungen *langfristiger* Art sind. Ältere Wirtschaftszweige verschwinden oder verlieren an Bedeutung, neue Wirtschaftszweige entstehen, die Produktionsstruktur ändert sich, bestimmte Regionen sind für die Wirtschaft nicht mehr attraktiv usw. Diese langfristige Entwicklung kann ebenfalls zu Arbeitslosigkeit führen. Man bezeichnet sie als *strukturelle*Arbeitslosigkeit. Anders als bei der konjunkturellen Arbeitslosigkeit werden bei der strukturellen Arbeitslosigkeit immer nur bestimmte Wirtschaftszweige oder Regionen betroffen, sodass die Gefahr von Massenarbeitslosigkeit grundsätzlich nicht besteht. Die Ursachen für Strukturveränderungen sind sehr unterschiedlich. Die wichtigsten sollen kurz genannt werden:

– Der technische Fortschritt (z.B. Automation) kann Strukturschwierigkeiten und damit strukturelle Arbeitslosigkeit auslösen. Hier zeigt sich die enge Verbindung zwischen technologischer und struktureller Arbeitslosigkeit.
– So kann durch eine *langfristige* Verlagerung der Nachfrage von einem Gut zu einem anderen verursacht werden. Ein typisches Beispiel hierfür ist im Bereich der Energie die Nachfrageverlagerung von der Kohle zum Erdöl, wodurch die Strukturkrise im Kohlebergbau in der Bundesrepublik Deutschland ausgelöst wurde.
– Billigeinfuhren aus dem Ausland können zu *strukturellen* Schwierigkeiten führen (Textil- und Schuhindustrie).
– Globalisierung der Märkte allgemein kann Ursache für Strukturveränderungen im Inland sein.
– Politische Ereignisse haben oft Strukturveränderungen in bestimmten Wirtschaftszweigen oder Regionen zur Folge. Typisches Beispiel: Strukturschwierigkeiten in den früheren Zonenrandgebieten infolge der damaligen Teilung Deutschlands.

Über den Anteil der strukturellen Arbeitslosigkeit an der Gesamtarbeitslosigkeit sind die Aussagen unterschiedlich. Aus der Sicht des Jahres 1999 schwanken die Aussagen zwischen 70% und 80% für den Anteil der strukturellen Arbeitslosigkeit. Dies ist in jedem Fall ein erschreckend hoher Anteil. Es ist festzuhalten, dass die strukturelle Arbeitslosigkeit nur mit strukturpolitischen Mitteln, d.h. langfristig angelegten Maßnahmen zu bekämpfen ist, nicht aber mit konjunkturpolitischen Maßnahmen.

Das Problem der strukturellen Arbeitslosigkeit gewinnt in Zukunft an Bedeutung für die Wirtschaftspolitik. Abschließend soll noch ein schematischer Überblick über die Arten der Arbeitslosigkeit gegeben werden:

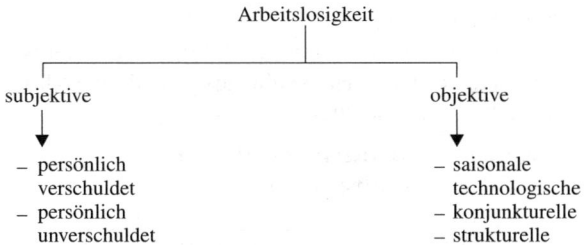

Über die Entwicklung der Arbeitslosigkeit in Deutschland von 1928 bis 1999 gibt die Abbildung 6 Auskunft.

b) Produktionsfaktor Kapital

aa) Begriff

Der Begriff Kapital wird in der Volkswirtschaftslehre unterschiedlich definiert. Einmal ist damit das *Sachkapital,* zum anderen das *Geldkapital* gemeint. Um produzieren zu können, benötigt man letztlich die entsprechenden Produktionsgüter. Bezieht man den Begriff auf die zur Produktion erforderlichen Sachgüter, wird von *Sach-* oder *Realkapital* gesprochen. Unter Sachkapital versteht man die Summe der sich in den Produktionsstätten einer Volkswirtschaft befindlichen produzierten Produktionsmittel, wie z.B. Gebäude, Maschinen, Werkzeuge, Fahrzeuge und Rohstoffe. Diese sachlichen Produktionsmittel müssen im Gegensatz zum noch zu besprechenden Produktionsfaktor Boden vom Menschen produziert werden. Sachkapital wird auch als abgeleiteter (derivativer) Produktionsfaktor bezeichnet.

Kapital im Sinne von *Geldkapital* ist das Geld, das der Volkswirtschaft für Investitionszwecke zur Verfügung steht. Das Geldkapital dient also vorwiegend der Beschaffung von produzierten Produktionsmitteln.

bb) Bildung von Geldkapital zur Finanzierung des Sachkapitals

Um die für den Produktionsprozess erforderlichen Produktionsmittel finanzieren zu können, muss die Volkswirtschaft die nötigen finanziellen Mittel aufbringen. Dafür stehen grundsätzlich folgende Möglichkeiten zur Verfügung:

1. *Finanzierung aus der kalkulatorischen Abschreibung*
Jeder Betrieb bzw. Unternehmen muss in seiner Kalkulation die durch die Produktion erfolgte Abnutzung (Verschleiß) seiner Produktionsmittel angemessen berücksichtigen und sich über den Marktpreis ersetzen lassen. Die so angesammelten Geldmittel stehen dann für die Ersatzbeschaffung von Produktionsmitteln zur Verfügung.

2. Finanzierung aus unverteilten Gewinnen

Verbleiben Gewinne (= Erlöse-Kosten) im Betrieb bzw. Unternehmen, d.h. sie werden nicht oder nur zum Teil an die privaten Haushalte ausgeschüttet, so können mit diesen Geldmitteln Investitionen finanziert werden.

Entwicklung der Arbeitslosenquote in Deutschland 1928–1999
Arbeitslose in % der abhängig-zivilen Erwerbspersonen

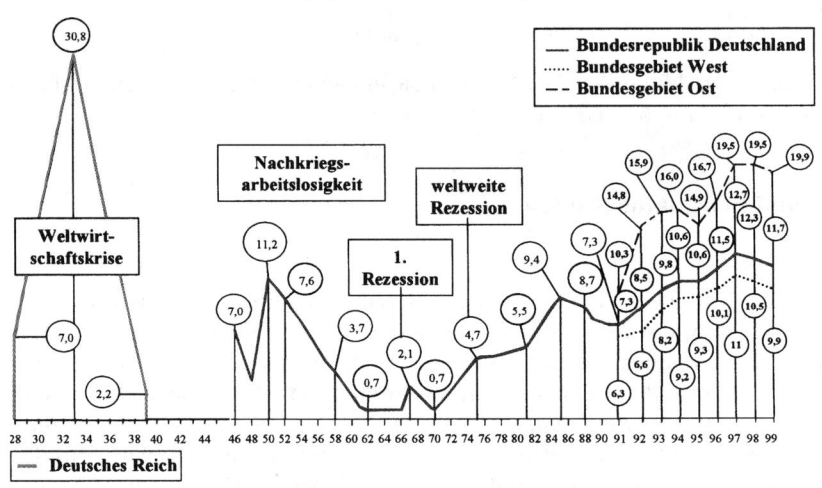

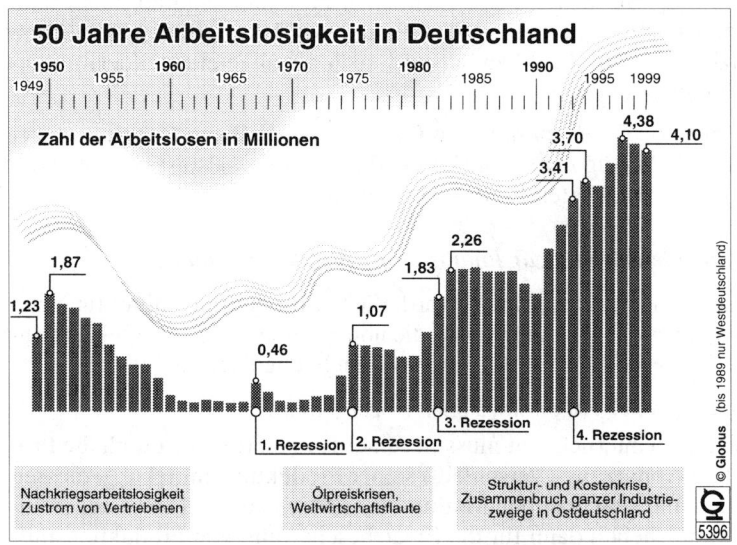

Abb. 6: Die Entwicklung der Arbeitslosigkeit in Deutschland 1928–1999

26

3. Finanzierung aus den Ersparnissen der privaten Haushalte

Den privaten Haushalten fließt aus ihrer wirtschaftlichen Tätigkeit Einkommen in Form von Löhnen, Gehältern, Zinsen, Pacht, Dividenden u. a. zu. Einen Teil des Einkommens sparen die privaten Haushalte, d.h. sie verzichten auf Konsum; durch das Sparen stehen diese finanziellen Mittel wieder den Betrieben bzw. Unternehmen zur Verfügung: entweder direkt in Form von Beteiligungen oder indirekt als über Banken vermittelte Kredite.

cc) Arten der Investitionen

Mit den durch die aufgezeigten Möglichkeiten angesammelten Geldmitteln werden durch Aufträge an die Investitionsgüterindustrie *produktive Anlagen* beschafft, wobei zunächst jede Ausgabe für Investitionsgüter eine *Bruttoinvestition* darstellt. Wenn durch die Anschaffung eines Produktionsgutes nur der Verschleiß der Produktionsanlagen ausgeglichen wird, handelt es sich um *Ersatzinvestitionen*. Wird durch Investitionsausgaben der Bestand an Produktionsgütern dagegen vergrößert, so spricht man von *Nettoinvestitionen*. Nur die Nettoinvestitionen ermöglichen ein Wirtschaftswachstum, d.h. die Erhöhung der Güter pro Kopf der Bevölkerung, da sie allein die volkswirtschaftliche Produktionskapazität ausdehnen. In Bezug auf den beschäftigungspolitischen Aspekt von Nettoinvestitionen kann man auch zwischen *Erweiterungs-* und *Rationalisierungsinvestitionen* unterscheiden. Während Erweiterungsinvestitionen zusätzliche Beschäftigung und Produktionsmöglichkeiten schaffen, schlägt bei Rationalisierungsinvestitionen nur die Ausdehnung der Produktionskapazität zu Buche. Die Zahl der Arbeitsplätze wird in der Regel vermindert. Die bei den verschiedenen Wirtschaftszweigen (z.B. Handel, Industrie und Handwerk) auftretenden Veränderungen der Lagerbestände innerhalb einer Rechnungsperiode werden vom Statistischen Bundesamt als so genannte *Vorratsinvestitionen* erfasst. Da im großen und ganzen bei Vorratsinvestitionen kein Verschleiß an Produktionsgütern eintritt, ist hierbei brutto = netto.

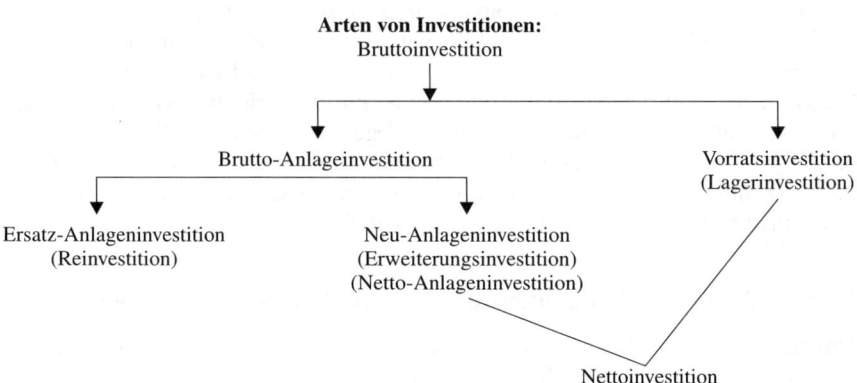

Arten von Investitionen:
Bruttoinvestition

Brutto-Anlageinvestition

Vorratsinvestition
(Lagerinvestition)

Ersatz-Anlageninvestition
(Reinvestition)

Neu-Anlageninvestition
(Erweiterungsinvestition)
(Netto-Anlageninvestition)

Nettoinvestition

c) Produktionsfaktor Boden

Unter dem Begriff Boden werden sämtliche nicht von Menschen geschaffenen sachlichen Produktionsbedingungen zusammengefasst, die als naturgegeben auf die Erzeugung einwirken. Zum Boden gehört die Erdoberfläche und was sich über und unter dieser Fläche befindet, d.h. alle aus der Natur überkommenen sachlichen Produktionsbedingungen. Der Boden ist in seiner Substanz unzerstörbar, unvermehrbar und unbeweglich.

d) Technischer Fortschritt

Wenn nur die *Menge* der Produktionsfaktoren, nicht aber ihre *Qualität* berücksichtigt wird, ist es erforderlich, für den qualitativen Aspekt als vierten Produktionsfaktor den technischen Fortschritt einzuführen. Unter technischem Fortschritt werden sämtliche Faktoren zusammengefasst, die in der einzel- oder gesamtwirtschaftlichen Produktion bei gleichem mengenmäßigen Einsatz von Arbeit, Kapital und Boden (bzw. bei vermindertem Faktoreinsatz) ein größeres und/oder qualitativ besseres bzw. gleich bleibendes Produktionsergebnis zur Folge haben. Technischer Fortschritt ist also ein Sammelbegriff für alle wissenschaftlichen Fortschritte (technischer und ökonomischer Art), die ihren Niederschlag im Produktionsergebnis (Verbesserung/Erhöhung) finden.

Der technische Fortschritt äußert sich beim Faktor Arbeit in der Aus- und Fortbildung, die als „human capital" bezeichnet wird. Beim Faktor Kapital ist der technische Fortschritt in der Leistungsfähigkeit der produzierten Produktionsmittel sichtbar, während der Faktor Boden durch den technischen Fortschritt (z.B. bessere Bearbeitungsmethoden, neuartige Be- und Entwässerungssysteme) wesentlich intensiver genutzt werden kann.

Oft wird der Faktor technischer Fortschritt nicht gesondert aufgeführt, sondern als Bestandteil der Faktoren Arbeit, Kapital und Boden angesehen. Es ist dann jedoch bei den drei Produktionsfaktoren immer die Menge und Qualität zu berücksichtigen. Die drei Produktionsfaktoren werden unterschieden, indem man – wie bereits erwähnt – Arbeit und Boden als *originäre* (ursprüngliche) Faktoren und das Sachkapital als *derivativen* (aus Arbeit und Boden abgeleiteten) Faktor bezeichnet. Diese Unterscheidung ist nur dann richtig, wenn damit ausschließlich auf die Substanz der Faktoren abgehoben werden soll und nicht auf deren Qualität. Denn Arbeit und Boden sind zwar von ihrer Substanz her gesehen ursprünglich (aus der Natur überkommen), aber durch den technischen Fortschritt verlieren sie ihre Ursprünglichkeit.

3. Produktion als Kombinationsprozess der Produktionsfaktoren

Um ein Produktionsergebnis erzielen zu können, ist eine Kombination der Produktionsfaktoren erforderlich. Die Art und Weise der Kombination der Produktionsfaktoren drückt die volkswirtschaftliche Produktionsfunktion aus. Sie gibt an, in welcher Weise *das Produktionsergebnis einer Volkswirtschaft (= Sozialprodukt) von der Menge und Qualität der eingesetzten Produktionsfaktoren abhängt.* Formelmäßig lautet die Produktionsfunktion 0 = f (A, K, B), wobei O den Ausstoß einer Volkswirtschaft (das Sozialprodukt) darstellt, f= die Abhängigkeit, und die Symbole A, K, B die Produktionsfaktoren Arbeit, Kapital und Boden in bestimmter Menge und Qualität ausdrücken.

Es gibt Bereiche der Volkswirtschaft, in denen ein bestimmtes Produktionsergebnis durch unterschiedlichen Einsatz der Produktionsfaktoren zu erzielen ist. So kann man beispielsweise eine Straße mit viel Arbeitskräften und wenig Sachkapital (Maschinen usw.) oder mit viel Sachkapital und wenig Arbeitskräften bauen. Die Produktionsfaktoren sind in gewissem Umfang gegeneinander austauschbar. Erlaubt der Produktionsprozess eine solche Verfahrensweise, spricht man von einer *substitutionalen* Produktionsfunktion (substituieren = ersetzen). In weiten Bereichen der gewerblichen Wirtschaft findet man substitutionale Produktionsfunktionen. Die enorme Entwicklung der Wirtschaft in den letzten 100 Jahren war nur durch den Austausch von Arbeit durch Kapital möglich. Natürlich hat es nie einen totalen Austausch gegeben, denn man braucht immer eine Mindestmenge eines Produktionsfaktors.

Ist das Einsatzverhältnis der Produktionsfaktoren auf Grund der Produktionstechnik starr, spricht man von *limitationalen* Produktionsfunktionen (limitieren = festlegen), eine Austauschbarkeit ist nicht realisierbar. Soll beispielsweise im heutigen oberirdischen Nahverkehr eine bestimmte Verkehrsleistung mit einem Großraumwagen und einem Fahrer erbracht werden, so ist dieses Einsatzverhältnis auf Grund der Technik starr (A:K = 1:1). Eine Austauschbarkeit von Arbeit durch Kapital ist nicht möglich. Ist der Großraumwagen ausgelastet, will man aber die Verkehrsleistung weiter steigern, muss man sowohl einen weiteren Großraumwagen als auch einen zusätzlichen Fahrer zur Verfügung stellen. Nur ein weiterer Großraumwagen ohne zusätzlichen Fahrer würde keine Leistungserhöhung bringen.

Angesichts der Knappheit der Produktionsfaktoren hat die Kombination der Produktionsfaktoren nach dem ökonomischen Prinzip so zu erfolgen, dass ein möglichst großes Produktionsergebnis bei gegebenem Faktoreinsatz *oder* ein vorgegebenes Produktionsergebnis mit einem möglichst geringen Einsatz von Produktionsfaktoren erzielt wird.

4. Produktivität

Um etwas über die *Ergiebigkeit* des volkswirtschaftlichen Produktionsprozesses aussagen zu können, benötigt man einen Maßstab. Mit dem Begriff der Produktivität steht eine solche Maßgröße zur Verfügung. Unter dem Begriff *Pro-*

duktivität versteht man allgemein die mengenmäßige Beziehung zwischen dem Ergebnis eines Produktionsprozesses und dem Einsatz an produktiven Faktoren[32]. Wird diese Aussage auf den volkswirtschaftlichen Produktionsprozess angewandt, handelt es sich um die gesamtwirtschaftliche Produktivität. Bezieht man das Produktionsergebnis auf jeweils nur einen Produktionsfaktor, so kann eine Teilproduktivität für den entsprechenden Faktor ausgedrückt werden. Da der Produktionsfaktor Boden in der heutigen Industriegesellschaft im Vergleich zu früheren Perioden für den Produktionsprozess an Bedeutung verloren hat, richtet sich nunmehr das Interesse auf die Ergiebigkeit der Produktionsfaktoren Arbeit und Kapital.

Die Ergiebigkeit des Faktors Arbeit wird durch die *Arbeitsproduktivität* ausgedrückt. Sie ist das Verhältnis vom gesamtwirtschaftlichen Produktionsergebnis zum Arbeitseinsatz.

$$\text{Arbeitsproduktivität} = \frac{\text{gesamtwirtschaftliches Produktionsergebnis}}{\text{Arbeitseinsatz}}$$

Die *Kapitalproduktivität* gibt die Ergiebigkeit des Produktionsfaktors Kapital an. Sie wird als das Verhältnis vom gesamtwirtschaftlichen Produktionsergebnis zum Kapitaleinsatz dargestellt.

$$\text{Kapitalproduktivität} = \frac{\text{gesamtwirtschaftliches Produktionsergebnis}}{\text{Kapitaleinsatz}}$$

Wichtig ist, dass zum Produktionsergebnis Arbeit, Kapital und Boden gemeinsam beitragen. Daher sind Veränderungen der Arbeits- oder Kapitalproduktivität nicht allein auf den Faktor Arbeit bzw. Kapital zurückzuführen. Steigt die Arbeits- oder Kapitalproduktivität, ist der gesamtwirtschaftliche Produktionsprozess ergiebiger geworden. Welcher Produktionsfaktor jedoch diese Steigerung der Produktivität verursacht hat, ist wegen der Abhängigkeit der Produktionsverfahren untereinander oft nicht exakt anzugeben. In der Regel hat zur Steigerung der Arbeitsproduktivität der Faktor Kapital einen entscheidenden Beitrag geleistet, während man bei einer Erhöhung der Kapitalproduktivität den Beitrag des Faktors Arbeit nicht unterschätzten darf. Natürlich hat auch der Faktor Boden bei dieser Betrachtung eine gewisse Bedeutung.

Da aber die Messung des Kapitaleinsatzes vor allem statistisch sehr schwierig ist[33], wird zur Darstellung des Ergiebigkeitsgrades des volkswirtschaftlichen Produktionsprozesses die Arbeitsproduktivität herangezogen. Das statistische Bundesamt ermittelt die Arbeitsproduktivität für die Bundesrepublik Deutsch-

---

32 Vgl. Rose, K., Produktivität, in: Handwörterbuch der Sozialwissenschaften, Bd. 8, Stuttgart, Tübingen, Göttingen 1964, S. 613.
33 Vgl. Meyers Handbuch über die Wirtschaft, a.a.O., S. 1027.

land, indem es eine Kennziffer aus dem Verhältnis von realem (d.h. preisbereinigten) Bruttoinlandsprodukt zur Zahl der Erwerbstätigen bildet[34].

$$\textbf{Arbeitsproduktivität} = \frac{\text{reales Bruttoinlandsprodukt zu Marktpreisen}}{\text{Zahl der Erwerbstätigen}} \cdot 100$$

Dieses Maß für die Arbeitsproduktivität ist jedoch relativ unscharf, da es von der Zahl der Erwerbstätigen und nicht von deren geleisteten Arbeitsstunden ausgeht, die letztlich über den effektiven Arbeitseinsatz Auskunft geben. Besser ist, wenn man die gesamtwirtschaftliche Arbeitsproduktivität durch das Verhältnis von realem Bruttoinlandsprodukt zu der Zahl der geleisteten Erwerbstätigenstunden misst.

$$\textbf{Arbeitsproduktivität} = \frac{\text{reales Bruttoinlandsprodukt zu Marktpreisen}}{\text{Zahl der geleisteten Erwerbstätigenstunden}} \cdot 100$$

Wenn die Arbeitsproduktivität gestiegen ist, sagt das bekanntlich noch nichts über die Ursachen für diese Steigerung aus. Sie können einmal in einer Verstärkung des Arbeitseinsatzes, einer Vergrößerung des Faktors Kapital und in einer besseren Organisation des Produktionsablaufes liegen. Man kann sagen, „ein wesentlicher Teil der jährlichen Arbeitsproduktivitätssteigerung ist mit Sicherheit auf die Ausstattung mit leistungsfähigeren Maschinen zurückzuführen"[35].

Da die gesamtwirtschaftliche Arbeitsproduktivität eine Durchschnittsgröße ist, kann man von ihr nicht ohne weiteres auf die Entwicklung der Produktivität in einzelnen Wirtschaftszweigen der Volkswirtschaft schließen.

Die Abbildung 7[36] zeigt die Auswirkungen des Arbeitsproduktivitätsanstiegs in der Bundesrepublik Deutschland.

---

34 Sachverständigenrat zur Begutachtung der gesamtwirtschaftlichen Entwicklung (Hrsg.), Vollbeschäftigung für morgen, Jahresgutachten 1974/75, Stuttgart und Mainz 1974, S. 32 und Stobbe, A., a.a.O, S. 275/276.
35 Ebenda S. 277.
36 Globus und eigene Berechnungen für 1995.

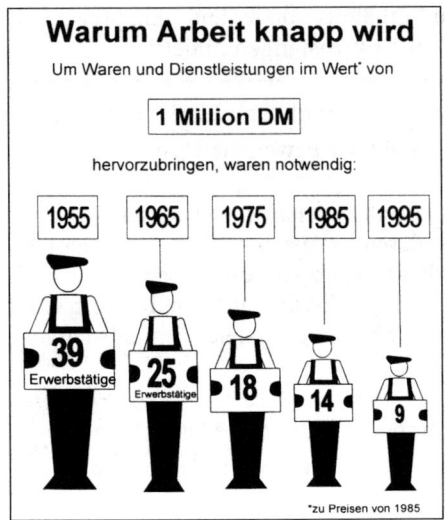

Warum Arbeit knapp wird

Um Waren und Dienstleistungen im Wert* von

1 Million DM

hervorzubringen, waren notwendig:

| 1955 | 1965 | 1975 | 1985 | 1995 |

39 Erwerbstätige **25** Erwerbstätige **18** **14** **9**

*zu Preisen von 1985

Abb. 7

5. Arbeitsteilung

Unter Arbeitsteilung im modernen Sinne versteht man „die Zerlegung des Produktionsprozesses in einzelne selbstständige Arbeitsvorgänge, die von verschiedenen Menschen oder in verschiedenen Wirtschaftseinheiten verwirklicht werden können[37]." Neben dem verstärkten Arbeits- und Kapitaleinsatz dient auch die Arbeitsteilung der *Erhöhung der Arbeitsproduktivität*. Durch die Berufsbildung in früherer Zeit und der später erfolgten Berufsspaltung (z.B. Beruf des Schmieds spaltete sich in Goldschmied, Waffenschmied, Kunstschmied usw.) kommt schon eine gewisse Arbeitsteilung zum Ausdruck. Die Arbeitsteilung im modernen Sinne wurde jedoch erst mit dem Aufkommen der Manufakturen und der Fabriken eingeführt und hat mit der Erfindung des Fließbandes einen gewissen Höhepunkt erreicht[38]. Man unterscheidet verschiedene Arten der Arbeitsteilung:

a) Betriebliche Arbeitsteilung bzw. Arbeitsteilung in einem Unternehmen: der Produktionsprozess innerhalb der Einheit Betrieb bzw. Unternehmen wird in sinnvoll aufeinander abgestimmte Teilabläufe zerlegt.

b) Regionale Arbeitsteilung: innerhalb der Staatsgrenzen einer Volkswirtschaft erfolgt eine Aufteilung des Produktionsprozesses zwischen verschiedenen Regionen, z.B. die Schwerindustrie produziert im Ruhrgebiet und die verarbeitende Industrie in anderen Regionen der Bundesrepublik Deutschland. Es erfolgt ein Güteraustausch zwischen den Regionen.

---

37 Häuser, K., Volkswirtschaftslehre, Frankfurt 1972, S. 53.
38 Diese Entwicklung begann um 1920 in den USA.

32

c) Internationale Arbeitsteilung: wird die Aufteilung des Produktionsprozesses über die nationalen Grenzen hinweg praktiziert, spricht man von internationaler Arbeitsteilung, z.B. deutsche Firmen lassen optische Linsen in Japan herstellen, in Hongkong schleifen und montieren sie in der Bundesrepublik Deutschland.

Als Vorteil der Arbeitsteilung, gleich welcher Art, ist die Steigerung der Produktivität anzusehen. Allerdings hat jede Arbeitsteilung eine gewisse wirtschaftliche Abhängigkeit zur Folge.

D. Drittes Grundproblem: Wie soll das Produktionsergebnis verteilt werden?

Als Ergebnis des Ablaufs des volkswirtschaftlichen Produktionsprozesses in einer bestimmten Periode (meist ein Jahr) erhält man die Summe aller Sachgüter und/oder Dienstleistungen, das Sozialprodukt. Seit Mitte der 90er-Jahre gilt das Bruttoinlandsprodukt zu Marktpreisen als der aktuelle Maßstab für die gesamtwirtschaftliche Leistung der Volkswirtschaft):

Für die Volkswirtschaft stellt sich das Problem der Verteilung bzw. Aufteilung des Sozialprodukts. Es sind dabei zwei Aspekte zu berücksichtigen. Einerseits muss eine Verteilung der Güter auf die am Produktionsprozess beteiligten gesellschaftlichen Gruppen erfolgen (*personeller* Gesichtspunkt), andererseits ist eine Aufteilung des Sozialprodukts in Konsum- und Produktionsgüter vorzunehmen (*sachlicher* Gesichtspunkt).

Beim personellen Aspekt handelt es sich um die Frage der Einkommensverteilung, die auch unter dem Schlagwort „Verteilungskampf um das Sozialprodukt" in der Öffentlichkeit diskutiert wird. Beim sachlichen Aspekt ist von der Tatsache auszugehen, dass keine Volkswirtschaft ihr gesamtes Sozialprodukt zu Konsumzwecken verwenden kann, weil der Teil des volkswirtschaftlichen Produktionsapparates ersetzt werden muss, der bei der Erzeugung des Sozialprodukts verschlissen wurde. Ein Teil des Sozialprodukts wird daher für den Ersatz des Produktionsapparates verwendet (Ersatzinvestitionen). Soll eine Volkswirtschaft wachsen, d.h. in der Zukunft pro Kopf der Bevölkerung mehr Sachgüter und/oder Dienstleistungen zur Verfügung stellen, müssen in der Gegenwart neben den *Ersatzinvestitionen* auch *Neuinvestitionen* vorgenommen werden, die den volkswirtschaftlichen Produktionsapparat vergrößern. Da Investitionen bei der Verteilung des Sozialprodukts immer zulasten der Konsumgüter gehen, ist in der Volkswirtschaft zu entscheiden, wie die Aufteilung des Sozialprodukts auf Konsum- oder Produktionsgüter erfolgen soll. Während beim personellen Gesichtspunkt insbesondere die Frage der „gerechten Einkommensverteilung" im Vordergrund steht, werden beim sachlichen Gesichtspunkt vor allem Probleme des volkswirtschaftlichen Wachstums angeschnitten.

III. Organisationsformen der Wirtschaft – Wirtschaftssystem, Wirtschaftsordnung, Wirtschaftsverfassung

A. Notwendigkeit und Möglichkeiten einer Organisation der Wirtschaft

Aus dem Tatbestand der Knappheit der Güter folgen die bereits ausführlich erörterten Grundprobleme, die in jeder Volkswirtschaft unabhängig vom jeweiligen Gesellschaftssystem auftreten. An diesen Grundproblemen reihen sich eine Vielzahl von weiteren Problemen auf. Die vorhandenen wirtschaftlichen Probleme müssen nun auf irgendeine Art und Weise gelöst werden, um die Versorgung der Menschen mit Gütern zur Befriedigung ihrer Bedürfnisse zu sichern. Dies erfordert eine *bestimmte Form der Organisation* der Wirtschaft nach einem leitenden Prinzip. Da wegen der Knappheit der Güter nach dem ökonomischen Prinzip gehandelt werden soll, ist bei jeder Organisation eine Planung der wirtschaftlichen Handlungen notwendig. Die Planung wirtschaftlicher Vorgänge kann als leitendes *Prinzip* die *Individualplanung* oder eine *Kollektivplanung bzw. Zentralplanung* sein. Bei einer Individualplanung sind die einzelnen Wirtschaftssubjekte eigenständige Träger der wirtschaftlichen Planungsentscheidungen. Ein volkswirtschaftlicher Gesamtplan ergibt sich erst durch das Zusammenspiel der Einzelpläne der Wirtschaftssubjekte und wird nach Ablauf einer Rechnungsperiode durch statistische Ermittlungen nachträglich erst sichtbar. Die Kollektivplanung zeichnet sich dadurch aus, dass eine zentrale Einrichtung von vornherein die Entscheidungsbefugnis über die Gestaltung des volkswirtschaftlichen Gesamtplans zugewiesen bekommt. Sie trifft ihre wirtschaftlichen Entscheidungen nach rein gesellschaftlichen (kollektiven) Gesichtspunkten, d.h. Entscheidungen im Interesse des Einzelnen werden zu Gunsten von Entscheidungen für die Gemeinschaft aufgegeben. Der volkswirtschaftliche Gesamtplan stellt sich nicht nachträglich als Ergebnis der vielen Einzelplanungen dar, sondern ist bei Beginn der Planungsperiode bereits nach den Vorstellungen der Planungsbehörden aufgestellt.

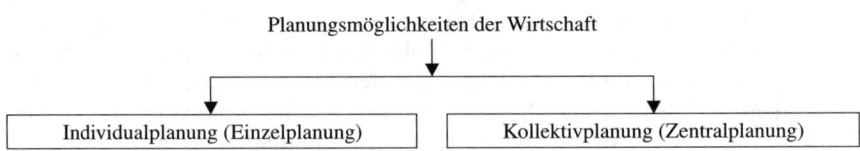

Planungsmöglichkeiten der Wirtschaft

| Individualplanung (Einzelplanung) | Kollektivplanung (Zentralplanung) |

Welches leitende Prinzip für die Form der Organisation einer Volkswirtschaft maßgebend ist, hängt weitgehend von der herrschenden Grundauffassung der Menschen in der Gesellschaft ab. Da die Wirtschaft ein Teilbereich der gesamten Gesellschaftsordnung eines Landes ist, sind die leitenden Prinzipien zur Ordnung der Gesellschaft eng mit den leitenden Prinzipien zur Organisation der Wirtschaft verbunden. Das heißt, dass das leitende Organisationsprinzip Individualplanung im Bereich der Wirtschaft nur dann voll zur Geltung kommen kann, wenn die Gesellschaftsordnung die absolute Entscheidungsfreiheit des Einzelnen garantiert und vor die Bedürfnisse der Gemeinschaft stellt. Eine Kollektivplanung der wirtschaftlichen Vorgänge ist im Gegensatz dazu nur einer Gesellschaftsordnung eigen, die in ihrem Grundprinzip das Wohlergehen der Gesamtheit als absolut vorrangig vor den Interessen der einzelnen Menschen ansieht.

Es ist jedoch festzustellen, dass es heute keine Volkswirtschaft gibt, in der *ausschließlich* nach dem Prinzip der Individualplanung oder dem Prinzip der Kollektivplanung verfahren wird, sondern man hat es mit einer Reihe von Mischformen zu tun. Die Planung erfolgt dem Grundsatz nach überwiegend als Individualplanung oder als Kollektivplanung.

Nach den politischen Veränderungen der Jahre 1989/90 sind die Länder des ehemaligen Ostblocks mehr oder weniger intensiv von zentral- zu marktgesteuerten (individual-/dezentralgesteuerten) Wirtschaftsformen übergegangen, sodass heute die meisten Länder der Welt dezentral geprägte (marktgesteuerte) Wirtschaftsordnungen haben.

B. Wirtschaftssystem, Wirtschaftsordnung, Wirtschaftsverfassung

Wenn über Organisationsformen der Wirtschaft gesprochen wird, tauchen die Begriffe: Wirtschaftssystem, Wirtschaftsordnung und Wirtschaftsverfassung auf. Dazu ist festzustellen, dass diese Begriffe „sowohl im allgemeinen Sprachgebrauch als auch in der wissenschaftlichen Diskussion nicht einheitlich verwendet werden. Teils wird mit diesen Worten Gleiches gemeint, teils drücken gleiche Bezeichnungen Unterschiedliches aus"[39].

Unter dem Begriff Wirtschaftssystem soll hier der *theoretische* Lösungsansatz der volkswirtschaftlichen Grundprobleme verstanden werden, d.h. die *Modellvorstellungen* über die Möglichkeiten zur Bewältigung der auftretenden wirtschaftlichen Probleme. „Ein Wirtschaftssystem bezeichnet also ein erdachtes,

---

39 Gutmann, G., Wirtschaftssystem, Wirtschaftsordnung, Wirtschaftsverfassung, in: Die Wirtschaftsverfassung der Bundesrepublik Deutschland, hrsg. von Gutmann, G., Klein, W., Paraskewopoulus, S. und Winter, H., Stuttgart, New York 1976, S. 1.

rein logisches Gebilde, d.h. den als sinnvolle Einheit erscheinenden Typus einer wirtschaftlichen Ordnung[40]."

Die Wirtschaftsordnung dagegen gibt Auskunft über die in der Realität bestehende Lösung der wirtschaftlichen Probleme eines Landes[41]. *Wirtschaftsordnung ist der Inbegriff aller qualitativen Normen, die das Wirtschaftsgeschehen bestimmen und ordnen.* Solche qualitativen Normen können einerseits Rechtsnormen sein, die sich auf die Wirtschaft beziehen, andererseits auch Verhaltensweisen (Konventionen) der Wirtschaftssubjekte, sei es in Form von speziellen privatrechtlichen Vereinbarungen (z.B. Kartellabsprachen) oder von allgemein gewohnheitsmäßigem Handeln der Wirtschaftssubjekte (z.B. verstärkte Nachfrage durch die Gewohnheit zu Weihnachten Geschenke zu kaufen).

Wird nur auf die gesetzlichen Normen zur Ordnung des Wirtschaftsgeschehens abgehoben, spricht man von Wirtschaftsverfassung.

„Wirtschaftsverfassung umfasst ... die in Verfassung, Gesetzen und Rechtsverordnungen enthaltenen, auf das Wirtschaften bezogenen Normen[42]." Die Wirtschaftsverfassung ist also ein Teil, wenn auch der maßgeblichste, der Wirtschaftsordnung eines Landes.

C. Wirtschaftssysteme

1. Das Modell der reinen Marktwirtschaft

Die wichtigsten Inhalte dieses Modells stammen von dem schottischen Nationalökonomen Adam Smith, der 1776 in seinem grundlegenden Werk: „An inquiry into the nature of the wealth of nations" (eine Untersuchung des Wesens sowie der Ursachen des Volkswohlstandes) die entscheidenden Vorstellungen über eine Organisationsform der Wirtschaft dargelegt hat. Seine Aussagen waren stark vom allgemeinen Zeitgeist der Aufklärung (Liberalismus) geprägt. Hier zeigt sich deutlich, wie das Denken des aufgeklärt-liberalen Zeitalters auch die Leitmaxime der Wirtschaft beeinflusst hat. Der in der Periode der Veröffentlichung des Werkes von Adam Smith aufkommende Zeitgeist betonte sowohl in der Gesellschaft als auch in der Wirtschaft das *Individualprinzip.*

a) Wesensmerkmale der reinen Marktwirtschaft

Die vielen einzelnen Wirtschaftssubjekte, d.h. die Produzenten und Nachfrager von Gütern, stellen ihre Wirtschaftspläne in völliger Freiheit auf. Das bedeutet, die *Individualplanung* ist das leitende Planungsprinzip. Bei der Planung lassen

---

40 Häuser, K., a.a.O. S. 58.
41 Vgl. ebenda, S. 59.
42 Gutmann, G., a.a.O., S. 5.

sich die Wirtschaftssubjekte vom Erwerbsprinzip leiten. Für die Produzenten heißt dies, dass sie den größtmöglichen Gewinn erstreben (Gewinnmaximierung). Die privaten Haushalte sind bestrebt, einerseits ihre Produktionsfaktoren (Arbeit, Kapital und Boden) so teuer wie möglich zu verkaufen, andererseits mit ihrem Einkommen ein Maximum an Bedürfnisbefriedigung zu erzielen. Das Erwerbsstreben in den verschiedenen Formen ist also das Motiv für das Aufstellen von Plänen und damit der Motor für wirtschaftliches Handeln. Die Wirtschaftssubjekte sind jedoch gleichzeitig auch bereit, voll das Risiko ihres wirtschaftlichen Handelns zu übernehmen. Die Produzenten das *Absatzrisiko,* die privaten Haushalte insbesondere das *Beschäftigungsrisiko* und die *Nichtbefriedigung ihrer wirtschaftlichen Bedürfnisse.* Absatzrisiko heißt, dass für die Produzenten die Gefahr besteht, ihre Güter zu ihren Preisvorstellungen nicht absetzen zu können oder selbst bei Preisreduzierungen auf ihren Erzeugnissen sitzen zu bleiben, weil sie die Bedürfnisse der Nachfrager falsch eingeschätzt haben. Die Konsequenzen aus dem Absatzrisiko in Form von finanziellen Verlusten oder gar Konkursen gehen vor allem zulasten des Unternehmers. Das Beschäftigungsrisiko kann den Verlust des Arbeitsplatzes bedeuten, während die Nichtbefriedigung von Bedürfnissen wegen unzureichender Einschätzung der Produzenten die Gefahr der Unterversorgung beinhaltet.

Die vielen Einzelpläne ergeben zunächst noch keine Ordnung, obwohl sie zu einem Angebot (infolge der Pläne der Produzenten) und zu einer Nachfrage (infolge der Pläne der Konsumenten) führen. Notwendig ist aber eine Institution, die die Einzelpläne aufeinander abstimmt (koordiniert). Eine solche Einrichtung ist der Markt als Ort des Zusammentreffens von Angebot und Nachfrage zwecks Koordinierung der Einzelpläne. Diese Koordination geschieht mithilfe eines Preismechanismus. Der Preis bestimmt die Wertrelation der Güter untereinander. Ein Preis ist also „das Austauschverhältnis von Wirtschaftsgütern"[43]. Als einheitliche Bezugsgröße bedient man sich heute der jeweiligen gesetzlich gültigen Geldeinheit, in der der Tauschwert eines Gutes angegeben wird. „Ein Preis ist damit eine Geldmenge, die man pro Einheit eines gewünschten Gutes fordert bzw. zahlt"[44]. Der Marktpreis gibt zugleich die Knappheitsverhältnisse der einzelnen Güter an: ein hoher Preis bedeutet, dass das Gut knapp ist und umgekehrt.

Der Markt ist das alleinige Steuerungsorgan im Modell der reinen Marktwirtschaft. Von ihm gehen die Lenkungsimpulse an die Wirtschaft aus, über ihn werden volkswirtschaftliche Grundprobleme nebst ihren Folgeproblemen gelöst. Die Verteilung des Einkommens und damit die der Güter erfolgt am Markt nach dem reinen *Leistungsprinzip,* d.h. nur diejenigen Wirtschaftssubjekte erhalten letztlich Güter zur Bedürfnisbefriedigung, die am Markt die verwertbaren Faktoren Arbeit, Kapital oder Boden anbieten können.

---

43 Meyers Handbuch über die Wirtschaft, a.a.O., S. 983.
44 Ebenda.

Zusammenfassend lassen sich folgende *Wesensmerkmale des Modells der reinen Marktwirtschaft* herausstellen:

- Individualplanung
- Erwerbsstreben
- Risikobereitschaft
- Markt als Steuerungsorgan der Wirtschaft
- Reines Leistungsprinzip bei der Einkommen- bzw. Güterverteilung

Anzumerken ist noch, dass für die reine Marktwirtschaft auch noch andere Ausdrücke wie *Individualwirtschaft, freie Verkehrswirtschaft oder Laissez-faire-Liberalismus* verwendet werden. Sie kennzeichnen alle ein und denselben Tatbestand.

b) Voraussetzungen der reinen Marktwirtschaft

Die Funktionfähigkeit der reinen Marktwirtschaft ist nur dann gewährleistet, wenn der Markt seine Steuerungs- und Koordinierungsfunktion voll erfüllt. Dazu sind im Modell der reinen Marktwirtschaft eine Reihe von Voraussetzungen erforderlich.

Den einzelnen Haushalten und Unternehmen muss das *Privateigentum* und die Verfügungsgewalt an den *Produktionsmitteln und Konsumgütern* gewährt werden, denn erst dann können die Wirtschaftssubjekte ihre Wirtschaftspläne in völliger Freiheit und in Eigenverantwortung aufstellen. Dazu gehört, dass Eigentümer von Produktionsfaktoren frei über die Verwendungsart der Faktoren entscheiden (z.B. beim Faktor Arbeit: Freie Arbeitsplatz- und Berufswahl). Außerdem sind die Unternehmer völlig frei bei der Wahl der Art und des Umfanges ihrer Produktion sowie der Produktionsverfahren.

Die *Freiheit der Konsumenten,* nämlich zu kaufen was und wie viel sie wollen, darf nicht beeinträchtigt werden.

Wenn die einzelnen Wirtschaftssubjekte ohne Einschränkungen am Markt auftreten wollen, muss ihnen die *Vertragsfreiheit* garantiert sein. Dadurch erhalten sie Gelegenheit, Verträge nach eigenen Vorstellungen mit jedermann abzuschließen.

Der Zugang zum Markt muss allen Wirtschaftssubjekten offen stehen. Es darf also keine Marktzugangsbeschränkungen geben, wie es beispielsweise bei den Zünften im Mittelalter der Fall war. Nicht jeder Bürger konnte damals ein Handwerk ausüben und mit seinen Gütern auf dem Markt auftreten, sondern nur derjenige, der einer Zunft angehörte. Allen anderen war der Markt verschlossen. Es muss also Gewerbe- und Niederlassungsfreiheit gegeben sein.

Die am offenen Markt auftretenden Wirtschaftssubjekte müssen untereinander im *Wettbewerb* um die Gunst der Teilnehmer auf der anderen Marktseite ringen.

Wettbewerb im Sinne von wirtschaftlichem *Leistungswettbewerb* ist das Bestreben von Marktteilnehmern einer Marktseite durch Bereitstellung von Leistungen mit den Marktteilnehmern der anderen Marktseite vor den Mitkonkurrenten zum Geschäftsabschluss zu kommen. Eine Marktleistung ist ein günstiger Preis für die Güter, gute Qualität der Güter oder vorteilhafte Konditionen, wie z.B. kurze Lieferzeiten, hervorragender Service, attraktive Finanzierungsmöglichkeiten. Je nach Art der Leistung unterscheidet man *Preiswettbewerb, Qualitätswettbewerb* und *Konditionenwettbewerb.* In der reinen Marktwirtschaft sind alle drei Wettbewerbsarten Instrumente des Handels der Marktteilnehmer, um vor ihren Konkurrenten zum Zuge zu kommen. Der Wettbewerb zwingt die Marktteilnehmer, sich ständig um Kostensenkungen, Qualitätsverbesserungen, Schaffung neuer Güter, gute Serviceleistungen etc. zu bemühen. Der Wettbewerb ist damit eine Grundvoraussetzung der reinen Marktwirtschaft.

Der *Staat* hält sich so weit wie möglich aus dem Wirtschaftsgeschehen heraus. Er ist nur *allgemeine Ordnungsinstanz,* die die Grundvoraussetzungen für wirtschaftliches Handeln schafft, z.B. Rechtspflege und innere und äußere Sicherheit. Der Staat enthält sich also jeden Eingriffs in die Wirtschaft selbst, deshalb bezeichnet man ihn auch als „Nachtwächterstaat" (Ferdinand Lasalle 1825–1864).

Zusammenfassend ergeben sich folgende *Voraussetzungen* für das Funktionieren der reinen Marktwirtschaft:

Privateigentum	Freier Marktzugang
Konsumfreiheit	Leistungswettbewerb
Investitionsfreiheit	Staat nur allgemeine Ordnungsinstanz
Vertragsfreiheit	

Wesens- merkmale	Individualplanung mit Erwebsstreben und Risikobereitschaft Markt als Koordinierungsinstrument der Einzelplanung und Steuerungsorgan der Wirtschaft Reines Leistungsprinzip

Voraussetzungen:

- Privateigentum inkl. Verfügungsgewalt
- Konsumfreiheit
- Investitionsfreiheit
- Vertragsfreiheit
- Freier Marktzugang
- Leistungswettbewerb
- Staat als allgemeine Ordnungsinstanz

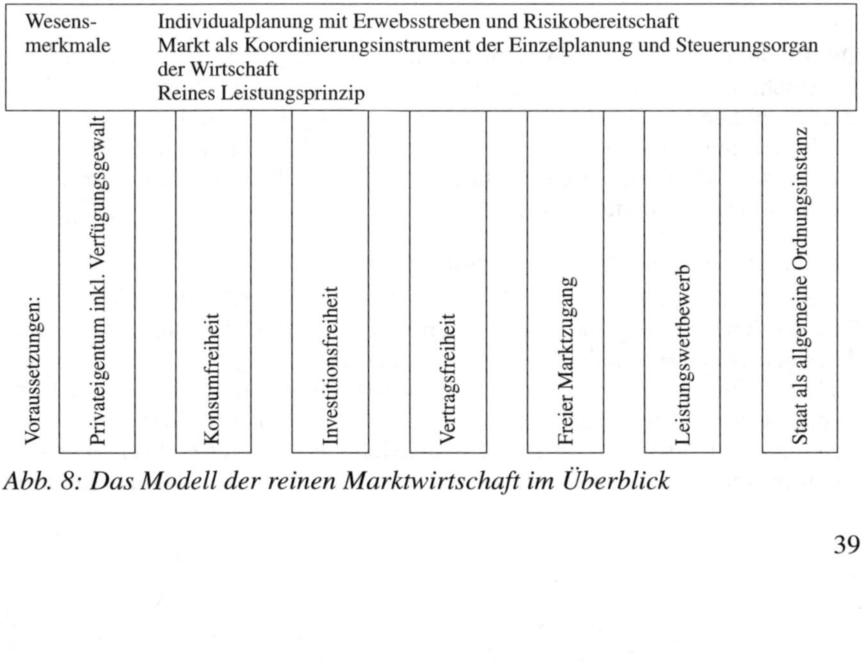

Abb. 8: Das Modell der reinen Marktwirtschaft im Überblick

2. Das Modell der reinen Zentralverwaltungswirtschaft

Während für das Modell der reinen Marktwirtschaft die Vorstellungen von Adam Smith die Grundlagen bildeten, stammen die maßgeblichen Beiträge zum Modell der reinen Zentralverwaltungswirtschaft von Karl Marx (1818–1883), dargestellt in seinem Buch das „Kapital". Sein Leitprinzip zur Ordnung sowohl der Gesellschaft als auch der Wirtschaft ist das *Kollektivprinzip.* Die Aussagen von Karl Marx sind sehr stark von den Erfahrungen geprägt, die man im 19. Jahrhundert in England nach weitgehender Realisierung des Modells der reinen Marktwirtschaft in der Wirtschaftsordnung des Landes machte. Diese Wirtschaftsordnung, die durch einen zügellosen Wirtschaftsliberalismus gekennzeichnet war und als „Manchester Liberalismus" in die Geschichte eingegangen ist, hatte in England große soziale Probleme, wie etwa die Kinderarbeit, zur Folge.

a) Wesensmerkmale der reinen Zentralverwaltungswirtschaft

In der reinen Zentralverwaltungswirtschaft erfolgt die *völlige Zentralisierung aller ökonomischer Entscheidungen.* An Stelle der vielen Individualpläne tritt ein Zentralplan in Form eines Perspektivplanes (Globalplanes) und daraus abgeleitet zentralgesteuerte Detailpläne. Die zentrale Planungsinstanz plant den gesamten Wirtschaftsprozess entsprechend den gesellschaftlichen Zielvorstellungen. Die frei entscheidenden Wirtschaftssubjekte des Modells der reinen Marktwirtschaft gibt es nicht, sie werden zu einflusslosen *Objekten* der zentralen Planung. Ferner existiert kein Markt, auf dem die verschiedenen Pläne koordiniert werden könnten. Die Aufgabe des Marktes in der Marktwirtschaft wird in der Zentralverwaltungswirtschaft von der zentralen Planungsbehörde übernommen.

Die Produktion erfolgt nicht in privatwirtschaftlich geführten Betrieben bzw. Unternehmungen, sondern in den von der Zentralbehörde (Staat) abhängigen Betrieben. Die Entscheidung über Art und Umfang der Produktion sowie über die Verteilung des Produktionsergebnisses trifft allein die zentrale Planungskommission. Dabei spielt die Festlegung des Investitionsvolumens der Volkswirtschaft eine besondere Rolle.

Die Planungsinstanz lenkt den Verbrauch zentral

In der *extremen* Ausprägung des Modells der reinen Zentralverwaltung trifft der Staat die Entscheidung über den privaten Verbrauch, d.h. die Konsumgüter werden den privaten Haushalten z.B. über Bezugsscheine zugeteilt. Es kann jedoch auch eine freie Entscheidung der einzelnen privaten Haushalte über die Konsumgüter in der Weise zugelassen werden, dass die privaten Verbraucher für ihre Beteiligung am Produktionsprozess Arbeitslohn in Form von Geld erhalten und damit in freier Wahl Konsumgüter kaufen können. Die Entscheidung über die

Menge liegt damit bei den privaten Haushalten, jedoch nur in dem Umfang, wie der Staat bereit ist, bestimmte Mengen an Gütern erzeugen zu lassen. Über die *Art der Güter* bestimmt der Staat in jedem Fall allein. Die zentrale Planungsbehörde kann bei der Ermittlung des Verbrauchs auf gegebene Individualbedürfnisse in gewissem Umfang Rücksicht nehmen. Da es jedoch keinen Markt gibt, über den die individuellen Bedürfnisse der Menschen Einfluss auf die Produktion von Gütern nehmen, fällt die Bedarfsermittlung letztlich in die Zuständigkeit der Planungsbehörde.

Ziel der Planung ist die größtmögliche *Bedarfsdeckung* der Gesellschaft unter Beachtung des ökonomischen Prinzips und der vorhandenen wirtschaftlichen Rahmenbedingungen. Das ökonomische Prinzip findet in der Zentralverwaltungswirtschaft bekanntlich durch das *Bedarfsdeckungsprinzip* seine Anwendung. Wenn die Plandaten nicht erreicht werden, liegt das *Risiko* im Gegensatz zur reinen Marktwirtschaft nicht bei einzelnen Wirtschaftssubjekten, sondern bei der *Gemeinschaft,* d.h. Fehlplanungen der zentralen Planungsbehörde gehen zulasten der Gesamtwirtschaft.

Folgende Wesensmerkmale der reinen Zentralverwaltungswirtschaft sind zu betonen:
– Völlige Zentralisierung aller ökonomischen Entscheidungen, d.h. kein Markt als Lenkungs- und Koordinierungsinstrument
– Planungsrisiko liegt bei der Gemeinschaft
– Bedarfsdeckungsprinzip
– Zentrale Verbrauchslenkung.

Für die reine Zentralverwaltungswirtschaft findet man noch andere Begriffe wie *Kollektivwirtschaft, Planwirtschaft, Zwangswirtschaft, Befehlswirtschaft.* Damit wird aber ein und dieselbe Sache bezeichnet.

b) Voraussetzungen der reinen Zentralverwaltungswirtschaft

Wenn die zentrale Planungsbehörde ihre Vorstellungen durchsetzen will, darf es *kein Privateigentum* (einschl. Verfügungsgewalt) an den Produktionsmitteln geben, sondern nur *Kollektiveigentum.* Nur dann kann der Staat seine zentrale Produktionsplanung verwirklichen. Würde man das Eigentum an den Produktionsmitteln einschließlich deren Verfügungsgewalt bei den privaten Wirtschaftssubjekten belassen, könnten diese nach ihren eigenen Interessen planen und dadurch die zentrale Planung unterlaufen. Den einzelnen Wirtschaftseinheiten bleibt in der Zentralverwaltungswirtschaft nur die Verwaltung der Produktionsmittel nach den Vorstellungen der zentralen Planungsbehörde übrig. In einer extremen Ausprägungsform der Zentralverwaltungswirtschaft kann auch Kollektiveigentum an den Konsumgütern vorgesehen sein.

Die zentrale Planungsbehörde muss in der Lage sein, ihre *Lenkungsfunktion für den Wirtschaftsprozess absolut zu erfüllen.* Ihre Entscheidungen müssen in der

Gesellschaft politisch abgesichert sein, d.h. die Planungsbehörde muss in der Lage sein, die Planungsziele nach den gesellschaftspolitischen Erfordernissen immer richtig zu bestimmen. In der Zentralverwaltungswirtschaft darf es keine frei entscheidenden Betriebe bzw. Unternehmen geben, sondern nur Betriebe, die sich voll den Zielen der zentralen Planungsinstanz unterordnen. Die *verwaltungswirtschaftliche Unterordnung der Betriebe* lässt diesen keinen Entscheidungsspielraum.

Als Voraussetzungen der reinen Zentralverwaltungswirtschaft sind zusammenfassend zu nennen:

Kollektiveigentum an den Produktionsmitteln, möglicherweise auch an den Konsumgütern.

Optimale Erfüllung der Lenkungsfunktion des Wirtschaftsablaufs durch den Staat.

Verwaltungswirtschaftliche Unterordnung der Betriebe.

Wesens- merkmale	Zentralisierung aller ökonomischen Entscheidungen Planungsrisiko bei der Gemeinschaft Bedarfsdeckungsprinzip Zentrale Verbrauchslenkung		
Voraussetzungen:	Kollektiveigentum	Optimale Erfüllung der Lenkungs- funktion des Wirtschaftsablaufs durch den Staat	Verwaltungswirtschaftliche Unterordnung der Betriebe

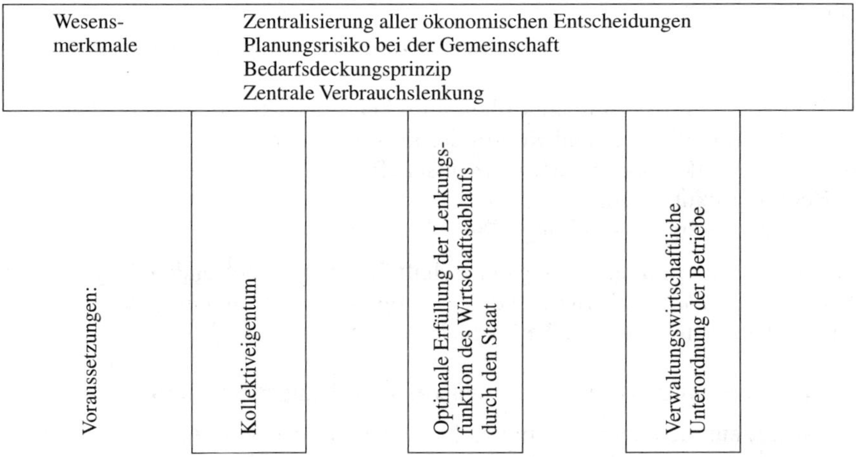

Abb. 9: Das Modell der reinen Zentralverwaltungswirtschaft im Überblick

Abschließend erscheint es zweckmäßig, Wesensmerkmale und Voraussetzungen der reinen Marktwirtschaft und der reinen Zentralverwaltungswirtschaft in einer schematischen Darstellung zu vergleichen:

	Modell der Marktwirtschaft	Modell der Zentralverwaltungswirtschaft
Wesensmerkmale:	Individualplan Markt als Lenkungsinstrument Absatzrisiko Erwerbswirtschaftliches Prinzip Individuelle Konsum- und Investitionsentscheidung	Zentralplan Staat als Lenkungsinstanz Planrisiko Bedarfsdeckungsprinzip Zentralgelenkte Konsum- und Investitionsentscheidung
Voraussetzungen:	Vertragsfreiheit Offene Märkte Privateigentum an Produktionsmitteln Konsumfreiheit Investitionsfreiheit Staat als Ordnungsinstanz	Verwaltungswirtschaftliche Unterodnung der Betriebe Kollektiveigentum an Produktionsmitteln Zentrale Verbrauchsplanung Staatliche Investitionslenkung Staat als Planungsinstanz

Abb. 10: Marktwirtschaft und Zentralverwaltungswirtschaft im Vergleich[45]

D. Soziale Marktwirtschaft als Konzeption und Wirtschaftsordnung der Bundesrepublik Deutschland

Die Soziale Marktwirtschaft, die als Wirtschaftsordnung bzw. Wirtschaftsverfassung in der Bundesrepublik Deutschland seit 1949 und seit dem 3. Oktober 1990 für Gesamtdeutschland praktiziert wird, beruht in ihren Grundlagen auf dem Konzept des *Neoliberalismus,* dessen führende Vertreter der so genannten „Freiburger Schule" angehörten, von denen besonders Walter Eucken und Franz Böhm zu nennen sind[46].

Daneben leisteten noch weitere Wirtschaftstheoretiker und Praktiker Beiträge zum Neoliberalismus, wie beispielsweise Ludwig Erhard und Alfred Müller-Armack. Während Ludwig Erhard die theoretischen Vorstellungen der Neoliberalen weitgehend in die Wirtschaftsordnung der Bundesrepublik Deutschland einführte, stammt der Begriff *„Soziale Marktwirtschaft"* von Alfred Müller-Armack.

---

45 Aus: Scholz, H. G., Heinen, H. P., Hagemann, F., Volkswirtschaftslehre. Grundzüge und Probleme, 2. Aufl. Köln, 1975, S. 51.
46 Thieme, H. J. Soziale Marktwirtschaft. Konzeption und wirtschaftspolitische Gestaltung in der Bundesrepublik Deutschland, Hannover 1973, S. 21.

Zur Klärung der Frage, ob der Begriff „Soziale Marktwirtschaft" ein Wirtschaftssystem beschreibt oder eine Wirtschaftsordnung kennzeichnet, ist es zweckmäßig, das theoretische Konzept der Neoliberalen als Wirtschaftssystem und die Umsetzung dieser Vorstellungen in die Realität mit dem Begriff „Soziale Marktwirtschaft" *als Wirtschaftsordnung* oder genauer als *Wirtschaftsverfassung* der Bundesrepublik Deutschland zu bezeichnen.

Nach dieser Klarstellung dürfte es keine Schwierigkeiten machen, die Soziale Marktwirtschaft näher zu betrachten, wobei immer die enge Beziehung zwischen theoretischem und praktiziertem Ansatz zu beachten ist. Die Soziale Marktwirtschaft ist eine Mischform zwischen der reinen Marktwirtschaft und der reinen Zentralverwaltungswirtschaft, wobei ihr Schwerpunkt sehr stark im marktwirtschaftlichen Bereich liegt. Nach Müller-Armack ist es Sinn der Sozialen Marktwirtschaft, „das Prinzip der Freiheit auf dem Markte mit dem sozialen Ausgleich zu verbinden"[47]. Das bedeutet, dass das *marktwitschaftliche Geschehen unter sozialem Vorbehalt zu stehen hat*[48]. Diese Forderung leitet sich aus der Erkenntnis her, dass der Markt nicht alle Probleme in befriedigender Weise sowohl für den Einzelnen als auch für die Gesellschaft lösen kann. Daher hat der Staat die Aufgabe, überall dort in den Wirtschaftsablauf einzugreifen, wo es am Markt zu Entwicklungen kommt, die aus sozialen Gründen nicht tragbar sind. Im Gegensatz zur reinen Marktwirtschaft erfordert die Soziale Marktwirtschaft einen wirtschaftlich aktiven Staat und nicht den frühliberalen „Nachtwächterstaat". In der Sozialen Marktwirtschaft hat der Staat eine Wirtschaftsverfassung zu schaffen bzw. zu ergänzen, die Einhaltung dieser Wirtschaftsverfassung durch die privaten Wirtschaftssubjekte zu überwachen und dort einzugreifen, wo diese Wirtschaftsverfassung von den privaten Wirtschaftssubjekten verletzt wird. So etwa bei Verstößen gegen das „Gesetz gegen Wettbewerbsbeschränkungen (GWB)". Im Rahmen der Wirtschaftsverfassung ist der Staat auch verpflichtet, *Störungen* im Wirtschaftsablauf (Hochkonjunktur mit Inflationstendenzen oder wirtschaftlichen Abschwung mit hoher Arbeitslosigkeit) zu verhindern oder zu beseitigen, um damit die *Stabilität* der Wirtschaft zu sichern (Gesetz zur Förderung der Stabilität und des Wachstums der Wirtschaft von 1967). Die *Einkommensverteilung* erfolgt grundsätzlich über den Markt nach dem *Leistungsprinzip*. Der Staat soll jedoch durch Umverteilung des am Markt entstandenen Einkommens nach dem *Sozialstaatsprinzip* auch denjenigen Personen ein für die Befriedigung ihrer Bedürfnisse notwendiges Einkommen verschaffen, die am Markt aus sozialgeprägten, objektiv nachvollziehbaren Gründen *kein* oder *kein ausreichendes* Einkommen erzielen *können* (Sozialhilfe, Mietbeihilfe, Kindergeld usw.) Daneben muss der Staat für Sachgüter und/oder

---

47 Müller-Armack, A., Soziale Marktwirtschaft, in Handwörterbuch der Sozialwissenschaften, Bd. 9, Stuttgart, Tübingen, Göttingen 1956, S. 390.
48 Geigant, F., Die Wirtschaft, 4. Aufl. München 1972, S. 78.

Dienstleistungen Vorsorge treffen, die wegen fehlender Gewinnaussichten nicht von den privaten Wirtschaftssubjekten über den Markt bereitgestellt werden. Das sind besonders die sog. Kollektivbedürfnisse (Sicherheit, Bildung usw).

Ein Schwergewicht legt man in der Sozialen Marktwirtschaft auf die Erhaltung bzw. Förderung des Wettbewerbs, weil der funktionsfähige Wettbewerb zu gesamtwirtschaftlichen Vorteilen (günstige Preise, beste Qualität, gute Konditionen) führt und Machtbildungen am Markt zulasten der Allgemeinheit verhindert. Durch Kartellverbote, Zusammenschlusskontrollen (bei Konzernbildung oder Fusion), Unterstützungen mittelständischer Unternehmen soll der Staat den Wettbewerb erhalten oder fördern.

Die Entscheidungsbefugnisse der *privaten* Wirtschaftssubjekte sind unter Anerkennung des *Erwerbsstrebens* und Beibehaltung des privaten *Risikos* in der Sozialen Marktwirtschaft weitgehend gewährleistet. Die Funktion des *Marktes als Koordinierungsinstrument* der vielen Individualpläne und als Steuerungsorgan des Wirtschaftsablaufs wird grundsätzlich anerkannt. Durch eine aktive Wettbewerbspolitik soll seitens des Staates der Markt in der Erfüllung seiner Aufgaben gestärkt werden. Wenn der Markt jedoch nicht in der Lage ist, soziale Bedürfnisse zu befriedigen, oder die Ergebnisse des Marktes als sozial nicht tragbar angesehen werden (z.B. einseitige Einkommensverteilung), kann der Staat im Rahmen der gesetzlichen Grundlagen in das Marktgeschehen eingreifen (auch in die Preisbildung, wie es u.a. am Agrarmarkt praktiziert wird).

Das Privateigentum einschließlich Verfügungsgewalt wird garantiert. Es unterliegt jedoch einer gewissen Sozialpflichtigkeit (Artikel 14 GG). Die Vertragsfreiheit ist ebenfalls gewährleistet, allerdings nicht absolut. Verträge, die Preisabsprachen zum Inhalt haben, werden untersagt. Die *Unternehmer* können frei über die *Art und den Umfang der Produktion* sowie die *Produktionsverfahren* (d.h. den Einsatz der Produktionsfaktoren) entscheiden, soweit nicht Interessen der Gemeinschaft berührt werden (z.B. Umweltschutz). Den Bürgern ist die freie Entscheidung über den Einsatz ihrer Arbeitskraft überlassen. Damit ist *freie Arbeitsplatz-* und *Berufswahl* Art. 12 GG gegeben. Auch haben die Konsumenten *freie Konsumwahl*. Einschränkungen gibt es nur bei sog. gefährlichen Gütern (z.B. Rauschgift, Waffen). Wenn am Markt z.B. durch Machtzusammenballungen oder ungenügende Marktübersicht die Freiheit der Konsumenten (Konsumentensouveränität) eingeschränkt wird, ist der Staat bestrebt, durch Maßnahmen die Konsumentensouveränität wieder herzustellen (durch Anwendung der Wettbewerbsgesetze bei Machtbildung oder Machtmissbrauch am Markt oder beispielsweise durch die Schaffung der Stiftung Warentest bei unzureichender Marktübersicht).

Die Sicherung der natürlichen Lebensgrundlagen ist mit Art. 20a, GG als Weiterentwicklung der sozialen Marktwirtschaft inzwischen als weitere Voraussetzung hinzugekommen.

Die Ausführungen zeigen, dass zur Kennzeichnung der Sozialen Marktwirtschaft im wesentlichen die Kriterien der reinen Marktwirtschaft herangezogen werden können, wenn man diese unter dem sozialen Vorbehalt sieht und die aktive Rolle des Staates im Wirtschaftsgeschehen herausstellt.

Zusammenfassend kann man die Soziale Marktwirtschaft durch folgende Punkte darstellen:

1. Übergeordnetes Prinzip: Verbindung der Freiheit des Marktes mit der Forderung nach sozialem Ausgleich in der Weise, dass die freie Entscheidung der Wirtschaftssubjekte (private Haushalte und Unternehmen) über den Markt weitgehend zu Gewähr leisten ist, wobei jedoch gleichrangig soziale Sicherheit und allgemeiner Wohlstand anzustreben sind. Dieses Prinzip kann unter bestimmten Umständen zu Einschränkungen der Entscheidungsfreiheit der privaten Wirtschaftssubjekte führen. Dies wird aber aus sozialpolitischen Gründen akzeptiert.

2. Garantie des Privateigentums (einschließlich Verfügungsgewalt) und des Erbrechts verbunden mit einer Sozialpflichtigkeit des Eigentum (Art. 14 GG).

3. Grundsätzliche Befürwortung des Leistungsprinzips, des Erwerbsstrebens und des privaten Risikos.

4. Aktive wirtschaftspolitische Rolle des Staates durch Schaffung und/oder Ergänzung der Wirtschaftsverfassung (Ordnungspolitik) und der Erfüllung von Aufgaben (Befriedigung kollektiver Bedürfnisse, Umverteilung von Einkommen und Vermögen und Stabilisierung der Wirtschaft) innerhalb des durch die Wirtschaftsverfassung gesetzten Rahmens (Prozess- oder Ablaufpolitik).

5. Weitgehend freie Preisbildung auf den Märkten, aber staatliche Eingriffe möglich (z.B. Agrarmarkt).

6. Grundsätzlich freie Konsumwahl.

7. Weitgehend freie Unternehmerentscheidungen (u.a. Investitionsentscheidungen), staatliche Eingriffe nur dort, wo Interessen der Gemeinschaft es verlangen (z.B. Umweltschutz).

8. Freie Wahl des Berufes und des Arbeitsplatzes (Art. 12 GG).

9. Förderung und Erhaltung eines funktionsfähigen Wettbewerbs durch grundsätzliches Kartellverbot, Fusionskontrollen und Unterstützung mittelständischer Unternehmen.

10. Weitgehende Liberalisierung der außenwirtschaftlichen Beziehungen.

11. Sicherung der natürlichen Lebensgrundlage (Art. 20a GG).

Mit dem folgenden Schema sollen die Wesensmerkmale und Voraussetzungen der „Sozialen Marktwirtschaft" auch visuell dem Leser vermittelt werden. Dadurch ergibt sich eine gute Vergleichsmöglichkeit mit den Abbildungen zur reinen Marktwirtschaft (S. 39) und zur Zentralverwaltungswirtschaft (S. 42).

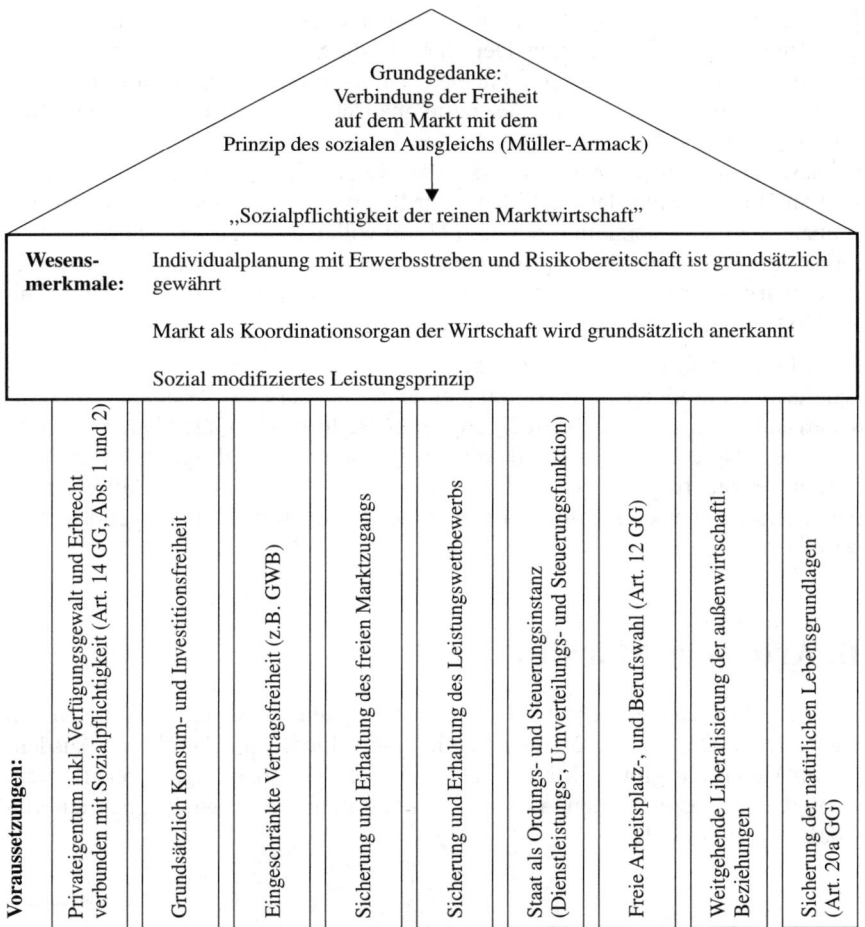

„Soziale Marktwirtschaft"
– Die Wirtschaftsordnung der Bundesrepublik Deutschland –

Grundgedanke:
Verbindung der Freiheit
auf dem Markt mit dem
Prinzip des sozialen Ausgleichs (Müller-Armack)

↓

„Sozialpflichtigkeit der reinen Marktwirtschaft"

Wesensmerkmale:

Individualplanung mit Erwerbsstreben und Risikobereitschaft ist grundsätzlich gewährt

Markt als Koordinationsorgan der Wirtschaft wird grundsätzlich anerkannt

Sozial modifiziertes Leistungsprinzip

Voraussetzungen:

- Privateigentum inkl. Verfügungsgewalt und Erbrecht verbunden mit Sozialpflichtigkeit (Art. 14 GG, Abs. 1 und 2)
- Grundsätzlich Konsum- und Investitionsfreiheit
- Eingeschränkte Vertragsfreiheit (z.B. GWB)
- Sicherung und Erhaltung des freien Marktzugangs
- Sicherung und Erhaltung des Leistungswettbewerbs
- Staat als Ordungs- und Steuerungsinstanz (Dienstleistungs-, Umverteilungs- und Steuerungsfunktion)
- Freie Arbeitsplatz-, und Berufswahl (Art. 12 GG)
- Weitgehende Liberalisierung der außenwirtschaftl. Beziehungen
- Sicherung der natürlichen Lebensgrundlagen (Art. 20a GG)

Abb. 10a: Soziale Marktwirtschaft im Überblick

IV. Markt und Preisbildung in der Sozialen Marktwirtschaft

A. Begriff des Marktes

Unter dem Begriff *Markt* kann man allgemein jedes Zusammentreffen von Angebot und Nachfrage verstehen. Der Markt ist die Summe aller Tauschbeziehungen im Hinblick auf bestimmte Güter[49]. Am Markt treten die Käufer und Verkäufer auf, um untereinander Geschäfte abzuschließen. Das Zusammentreffen von Angebot und Nachfrage kann an den verschiedensten Orten erfolgen: beispielsweise auf einem Wochenmarkt, auf Messen, in Einzelhandelsgeschäften und an Börsen. Man darf sich den Begriff Ort nicht nur als „geografisch begrenzte Region"[50] vorstellen, sondern Markt vollzieht sich überall dort, wo Verkaufs- und Kaufbeziehungen zu verzeichnen sind. So spricht man etwa vom Getreidemarkt oder vom Automobilmarkt. Auch der Weltmarkt für bestimmte Güter lässt sich nicht auf einen geografischen Ort begrenzen.

Ein Markt ist in einer arbeitsteiligen Wirtschaft notwendig, damit die Wirtschaftssubjekte Güter aller Art untereinander austauschen können. Die Wirtschaftssubjekte, die zur Befriedigung ihrer Bedürfnisse Güter benötigen und über die entsprechende Kaufkraft verfügen, treten als Nachfrager am Markt auf. Auf diese Nachfrage reagieren die Produzenten, die sich im Regelfall bei ihren Entscheidungen von Gewinninteressen leiten lassen, mit einem Angebot an Gütern.

B. Arten des Marktes

Auf den Märkten werden die verschiedensten Arten von Gütern angeboten und nachgefragt. Der Markt vollzieht sich in unterschiedlicher räumlicher Ausdehnung. Außerdem gibt es Märkte für bestimmte Finanzierungsmittel. Berücksichtigt man die einzelnen Aspekte, so kann man einige wichtige Arten von Märkten herausstellen.

---

49 Häuser, K., a.a.O., S. 82.
50 Ebenda.

Werden die Märkte nach Art der gehandelten Güter unterschieden, so gibt es

1. *Konsumgütermärkte,* auf denen Güter angeboten und nachgefragt werden, die für konsumtive Zwecke der Haushalte verwendet werden.
2. *Produktionsmittelmärkte.* Hier werden sowohl kurzlebige Produktionsmittel (wie z.B. Kohle für die Produktionsbetriebe) als auch langlebige Produktionsmittel (= Investitionsgüter wie Maschinen, Werkzeuge usw.) gehandelt. Neben dem Produktionsfaktor *Sachkapital* sind auch die Produktionsfaktoren *Arbeit* und *Boden* Gegenstand des Angebots und der Nachfrage.

Wird als Kriterium die *räumliche Ausdehnung* der Märkte herangezogen, kann man folgende Arten unterscheiden:

- Lokale Märkte
- Regionale Märkte
- Nationale Märkte (z.B. der westdeutsche Steinkohlemarkt)
- Internationale Märkte (z.B. Weltmarkt für Getreide)

Geht man von den *verschiedenen Finanzierungsmitteln* aus, so kommt man zu folgenden Arten von Märkten:

- *Geldmarkt*
  Auf diesem Markt werden Zentralbankgeld unter den privaten Geschäftsbanken und sehr kurzfristige Wertpapiere zwischen Staat, privaten Geschäftsbanken, Unternehmen und privaten Haushalten gehandelt
- *Kapitalmarkt*
  Gegenstand dieses Marktes ist nicht Sachkapital, sondern Geldkapital. Es handelt sich beim Kapitalmarkt um den Handel mittel- und langfristigen Wertpapieren.

C. Aufgaben des Marktes

Der Markt soll die vielen Einzelpläne der Wirtschaftssubjekte koordinieren. Diese Koordination geschieht bekanntlich mithilfe eines Preismechanismus. Der Preis bringt Angebot und Nachfrage zur Deckung und ermöglicht gleichzeitig die Ermittlung der Wertrelation der Güter untereinander. Außerdem wird durch den Preis der Knappheitsgrad der Güter sichtbar, wodurch die Wirtschaftssubjekte zum ökonomischen Handeln gezwungen werden. Der Markt steuert den Wirtschaftsablauf. Er ist Orientierungspunkt für die wirtschaftlichen Entscheidungen sowohl der Produzenten als auch der Konsumenten. Ökonomische Veränderungen werden sofort am Markt sichtbar und ermöglichen deshalb den Anbietern und Nachfragern eine schnelle Anpassung an die veränderten Verhältnisse, wodurch Fehlentscheidungen in der Regel vorgebeugt werden kann oder ein rechtzeitiges Erkennen von getroffenen Fehlentscheidungen möglich wird. In der Sozialen Marktwirtschaft werden die genannten volkswirtschaftlichen Grundprobleme – was soll produziert werden, wie soll produziert werden und wie soll die Verteilung des Produktionsergebnisses erfolgen – weitgehend über den Markt gelöst.

D. Die Preisbildung

Bei der Erörterung der Preisbildung wird immer von der These: – Angebot und Nachfrage bestimmen den Preis – ausgegangen. Dazu ist zu bemerken, dass diese Aussage nur im Prinzip richtig ist, weil sie die Preisbildung bei den unterschiedlichen Marktformen nicht berücksichtigt bzw. nur für eine bestimmte Marktform gilt. Da Angebot und Nachfrage jedoch eine bedeutende Rolle bei der Preisbildung spielen, ist es erforderlich, zunächst die Bestimmungsgründe des Angebots und der Nachfrage zu untersuchen und nach Darstellung der einzelnen Marktformen die Preisbildung unter verschiedenen Marktbedingungen zu behandeln.

1. Bestimmungsgründe von Angebot und Nachfrage

a) Bestimmungsgründe des Angebots

Welche Faktoren bestimmen das volkswirtschaftliche Angebot an Sachgütern und/oder Dienstleistungen? Da das gesamtwirtschaftliche Angebot eines Gutes in der Regel aus dem Angebot einer Vielzahl von Anbietern besteht, ist es zweckmäßig, zunächst die Angebotsmotive eines einzelnen Produzenten zu untersuchen und dann die Bestimmungsgründe für das Gesamtangebot aufzuzeigen. Der einzelne Produzent wird die angebotene Menge eines bestimmten Gutes vom Preis abhängig machen, den er für dieses Produkt auf dem Markt erwartet und zwar in der Weise, dass er mit steigenden Preiserwartungen mehr von diesem Gut am Markt anbietet. Auch der erwartete Preis von Gütern, die er außerdem noch herstellen kann, übt einen Einfluss auf sein Angebot aus. Wenn ein Bauer Milch anbietet, wird sein Angebot an Milch von dem erwarteten Milchpreis abhängen, aber auch vom erwarteten Butterpreis. Erwartet der Bauer einen höheren Butterpreis bei gleich bleibenden Milchpreisen, wird er mehr Butter und weniger Milch anbieten. Für das Angebot eines Gutes ist weiter die Kostenstruktur des Betriebes von Bedeutung, weil sich eine günstige Kostenstruktur im Preis dergestalt auswirkt, dass bei gleichen Preiserwartungen mehr angeboten werden kann. Auch ein hoher Stand des technischen Wissens kann zu einem vermehrten Angebot führen. Schließlich sei noch auf die Abhängigkeit des Angebots von den Gewinnerwartungen des Produzenten hingewiesen. Steigende Gewinnerwartungen führen im Regelfall zu einem vermehrten Angebot. Die Erörterung der das Angebot beeinflussenden Faktoren zeigt, dass diese unter-

50

einander sehr stark verzahnt sind. Sie alle wirken mehr oder weniger stark auf das Angebot eines Gutes ein. Um zum *gesamtwirtschaftlichen Angebot* zu gelangen, muss man die vielen Einzelangebote eines Gutes zusammenfassen (aggregieren). Dabei ändern sich die einzelnen Faktoren im Prinzip nicht, sondern nur deren Größenordnungen (Dimensionen). Das gesamtwirtschaftliche Angebot an einem Gut hängt dann von dem Preis des Gutes ab, den die Anbieter insgesamt erwarten, weiter von den erwarteten Preisen der übrigen Güter, die der bestimmte Wirtschaftszweig noch produzieren kann, von der Kostenstruktur des Wirtschaftszweiges insgesamt, vom Stand des technischen Wissens der Branche, sowie den Gewinnerwartungen der Branche. Ein Faktor, der bei der einzelwirtschaftlichen Betrachtung nicht auftrat, ist nun zu berücksichtigen, nämlich die Zahl der Anbieter, die ebenfalls Einfluss auf die Höhe des Angebots hat. Je größer die Zahl der Anbieter, desto höher ist auch das Gesamtangebot.

Zusammenfassend ist festzustellen, dass das gesamtwirtschaftliche Angebot von folgenden Faktoren abhängt:

– Erwarteter Preis des angebotenen Gutes
– Erwartete Preise anderer Güter, die der Wirtschaftszweig noch erzeugen kann
– Kostenstruktur der Branche
– Stand des technischen Wissens der Branche
– Gewinnerwartungen der Branche
– Zahl der Anbieter

Betrachtet man diese Einflussfaktoren bis auf den erwarteten Preis zunächst konstant, so kann man die Angebotsreaktion auf verschiedene Preiserwartungen für ein Gut mithilfe einer Tabelle und einer grafischen Darstellung veranschaulichen.

Tab. 2: Reaktion des Angebots an Spargel auf unterschiedliche Preiserwartungen

Erwarteter Preis von DM	bewirkt	Angebot an Spargel in kg
1		0
2		50
4		150
6		250
8		350
10		450

Überträgt man diese Werte in eine Grafik, ergibt sich folgendes Bild:

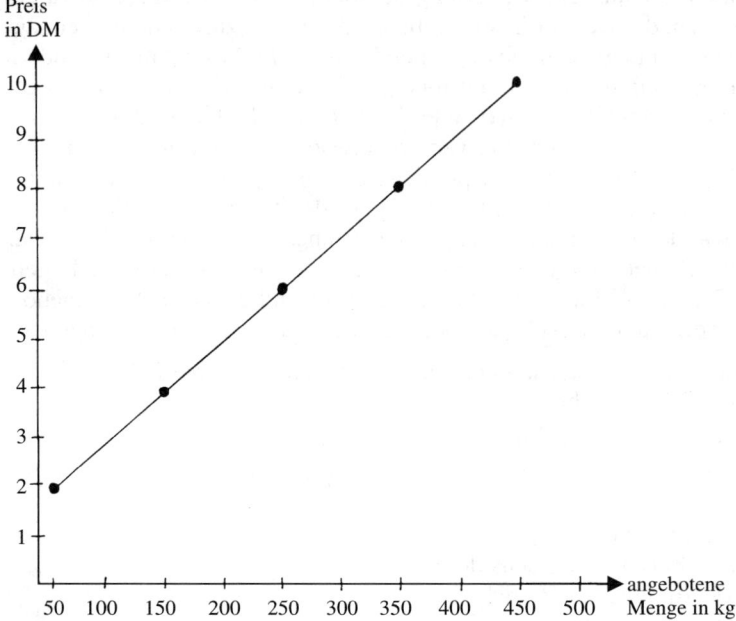

Abb. 11: Verlauf der Angebotskurve bei verschiedenen Preiserwartungen

Die Grafik zeigt, dass das Angebot eines Gutes (z.B. Spargel) mit steigender Preiserwartung der Anbieter zunimmt. Verändern sich die bisher als konstant gehaltenen Einflussfaktoren, so verschiebt sich die Kurve entweder nach rechts unten oder nach links oben, je nach Einflussrichtung. Erwarten die Erzeuger beispielsweise für Erdbeeren einen besseren Preis als für Spargel, wird das Angebot an Spargel insgesamt zurückgehen und die Kurve verschiebt sich nach links oben. (siehe Abb. 12)

In gleicher Weise wirken sich die anderen Einflussfaktoren aus. Man kann allgemein feststellen, dass bei gegebenen Preiserwartungen für ein Gut die Veränderung der übrigen Faktoren entweder zu einer Zunahme des Angebots (die allein von der Preiserwartung bestimmte Angebotskurve verschiebt sich nach rechts *unten*) oder zu einer Abnahme des Angebots (die Kurve verschiebt sich nach links *oben*) führt.

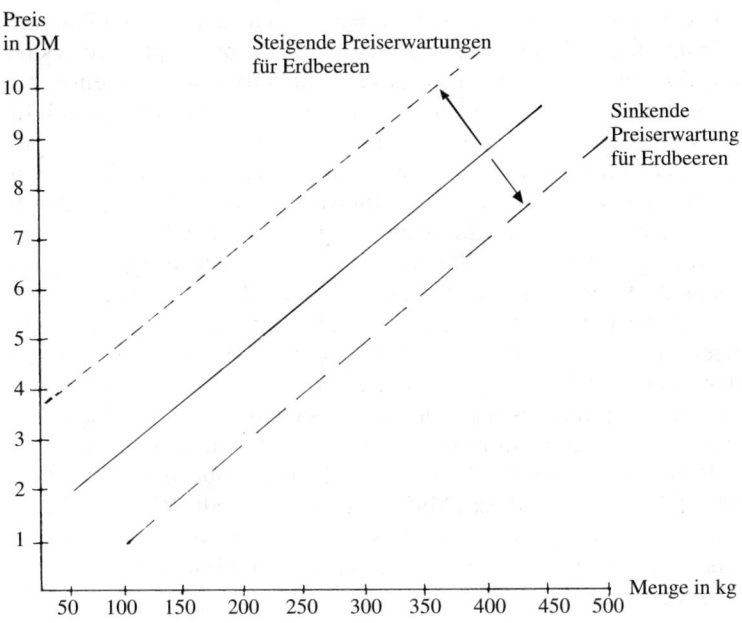

Abb. 12: Einfluss der Preiserwartungen für andere Güter auf das Spargelangebot

Tab. 3: Auswirkungen der übrigen Einflussfaktoren bei gleich bleibenden Preiserwartungen auf das Gesamtangebot des einen Gutes

Einflussfaktoren		Angebot
Preiserwartung für die anderen Güter:	optimistisch	sinkt
	pessimistisch	steigt
Kostenstruktur wird:	günstiger	steigt
	ungünstiger	fällt
Gewinnerwartung:	steigt	steigt
	sinkt	sinkt
Zahl der Anbieter:	nimmt zu	steigt
	nimmt ab	sinkt

b) Bestimmungsgründe der Nachfrage

Die Menschen fragen Güter (Sachgüter und Dienstleistungen) nach, um ihre Bedürfnisse zu befriedigen, d.h. nur wenn Bedarf besteht, gibt es auch eine Nachfrage nach einem Gut. Welche Faktoren sind nun maßgebend für die Entscheidung der Nachfrage für ein bestimmtes Gut? Es sind eine Vielzahl von Faktoren, die sich in irgendeiner Weise auf das Nachfrageverhalten auswirken. Um

53

die Übersicht zu behalten, können nur die wesentlichsten Faktoren erwähnt werden, soweit sie durch die Marktforschung auch als solche bestätigt worden sind. Zum besseren Verständnis wird zunächst das Nachfrageverhalten des einzelnen Haushalts (Ein- oder Mehrpersonenhaushalt) untersucht, weil sich dadurch für den Leser ein unmittelbarer Bezug zu seinem eigenen Nachfrageverhalten herstellen lässt. Die Nachfrage nach einem Gut ist vom Preis des betreffenden Gutes abhängig, den der Nachfrager erwartet. Im Normalfall wird mit sinkendem Preis des Gutes mehr von diesem Gut nachgefragt, wenn noch keine Sättigung bei diesem Gut eingetreten ist. Es gibt auch „anormale" Nachfragereaktionen auf unterschiedliche Preise und zwar dergestalt, dass die Nachfrager bei steigenden Preiserwartungen nicht weniger (wie im Normalfall), sondern mehr an Gütern nachfragen. In der heutigen Zeit beruht diese Reaktion auf dem Bedürfnis einzelner Menschen oder Gruppen von Menschen sich vom Mitmenschen oder einzelnen Gruppen dadurch abzusetzen, dass man seine wirtschaftliche Leistungsfähigkeit oder seine Position in der Gesellschaft mit diesem Verhalten herausstellt. Man bezeichnet diese Reaktion auch als „Snob-Effekt". Die Werbung zielt oft auf die Betonung dieses Verhaltens ab, so z.B. die Werbung für Attika-Zigaretten: „Es war schon immer etwas teurer, einen besonderen Geschmack zu haben." Für die weiteren Ausführungen soll dieser Fall jedoch außer Betracht gelassen werden.

Andere Einflussgrößen sind die Preise der noch in den *Begehrkreis* des Haushalts fallenden Güter. Dabei ist interessant, ob es sich um Substitutionsgüter (Kohle – Erdöl) oder Komplementärgüter (Pfeife – Tabak) handelt. Die Nachfrage nach Kohle wird zurückgehen, wenn die Preise für Erdöl sinken und umgekehrt. Bei Komplementärgütern wird beispielsweise bei steigenden Preisen für Tabak auch die Nachfrage nach Pfeifen rückläufig sein und umgekehrt. Zum Begehrkreis des Haushalts zählen auch Güter, die weder in einem komplementären noch substitutionellen Verhältnis zueinander stehen. Auch die erwarteten Preise dieser Güter haben Einfluss auf die Nachfrage nach einem bestimmten Gut. Wenn der Haushalt beispielsweise erwarten muss, dass die Mieten steigen werden, wird er seine Nachfrage nach Spargel einschränken, weil Wohnen für ihn lebensnotwendiger als Spargel ist. Ein wichtiger Faktor ist weiterhin die Einkommenshöhe des Haushalts und zwar die des *verfügbaren, realen* Einkommens. Was heißt verfügbar, was heißt real?

Das verfügbare Einkommen ist das Einkommen, welches dem Haushalt nach Abzug von Steuern und Sozialabgaben und der Hinzurechnung von Einkommensübertragungen (Transferzahlungen des Staates) wie Kindergeld, Wohngeld usw. verbleibt.

Real bezeichnet, welche Kaufkraft hinter diesem Einkommen steht, d.h. das nominale Einkommen muss um die Preissteigerungen bereinigt werden. Beispiel: Wenn das nominale verfügbare Einkommen um 7% steigt und die Preise sich gleichzeitig um 4% erhöhen, ist das real verfügbare Einkommen nur um 3% gewachsen. Wie ändert sich die Nachfrage unter dem Einfluss von Veränderungen des realen, verfügbaren Einkommens? In der Regel wird ein Haushalt, wenn er noch nicht gesättigt ist, bei steigendem Einkommen mehr von einem Gut nachfragen und bei fallendem Einkommen weniger, sofern es sich nicht um ein lebensnotwendiges Gut handelt. Bei einem lebensnotwendigen Gut, wie z.B. Brot, beobachtet man, dass mit sinkendem Einkommen die Nachfrage nicht zurückgeht, sondern eher noch zunimmt, weil dann das Einkommen unter Verzicht auf andere Güter auf das lebensnotwendige Gut konzentriert wird. Dieser Sonderfall soll jedoch nicht weiter verfolgt werden. Weitere Einflussfaktoren, wie Sozialprestige, Vermögen, Kreditmöglichkeiten u. a. werden an dieser Stelle nicht weiter erörtert. Ihre Bedeutung ist in anderem Zusammenhang ausführlicher zu behandeln.

Fasst man alle Haushalte zusammen, kommt man zur *gesamtwirtschaftlichen Nachfrage,* die für die Preisbildung von Bedeutung ist. Durch die Zusammenfassung (Aggregation) der einzelnen Haushalte ändern sich die Einflussfaktoren im Prinzip nicht, sondern wie beim Angebot nur ihre Dimensionen. Einige neue Faktoren kommen durch diese Aggregation hinzu. Die gesamtwirtschaftliche Nachfrage nach einem Gut hängt von dem Preis ab, den die Nachfrager insgesamt für das Gut erwarten, vom erwarteten Preisniveau aller übrigen Güter, die für die Nachfrager insgesamt noch von Bedeutung sind. Man könnte hierzu als gewissen Anhaltspunkt den Preisindex für die Lebenshaltung heranziehen, den das Statistische Bundesamt für „Personenhaushalte" monatlich und jährlich ermittelt. Es ist festzustellen, dass im Preisindex für die Lebenshaltung *alle* für die Haushaltsführung wichtigen Güterpreise enthalten sind, also auch der Preis des Gutes, das es zu betrachten gilt. Insofern ist der Preisindex für die Lebenshaltung nur ein beschränkter Ansatzpunkt für die Konkretisierung der übrigen Preise als Einflussfaktor auf die Gesamtnachfrage nach einem bestimmten Gut. Die Nachfrage wird weiterhin von der Höhe des realen, verfügbaren Volkseinkommens in der bereits beim Einzelnachfrager geschilderten Weise beeinflusst.

Durch die Zusammenfassung der Einzelnachfrage kommen noch zwei Faktoren hinzu: Zum einen die Zahl der *Verbraucher* und zum anderen die *Verteilung des Volkseinkommens.* Eine höhere Zahl von Nachfragern steigert die Nachfrage, eine geringere Zahl von Konsumenten vermindert die Nachfrage. Bei der Einkommensverteilung wird angenommen, dass eine gleichmäßige Verteilung des Volkseinkommens auf die einzelnen Gruppen die Nachfrage nach bestimmten Gütern erhöht. Wenn das Volkseinkommen sich bei wenigen Gruppen der Gesellschaft konzentriert, tritt dort eher eine Sättigung und damit Stagnation der Nachfrage ein, als bei einer Verteilung auf viele Gruppen.

Um die Nachfragesituation zu verdeutlichen, soll in einer Tabelle und einer Grafik die nachgefragte Menge eines Gutes in Abhängigkeit vom erwarteten Preis des Gutes dargestellt werden. Als Beispiel dient die Gesamtnachfrage nach Spargel.

Tab. 4: Reaktion der Nachfragemenge auf unterschiedliche Preiserwartung für Spargel

Erwarteter Preis von DM	bewirkt	Nachfrage an Spargel in kg
10		50
8		150
6		250
4		350
2		450
1		500

Die grafische Darstellung dieser Tabelle ergibt folgendes Bild:

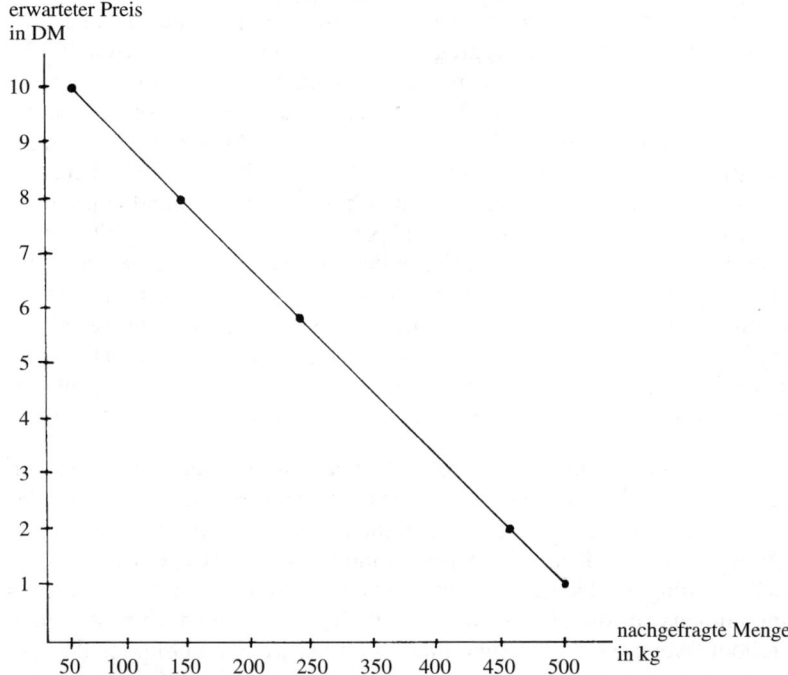

Abb. 13: Verlauf der Nachfragekurve nach Spargel bei unterschiedlichen Preiserwartungen

Aus der Darstellung ist zu ersehen, dass bei *normaler* Reaktion der Verbraucher die gesamtwirtschaftliche Nachfrage nach Spargel mit sinkenden Preiserwartungen zunimmt. Die übrigen genannten Einzelfaktoren bewirken bei gleich bleibenden Preiserwartungen für das Gut (Spargel) eine Erhöhung der Nachfrage (die Kurve verschiebt sich nach rechts oben) oder eine Verminderung des Angebots (die Kurve verschiebt sich nach links unten). So wird beispielsweise durch eine Erhöhung des verfügbaren, realen Volkseinkommens die Kurve nach rechts oben verschoben, d.h. die Nachfrage nach Spargel erhöht sich. Bei einer Verminderung des Volkseinkommens tritt eine Verschiebung nach links unten ein, d.h. die Nachfrage geht zurück.

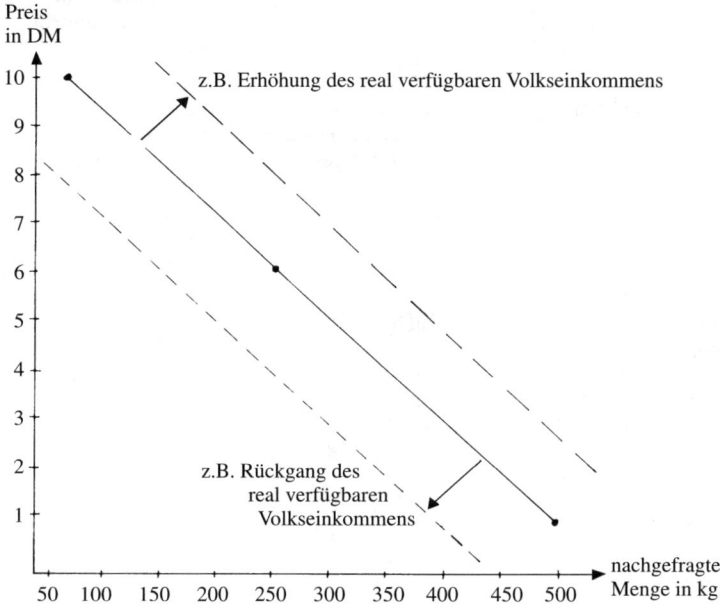

Abb. 14: Einfluss der übrigen Faktoren auf die Nachfragekurve

Zusammenfassend soll der Einfluss der übrigen Faktoren auf die Nachfrage schematisch dargestellt werden:

Auswirkungen der übrigen Einflussfaktoren bei gleich bleibenden Preiserwartungen auf die Gesamtnachfrage nach einem Gut.

Einflussfaktoren		Nachfrage	
Preiserwartungen für die übrigen Güter:	steigend	als Subsitionsgut:	steigend
		als Komplementärgut:	sinkend
		als sonstiges Gut:	steigend oder gleich bleibend bei lebensnotwendigem Gut, sinkend, bei nicht lebensnotwendigem Gut
	sinkend	als Subsitionsgut:	sinkend
		als Komplementärgut:	steigend
		als sonstiges Gut:	steigend bei nicht lebensnotwendigem Gut, gleich bleibend bei lebensnotwendigem Gut
Real verfügbares Volkseinkommen:	steigt	steigt	
	sinkt	sinkt	
Zahl der Nachfrager:	steigt	steigt	
	sinkt	sinkt	
Einkommensverteilung:	verbessert	steigt	
	verschlechtert	sinkt	

2. Marktformen

Die Preisbildung wird entscheidend von den Marktformen beeinflusst. Die allgemeine Aussage, dass Angebot und Nachfrage den Preis bestimmen, muss durch die Einbeziehung der Marktformen relativiert werden.

Diese lassen sich insbesondere durch zwei Vorstellungen klassifizieren: zum einen durch bestimmte qualitative Beschaffenheiten des Marktes, zum anderen durch die quantitative Besetzung der beiden Marktseiten.

Stellt man auf die qualitativen Merkmale eines Marktes ab, so unterscheidet man vollkommene und unvollkommene Märkte.

a) Der vollkommene Markt

Der Markttypus des vollkommenen Marktes, der in der Realität recht selten vorkommt, dient in der Volkswirtschaftslehre vor allem als Modell zur Erklärung der Preisbildung.

Die *Bedingungen* für einen vollkommenen Markt sind:

aa) Die gehandelten Güter müssen *sachlich gleichartig* (= homogen) sein, d.h. es darf keine Unterschiede in der Qualität ein und desselben Gutes geben (keine sachlichen Vorzüge = Präferenzen für ein bestimmtes Gut).

Beispiel: Brötchen, die von verschiedenen Bäckern mit gleicher Mehlsorte und sonstigen gleichen Zutaten unter Anwendung identischer Produktionsverfahren gebacken werden, betrachten die Käufer als gleichwertig. Sie sind also nicht der Meinung, die Brötchen des Bäckers A seien besser als diejenigen des Bäckers B. Es gibt demnach bei den Nachfragern für ein gleiches Gut keine vermeintlichen Qualitätsunterschiede.

bb) Es dürfen *keine persönlichen Vorzüge* (Präferenzen) für ein Gut vorhanden sein. Zwischen Käufern und Verkäufern existieren also keine persönlichen Bindungen.

Beispiel: Man darf in einem Geschäft nicht deshalb ein Gut kaufen wollen, weil die Verkäuferin ausgesprochen hübsch und nett ist.

cc) Zwischen den Anbietern und Nachfragern bestehen *keine räumlichen Entfernungen* (keine räumliche Präferenz). Der Markt vollzieht sich an einem Punkt, so genannter *Punktmarkt*.

Beispiel: Zentrale Wertpapierbörse für die Bundesrepublik Deutschland in Frankfurt am Main.

dd) Es dürfen *keine zeitlichen Differenzierungen* zwischen den einzelnen Anbietern und Nachfragern vorhanden sein.

Beispiel: Jeweils dieselben Lieferfristen, dieselbe Promptheit bei der Bedienung, Abfertigung usw.

ee) Auf dem Markt herrscht *vollständige Marktübersicht* (Markttransparenz). Danach sind die Marktteilnehmer über die Verhältnisse am Markt vollständig informiert. Da die Nachfrager die angebotenen Güter kaufen, ist für sie die Markttransparenz besonders wichtig.

ff) Es gibt keinerlei Marktzugangsbeschränkungen; weder rechtlicher noch wirtschaftlicher Art; d.h. der Markt ist für jedermann zugänglich (offener Markt).

Der vollkommene Markt setzt demnach die Erfüllung der Bedingungen aa)–ff) voraus.

In der Praxis entsprechen die Waren-, Devisen- und Wertpapierbörsen am ehesten dem Modell des vollkommenen Marktes.

b) Der unvollkommene Markt

Ein Markt kann dann als unvollkommen angesehen werden, wenn *mindestens eine der Bedingungen* des vollkommenen Marktes *nicht erfüllt* ist. In der wirtschaftlichen Realität repräsentieren insbesondere die Konsumgütermärkte unvollkommene Märkte, z.B. die vielen kleinen Einzelhandelsgeschäfte (Tante-Emma-Läden), die seitens der Verbraucher gewisse Vorzüge genießen (freundliche Bedienung, ansprechende Ladeneinrichtung, Nähe zur Wohnung etc.). „Konsumgütermärkte müssen unvollkommen sein, wenn das Konsumgüterangebot bunt und vielfältig sein soll"[51].

Die Märkte der Investitionsgüter dagegen nähern sich auf Grund ihrer Standardisierung durch sachliche Gleichartigkeit oft den Bedingungen eines vollkommenen Marktes[52].

Versucht man die Märkte nunmehr durch die Anzahl der Marktteilnehmer auf den beiden Marktseiten zu charakterisieren, ergeben sich die elementaren Marktformen des Polypols, Monopols und Oligopols:

c) Polypol

Die Marktform des Polypols bzw. der vollständigen Konkurrenz liegt vor, wenn auf dem Markt den vielen Anbietern viele Nachfrager gegenüberstehen. Der Marktanteil der Anbieter wie auch der Nachfrager ist dabei so gering, dass kein entscheidender Einfluss auf die Preisgestaltung ausgeübt werden kann. Will z.B. ein Anbieter durch Senkung seiner Güterpreise mehr Nachfrage auf sich ziehen, so bleibt die Konkurrenz gelassen und verändert ihre Preise nicht. Sie weiß, dass der einzelne Polypolist auf Grund der begrenzten Möglichkeiten im Hinblick auf die Ausweitung seiner Kapazitäten kaum in der Lage ist, eine entscheidende Mehrnachfrage auf sich zu vereinigen.

d) Monopol

Wenn auf einem Markt auf einer Marktseite nur ein Marktteilnehmer vorhanden ist, auf der anderen Seite dagegen viele bzw. mehrere Marktteilnehmer, oder es je einen Marktteilnehmer auf beiden Seiten gibt, liegt ein Monopol vor. Man unterscheidet: das Angebotsmonopol (ein Anbieter, viele oder wenige Nachfrager), das Nachfragemonopol (ein Nachfrager, viele oder wenige Anbieter), das zweiseitige (bilaterale) Monopol (ein Nachfrager, ein Anbieter).

Gibt es beim Angebotsmonopol auf der anderen Marktseite wenige große Nachfrager, dann spricht man vom beschränkten Angebotsmonopol. Umgekehrt gilt das gleichermaßen für das Nachfragemonopol.

---

51 Vgl. Ott, A.-E., Grundzüge der Preistheorie, Göttingen 1968, S. 36.
52 Z.B. bei Zement, Rohren, Stahlträgern und -blechen. Vgl. Ott, A.-E., a.a.O., S. 36.

Wenn nach dem Träger des Monopols unterschieden wird, kann man die Monopole in private Monopole und Monopole der öffentlichen Hand (Bund, Länder, Gemeinden unterteilen. In der wirtschaftlichen Wirklichkeit kommen reine Monopole privater Art ebenso relativ selten wie die Marktform der vollständigen Konkurrenz vor. Außerdem ist die missbräuchliche Ausnutzung einer Monopolstellung nach dem Gesetz gegen Wettbewerbsbeschränkungen (GWB § 19) untersagt. Die Monopole der öffentlichen Hand konzentrieren sich auch nur auf wenige Bereiche, die im Rahmen der Wettbewerbspolitik der Europäischen Union (Liberalisierungsrichtlinien) von den nationalen Regierungen immer mehr liberalisiert werden müssen (z.B. Strommarkt, Verkehr, Post, Telekommunikation usw.).

e) Oligopol

Ist die Zahl der Marktteilnehmer auf einer Marktseite oder auf beiden Seiten begrenzt, so liegt die Marktform des Oligopols vor. Es stehen in dieser Marktform wenige Anbieter vielen Nachfragern gegenüber *(Angebotsoligopol)* oder es sind wenige Nachfrager und viele Anbieter vorhanden (Nachfrageoligopol). Ferner ist es möglich, dass auf *beiden* Marktseiten nur *wenige* Teilnehmer auftreten. Man spricht dann von einem *zweiseitigen* (bilateralen) Oligopol.

Das Oligopol ist die in der wirtschaftlichen Realität am häufigsten vorkommende Marktform, weil Konzentrationsbewegungen auf bestimmten Marktgebieten die Zahl der Marktteilnehmer immer mehr verringern.

Seit einiger Zeit ist beispielsweise im Lebensmitteleinzelhandel ein verstärktes Ausscheiden kleiner Läden und demgegenüber die Bildung von Verbrauchermärkten zu beobachten. Solche Konzentrationsvorgänge kann man in anderen Wirtschaftszweigen ebenfalls schon seit Jahren feststellen. Typisch für Oligopole sind in der Bundesrepublik Deutschland die Märkte für Automobile, Waschmittel, Elektrogeräte, Mineralöl usw. Hier findet man das *Angebotsoligopol*, d.h. wenigen Anbietern stehen viele Nachfrager gegenüber. Dergestalt etwa beherrschen wenige große Firmen den Mineralölmarkt. Auf der Nachfrageseite befinden sich viele Verbraucher von Mineralöl. Ein Nachfrageoligopol ist beispielsweise auf dem Markt für Zubehörteile der Automobilindustrie zu finden. Wenige große Nachfrager nach Zubehörteilen (VW, Opel, BMW, Ford) stehen mit vielen kleinen Produzenten (Anbietern) von Autozubehörteilen in Geschäftsbeziehungen.

Nachfolgendes Schema zu den Marktformen (Abb. 15) zeigt den wesentlichen Zusammenhang nochmals auf:

Dieses symmetrische Marktformenschema zeigt, dass sich auf den beiden Marktseiten die Marktteilnehmer hinsichtlich ihrer Anzahl unterscheiden und sich entsprechend den Regeln der Kombinatorik insgesamt neun Marktformen ergeben. Ihnen fallen zugleich ganz bestimmte Anteile des Gesamtmarktes zu, die man der folgenden Reihe entnehmen kann:

Anzahl:	einer	wenige	viele
	$\mid$	$\mid$	$\mid$
Anteil:	groß	mittel	klein

Nachfrager / Anbieter	einer	wenige	viele
einer	zweiseitiges (bilaterales) Monopol	beschränktes Angebotsmonopol	(Angebots-) Monopol
weinige	beschränktes Nachfragemonopol	zweiseitiges (bilaterales) Oligopol	(Angebots-) Oligopol
viele	Nachfragemonopol	Nachfrageoligopol	Polypol (vollständige Konkurrenz)

Abb. 15: Marktformen

Die Vertiefung des Gedankens der jeweiligen Marktanteile und damit der relativen Größe der Marktteilnehmer führt allerdings zu weiteren Marktformen, die hier unberücksichtigt bleiben sollen. Erkennbar wird jedoch ohne weiteres die Schwierigkeit in der Abgrenzung zwischen wenigen und vielen Marktteilnehmern: „Wenige können offenbar exakt von einem abgegrenzt werden, aber nicht von vielen"[53].

In der Folge soll auf die elementaren Formen des *Polypols, Monopols* und *Oligopols* abgestellt und geprüft werden, ob und inwieweit sich diese in das System vollkommener und unvollkommener Märkte einfügen. Dabei ergibt sich, dass die Marktformen des Polypols, Monopols und Oligopols sowohl unter den Bedingungen des vollkommenen als auch des unvollkommenen Marktes betrachtet werden können. Mit der Ausnahme jedoch, dass das *zweiseitige* (bilaterale) Monopol nur auf dem vollkommenen Markt denkbar ist. „Wenn nur ein Anbieter und nur ein Nachfrager auftritt, dann kann es selbstverständlich keine Differenzierungen zwischen Anbietern und Nachfragern geben"[54].

Zur Verdeutlichung der grundlegenden Regeln der Preisbildung sei allerdings im folgenden nur die polypolistische Preisbildung unter den Bedingungen vollkommener und unvollkommener Märkte dargestellt. Aus Vereinfachungsgründen soll diese Unterscheidung bei der monopolistischen und oligopolistischen Preisbildung entfallen.

---

53 Vgl. Ott, A.-E., a.a.O., S. 39.
54 Vgl. ebenda, S. 44.

3. Preisbildung beim Polypol

a) Preisbildung unter den Bedingungen des vollkommenen Marktes

Der Preis bildet sich durch das freie Zusammenspiel von Angebot und Nachfrage. Anhand unseres Beispiels (vgl. Tabellen 3 und 4 Angebots- und Nachfragereaktionen auf dem Spargelmarkt) lässt sich die Preisbildung wie folgt erklären:

Die Zahlenwerte aus den Tabellen 3 und 4 ergeben folgende Übersicht:

Tab. 5: Angebot und Nachfrage auf dem Spargelmarkt

Preis je kg in DM	Angebotsmenge in kg	Nachfragemenge in kg
10	450	50
8	350	150
6	250	250
4	150	350
2	50	450
1	0	500

In diesem Beispiel kommt es bei einem Preis von 6 DM pro Kilo zum Marktausgleich, d.h. bei diesem Preis stimmen Angebot und Nachfrage überein. Die abgesetzte Menge beträgt 250 kg. Bei einem Preis von über 6,– DM ist das Angebot größer als die Nachfrage. Bei jedem Preis unter 6,– DM wird mehr nachgefragt als angeboten. Man kann diesen Zusammenhang auch mithilfe einer grafischen Darstellung veranschaulichen. Dazu stellt man die Angebots- und Nachfragekurve in einer Grafik dar.

Der Schnittpunkt der Angebots- und Nachfragekurve gibt den Preis an, der sich auf Grund der Marktsituation für das bestimmte Gut bildet. Da es bei diesem Preis zum Ausgleich zwischen Angebot und Nachfrage kommt, nennt man diesen Preis auch den *Gleichgewichtspreis,* da alle anderen Preise kein Gleichgewicht zwischen Angebot und Nachfrage bewirken. Bei einem Preis von beispielsweise 10,– DM für das Kilo Spargel werden 450 kg Spargel angeboten, aber nur 50 kg nachgefragt. Es ergibt sich dann ein *Angebotsüberhang* von 400 kg. Dieser Angebotsüberhang hat eine Konkurrenz der Anbieter zur Folge, weil diese nicht auf ihrer Ware „sitzen bleiben" wollen. Dies führt so lange zu sinkenden Preisen, bis Angebot und Nachfrage übereinstimmen, d.h. bis der Gleichgewichtspreis erreicht ist. Wenn ein Angebotsüberhang vorliegt, so wird auch von einem *Käufermarkt* gesprochen, da sich in dieser Situation die Käufer gegenüber den Verkäufern in einer stärkeren Position befinden.

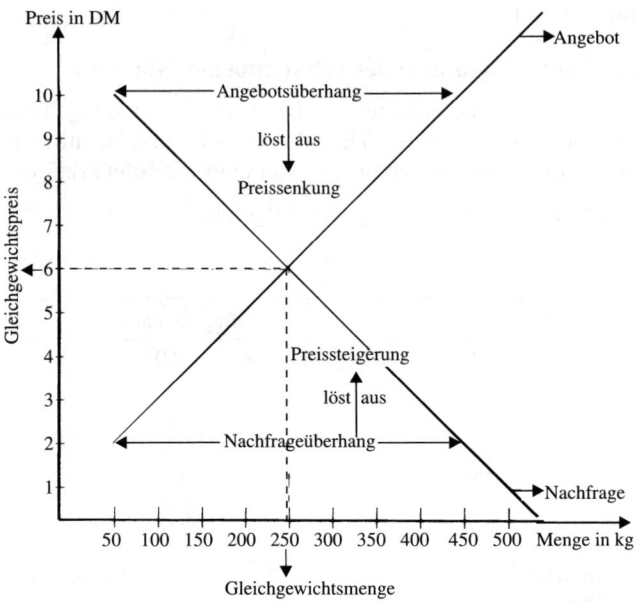

Abb. 16: Marktpreisbildung

Liegt dagegen der Preis unter dem Gleichgewichtspreis, entsteht ein *Nachfrageüberhang,* der zu einer Konkurrenz unter den Nachfragern um das Gut führt, was zur Folge hat, dass ein Teil der Nachfrager bereit ist, einen höheren Preis zu zahlen. Diese Konkurrenz der Nachfrager treibt dann den Preis so lange in die Höhe, bis sich Angebot und Nachfrage ausgleichen und der Gleichgewichtspreis zu Stande kommt. In unserem Beispiel wird bei einem Preis von 2,– DM nur 50 kg Spargel angeboten, aber 450 kg nachgefragt. Es besteht dann ein Nachfrageüberhang von 400 kg. Einen Markt mit einem Nachfrageüberhang bezeichnet man entsprechend als *Verkäufermarkt.* In dieser Lage sind die Verkäufer gegenüber den Käufern in einer besseren Position.

Abweichungen vom Gleichgewichtspreis werden bei unveränderten Marktverhältnissen durch die *Marktkräfte* (Angebots- und Nachfragedruck) korrigiert und führen wieder zum Gleichgewichtspreis. Der *Gleichgewichtspreis* ist daher unter der jeweils *gegebenen Marktsituation* der einzig *realisierbare Preis.* Zum Gleichgewichtspreis wird auch die maximale Menge eines Gutes abgesetzt.

aa) Änderungen des Gleichgewichtspreises

Wenn sich die *übrigen Faktoren* ändern, die außer dem Preis des Gutes Angebot und Nachfrage bestimmen, kommt es zu einem *neuen* Gleichgewichtspreis mit den erörterten Eigenschaften. Erhöht sich in unserem Beispiel das real verfügbare Volkseinkommen, so ist anzunehmen, dass die Nachfrage nach Spargel steigt. Damit verschiebt sich die Nachfragekurve nach rechts außen. Wenn das Angebot an Spargel nicht vergrößert werden kann, wird sich ein höherer Gleichgewichtspreis im Vergleich zur Ausgangslage bilden.

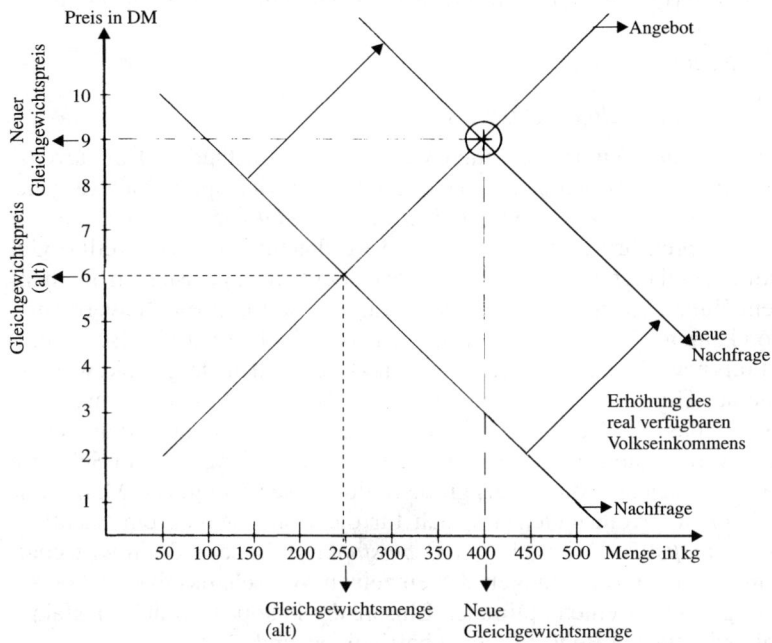

Abb. 17: *Veränderung des Gleichgewichtspreises durch Erhöhung des real verfügbaren Volkseinkommens*

Die Abbildung zeigt, dass sich auf Grund der geänderten Marktverhältnisse (Erhöhung der Nachfrage verursacht durch eine Steigerung des real verfügbaren Volkseinkommens) ein neuer Gleichgewichtspreis bildet, der in diesem Beispiel höher liegt als derjenige in der Ausgangssituation. Die abgesetzte Menge ist ebenfalls gestiegen.

Die wichtigsten Faktoren auf der Angebots- und Nachfrageseite, deren Veränderungen Einfluss auf den Gleichgewichtspreis in der dargestellten Weise haben, sollen zusammenfassend nochmals herausgestellt werden:

(1) Angebotsseite:
– Preise anderer Güter
– Kostenstruktur
– Stand des technischen Wissens

- Gewinnerwartungen
- Zahl der Anbieter

(2) Nachfrageseite:
- real verfügbares Volkseinkommen
- Preise aller übrigen noch in den Begehrkreis der Haushalte fallende Güter
- Sozialprestige
- Zahl der Nachfrager u. a.

bb) Aufgaben des Gleichgewichtspreises

In einer durch einen funktionierenden Wettbewerb (vollständige Konkurrenz) gekennzeichneten Marktwirtschaft hat der Gleichgewichtspreis die Aufgabe, den Wirtschaftssubjekten den *Knappheitsgrad der Güter* anzuzeigen. Ein hoher Gleichgewichtspreis bringt eine besondere Wertschätzung für das jeweilige Gut zum Ausdruck und regt die Produzenten wegen der Gewinnaussichten an, mehr von diesem Gut zu erzeugen, um die Nachfrage zu befriedigen. Die vermehrte Produktion kann nach einer gewissen Zeit zu einer Senkung des Preises beitragen. Der Preis bewirkt, dass die Produktionsfaktoren an den Ort gelenkt werden, an dem sie auf Grund der Nachfrage eingesetzt werden können. Ein niedriger Preis zeigt an, dass die Nachfrager dieses Gut nicht als besonders knapp ansehen. Daher werden die Produktionsfaktoren aus diesen Bereichen in Sektoren abgezogen, in denen ein hoher Preis große Bedürfnisse anzeigt. Der Marktpreis ist sowohl für die Produzenten als auch für die Konsumenten ein wichtiger *Orientierungsmaßstab*. Er übt eine *Lenkungsfunktion* in der Gesamtwirtschaft aus, indem er die Entscheidungen der einzelnen Wirtschaftssubjekte koordiniert. Er sorgt dort für einen optimalen Einsatz der knappen Produktionsfaktoren, wo die wichtigsten Bedürfnisse zu befriedigen sind.

Außerdem führt der Gleichgewichtspreis zu einer *Auslese* bei den Produzenten (Anbietern). Die Auslesefunktion des Gleichgewichtspreises bewirkt, dass nur die leistungsfähigsten Anbieter am Markt bestehen können, denn der Gleichgewichtspreis richtet sich infolge des Wettbewerbs nach den kostengünstigsten Produzenten. Am Markt kann sich langfristig nur derjenige Anbieter behaupten, der nicht mit überhöhten Kosten arbeitet. Ein Produzent mit hohen Herstellungskosten muss bei vollständiger Konkurrenz entweder seine Kosten z.B. durch Rationalisierung senken oder aus dem Markt ausscheiden, da sich in der vollständigen Konkurrenz der Preis (= Wert) eines Gutes nicht aus seinem *Herstellungsaufwand,* sondern aus dem *Marktmechanismus* ergibt. Die Marktzugangsmöglichkeiten sind bei der vollständigen Konkurrenz so gestaltet, dass jederzeit neue leistungsfähige Produzenten am Markt auftreten können, was heute allerdings auf vielen Märkten nicht der Fall ist. Der Gleichgewichtspreis ist nach Ablauf des Preisbildungsprozesses für alle Anbieter ein Datum, das von ihnen nicht mehr zu beeinflussen ist. Der Preis hat sich durch die „anonymen Kräfte" des Marktes gebildet. Die Anbieter haben keinen Preisbestimmungsspielraum; sie können auf den *gegebenen* Preis nur mit ihrer Angebotsmenge reagieren.

Auch bei den Nachfragern hat der Gleichgewichtspreis eine Auslesefunktion und zwar in der Weise, dass er einen bestimmten Bedarf von vornherein für die Nachfrager als nicht realisierbar signalisiert. Er bringt also die unbegrenzten Bedürfnisse des Menschen in eine vertretbare Relation zur Knappheit der Güter.

b) Preisbildung unter den Bedingungen des unvollkommenen Marktes

Der Unterschied zwischen vollkommenem und unvollkommenem Markt liegt bekanntlich darin, dass die Nachfrager auf dem unvollkommenen Markt für ein bestimmtes Gut persönliche, sachliche oder räumliche Präferenzen entwickeln. Dies hat zur Folge, dass dem Anbieter ein und desselben Gutes durch diese Präferenzen die Möglichkeit eröffnet wird, innerhalb bestimmter Grenzen eine eigene Gestaltung des Preises vorzunehmen. Da jedoch in dieser Marktform die Zahl der Anbieter und Nachfrager relativ groß ist und die Anbieter untereinander im Wettbewerb stehen, gibt es zwar für ein bestimmtes Gut unterschiedliche Preise, der Wettbewerb sorgt jedoch dafür, dass die einzelnen Anbieter ihren Preisspielraum nur in einem sehr engen Bereich ausnutzen können. Versucht ein Anbieter über diesen Preisrahmen hinauszugehen, verliert er seine Kunden, die sich dann unter Angabe ihrer Präferenzen einem anderen Anbieter zuwenden.

So kann es beispielsweise auf dem Markt für Brötchen auf Grund von Präferenzen der Verbraucher unterschiedliche Preise bei einer großen Anzahl von Bäckern geben. Jeder Bäcker hat also einen Preisspielraum von einigen Pfennigen. Sprengt ein Bäcker in seiner Preisgestaltung diesen Rahmen, muss er damit rechnen, dass seine Kunden etwa eine räumliche Präferenz für ihn aufgeben und einen weiteren Weg zum nächsten Bäcker in Kauf nehmen. Auf Grund der Marktsituation werden die Unterschiede zwischen den einzelnen Preisen für das bestimmte Gut nicht sehr groß sein. Die Preisbildung zwischen vollkommenem und unvollkommenem Markt unterscheidet sich demnach nicht prinzipiell, sondern nur *graduell*.

4. Gleichgewichtspreis und staatliche Preispolitik

Greift der Staat aus verschiedenen Gründen in den Preisbildungsprozess ein, muss die zuständige staatliche Behörde die Lenkungsfunktion des Preises übernehmen. Zwei grundsätzliche Möglichkeiten staatlicher Preispolitik sollen erörtert werden:

a) Festsetzung von Mindestpreisen

Im Rahmen der Sozialen Marktwirtschaft betreibt der Staat den Schutz bestimmter Gruppen von Produzenten z.B. die Landwirtschaft. Aus sozialen und anderen Überlegungen soll die Landwirtschaft eine besondere Behandlung genießen. Der Staat, in der Realität weitgehend die Kommission der europäischen Gemeinschaft in Brüssel, setzt für bestimmte landwirtschaftliche Erzeugnisse Mindestpreise fest und garantiert diese den Produzenten. Diese Mindestpreise sollen die Produktionskosten der kleineren landwirtschaftlichen Betriebe deken, um deren Existenz zu erhalten. Der Mindestpreis liegt daher über dem sich bei freiem Wettbewerb bildenden Gleichgewichtspreis. Anhand einer grafischen Darstellung kann man sich die aus der Festsetzung von Mindestpreisen ergebenden Probleme erörtern:

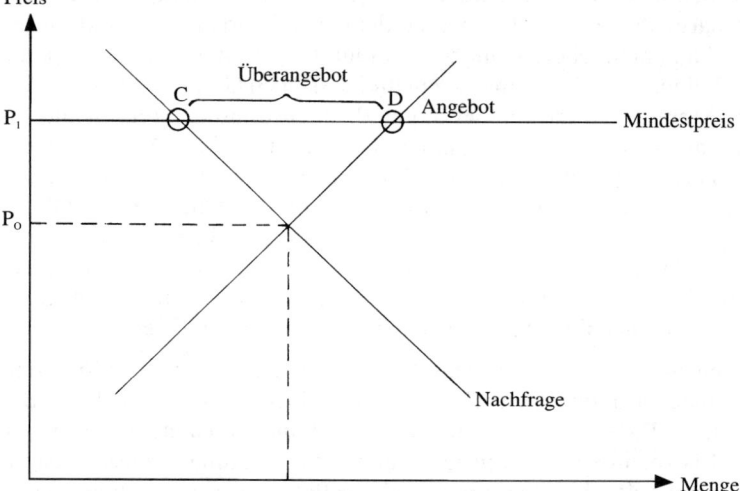

Abb. 18: Überangebotssituation

Bei freiem Wettbewerb würde sich auf Grund des Verlaufs von Angebots- und Nachfragekurve ein Gleichgewichtspreis in Höhe von P_O und eine Absatzmenge von M_O ergeben. Diesen Gleichgewichtspreis sieht aber der Staat für eine Reihe von Betrieben (z.B. in der Landwirtschaft) als nicht existenzsichernd an. Daher wird administrativ ein Preis über dem Gleichgewichtspreis in Höhe von P_1 festgesetzt. Auf Grund des Angebotsverhaltens bieten die Produzenten bei diesem Preis eine wesentliche größere Menge (in der Abb. die Strecke P_1D) an als die Nachfrager bereit sind, bei diesem hohen Preis abzunehmen (Strecke P_1C). Das so entstehende Überangebot (Strecke C D) würde beim freien Spiel der Marktkräfte durch den Angebotsdruck zum Gleichgewichtspreis (P_O) führen. Dieser soll jedoch nach dem Willen des Staates nicht erreicht werden. Um den Mindestpreis zu halten, muss der Staat das Überangebot vom Markt nehmen. Dies geschieht auf unterschiedlichste Weise, z.B. dadurch, dass bei landwirtschaftlichen Produkten die staatlichen Einfuhr- und Vorratsstellen das Überangebot la-

gern (Butterberg) oder der Staat Anbaubeschränkungen verfügt. Es hat sich je
doch im Laufe der Entwicklung in der Bundesrepublik Deutschland gezeigt,
dass Mindestpreise die Probleme der betreffenden Wirtschaftszweige (z.B.
Landwirtschaft) nicht dauerhaft lösen konnten, sondern zu unerwünschter
Überproduktion führten.

b) Festsetzung von Höchstpreisen

Während der Staat bei den Mindestpreisen hauptsächlich die Belange der *Produzenten* vertritt, geht es bei der Festsetzung von Höchstpreisen vor allem um
den *Schutz der Konsumenten in Mangelsituationen.* So wurde etwa anlässlich
der sog. Ölkrise in manchen Ländern ein Höchstpreis (Preisstopp) für Benzin
erwogen. Der Staat wird bei solchen Umständen Höchstpreise für bestimmte
Güter festlegen, die *unter* den jeweiligen Gleichgewichtspreisen liegen. Mithilfe einer grafischen Darstellung sollen die durch einen Preisstopp auftretenden
Probleme verdeutlicht werden:

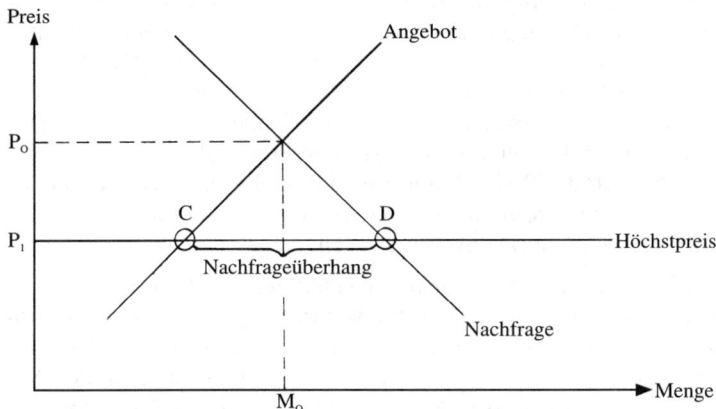

Abb. 19: Mangelsituation

Auf Grund der Marktsituation (mangelndes Angebot eines bestimmten Gutes
und hohe Nachfrage) würde sich der Gleichgewichtspreis P_O ergeben. Zum
Schutze der Konsumenten greift der Staat in den Preisbildungsprozess ein und
verordnet einen Höchstpreis von P_1, der unter dem Gleichgewichtspreis P_O liegt.
Beim Höchstpreis P_1 bieten die Anbieter nur wenig an (Strecke P_1C). Die Nachfrage ist dagegen wesentlich größer als das Angebot (Strecke P_1D), wodurch ein
Nachfrageüberhang (Strecke C D) entsteht. Bei freier Entfaltung der Marktkräfte würde dieser Nachfrageüberhang zum Gleichgewichtspreis P_O führen. Dies
soll aber mit der Festsetzung von Höchstpreisen verhindert werden. Es genügt

nun nicht, dass der Staat nur einen Höchstpreis anordnet, er muss das geringe Angebot auf die Vielzahl der Nachfrager verteilen, die zu diesem Höchstpreis das Gut kaufen wollen. Das geschieht durch Rationierung der vorhandenen Mengen mittels Bezugsscheinen. Die bekannten Lebensmittelkarten nach dem Zweiten Weltkrieg sind dafür ein einprägsames Beispiel. Die Festsetzung von Höchstpreisen, verbunden mit Mengenbeschränkungen, führt i. d. R. zur Entstehung eines „Schwarzen Marktes". Auf diesem bildet sich ein höherer Preis, der von den Nachfragern auch meistens bezahlt wird. Weiterhin besteht die Gefahr, dass ständig Güter vom Markt mit Höchstpreisen abfließen und dort das Angebot weiter verknappen. Die Realität hat gezeigt, dass verfügte Preisstopps nicht den gewünschten Effekt hatten. So wurde in den Ländern, die einen Preisstopp einführten, dieser relativ schnell wieder aufgegeben, weil er sich nicht bewährte[55].

5. Preisbildung beim Monopol

Die Darstellung der Preisbildung im Monopol soll anhand des Angebotsmonopols erfolgen. Ein solches Monopol liegt vor, wenn es auf der Angebotsseite nur einen Anbieter und auf der Nachfrageseite viele Nachfrager gibt. Für den einzelnen Anbieter ist der Preis kein durch die Wirkung der Marktkräfte (Wettbewerb) gegebenes Datum, sondern eine von ihm frei festzusetzende Größe. Das bedeutet, dass ein Monopolist seine Kosten auf den Preis voll umwälzen kann. Damit unterscheidet sich die Preisbildung im Monopol grundsätzlich von der Marktform der vollständigen Konkurrenz, wo der am Markt gebildete Preis vom einzelnen Anbieter nicht mehr beeinflusst werden kann.

Weiterhin ist auch der Unterschied zur unvollständigen Konkurrenz gegeben, denn dort hat der einzelne Anbieter auf Grund von Präferenzen zwar einen autonomen Preisspielraum, der aber wegen des Wettbewerbs der vielen Anbieter sehr eng ist. Im Gegensatz dazu ist beim Monopol der Preisspielraum des Anbieters uneingeschränkt, weil ein Wettbewerb nicht vorhanden ist. Der Monopolist kann den Preis nach seinen Vorstellungen festsetzen, die Nachfrager haben nur noch die Wahl, bei diesen Preisen zu kaufen oder nicht zu kaufen. Die Stellung eines Monopolisten bei der Preisfestsetzung ist umso stärker, je *lebensnotwendiger* das Gut für den Verbraucher ist und wenn zudem kein Substitutionsgut angeboten wird. Wenn beispielsweise ein Anbieter das Monopol für Penezillin hat und ein gleichwertiges Arzneimittel nicht vorhanden ist, hat der Monopolist bei der Preisgestaltung eine absolute Machtposition. Liegt dagegen z.B. ein Monopol bei Farbfernsehgeräten vor, so ist die Position des Monopolisten nicht so stark, weil die Verbraucher bei hohen Preisen von der Anschaffung eines solchen Gerätes absehen könnten.

---

55 Vgl. FAZ v. 7. 9. 1972, Nr. 207, S. 18 und FAZ v. 8. 9. 1973 Nr. 205, S. 17.

Im allgemeinen muss der Monopolist auf die Reaktion der Verbraucher bei seiner Preisgestaltung Rücksicht nehmen. Durch seine Marktforschung kennt er im wesentlichen die Reaktionen der Nachfrager im Hinblick auf eine Änderung seines Preises. Dies ist die bereits bekannte Nachfragekurve, die zum Ausdruck bringt, dass im Normalfall die Nachfrager bereit sind, bei einer Senkung des Preises mehr von diesem Gut zu kaufen, wenn noch keine Sättigung des Bedarfs eingetreten ist. Für den Monopolisten ergibt sich das Problem, welcher Preis für ihn bei einer gegebenen Nachfragesituation am günstigsten ist.

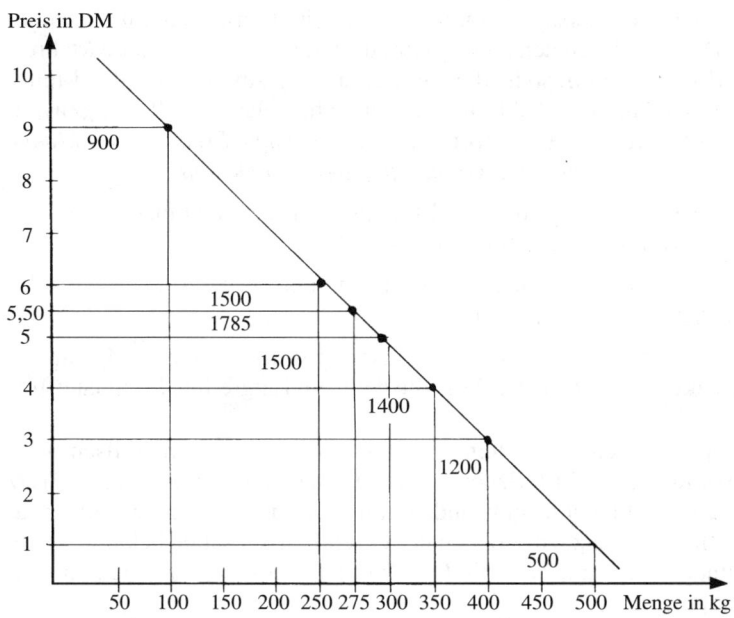

Abb. 20: *Mengenreaktion auf alternative Preise und Erlösentwicklung bei unterschiedlichen Mengen und Preisen*

Die verschiedenen Möglichkeiten der Preisfestsetzung können anhand einer grafischen Darstellung erläutert werden. Die Nachfragekurve zeigt eine angenommene Mengenreaktion der Verbraucher auf unterschiedliche Preise für ein bestimmtes Gut.

Die Abbildung zeigt, dass für den Monopolisten ein hoher bzw. ein niedriger Preis nicht immer auch der günstigste ist, denn bei einem hohen Preis ist der Absatz gering und damit auch sein Erlös, der sich aus dem rechnerischen Produkt von Preis und Menge ergibt. Ist der Preis sehr niedrig, setzt der Monopolist zwar viel ab, der Erlös ist jedoch gering.

Bei einem Preis von 9,– DM ist der Erlös 900,– DM, bei 6,– DM = 1500,– DM, bei 5,50 DM = 1785,– DM, bei 5,– DM = 1500,– DM, bei 4,– DM = 1400,– DM, bei 3,– DM = 1200,– DM und bei 1,– DM = 500,– DM.

Cournot, ein französischer Wirtschaftswissenschaftler, hat die gewinngünstigste Situation für einen Monopolisten ermittelt. Sie liegt dann vor, wenn die Grenzkosten, d.h. die zusätzlichen Kosten für die Produktion einer zusätzlichen Einheit eines Gutes gleich den durch den Absatz dieses zusätzlichen Gutes erzielten Mehrerlösen (= Grenzerlösen) sind; also: *Grenzkosten = Grenzerlös.*

Sind beispielsweise die zusätzlich anfallenden Produktionskosten für ein weiteres Gut 50,– DM, der durch den Absatz der zusätzlichen Güter erzielte Mehrerlös = Grenzerlös 100,– DM, so ist die Ausweitung des Absatzes für den Monopolisten angebracht, im umgekehrten Fall aber nicht mehr sinnvoll. *Die gewinngünstigste Situation für den Monopolisten ist also bei dem Preis und der Menge gegeben, bei der Grenzkosten und Grenzerlös gleich hoch sind.*

In der Realität hat sich gezeigt, dass ein Monopolist diese Situation oft nicht voll ausschöpft und zwar aus folgenden Gründen:

a) zu hohe Gewinne rufen Konkurrenten auf den Plan, die dann den Gewinn des Monopolisten schmälern können,

b) der Monopolist fürchtet bei rücksichtsloser Ausnutzung seiner Machtposition die Reaktion der Öffentlichkeit, die dann ein Eingreifen des Staates fordert.

Private Monopole galten und gelten seit dem Altertum als unmoralisch, weil durch sie die schwächeren Mitglieder der Gesellschaft ausgenutzt werden. Trotz dieser allgemeinen Ablehnung entstanden immer wieder Monopole. Auch heute gibt es sie. Ihre Existenz wird jedoch der Öffentlichkeit selten bekannt, es sei denn, das Bundeskartellamt bzw. die EU-Kommission schreitet gegen ein entdecktes Monopol ein.

6. Preisbildung beim Oligopol

Über die Preisbildung im Oligopol können theoretisch keine eindeutigen Aussagen gemacht werden. Die Preisbildung hängt von den Verhaltensweisen der Oligopolisten ab. Dabei lassen sich in der Realität grundsätzlich drei Preisstrategien, nämlich die Kampf-bzw. Verdrängungsstrategie, die Strategie des gleichgerichteten Verhaltens (friedliche Verhaltensweise) und das polypolitische Verhalten der Oligopolisten beobachten.

a) Kampf- bzw. Verdrängungsstrategie

Bei dieser Strategie versuchen die einzelnen Oligopolisten durch einen Preiskampf untereinander, sich gegenseitig vom Markt zu verdrängen, um letztlich für sich eine Monopolstellung zu erreichen. Solche Kämpfe führt man oft mit Preisen durch, die weit unter den Selbstkosten liegen. Die Verluste müssen dann aus der Substanz der Unternehmen finanziert werden. Begleitet sind diese Preiskämpfe meist von intensiven Werbecampagnen. Bei solchem *ruinösen* Wettbewerb ist der Ausgang des Verdrängungskampfes für die Beteiligten ungewiss. Die Gefahr, dass schließlich alle Beteiligten vom Markt verschwinden, ist daher durchaus gegeben. Sie ist dann besonders groß, wenn es sich bei den Kontrahenten um etwa gleichstarke Unternehmen handelt. Wegen der Ungewissheit des Erfolges von gezielten Verdrängungskämpfen hat sich in der Realität bei der Preisbildung im Oligopol statt des aggressiven Marktverhaltens weitgehend eine friedliche Verhaltensweise durchgesetzt.

b) Strategie des gleichgerichteten Verhaltens (Friedliche Verhaltensweise)

Die Oligopolisten können sehr schnell zu der Erkenntnis kommen, dass ein Kampf bis aufs Messer im Endeffekt für keinen der Beteiligten von Vorteil ist. Sie verzichten daher bewusst auf Kampfsituationen. Ihr Verhalten richtet sich nach dem Motto *„leben und leben lassen"*, was dazu führt, dass man stillschweigend, d.h. ohne irgendwelche besonderen Abmachungen, bestimmte Preise akzeptiert und den Wettbewerb auf andere Gebiete, wie Produktgestaltung und Werbung, verlagert. Die geringe Anzahl der Oligopolisten bewirkt, dass sich die Beteiligten gut kennen und daher in ihrer Preispolitik die Strategien der anderen jeweils miteinbeziehen. Dies hat zur Folge, dass man auf oligopolistisch strukturierten Märkten ein relativ gleichgerichtetes Verhalten beobachtet, was zu einer gewissen Starrheit der Preise auch bei einem allgemeinen Nachfragerückgang und unausgelasteten Kapazitäten führt.

Es ist auch möglich, dass ein Unternehmen auf Grund seiner Größe und Bedeutung von vornherein als *Preisführer* anerkannt wird. Veränderungen des Preises durch den Preisführer werden von den anderen Unternehmen sofort übernommen. Bei dem akzeptierten Preis erfolgt eine Reaktion nur noch mit der Absatzmenge. Außerdem ist zu beobachten, dass man eine *abwechselnde Preisführerschaft* toleriert. Einmal spielt dann das eine große Unternehmen den Vorreiter einer Preisveränderung, bei der nächsten Preisrunde tritt ein anderes als Preisführer auf. Solche Fälle lassen sich u.a. im Bereich der Mineralölwirtschaft bei der Benzinpreisbildung feststellen. Beispielsweise kündigt die BP-Gesellschaft eine Preiserhöhung für Benzin um 2 Pfg. an, sofort ziehen die anderen Gesellschaften wie Shell, Aral, Esso usw. nach. Das gleichgerichtete Verhalten der Oligopolisten kann auch in ein vertraglich abgestimmtes Verhalten in Form eines Kartells übergehen. Die Oligopolisten werden damit zu Kartellmitgliedern. Dieses vertraglich abgesicherte Verhalten kann beruhen auf:

– mündlichen Absprachen (sog. Frühstückskartell) oder
– schriftlichen Absprachen.

Kartelle sind – von wenigen Ausnahmen abgesehen – durch Gesetz verboten (Gesetz gegen Wettbewerbsbeschränkungen, europäisches Wettbewerbsrecht).

c) Strategie des polypolistischen Verhaltens

Auch ein anderes Verhalten lässt sich von Fall zu Fall beobachten. Die Oligopolisten betreiben einen fairen Leistungswettbewerb, d.h. *keine* Kampf- bzw. Verdrängungsstrategie wie unter a) geschildert. Diese Strategie wird immer dann verfolgt, wenn die Oligopolisten mit den jeweils erreichten Marktanteilen einerseits nicht zufrieden sind und andererseits die oben geschilderte Kampf- bzw. Verdrängungsstrategie (aus welchen Gründen auch immer) nicht mehr anwenden wollen oder können. Beispielsweise beobachtet man ein solches Verhalten auf dem Automobilmarkt, wo insbesondere die japanischen Automobilhersteller noch weitere Marktanteile gewinnen wollen. Auf die Unterstützung des polypolistischen Verhaltens richtet sich schwerpunktmäßig die nationale und die EU-weite Wettbewerbspolitik, wenn man sich gezwungenermaßen mit dem Oligopol als vorherrschende Marktform abgefunden hat.

7. Preisbildung bei öffentlichen Aufträgen

Die folgenden Ausführungen beschäftigen sich mit Problemen, die sich bei der Preisbildung bei öffentlichen Aufträgen im Rahmen der „Sozialen Marktwirtschaft" ergeben. Angesichts der Stofffülle des vorliegenden Werkes ist nur eine sehr geraffte Darstellung des Problemkreises möglich.

Die öffentliche Verwaltung produziert im wesentlichen Dienstleistungen für die Allgemeinheit, d.h. sie stellt überwiegend Kollektivgüter bereit. Diese werden in der Regel ohne spezielles Entgelt angeboten. Die Finanzierung erfolgt hauptsächlich durch Zwangsabgaben (hauptsächlich Steuern) der Bürger. Hierin besteht ein wesentlicher Unterschied zwischen privaten und öffentlichen Anbietern von Gütern.

In diesem Zusammenhang ist anzumerken, dass die öffentliche Verwaltung für die Bereitstellung ihrer Dienstleistungen Güter aus dem privatwirtschaftlichen Bereich als Vorleistungen benötigt. Sie tritt also von der Beschaffungsseite her als Partner der privaten Wirtschaftssubjekte am Markt auf und muss sich daher mit den Marktverhältnissen (Marktformen, Marktverhalten, Preisbildung u. a.) auseinandersetzen. Um am Markt nicht übervorteilt zu werden, sollten die Vertreter der öffentlichen Verwaltung in der Lage sein, sich marktgerecht zu verhalten. Dies setzt Kenntnisse über die Vorgänge am Markt voraus. Ein solches marktgerechtes Verhalten kann der Steuerzahler auch billigerweise verlangen, der mit seinen Zwangsabgaben die Tätigkeit der öffentlichen Verwaltung im wesentlichen finanziert. Im Gegensatz zu den Unternehmen des privaten Sektors, die sowohl auf der Beschaffungsseite (Input-Seite) als auch auf der Absatzseite (Output-Seite) mit den Bedingungen des Marktes konfrontiert werden, entfällt dies bei der öffentlichen Verwaltung auf der Output-Seite. Ein Privatunternehmen muss die Höhe der Beschaffungskosten stets in ein angemessenes Verhältnis zu den am Absatzmarkt zu realisierenden Preisen setzen. Die Bedingungen auf dem Absatzmarkt zwingen das private Unternehmen bei der Beschaffung zu wirtschaftlichem Verhalten, wenn es auf dem Absatzmarkt konkurrenzfähig bleiben will. Die Situation auf dem Absatzmarkt hat also unmittelbar Auswirkung auf das Verhalten des Unternehmens auf dem Beschaffungsmarkt. Für die öffentliche Verwaltung liegen die Dinge jedoch anders. Sie sieht sich bei der Beschaffung überwiegend mit Marktbedingungen konfrontiert, auf der Absatzseite dagegen ist sie nicht den Marktvorgängen unterworfen. Von daher besteht demnach kein unmittelbarer Zwang zum wirtschaftlichen Verhalten bei der Beschaffung von Vorleistungsgütern. Die Polizei oder die Bundeswehr benötigen z.B. zur Produktion der Dienstleistung „Innere bzw. äußere Sicherheit" Fahrzeuge, die sie auf dem Markt erwerben; ihr Produkt „Sicherheit" setzen sie jedoch nicht auf dem Markt ab, sondern stellen es der Allgemeinheit unentgeltlich zur Verfügung und finanzieren ihre Ausgaben durch Zwangsabgaben, hauptsächlich Steuern.

Der Zwang zu einem wirtschaftlichen Verhalten bei der Beschaffung von Gütern für die öffentliche Verwaltung kann daher prinzipiell nicht vom Absatzmarkt ausgehen, sondern von der öffentlichen Meinung (insbesondere der der Steuerzahler), von der Knappheit der Haushaltsmittel auf Grund der allgemeinen Wirtschaftslage und last but not least von den Gesetzen und der Kontrolle durch die Parlamente, von Verordnungen und Vorschriften der Exekutive selbst sowie von den speziellen Kontrollorganen wie Bundesrechnungshof, dessen Prüfungsämter, Landesrechnungshöfen, Rechnungsprüfungsämtern der Kommunen bzw. den Gemeindeprüfungsanstalten der Länder.

Als Maxime für die Tätigkeit der öffentlichen Verwaltung werden dann folgerichtig die Prinzipien der „Wirtschaftlichkeit und Sparsamkeit" in Gesetzen und Verordnungen herausgestellt. Es ist hier keine Diskussion über diese Begriffe zu führen; sie werden vom Verfasser gleichgesetzt und zwar in der Folge Wirtschaftlichkeit = Sparsamkeit und nicht umgekehrt, denn ein Verhalten der Sparsamkeit muss nicht immer wirtschaftlich sein, während wirtschaftliches Verhalten immer ein sparsames ist.

Der Zwang zu einem wirtschaftlichen Verhalten soll durch eine Reihe europäischer Richtlinien und innerstaatlicher Gesetze, Verordnungen und anderer Vorschriften erfolgen, von denen einige wichtige zu nennen sind: Die Europäische Lieferkoordinierungsrichtlinie (EG-LKR), Europäische Dienstleistungsrichtlinie (EG-DLR), Europäische Nachprüfungsrichtlinien (Rechtsmittelrichtlinie), das Gesetz gegen Wettbewerbsbeschränkungen (GWB), die Haushaltsordnungen der Gebietskörperschaften (BHO, LHO und GemHVO), die Vergabeverordnung (VgV), die Verdingungsordnung für Leistungen – ausgenommen Bauleistungen (VOL), die Verdingungsordnung für Bauleistungen (VOB) und die Verdingungsordnung für freiberufliche Leistungen (VOF), die Verordnung über die Preisbildung bei öffentlichen Aufträgen (VOPR 30/53) sowie wirtschaftspolitische Richtlinien des Bundes und der Länder (z.b. die Mittelstandsrichtlinien oder Mittelstandsförderungsgesetzte der Länder).

Die folgenden Ausführungen werden sich auf drei Problemkreise konzentrieren:
a) wie kommt die öffentliche Verwaltung mit dem Markt in Kontakt (Bewerbererkundung)
b) was hat sie bei der Preisbildung am Markt zu beachten und wie hat sie sich zu verhalten
c) welche Möglichkeiten stehen der öffentlichen Verwaltung zur Verfügung, wenn sie sog. nicht marktgängige Güter zu beschaffen hat, also Güter, für die es keinen Marktpreis gibt?

Um an den innerstaatlichen und europäischen Markt zu gelangen, stehen der öffentlichen Verwaltung gemäß VOL, VOF und VOB die „Öffentliche Ausschreibung" / das „Offene Verfahren", die „Beschränkte Ausschreibung" / das „Nichtoffene Verfahren" sowie die „Freihändige Vergabe" / das „Verhandlungsverfahren" zur Verfügung.

In der EU-/WTO-/weiten Auftragsvergabe entspricht i.S. § 3a VOL/A das:
– **Offene Verfahren** der Öffentlichen Ausschreibung gem. § 3 Nr. 2 VOL/A;
– **Nichtoffene Verfahren** der Beschränkten Ausschreibung mit Öffentlichen Teilnahmewettbewerb gem. § 3 Nr. 1 Abs. 4 und Nr. 3 VOL/A;
– **Verhandlungsverfahren** mit oder ohne vorheriger Öffentlicher Vergabebekanntmachung unter den in § 3a Nr. 1 Abs. 4 und Nr. 2 VOL/A genannten Voraussetzungen der Freihändigen Vergabe gem. § 3 Abs. 3 und 4 VOL/A.

Bei wertmäßig geringen Beschaffungen kann ein sog. Handkauf vorgenommen werden.

Bei einer „Öffentlichen Ausschreibung" / einem „Offenen Verfahren" wendet sich die Verwaltung mittels geeigneter Medien (z.B. Bundesausschreibungsblatt, Internet oder CD-Rom etc.) an eine Vielzahl von Anbietern im gesamten Bundesgebiet und gegebenenfalls auch in Ländern der Europäischen Union. Damit kann in größerem Maße die Gewähr gegeben sein, dass durch eine große Anzahl von Anbietern ein günstiger Preis erzielt wird. Sie ist unter marktwirtschaftlichen Gesichtspunkten die grundsätzlich anzustrebende Form der Beschaffung, weil hier der Leistungswettbewerb unter den Anbietern am ehesten wirksam werden kann. Neuen Unternehmern wird darüber hinaus eine Chance gegeben.

Bei der „Beschränkten Ausschreibung" / dem „Nichtoffenen Verfahren" mit oder ohne Öffentlichen Teilnahmewettbewerb fordert man nur eine begrenzte Anzahl von Anbietern zur Abgabe eines Angebots auf. Dieses Vorgehen wird u. a. damit begründet, dass nur als außergewöhnlich leistungsstark, fachkundig und zuverlässig angesehene Bewerber dem Bieterkreis angehören sollen.

Dabei spielt die bei der Abwicklung vorangegangener Aufträge gewonnene Erfahrung über die Leistungsstärke der anzuschreibenden Bewerber eine wichtige Rolle. Es können daneben auch regionale Gegebenheiten bei der Auftragsabwicklung maßgeblich sein, die eine „Beschränkte Ausschreibung" / ein „Nichtoffenes Verfahren" sinnvoll erscheinen lassen. Beispielsweise ist es bei der Entschlammung eines öffentlichen Badeweihers zweckmäßig, leistungsstarke regionale Unternehmen aufzufordern, in den Wettbewerb einzutreten, da diese die örtlichen Gegebenheiten besser kennen und eine optimale Verwertung des Abraummaterials ermöglichen, was wiederum zur Kostenreduzierung bei der Angebotsabgabe führen kann. Bei der Beschaffung bestimmter Lebensmittel, z.B. von frischen Brötchen, ist eine auf regional leistungsfähige Bewerber ausgerichtete, Beschränkte Ausschreibung sinnvoll.

Neben Gründen, die in der Leistungsfähigkeit und regionalen Umständen liegen können, sprechen bei Teilen der öffentlichen Verwaltung Sicherheitsaspekte für eine „Beschränkte Ausschreibung" / ein „Nichtoffenes Verfahren". Für bestimmte Aufträge kommen z.B. für die Bundeswehr nur ausgesuchte Unternehmen in Betracht, da nur diese den Sicherheitsanforderungen genügen.

Bei der „Beschränkten Ausschreibung" / dem „Nichtoffenen Verfahren" besteht prinzipiell die Gefahr, dass sich ein dem Wettbewerbsgedanken abträgliches „Hoflieferantentum" entwickelt. Durch Erweiterung und/oder Veränderung der Zusammensetzung bisher angeschriebener Bewerber sollte dieser Tendenz entgegengewirkt werden. Außerdem soll nur eine „Beschränkte Ausschreibung" / ein „Nichtoffenes Verfahren" stattfinden, wenn eine „Öffentliche Ausschreibung" / ein „offenes Verfahren" kein wirtschaftliches Ergebnis erbracht hat oder diese für den Auftraggeber oder die Bewerber einen Aufwand verursachen würde, der zu dem erreichbaren Vorteil oder dem Wert der Leistung im Missverhältnis stehen würde.

Die Beschaffung mittels „Freihändiger Vergabe" / „Verhandlungsverfahren" erfolgt – wenn z.B. weder eine „Öffentliche Ausschreibung" / ein „Offenes Verfahren" noch eine „Beschränkte Ausschreibung" / ein „Nichtoffenes Verfahren" möglich ist – formlos, ggf. auch telefonisch, indem bei einigen Firmen Angebote eingeholt werden, ein Preisvergleich erfolgt und dann der Auftrag erteilt wird. Mit dieser Art der Beschaffung, die nur bei wert- und mengenmäßig sehr begrenzten Aufträgen sowie in nur wenigen, begründeten Ausnahmefällen anzuwenden ist, soll eine schnellere Abwicklung erreicht werden. Es ist grundsätzlich aktenkundig zu machen, weshalb von der „Öffentlichen" oder „Beschränkten Ausschreibung" bzw. dem „Offenen" oder „Nichtoffenen Verfahren" Abstand genommen wurde.

Bei wert- und mengenmäßig sehr kleinen Posten von zu beschaffenden Gütern ist ein sog. Handkauf vorgesehen. Dieser wird in allen Verwaltungen mehr oder weniger intensiv praktiziert und dient hauptsächlich dazu, einen spontan auftretenden Bedarf kurzfristig zu decken. Der Handkauf ist ein Rechtsgeschäft „Zug um Zug", das ohne große Formalitäten abgewickelt wird.

Wenn man die Beschaffungswege und die Zuständigkeiten in der öffentlichen Verwaltung berücksichtigt, ist zwischen *zentraler* und *dezentraler* Beschaffung zu unterscheiden. Eine zentrale Beschaffung erfolgt beispielsweise durch die zuständigen Ministerien oder Oberbehörden, während Mittelbehörden und Ortsbehörden dezentral beschaffen. Beispielsweise wird im Bereich des Bundesministeriums der Verteidigung eine zentrale Beschaffung vom Bundesamt für Wehrtechnik und Beschaffung durchgeführt. Die dezentrale Beschaffung erfolgt durch die einzelnen Wehrbereichsverwaltungen, die Verpflegungsämter, die Standortverwaltungen und die Truppenteile.

Nach der Darstellung der Art des Herantretens der öffentlichen Verwaltung an den Markt und der Art der Beschaffung nach Beschaffungswegen und Zuständigkeiten soll die Preisbildungsproblematik und das Marktverhalten erörtert werden.

Die „Verordnung über die Preisbildung bei öffentlichen Aufträgen" schreibt vor, dass grundsätzlich zu Marktpreisen zu beschaffen ist. Was aber ist der Marktpreis? Allgemein ist der Preis der Wert von Gütern, der sich bei einem funktionierenden Leistungswettbewerb ergibt. Es kann jedoch auch einen Marktpreis geben, der nicht durch Wettbewerb zu Stande gekommen ist, sondern sich auf Grund von Marktmacht oder Absprachen gebildet hat. Man muss wissen, nicht jeder Marktpreis ist auch ein Wettbewerbspreis. Andere Vorstellungen über den Marktpreis, wie z.B. der Marktpreis eines Gutes sei der veröffentlichte Preis auf der Preisliste eines Anbieters, wie man schon aus der Beschaffungspraxis hören konnte, muss entschieden widersprochen werden. Es kann allen Ernstes nicht sein, dass ein Unternehmen glauben darf, man drucke, möglichst auf ein Glanzpapier, eine Preisliste und schon akzeptiere die öffentliche Verwaltung diesen Preis als Marktpreis. Da aber in der Regel Preislisten mehrerer Anbieter vorliegen und auch innerhalb der einzelnen Preislisten Zugeständnisse der Anbieter möglich sind, ist ein intensiver und systematischer Vergleich der Preislisten durch die beschaffenden Stellen der öffentlichen Verwaltung dringend erforderlich.

Aus theoretischer Sicht ist eine optimale Preisbildung im Polypol, d.h. bei vielen kleinen Anbietern und vielen kleinen Nachfragen, am ehesten gewährleistet. Bei ihren Beschaffungen findet die öffentliche Verwaltung diese Marktform jedoch nur in beschränktem Maße vor. Beispielsweise noch in weiten Bereichen des Marktes für Lebensmittel; aber auch hier zeigen sich in letzter Zeit starke Tendenzen zur Oligopolbildung (die 5 größten Handelsketten verfügen bereits über 40% des Gesamtumsatzes dieser Branche). Die öffentliche Verwaltung hat es bei ihren Beschaffungen zu Marktpreisen zunehmend mit oligopolistisch strukturierten Märkten zu tun. Auf den wichtigsten Märkten in der Bundesrepublik Deutschland ist das Oligopol bereits die vorherrschende Marktform (beispielsweise auf dem Automobilmarkt, dem Mineralölmarkt, dem Markt für Elektroerzeugnisse u. a.). Auch der für die Belange der öffentlichen Verwaltung wichtige Baumarkt ist im Teilbereich Großbauten wie Autobahnen, Brücken, Kanäle, große Hochbauten, Tunnels durch ein ca. 7 Großbaufirmen umfassendes Oligopol gekennzeichnet.

Bekanntlich ist die Preispolitik im Oligopol überwiegend durch ein gleichgerichtetes Verhalten geprägt, das bezüglich des Preises nicht dem Ergebnis eines funktionierenden Leistungswettbewerbs entspricht. Es ist jedoch prinzipiell möglich, dass sich die Oligopolisten einem echten Leistungswettbewerb unterwerfen. Aufgabe der Wettbewerbspolitik ist es, einen funktionierenden Leistungswettbewerb zu sichern, zu fördern oder erst überhaupt wiederherzustellen. Dies gilt besonders für oligopolistisch strukturierte Märkte. Die beschaffenden Stellen der öffentlichen Verwaltung sollten intensive Marktbeobachtung und Marktinformation betreiben. Wo ein Leistungswettbewerb nicht vorhanden ist, muss die öffentliche Verwaltung ihre zum Teil starke Marktposition als Nachfrager nutzen, um einen optimalen Preis zu erzielen.

Bei der Marktbeobachtung sollte sich die öffentliche Verwaltung stärker der Auftragsberatungsstellen der Länder, der Prüfungsstellen der Länder und des Bundeskartellamtes bedienen.

Zeigen sich bereits bei der Preisbildung für marktgängige Güter für die beschaffenden Stellen der öffentlichen Verwaltung erhebliche Probleme, so werden diese noch wesentlich größer, wenn es sich um die Preisermittlungen für nicht marktgängige Güter handelt. Es sind in der Regel solche Güter, die durch besondere Anforderung seitens der öffentlichen Verwaltung so spezialisiert wurden, dass sie von anderen Marktteilnehmern nicht nachgefragt werden, d.h. es kann sich hier kein Marktpreis bilden. Damit fehlt auch die Vergleichbarkeit mit gleichartigen Gütern. In weiten Bereichen der öffentlichen Verwaltung werden nicht marktgängige Güter beschafft, so u.a. bei der Bundeswehr. Beispielsweise wurden im Bereich der Bundeswehr (BMVg und BWB) 1984 nach Anzahl der abgeschlossenen Verträge rd. 72% zu Marktpreisen und rd. 28% zu Selbstkostenpreisen abgewickelt. Bei wertmäßiger Betrachtung kehrt sich das Verhältnis nahezu um. Danach entfielen nur 36% des Wertes der abgeschlossenen Verträge auf marktgängige Güter (Marktpreise) und 64% auf nicht marktgängige Güter (Selbstkostenpreise). Die Relationen stellen sich 1993 wie folgt dar: Bei Anzahl der Verträge rd. 68% Marktpreise und rd. 32% Selbstkostenpreise. Beim Wert rd. 70% Selbstkostenpreise und rd. 30% Marktpreise. Für 1999 ergibt sich folgendes Bild: Bei der Anzahl der Verträge wurden 80,7% der Verträge zu Marktpreisen und 28,3% der Verträge zu Selbstkostenpreisen abgeschlossen. Bezogen auf den Wert wurden die Verträge zu Selbstkostenpreisen mit einem Anteil von 63,8%, die Verträge zu Marktpreisen mit 36,2% beteiligt[56]. Bei nichtmarktgängigen Gütern müssen mangels Marktpreisen hilfsweise die Selbstkosten der

---

56 Nach Auskunft des Bundesamts für Wehrtechnik und Beschaffung.

Hersteller plus eines Gewinnzuschlages zur Preisermittlung herangezogen werden. Den Selbstkosten wird zur Ermittlung des Endpreises ein bestimmter Gewinnzuschlag hinzugefügt. Bei der Zugrundelegung von Selbstkosten zur Preisermittlung besteht gegenüber einem Marktpreis bei funktionierendem Wettbewerb die Gefahr der Überhöhung, da durch den Wettbewerb am Markt in der Regel den Anbietern von Gütern jeweils nicht alle anfallenden Selbstkosten erstattet werden, sondern vom Ergebnis her die Selbstkosten des am produktivsten und damit kostengünstigsten arbeitenden. Die Preisermittlung auf der Basis von Selbstkosten stellt an die beschaffenden Stellen der öffentlichen Verwaltung in vielen Bereichen große Anforderungen sowohl in betriebswirtschaftlicher als auch in technischer Hinsicht.

Um nicht letztlich zulasten des Steuerzahlers überhöhte Preise zahlen zu müssen, ist eine sorgfältige Überprüfung der von den Anbietern dargelegten Selbstkosten sowohl hinsichtlich der betriebswirtschaftlich vertretbaren Kosten und Kostenhöhe als auch der durch technische Notwendigkeit bedingten Kosten erforderlich. Dazu ist eine ausreichende Kenntnis der betriebswirtschaftlichen Kalkulationsverfahren seitens der für die Beschaffung zuständigen Angehörigen der öffentlichen Verwaltung erforderlich. Außerdem muss bei größeren komplizierten Aufträgen der technische Sachverstand noch hinzukommen, wenn die Preise auf Selbstkostenbasis eine ökonomisch akzeptable Größe darstellen sollen.

In vielen Fällen hat sich eine gute Zusammenarbeit von betriebswirtschaftlich und technisch kompetentem Personal der Verwaltung bezahlt gemacht. Als Richtschnur für das Verhalten bei der Preisermittlung für nichtmarktgängige Güter dient im wesentlichen die Verordnung über die Preisbildung bei öffentlichen Aufträgen (VOPR 30/53).

Als möglichen Preis nennt die Verordnung drei verschiedene Arten von Selbstkostenpreisen, nämlich den *Selbstkostenfestpreis,* den *Selbstkostenrichtpreis* und den *Selbstkostenerstattungspreis.*

Selbstkostenfestpreise stellen Wertgrößen dar, die auf Grund von (Vor-)Kalkulationen nach bestimmten Kalkulationsrichtlinien ermittelt werden. Diese Preise sind bei Vertragsabschluss festzulegen; spätestens jedoch unmittelbar nach Abschluss eines Vertrages. Selbstkostenrichtpreise vereinbart man, wenn bei Vertragsabschluss bestimmte Kalkulationselemente noch nicht überschaubar sind. Es handelt sich hier also um *vorläufige* Selbstkostenpreise. Ein Selbstkostenrichtpreis ist, sobald die Grundlagen der Kalkulation übersehbar sind, möglichst in einen Selbstkostenfestpreis umzuwandeln. Nur wenn weder Selbstkostenfestpreise noch Selbstkostenrichtpreise vereinbart werden können, sind Selbstkostenerstattungspreise den Verträgen zu Grunde zu legen. Dies ist immer dann der Fall, wenn die Kalkulation äußerst schwierig ist und daher wegen der Unsicherheit über die Höhe der anfallenden Kosten kein Selbstkostenfest- bzw.

-richtpreis angegeben werden kann. Das ist beispielsweise bei Entwicklungsaufträgen der Fall, wo man wegen der völlig neuartigen Produkte auch über die Kostenentwicklung oft erst nach Abschluss der Entwicklung genaueres aussagen kann. Es werden dann alle mit der Ausführung des Entwicklungsauftrages entstandenen Kosten auf Nachweis erstattet. Bei Selbstkostenerstattungspreisen müssen besonders hohe Anforderungen an die technischen sowie an die betriebs- und volkswirtschaftlichen Kenntnisse der mit der Überprüfung von Selbstkostenerstattungspreisen beauftragten Vertreter der öffentlichen Verwaltung gestellt werden.

Selbstkostenerstattungspreise sind in der Regel die von marktwirtschaftlich/ wettbewerbsmäßigen Verhältnissen am meisten abweichenden Preise. Bei funktionierendem Wettbewerb werden über den Preis vom Markt nicht die Selbstkosten aller Marktteilnehmer erstattet, sondern letztlich nur diejenigen des am kostengünstigsten arbeitenden Anbieters.

Um bei Selbstkostenerstattungspreisen die Aufwendung seitens der öffentlichen Verwaltung nicht ausufern zu lassen, sollen nach den Vorschriften möglichst feste Sätze für einzelne Kalkulationsbereiche des Auftrags vereinbart werden. Auch kann man die Höhe der erstattungsfähigen Kosten ganz oder teilweise durch Vereinbarung begrenzen. Ob und inwieweit die beiden genannten Möglichkeiten zu realisieren sind, hängt von der Art und Umfang des Auftrages und der Bereitschaft der Unternehmen ab, solche Vereinbarungen zu treffen.

Mit der folgenden Darstellung (Abb. 21) soll ein Überblick über das Beschaffungswesen und die Preisbildung bei Aufträgen der öffentlichen Hand gegeben werden.

Die Beschaffung und die Preisbildung von Sachgütern und Dienstleistungen durch die öffentliche Verwaltung erscheint im „Einzelwirtschaftlichen Produktionsprozess" der öffentlichen Verwaltung[57] als Vorleistung auf der Input-Seite. Auf der Input-Seite wären auch noch die Produktionsfaktoren **Arbeit** und **Boden** aufzuführen. Aus Platzgründen und aus sachlichen Erwägungen ist dies aber im Zusammenhang mit dem Beschaffungswesen und der Preisbildung bei öffentlichen Aufträgen nicht unbedingt erforderlich.

Die Liberalisierungsmaßnahmen der EU-Kommission (Strom, Telekommunikation u.a.) bewirken, dass im Beschaffungswesen der öffentlichen Verwaltung allgemeine und besondere Preisvorschriften an Bedeutung verlieren und die Beschaffung über den Markt an Bedeutung gewinnt. Im Rahmen der Deregulierungsbestrebungen wird auch die Beschaffung zu Selbstkostenpreisen sich in Richtung Markt bewegen. All diese Entwicklungen wirken sich auch auf die Organisation der Beschaffung in der öffentlichen Verwaltung aus.

Durch die Bildung des Gemeinsamen Marktes wurden auch die Vergabearten europäisiert.

---

57 Vgl. die Ausführungen zum Produktionsprozess auf S. 17.

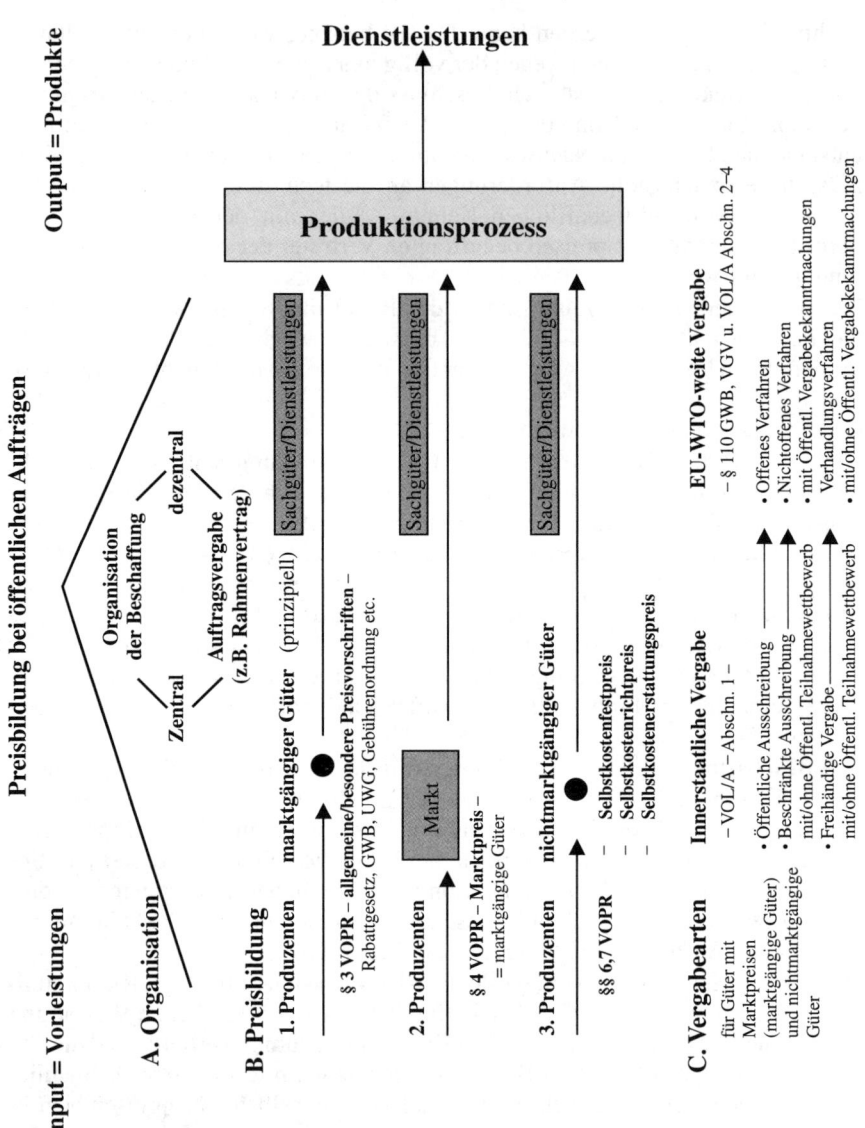

Abb. 21: Beschaffungswesen und Preisbildung bei öffentlichen Aufträgen

V. Wirtschaftskreislauf, Sozialprodukt und Volkseinkommen

A. Allgemeines

Schon sehr früh wurde der Versuch unternommen, die gesamtwirtschaftlichen Abläufe, d.h. volkswirtschaftlichen Leistungen und Gegenleistungen analog dem Blutkreislauf des Menschen in einem Kreislauf als geschlossenes System darzustellen. Dem französischen Arzt und Nationalökonom Francois Quesnay ist dies in seinem 1758 veröffentlichten Werk „Tableau Economique" zum ersten Mal gelungen. Quesnay wies nach, dass es möglich ist, die Leistungsströme einer Volkswirtschaft in einem Kreislauf modellhaft aufzuzeigen, der dem damals gerade entdeckten Blutkreislauf sehr ähnlich war. Die Kreislaufidee wurde im Laufe der Entwicklung immer dann wieder aufgenommen oder auch wesentlich erweitert und verfeinert, wenn *Störungen* im wirtschaftlichen Ablauf aufgetreten sind, die schwerwiegende gesamtwirtschaftliche Probleme zur Folge hatten. Die Kreislaufidee erhielt in der jüngeren Geschichte insbesondere durch die große *Weltwirtschaftskrise* in den 30er-Jahren des 20. Jahrhunderts entscheidenden Auftrieb. Heute stehen Kreislaufbetrachtungen im Mittelpunkt volkswirtschaftlicher Überlegungen. Mithilfe einer modellmäßigen Darstellung des Wirtschaftskreislaufs, d.h. der vereinfachten Abbildung der tatsächlichen komplexen wirtschaftlichen Tatbestände und Wechselbeziehungen, kann man sehr gute Einsichten in volkswirtschaftliche Prozesse gewinnen. Auch sind für die *Wirtschaftspolitik* des Staates Erkenntnisse aus den kreislaufmäßigen Zusammenhängen von großer Bedeutung.

Die Elemente eines Kreislaufsystems sind einerseits *Güterströme* (= reale Ströme) andererseits *Geldströme* (= monetäre Ströme), sowie die Wirtschaftspole, bei denen Güter- oder Geldströme entstehen bzw. durch sie hindurchfließen. Die Wirtschaftspole sind identisch mit den bereits behandelten Wirtschaftssubjekten – *Private Haushalte, Unternehmungen, Staat* und *Ausland*. Als reiner Verrechnungspol kommt noch die volkswirtschaftliche Vermögensrechnung hinzu. Aus diesem Pol bzw. in diesen Pol fließen *nur* Geldströme.

B. Wirtschaftskreislauf einer nichtwachsenden Volkswirtschaft ohne Staat und Ausland

Ansatzpunkt für die Darstellung eines einfachen Wirtschaftskreislaufes sei die Vorstellung, dass die Volkswirtschaft ausschließlich aus den Wirtschaftssubjekten *Unternehmungen* und *Privaten Haushalten* bestehen würde. Diese vereinfachte Abbildung der wirtschaftlichen Realität vernachlässigt die Aktivitäten des Staates und die wirtschaftlichen Beziehungen zum Ausland (so genannte geschlossene Volkswirtschaft ohne staatliche Aktivität). Diese ökonomischen Verflechtungen zwischen diesen zu Gesamtheiten (Sektoren/Polen) zusammengefassten (aggregierten) Wirtschaftseinheiten gilt es im folgenden verbal darzulegen:

Stark vereinfacht stelle man sich vor, dass die Unternehmer Güter produzieren, die von den privaten Haushalten gekauft und konsumiert werden. Die privaten Haushalte ihrerseits stellen den Unternehmen Leistungen in Form von Arbeit, Boden und Kapital (= volkswirtschaftliche Produktionsfaktoren) zur Verfügung und beziehen dafür von den Unternehmen als Gegenleistung ein Einkommen in Form von Lohn/Gehalt, Pacht, Dividende und Zins (so genanntes Faktoreinkommen).

Damit liegt bereits das Bild eines geschlossenen Kreislaufs vor, der – genauer betrachtet – allerdings aus zwei in entgegengesetzter Richtung verlaufenden Kreisläufen bzw. fließenden Strömen besteht:

einem *Geldkreislauf* (monetäre Ströme) und
einem *Güterkreislauf* (reale Ströme)

Einerseits nämlich fließen von den Unternehmen zu den privaten Haushalten Konsumgüter und umgekehrt von den privaten Haushalten zu den Unternehmen die Leistungen der von den Unternehmen in Anspruch genommenen Produktionsfaktoren (realer Kreislauf) – andererseits fließen den privaten Haushalten als Entgelt für die Bereitstellung ihrer Faktorleistungen Faktoreinkommen zu, die sie in voller Höhe zum Kauf der von den Unternehmen produzierten Konsumgüter ausgeben (monetärer Kreislauf).

Da die Ströme beider Kreisläufe in Geldgrößen bemessen werden, müssen sie sich in ihrer Höhe rechnerisch zwangsläufig entsprechen.

In der grafischen Darstellung sehen diese ökonomischen Zusammenhänge zwischen den beiden Sektoren private Haushalte (Konsum) und Unternehmungen (Produktion) wie folgt aus:

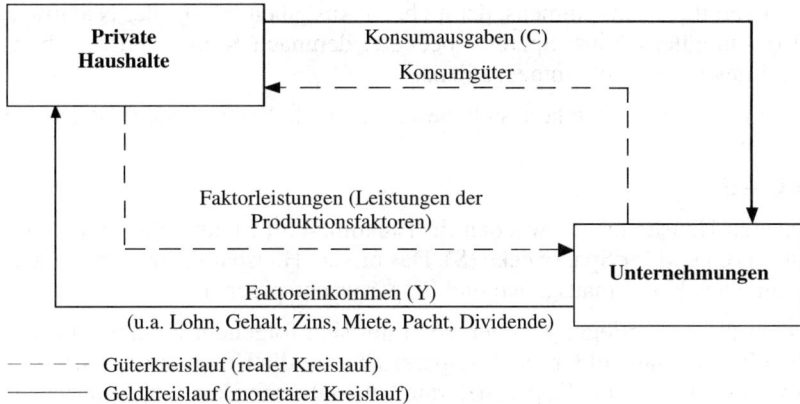

― ― ― ― Güterkreislauf (realer Kreislauf)
―――――― Geldkreislauf (monetärer Kreislauf)

*Abb. 22: Wirtschaftskreislauf einer nichtwachsenden Volkswirtschaft
ohne Staat und Auslandsbeziehungen*

Mathematisch-analytisch lassen sich diese Beziehungen folgendermaßen aufzeigen:

$$Y = C \qquad (1)$$

Das Faktoreinkommen (Y) der privaten Haushalte wird in voller Höhe zum
Kauf von Konsumgütern (C) ausgegeben. Ein Sparen (S) der privaten Haushalte
ist demnach ausgeschlossen (S = 0), da Faktoreinkommen und Konsumausgaben in ihrer Höhe gleich sind.

C. Wirtschaftskreislauf einer wachsenden Volkswirtschaft

1. Kreislauf einer wachsenden Volkswirtschaft ohne Aktivität des Staates und ohne Auslandsbeziehungen

Das zuvor stark vereinfacht aufgezeigte Modell zum Wirtschaftskreislauf soll
im folgenden schrittweise näher an die wirtschaftliche Realität herangeführt
werden.

Wurde zunächst unterstellt, dass die privaten Haushalte ihr Einkommen in voller
Höhe zum Kauf von Konsumgütern ausgeben würden, so lässt man nunmehr
diese Annahme fallen – es wird nämlich auch gespart.

Da Sparen bei gleich bleibender Einkommenshöhe nur realisierbar ist bei
gleichzeitigem Verzicht auf Konsum, umfasst die Ersparnis der privaten Haus-

halte den Teil ihres Einkommens, der nicht zu Ausgaben infolge der Nachfrage nach Konsumgütern führt. Sparen[58] bedeutet demnach Konsumverzicht bzw. Nichtverbrauch von Einkommensteilen.

Mathematisch – analytisch lässt sich dieser Sachverhalt in folgender Gleichung ausdrücken:

$$Y = C + S \qquad (2)$$

Die privaten Haushalte[59] verwenden ihr Einkommen (Y) zum Kauf von Konsumgütern (C) und für Sparzwecke (S). Das private Haushaltseinkommen muss der Summe aus Konsumausgaben und Ersparnis entsprechen.

Führt man diese Überlegung weiter, so ergibt sich folgender Zusammenhang: Der Nachfrageausfall auf Grund des Sparens hat für die Unternehmen zur Konsequenz, dass diese nicht alle produzierten Güter absetzen können, demnach also Güter im Bereich der Unternehmen verbleiben, die man als Investition (I) bezeichnet.

Aus diesen Darlegungen ist überdies unschwer zu erkennen, dass die von den privaten Haushalten abgeführten Sparbeträge in ihrer Höhe notwendigerweise übereinstimmen müssen mit den von den Unternehmen durchgeführten Investitionen[60]. Oder anders: der *Nichtkonsumgüternachfrage* (Sparen) entspricht der *Nichtkonsumgüterproduktion* d.h. der Produktion von Investitionsgütern.

Diese Investitionen können – zur weiteren Verdeutlichung der Zusammenhänge – die Schaffung volkswirtschaftlichen Realkapitals im Anlage- oder Vorratsbereich (= Bruttoinvestitionen) zum Inhalt haben. „Die Bruttoinvestition umfasst (demnach – der Verf.) für eine Periode alle produzierten Güter, die nicht in die Verfügungsmacht von Haushalten übergehen"[61].

Im Anlagebereich setzen sich die Bruttoinvestitionen zusammen aus den Netto- bzw. Neuinvestitionen und den Re- bzw. Ersatzinvestitionen.

Die Reinvestitionen decken ausschließlich den Ersatz volkswirtschaftlichen Realkapitals infolge eingetretenen Wertverlustes durch Verschleiß, Überalterung sowie technischen Fortschritt und werden durch Abschreibungen finanziert. Die rechnerischen Abschreibungsbeträge gehen dabei in die unternehmerische Preiskalkulation ein, sodass letztlich die privaten Haushalte beim Kauf

---

58 Die Spartätigkeit der privaten Haushalte bezieht sich daher nicht nur auf die Bildung von Einlagen bei den privaten Geschäftsbanken, sondern kann gleichermaßen in Form von Horten (Bargeldhaltung außerhalb des Wirtschaftskreislaufes), durch Erwerb von Effekten (festverzinslichen Wertpapieren und Aktien) etc. erfolgen.

59 Dazu gehören gleichermaßen die privaten Haushalte der Unternehmer.

60 Zu Beginn einer Wirtschaftsperiode weichen die beabsichtigten Investitionen und geplanten Ersparnisse in ihrer Höhe grundsätzlich voneinander ab. Vgl. dazu die Ausführungen zum gesamtwirtschaftlichen Gleichgewicht.

61 Bartling, H., Luzius, F., Grundzüge der Volkswirtschaftslehre, München 1977, S. 127.

von Konsumgütern die Kosten der Unternehmer für die Beschaffung von Ersatzinvestitionsgütern finanzieren. Die Volkswirtschaft kann allerdings bei ausschließlicher Durchführung von Ersatzinvestitionen nicht wachsen, die Summe des volkswirtschaftlichen Realkapitals (Kapitalstock) bleibt (quantitativ) unverändert. Es besteht eine nichtwachsende bzw. stagnierende Volkswirtschaft.

Anders dagegen die gesamtwirtschaftliche Wirkung bei der Vornahme *neuer* Investitionen: Nettoinvestitionen erhöhen den (quantitativen) Stand des volkswirtschaftlichen Realkapitals und bewirken eine Erweiterung der gesamtwirtschaftlichen Produktionsmöglichkeiten mit der Konsequenz einer wachsenden Volkswirtschaft.

Bei eingehendem Durchdenken dieser Aussagen leuchtet ein, dass in Höhe der Spartätigkeit der privaten Haushalte gesamtwirtschaftlich zwangsläufig die Nettoinvestitionen mitfinanziert werden. Die Finanzierung der Nettoinvestitionen erfolgt daneben auch durch unverteilte Gewinne vonseiten der Unternehmungen. Die Ersatzinvestitionen werden – wie bereits ausgeführt – finanziert über Abschreibungen beim Kauf von Konsumgütern seitens der privaten Haushalte.

Zur grafischen Darstellung dieses Zusammenhangs wird das einfache Modell (vgl. Abb. 22) um den rechnerischen Sektor Vermögensrechnung (V) erweitert, in dem man die wertmäßigen Veränderungen des volkswirtschaftlichen Kapitals erfasst:

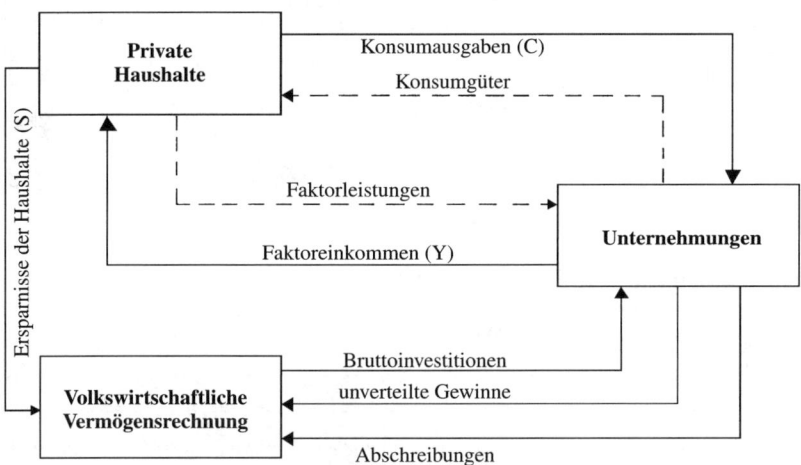

Abb. 23: *Wirtschaftskreislauf einer wachsenden Volkswirtschaft ohne Staat und Auslandsbeziehungen*

2. Kreislauf einer wachsenden Volkswirtschaft mit staatlicher Aktivität ohne Auslandsbeziehungen

In der Bundesrepublik Deutschland leistet der Staat[62] durch eine aktive Wirtschaftspolitik, d.h. durch die Ausübung staatlicher Funktionen[63], wesentliche Beiträge zum Sozialprodukt. Die staatlichen Aktivitäten kommen dabei in vielerlei Hinsicht zum Ausdruck, die im folgenden in einfacher Weise in das Wirtschaftskreislaufmodell eingebunden werden sollen. Zu diesem Zweck ist das bisherige Modell einen Schritt weiter an die Realität heranzuführen, indem man es um den Sektor Staat erweitert.

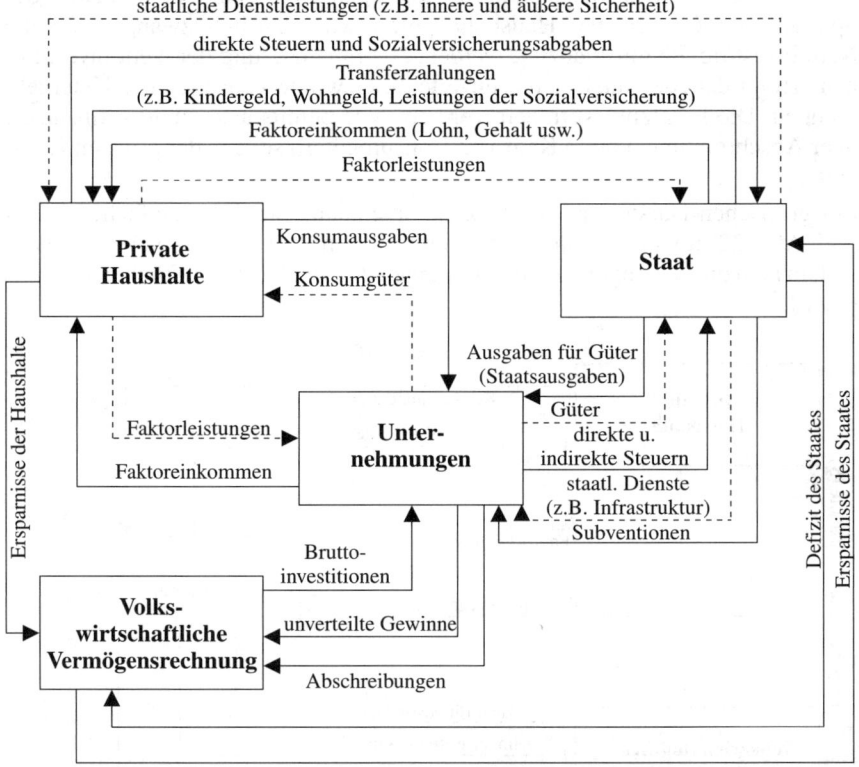

Abb. 24: Wirtschaftskreislauf einer wachsenden Volkswirtschaft mit staatlicher Aktivität ohne Auslandsbeziehungen

---

62 Gebietskörperschaften und Nebenfisken.
63 Vgl. die Ausführungen zur Rolle des Staates in der Sozialen Marktwirtschaft.

Welche Beziehungen treten zwischen den am Wirtschaftsprozess Beteiligten nunmehr im einzelnen auf?

Die Unternehmungen müssen an den Staat – bedingt durch den Absatz ihrer Leistungen am Markt zu Preisen – *indirekte* Steuern abführen (Zahllast), die sie jedoch über den Preis der Güter auf die Endverbraucher abwälzen. Unternehmungen mit bestimmter Rechtsform (Kapitalgesellschaften) zahlen auch direkte Steuern an den Staat (Körperschaftsteuer). Umgekehrt erhalten die Unternehmungen vom Staat Subventionen sowie Erlöse für die dem Staat verkauften Güter.

Die privaten Haushalte zahlen an den Staat direkte Steuern für das ihnen von Unternehmungen und Staat zufließende Einkommen.

Der Staat seinerseits leistet Transferzahlungen (z.B. Wohngeld, Renten, Ausbildungsbeihilfen) an die privaten Haushalte, Subventionen (z.B. durch verbilligten Kraftstoff an die Landwirtschaft) und Ausgaben für gelieferte Güter an die Unternehmen. Andererseits erhält er von den privaten Haushalten direkte, von den Unternehmen direkte und indirekte Steuern. Überschüsse des Staates (Ersparnisse) werden durch Zufluss an die volkswirtschaftliche Vermögensrechnung, Defizite der öffentlichen Hand durch Abfluss von der Vermögensrechnung zum Staat sichtbar gemacht.

In der grafischen Darstellung lassen sich die durch den Sektor Staat eintretenden erweiterten Beziehungen darlegen (vgl. Abb. 24).

3. Kreislauf einer wachsenden Volkswirtschaft mit staatlicher Aktivität und Auslandsbeziehungen

Arbeitsteilige Volkswirtschaften sind eingebettet in ein System viel- und wechselseitiger wirtschaftlicher Verflechtungen mit dem Ausland *(= offene Volkswirtschaft)*. Diese Beziehungen mit dem Ausland gilt es nunmehr in das Modell aufzunehmen und zu analysieren. Bedeutsam ist diese Untersuchung für die Volkswirtschaft der Bundesrepublik Deutschland insofern, als mehr als 27%[64] der im Inland produzierten Gütermenge vom Ausland nachgefragt wird. In unserer exportorientierten Volkswirtschaft ist damit fast jeder 4. Arbeitsplatz von der Güterausfuhr abhängig[65].

---

64 Vgl. Deutsche Bundesbank (Hrsg.), Monatsberichte der Deutschen Bundesbank, 30. Jahrg. Nr. 9, Frankfurt/M. 1978, S. 64.
65 Vgl. Presse- und Informationsamt der Bundesregierung (Hrsg.), Bulletin, Nr. 120, Bonn 1975, S. 1186.

Die wesentlichsten Beziehungen mit dem Ausland lassen sich verbal wie folgt darlegen:

– Hauptströme eines volkswirtschaftlichen Kreislaufsystems –

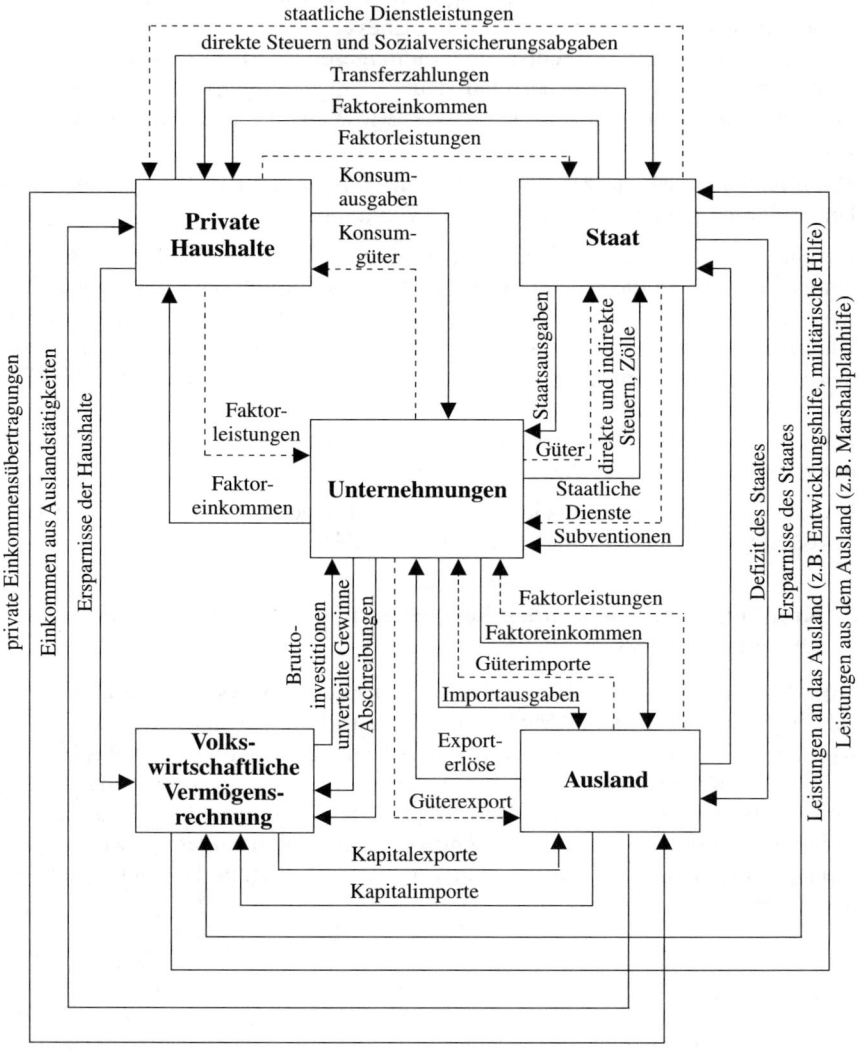

Abb. 25: *Wirtschaftskreislauf einer wachsenden Wirtschaft mit staatlicher Aktivität und Auslandsbeziehungen*

Die inländischen Unternehmen importieren einerseits aus dem Ausland die Leistungen ausländischer Produktionsfaktoren und leisten dafür Zahlungen an das Ausland, die dort zu Einkommen werden. Auch der Import von Gütern (die vielfach als Vorleistungen in die Produktion inländischer Güter eingehen) muss von den inländischen Unternehmen entsprechend vergütet werden. Für den Bezug der importierten Güter müssen darüber hinaus von den inländischen Unternehmen an den Staat indirekte Steuern und (Einfuhr-)Zölle abgeführt werden.

Andererseits fließen den inländischen Unternehmen Erlöse aus dem Verkauf ihrer Güter im Ausland zu.

Die privaten Haushalte stellen dem Ausland die Leistungen ihrer Produktionsfaktoren zur Verfügung und beziehen dafür vom Ausland Faktoreinkommen. Sie leisten auch an das Ausland private Einkommensübertragungen und können vom Ausland solche erhalten.

Der Sektor Ausland schließlich empfängt Gelder für die von inländischen Unternehmen aus dem Ausland importierten Güter sowie für die Bereitstellung ausländischer Faktorleistungen im Inland. Dagegen bezahlt das Ausland den Wert der vom Inland ins Ausland exportierten Güter wie auch die von inländischen Produktionsfaktoren im Ausland erbrachten Leistungen. Auch der Staat leistet Geldzahlungen an das Ausland (z.B. Entwicklungshilfe). Es kann sein, dass der Staat vom Ausland Geld empfängt (z.B. Marshallplanhilfe für die Bundesrepublik Deutschland nach dem Zweiten Weltkrieg).

Zwischen den Polen Ausland und volkswirtschaftlicher Vermögensrechnung werden die von Güterexporten und Importen unabhängigen Geldströme (Kapitalexporte oder Kapitalimporte) aufgezeichnet: beispielsweise Kreditgewährung an das Ausland (Kapitalexporte) oder Erwerb eines deutschen Unternehmens durch Ausländer (Kapitalimport). Auch Devisenspekulationen werden hier je nach Richtung der Spekulation in Form von Kapitalexporten- oder importen sichtbar.

Das nebenstehende Schema (Abb. 25) zeigt diese Zusammenhänge in anschaulicher Weise.

Eine Darstellung der wichtigsten Ströme (nur Geldströme) des Wirtschaftskreislaufs der Bundesrepublik Deutschland erfolgt in Abbildung 26.

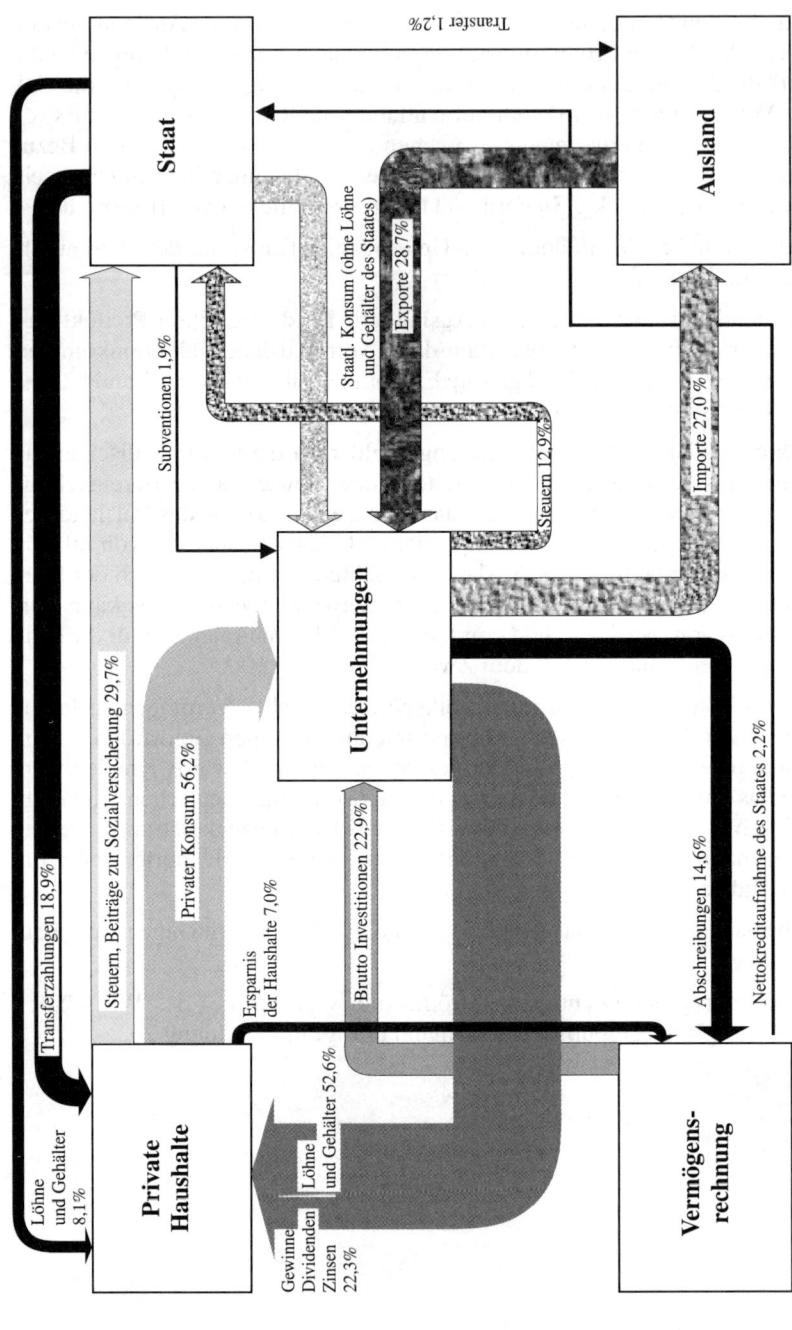

Abb. 26: *Schematischer Überblick (auszugsweise) über Kreislaufzusammenhänge in der Bundesrepublik Deutschland 1999 – Geldströme in v.H. des nominalen Bruttoinlandprodukts zu Marktpreisen* –66 67

Labels within figure:

Transfer 1,2%
Staat
Ausland
Subventionen 1,9%
Staatl. Konsum (ohne Löhne und Gehälter des Staates)
Exporte 28,7%
Importe 27,0 %
Steuern 12,9%
Unternehmungen
Transferzahlungen 18,9%
Steuern, Beiträge zur Sozialversicherung 29,7%
Privater Konsum 56,2%
Ersparnis der Haushalte 7,0%
Brutto Investitionen 22,9%
Abschreibungen 14,6%
Nettokreditaufnahme des Staates 2,2%
Löhne und Gehälter 8,1%
Private Haushalte
Löhne und Gehälter 52,6%
Gewinne Dividenden Zinsen 22,3%
Vermögens-rechnung

D. Sozialprodukt und Volkseinkommen als Ergebnis des Wirtschaftskreislaufs

1. Begriff

Die volkswirtschaftliche Güterproduktion ist – wie jede Leistungserstellung schlechthin – das Ergebnis des *Prozesses der Kombination* der Produktionsfaktoren. Das planvolle Zusammenwirken von Arbeit, Boden und Kapital – maßgeblich beeinflusst durch den jeweiligen Stand des *technischen Fortschritts* – führt zu einem bestimmten quantitativen (und qualitativen) Resultat in Form von Sachgütern und Dienstleistungen, nach dem sich letztlich die wirtschaftliche Leistungsfähigkeit einer Volkswirtschaft bemisst.

Bewertet man nun dieses Ergebnis der *gesamtwirtschaftlichen Gütererstellung,* den Output an Gütern, zu den auf den Märkten erzielbaren oder erzielten Preisen, bezogen auf den Zeitraum eines Jahres, so spricht man vom *Sozialprodukt*[68].

Begrifflich umfasst es demnach die *Summe der Werte aller in einer Volkswirtschaft innerhalb eines Jahres produzierten Güter (Menge x Preise) abzüglich der Vorleistungen.*

Betrachtet man das Sozialprodukt im Hinblick auf die ökonomischen Verflechtungen in einem Wirtschaftskreislauf, ergibt sich die bewertete Gütermenge (Sozialprodukt) als ein bestandsmäßiges Ergebnis aus der Gesamtheit der zwischen den einzelnen Sektoren fließenden realen Ströme.

Umgekehrt entspricht das Volkseinkommen der wertmäßigen Summe der zwischen den verschiedenen Globalgrößen fließenden monetären Ströme. Denn: „Die Anweisungsscheine auf das Sozialprodukt, d.h. das Geld, das die Produktionsfaktoren (Arbeit, Boden und Kapital – der Verf.) erhalten, lassen die wertmäßig gleiche Größe zum Sozialprodukt in einer Geldwirtschaft entstehen, das Volkseinkommen[69]."

Um die Frage nach der genauen statistischen Erfassung der produzierten Gütermenge und der Verteilung der im Zusammenhang mit der Güterproduktion entstehenden Einkommen auf die verschiedenen Gruppen von Beziehern zu klären, müssen unterschiedliche Arten von Sozialproduktsbegriffen geklärt, abgegrenzt und zueinander in Beziehung gebracht werden.

---

66 Das Grundschema wurde entnommen aus: Szigeti, P. R. Volkswirtschaftslehre für Praktiker, 3. Aufl., Berlin, Herne 1972, S. 63.
67 Die prozentualen Anteile sind aus den aktuellsten Angaben des Statistischen Bundesamtes und des Finanzberichts 2000 errechnet worden (Stand Ende 1999/Anfang 2000).
68 Grundlage für die Bewertung des Sozialprodukts sind stets die Marktpreise.
69 Vgl. Hagemann, F. Heinen, H. P. Scholz, H. G. Wirtschafts- und Soziallehre, Teil 1 2. Aufl. Düsseldorf 1972, S. 118.

2. Arten

Ausgangspunkt für die Errechnung des Sozialprodukts als Ergebnis der Güterproduktion einer Wirtschaftsperiode ist der *Bruttoproduktionswert*. Er umfasst die *Summe aller in einer Volkswirtschaft hervorgebrachten produktiven Leistungen, die sich in Marktpreisen bewerten lassen.*

Dabei muss berücksichtigt werden, dass staatliche Leistungen (wie innere und äußere Sicherheit, Bildungs- und Gesundheitswesen) grundsätzlich nicht zu Marktpreisen bewertbar sind, da deren Abgabe an den Staatsbürger in der Regel unentgeltlich, d.h. ohne unmittelbare Gegenleistung, erfolgt. Die Erfassung öffentlicher Dienste im Bruttoproduktionswert erfolgt daher *hilfsweise* zu Kosten, die der Prozess der Leistungserstellung verursachte. Im einzelnen sind dies die Entgelte für die Beschäftigten, die im Haushaltsjahr von Betrieben bezogenen und verbrauchten Vorleistungen (Energie, Maschinen, Büromaterial usw.) sowie die vom Staat bezahlten Beiträge zur Sozialversicherung und zur gesetzlichen Unfallversicherung. Gleichermaßen entstehen bei der staatlichen Produktion Kosten in Form von Abschreibungen und teilweise in Form von Steuern.

Um aber den tatsächlichen Güterzuwachs einer Volkswirtschaft zu ermitteln, müssen verständlicherweise vom Bruttoproduktionswert alle Güter, die innerhalb einer Periode von Unternehmen an andere Unternehmen zum Zwecke des Einsatzes im Produktionsprozess geliefert und verkauft wurden, entsprechend subtrahiert werden (= Vorleistungen in Form von Roh-, Hilfs- und Betriebsstoffen). Dieser Rechenschritt verhindert die Vorspiegelung eines größeren Sozialprodukts infolge von Doppel- oder gar Mehrfachzählungen. Nach Abzug aller Vorleistungen vom Bruttoproduktionswert ergibt sich das *Sozialprodukt* als die *Summe aller von den Unternehmen im Inland erbrachten Nettoproduktionswerte (= Bruttowertschöpfung innerhalb einer Periode).* Diese Summe entspricht dem Wert der im Inland von den Unternehmen während einer Wirtschaftsperiode neu erbrachten produktiven Leistungen und wird als *Bruttoinlandsprodukt* bezeichnet.

Zur Verdeutlichung sei dieser Vorgang nochmals dargestellt:

Summe aller Bruttoproduktionswerte zu Marktpreisen
./. Summe aller Vorleistungen

= *Nettoproduktionswert zu Marktpreisen* (oder *Bruttowertschöpfung zu Marktpreisen*)
Summe aller Bruttowertschöpfungen im Inland = Bruttoinlandsprodukt zu Marktpreisen

Das Bruttoinlandsprodukt ist die Summe aller in Geldeinheiten (DM, Euro, Dollar usw.) ausgedrückten und zu Marktpreisen bewerteten Sachgüter und Dienstleistungen, die im Inland innerhalb einer bestimmten Periode (meist ein Jahr) erzeugt wurden, wobei die Vorleistungen abgezogen sind.

Zur Erreichung des Wertes der im Bruttoinlandsprodukt sich niederschlagenden Gütermenge haben inländische und ausländische Produktionsfaktoren gleichermaßen, wenn auch in unterschiedlichem Umfang, beigetragen. Um aber das durch die im territorialen Wirtschaftsraum der Bundesrepublik Deutschland ansässigen Erwerbstätigen erzeugte Ergebnis der volkswirtschaftlichen Faktorkombination (Gütermenge) festzustellen (= Inländerprodukt), ist folgende Abgrenzung vorzunehmen: Die von gebietsfremden Produktionsfaktoren im Inland erbrachten Leistungen müssen vom Bruttoinlandsprodukt abgezogen, die von gebietsansässigen Produktionsfaktoren im Ausland erbrachten Leistungen dagegen dem Bruttoinlandsprodukt hinzugerechnet werden[70].

Entsprechend gilt dies für die von den Produktionsfaktoren erzielten Einkommen als Gegenleistung für ihre geleisteten produktiven Dienste. Also: „Die Produktionsfaktoreinkommen, die Gebietsfremde aus dem Inland beziehen, müssen abgerechnet werden" und „Faktoreinkommen, die Gebietsansässige aus dem Ausland beziehen (Grenzgänger etwa), sind . . . hinzuzurechnen[71]."

Bei dieser Abgrenzung erhält man die im Inland zur Verfügung stehende Gütermenge, das *Bruttosozialprodukt* (= Bruttowertschöpfung)[72]:

Bruttoinlandsprodukt
./. Leistungen (Einkommen) von gebietsfremden Produktionsfaktoren aus dem Inland   } Saldo der Primäreinkommen mit der übrigen Welt
+ Leistungen (Einkommen) von gebietsansässigen Produktionsfaktoren aus dem Ausland

Bruttosozialprodukt = Bruttonationaleinkommen

Bei dem zu Marktpreisen bewerteten Bruttoinlandsprodukt bzw. Bruttosozialprodukt muss jedoch – um ein echtes Bild der Leistungsfähigkeit einer Volkswirtschaft widerspiegeln zu können – folgendes beachtet werden: Auf Grund von Marktpreissteigerungen kann der rechnerische Wert der im Sozialprodukt insgesamt erfassten Sachgüter und Dienstleistungen künstlich aufgebläht werden. Inflationäre Entwicklungen nämlich führen regelmäßig zu einer nominalen Erhöhung des zu Marktpreisen bewerteten Bruttosozialprodukts. Erst die Bereinigung um die jährlich eingetretenen Preissteigerungen gibt Aufschluss über das tatsächliche volkswirtschaftliche Leistungsergebnis eines Jahres, das *reale Sozialprodukt*.

Allgemein ausgedrückt: Es ist das um die *Preissteigerungen bereinigte nominale Sozialprodukt* (Bruttoinlandsprodukt bzw. Bruttosozialprodukt)[73].

---

70 Grundsätzlich gilt das Territorial- und nicht das Nationalitätenprinzip. Gastarbeiter sind – ob zwar Ausländer – durch ihren festen Wohnsitz im Inland gebietsansässig. Das durch die Produktionsfaktoren erzielte Einkommen steht im Inland zur Verfügung.
71 Vgl. Henschel, H., Knappe E., Volkswirtschaftslehre 1, Würzburg 1975, S. 29.
72 In der Sozialproduktsberechnung bleiben die produktiven Beiträge, insbes. hausfrauliche und Do-it-yourself Tätigkeiten, mangels Marktpreisen unberücksichtigt. Nicht dagegen etwa die Arbeitsdienste angestellter Haushaltskräfte, da diese am Markt zu Preisen bewertet und getauscht werden.
73 Die Bereinigung des Sozialprodukts von den Kaufkraftschwankungen erfolgt dadurch, dass die zu den jeweiligen Preisen eines Jahres bewerteten Güter mithilfe von Preisindices (Preismessziffern) auf die Preise eines Basisjahres (= konstante Preise) zurückgerechnet werden.

Seit Anfang der 90er-Jahre wird als Maßstab für die Leistung der deutschen Volkswirtschaft das Bruttoinlandsprodukt zu Marktpreisen herangezogen. Es kann nominal und real ausgedrückt werden (vgl. Abb. 27).

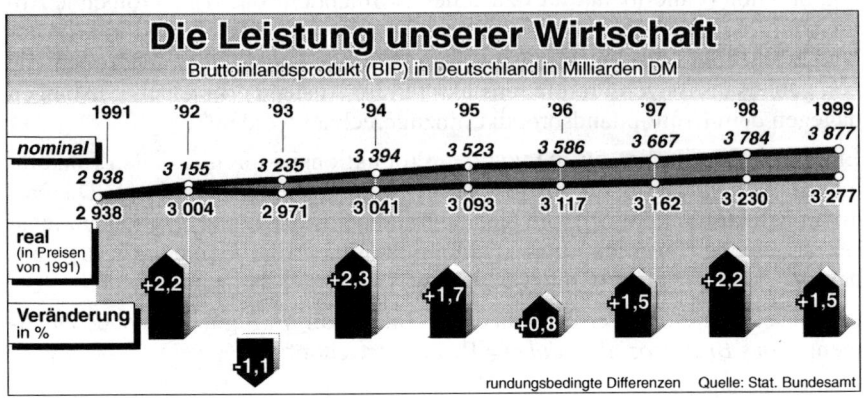

Abb. 27: Die Entwicklung des Bruttoinlandsprodukts in der Bundesrepublik Deutschland 1991 bis 1999

Zur Ermittlung des Volkseinkommens sind gedanklich folgende Schritte zu vollziehen: Der Wert der in dem Bruttosozialprodukt steckenden Konsum- und Investitionsgüter ist überhöht. Denn: Das für die Erstellung dieser Güter eingesetzte Sachkapital unterliegt im Produktionsprozess einer *Wertminderung* infolge von Verschleiß, Überalterung und technischem Fortschritt. Die bei der Produktion verbrauchten Anlagegüter müssen deshalb vom Bruttosozialprodukt = Bruttonationaleinkommen abgezogen werden. In der Höhe entsprechen sie den für den notwendigen Ersatz (Reininvestitionen) angesetzten Abschreibungsbeträgen. Erst die Verminderung des Bruttosozialprodukts (bewertet zu Marktpreisen) = Bruttonationaleinkommen um die Abschreibungen zeigt das tatsächlich zur Verfügung stehende gesamtwirtschaftliche Produktionsergebnis einer Periode. Es ist das Nettosozialprodukt (bewertet zu Marktpreisen) = Nettonationaleinkommen und gibt die Summe aller in einer Volkswirtschaft während einer Wirtschaftsperiode erbrachten Nettowertschöpfungen an.

In anderer Weise dargestellt:

Bruttosozialprodukt zu Marktpreisen ($BMSP_M$) = Bruttonationaleinkommen ./. Abschreibungen

Nettosozialprodukt zu Marktpreisen (NSP_M) = *Nettowertschöpfung* = Nettonationaleinkommen

In Höhe der (Netto-)Wertschöpfung entsteht bei den an der volkswirtschaftlichen Produktion beteiligten Produktionsfaktoren Einkommen (= Faktorein-

96

kommen). Diese Faktoreinkommen müssen nach Maßgabe der Beteiligung der Produktionsfaktoren am Nettosozialprodukt (zu Marktpreisen) = Nettonationaleinkommen auf diese entsprechend verteilt werden. Allerdings ist zur Ermittlung des genauen finanziellen Beitrages für die Aufteilung folgende Richtigstellung notwendig. Die indirekten Steuern sind von der Nettowertschöpfung abzuziehen, die staatlichen Subventionen hingegen dazuzurechnen, denn die den Unternehmen durch den Verkauf ihrer Güter am Markt zufließenden Geldmittel aus indirekten Steuern können auf die Produktionsfaktoren nicht verteilt werden, sondern sind in Form der Zahllast an den Fiskus abzuführen. Andererseits gewährt der Staat den Unternehmen Subventionen. Diese den Unternehmen ohne Gegenleistung zufließenden Geldbeträge erhöhen das zur Verteilung vorhandene Einkommen. Mit der Einführung des ESVG 95 wird dieser Korrekturfaktor mit „Produktions- und Importabgaben abzgl. Subvention" bezeichnet.

Durch diese Korrektur ergibt sich folgendes Bild:

Nettosozialprodukt zu Marktpreisen (NSP$_M$) = *Nettowertschöpfung*
= Nettonationaleinkommen
./. indirekte Steuern (T$_{ind}$)
+ Subventionen (Z)

Nettosozialprodukt zu Faktorkosten (NSP$_F$) = Volkseinkommen

Man sieht, das von den Produktionsfaktoren erzielte Volkseinkommen *entspricht* dem von ihnen erbrachten Sozialprodukt. Es ist bewertet zu jenem betrieblichen Werteverzehr (= Kosten), der ausschließlich auf Grund des Einsatzes und der Kombination der Produktionsfaktoren im volkswirtschaftlichen Produktionsprozess entstand.

Dieses Volkseinkommen steht allerdings den privaten Haushalten noch nicht frei für Konsum- und Sparzwecke zur Verfügung[74]. Denn, „sie müssen davon (direkte) Steuern und Beiträge zur Sozialversicherung zahlen, und die entsprechenden Beträge sind daher vom Volkseinkommen abzuziehen[75]." Andererseits erhöht das den privaten Haushalten vom Staat zufließende Transfereinkommen – vor allem in Form von Renten, Pensionen, Kindergeld, Wohngeld – die Summe jener Geldbeträge, die zur Verfügung stehen. Dabei ist allerdings noch nicht berücksichtigt, dass auch der Staat Einkommen aus Unternehmertätigkeit und Vermögen erzielt. Werden diese ebenfalls abgezogen, so ergibt sich das *privat verfügbare Einkommen.*

Subtrahiert man darüber hinaus vom privat verfügbaren Einkommen noch die von den Unternehmen mit eigener Rechtspersönlichkeit nicht zur Ausschüttung an Privatpersonen gelangten (bzw. unverteilten) Gewinne, so erhält man das den

---

74 Vgl. dazu die Ausführungen zum gesamtwirtschaftlichen Gleichgewicht sowie zum Wirtschaftskreislauf.
75 Vgl. Henschel, H., Knappe, E., a.a.O., S. 31.

Privatpersonen persönlich frei zur Verfügung stehende Einkommen (= *persön-lich verfügbares Einkommen*)[76]. Diese persönlich verfügbaren Einkommensbe-träge letztlich stehen den privaten Haushalten zur Verwendung für Konsumaus-gaben und Sparen innerhalb einer Periode bereit.

Die Rechenschritte vom Nettosozialprodukt (bewertet zu Faktorkosten) = Volkseinkommen hin zum persönlich verfügbaren Einkommen seien zur Ver-deutlichung nochmals aufgezeigt:

Nettosozialprodukt zu Faktorkosten (NSP_F) = *Volkseinkommen*
./. direkte Steuern (T_{dir}) und Sozialabgaben
+ Transfereinkommen
./. staatliche Einkünfte aus Unternehmertätigkeit und Vermögen

Privat verfügbares Einkommen
./. *nicht verteilte Gewinne der Unternehmen*

Persönlich verfügbares bzw. disponibles Einkommen der privaten Haushalte

Wie sich das reale Bruttoinlandsprodukt im Verhältnis zum nominalen Bruttoin-landsprodukt in der Bundesrepublik Deutschland entwickelt hat, zeigt die fol-gende Tabelle.

Tab. 6: Entwicklung von nominalem und realem Bruttoinlandsprodukt
in der Bundesrepublik Deutschland 1991–1999[77]

	Bruttoinlandsprodukt								
Jahr	1991	1992	1993	1994	1995	1996	1997[1)]	1998[1)]	1999[1)]
in jeweiligen Preisen									
in Mrd. DM	2938,0	3155,2	3235,4	3394,4	3523,8	3586,8	3666,6	3784,2	3877,1
Veränderung gegen Vorjahr in v.H.	–	7,4	2,5	4,9	3,8	1,8	2,2	3,2	2,5
in Preisen von 1995									
in Mrd. DM	3346,0	3421,0	3383,8	3463,2	3523,8	3549,6	3601,1	3678,6	3732,3
Veränderung gegen Vorjahr in v.H.	–	2,2	–1,1	2,3	1,7	0,8	1,5	2,2	1,5

[1)] Vorläufig. (Stand 12/99: Quelle: Statistisches Bundesamt)

Die folgende Tabelle gibt Auskunft über die Entwicklung von Sozialprodukt und Volkseinkommen in der Bundesrepublik Deutschland von 1991 bis 1998.

---

76 Gleichermaßen sind in dieser Differenz die vom Staat erzielten Einkünfte aus Unternehmertätig-keit und Vermögen enthalten.
77 Bundesministerium für Wirtschaft (Hrsg.), Wirtschaft in Zahlen 95, 1999, Bonn S. 41 und Mittei-lung aus dem Bundesministerium für Wirtschaft (Stand April 2000).

Tab. 7: Entwicklung von Bruttoinlandsprodukt, Bruttonationaleinkommen (Bruttosozialprodukt) und Volkseinkommen in der Bundesrepublik Deutschland in Mrd. DM in jeweiligen Preisen und in Preisen von 1995 von 1991 bis 1999[78]

Mrd. DM

Jahr	in jeweiligen Preisen						Volkseinkommen			in Preisen von 1995	
	Brutto-inlands-produkt	Saldo der Primärein-kommen aus der übrigen Welt[1]	Brutto-national-einkommen (Sp. 1+2)	Abschrei-bungen	Netto-national-einkommen (Sp. 3–4)	Produktions- und Import-abgaben abzgl. Sub-ventionen[2]	insgesamt (Sp. 5–6)	Arbeitneh-merentgelt (Inländer)	Unterneh-mens- und Vermögens-einkommen	Brutto-inlands-produkt	Brutto-national-einkommen
	1	2	3	4	5	6	7	8	9	10	11
1991[3]	2.713,00	3,07	2.716,07	382,01	2.334,06	254,22	2.079,84			3.041,40	3.049,25
1991	2.938,00	17,66	2.955,66	411,36	2.544,30	261,46	2.282,84	1.650,59	632,25	3.346,00	3.368,97
1992	3.155,20	15,43	3.170,63	451,11	2.719,52	289,25	2.430,27	1.787,79	642,48	3.421,00	3.440,70
1993	3.235,40	13,45	3.248,85	482,55	2.766,30	310,08	2.456,22	1.829,54	626,68	3.383,80	3.399,62
1994	3.394,40	-13,84	3.380,56	502,42	2.878,14	330,22	2.547,92	1.874,71	673,21	3.463,20	3.449,64
1995	3.523,00	-18,57	3.504,43	521,15	2.983,28	326,00	2.657,28	1.941,40	715,88	3.523,00	3.504,43
1996	3.586,00	-15,93	3.570,07	532,55	3.037,52	335,92	2.701,60	1.965,67	735,93	3.549,60	3.535,74
1997	3.666,60	-17,22	3.649,38	546,42	3.102,96	351,43	2.751,53	1.971,24	780,29	3.601,10	3.586,24
1998	3.784,20	-30,15	3.754,05	561,54	3.192,51	369,29	2.823,22	2.001,82	821,40	3.678,60	3.651,33
1999	3.877,10	-37,57	3.839,53	574,71	3.264,82	401,56	2.863,26	2.044,63	818,63	3.732,30	3.698,56

% des Bruttoinlandsprodukts

Jahr	1	2	3	4	5	6	7	8	9	10	11
1991[3]	100	0,1	100,1	14,1	86,0	9,4	76,7			100	100,3
1991	100	0,6	100,6	14,0	86,6	8,9	77,7	56,2	21,5	100	100,7
1992	100	0,5	100,5	14,3	86,2	9,2	77,0	56,7	20,4	100	100,6
1993	100	0,4	100,4	14,9	85,5	9,6	75,9	56,5	19,4	100	100,5
1994	100	-0,4	99,6	14,8	84,8	9,7	75,1	55,2	19,8	100	99,6
1995	100	-0,5	99,5	14,8	84,7	9,3	75,4	55,1	20,3	100	99,5
1996	100	-0,4	99,6	14,9	84,7	9,4	75,3	54,8	20,5	100	99,6
1997	100	-0,5	99,5	14,9	84,6	9,6	75,0	53,8	21,3	100	99,6
1998	100	-0,8	99,2	14,8	84,4	9,8	74,6	52,9	21,7	100	99,3
1999	100	-1,0	99,0	14,8	84,2	10,4	73,9	52,7	21,1	100	99,1

1) Aus der übrigen Welt empfangene Arbeitnehmerentgelte, Vermögenseinkommen und Subventionen abzüglich an die übrige Welt geleistete Arbeitnehmerentgelte, Vermögenseinkommen und Produktions- und Importabgaben – 2) Vom Staat empfangene Abgaben bzw. vom Staat gezahlte Subventionen – 3) Früheres Bundesgebiet.

78 Quelle: Statistisches Bundesamt, Fachserie 18, Reihe 1. 2. 1999

3. Berechnungsmethoden

Statistisch lässt sich das Inlandsprodukt und das Volkseinkommen auf dreierlei Weise ermitteln: Im Kreislauf einer Volkswirtschaft kann es grundsätzlich am Ort seiner *Entstehung,* seiner *Verwendung* und seiner *Verteilung* gemessen werden. Die Schnittstelle zeigt jeweils an, aus welchen Gütern welcher Produktionsbereiche sich das Inlandsprodukt zusammensetzt, wofür die Einkommensbeträge verwendet werden und wem im eigentlichen die Einkommen zufließen. Im Ergebnis allerdings muss das auf den drei Wegen der volkswirtschaftlichen Gesamtrechnung ermittelbare Volkseinkommen bzw. Inlandsprodukt für einen gegebenen Zeitraum jeweils gleich sein.

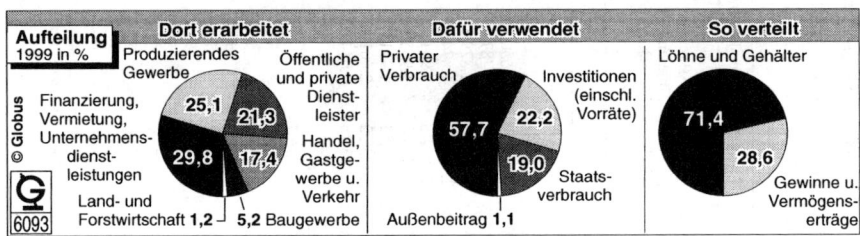

Abb. 28: Bruttoinlandsprodukt und Volkseinkommen

a) Entstehungsrechnung

Die Methode der Entstehungsrechnung versucht das Volkseinkommen an der Quelle seiner Entstehung zu ermitteln. Die Einkommen der Produktionsfaktoren nämlich entstehen bei der Produktion von Gütern.

Zu diesem Zweck wird zur statistischen Erfassung vom Statistischen Bundesamt in Wiesbaden die Volkswirtschaft der Bundesrepublik Deutschland in folgende inländische Wirtschaftsbereiche aufgegliedert:

Beitrage inländischer Wirtschaftsbereiche

(1) Land- und Forstwirtschaft, Fischerei
(2) Produzierendes Gewerbe und Baugewerbe
(3) Baugewerbe
(4) Handel, Gastgewerbe und Verkehr
(5) Finanzierung, Vermietung und Unternehmerdienstleister
(6) Öffentliche und private Dienstleister

Durch diese Aufgliederung können die durch die Produktionsfaktoren in den jeweiligen Bereichen erbrachten produktiven Leistungen als Beiträge zum Bruttoinlandsprodukt relativ exakt ermittelt werden[79]. Leistungen, die die einzelnen

---

79 Da der staatliche Beitrag grundsätzlich keinen Marktwert besitzt, wird er durch Zusammenzählen der vom Staat gezahlten Löhne und Gehälter, Sozialbeiträge und Nettomieten errechnet.

Wirtschaftsbereiche von anderen Wirtschaftssektoren beziehen, müssen dabei jeweils in Abzug gebracht werden.

Im zeitlichen Ablauf erkennt man darüber hinaus die Entwicklung der bei der Produktion von Gütern in den entsprechenden Sektoren entstandenen Einkommen. Die Addition aller Beiträge der Produktionsbereiche schließlich ergibt die Höhe des Bruttoinlandsprodukts, das in einer Volkswirtschaft in einer gegebenen Periode erzielt wurde[80].

Wie sich die Bruttowertschöpfung der Wirtschaftsbereiche und ihr prozentualer Anteil zwischen 1984 bis 1999 entwickelt hat, zeigt die folgende Tabelle

Tab. 8: Bruttowertschöpfung nach Wirtschaftsbereichen in Deutschland – in jeweiligen Preisen – 1991 bis 1999[81]

Jahr	Insgesamt	Land- und Forstwirtschaft, Fischerei	Produzierendes Gewerbe ohne Baugewerbe	Baugewerbe	Handel, Gastgewerbe und Verkehr	Finanzierung, Vermietung und Unternehmensdienstleister	Öffentliche und private Dienstleister
	1	2	3	4	5	6	7
			Mrd. DM				
1991[1]	2.563,50	32,06	797,83	139,72	451,31	649,32	493,26
1991	2.776,00	38,48	841,76	164,56	490,39	680,40	560,41
1992	2.982,39	39,06	850,17	195,39	518,28	758,85	620,64
1993	3.053,54	38,48	803,86	204,36	531,25	823,28	652,31
1994	3.188,03	40,70	821,78	222,36	560,19	861,89	681,11
1995	3.313,70	42,22	837,75	223,02	585,78	911,38	713,55
1996	3.374,22	44,05	842,31	213,04	584,77	958,63	731,42
1997	3.449,90	44,33	861,62	204,78	602,86	994,79	741,52
1998	3.553,67	43,87	903,35	193,39	622,20	1.034,97	755,89
1999	3.617,86	42,24	909,56	189,83	628,36	1.077,27	770,60
			% der Bruttowertschöpfung				
1991[1]	100	1,3	31,1	5,5	17,6	25,3	19,2
1991	100	1,4	30,3	5,9	17,7	24,5	20,2
1992	100	1,3	28,5	6,6	17,4	25,4	20,8
1993	100	1,3	26,3	6,7	17,4	27,0	21,4
1994	100	1,3	25,8	7,0	17,6	27,0	21,4
1995	100	1,3	25,3	6,7	17,7	27,5	21,5
1996	100	1,3	25,0	6,3	17,3	28,4	21,7
1997	100	1,3	25,0	5,9	17,5	28,8	21,5
1998	100	1,2	25,4	5,4	17,5	29,1	21,3
1999	100	1,2	25,1	5,2	17,4	29,8	21,3

[1] Früheres Bundesgebiet

Interessant ist die relative Abnahme des warenproduzierenden Gewerbes und die relative Zunahme des Dienstleistungsbereichs an der Bruttowertschöpfung.

---

80 Vgl. dazu auch S. 93 ff.
81 Quelle: Statistisches Bundesamt, Fachserie 18, Reihe 1.2, 1999.

b) Verwendungsrechnung

Das Bruttoinlandsprodukt zu Marktpreisen einer Volkswirtschaft kann für folgende Zwecke verwendet werden: *privaten* und *staatlichen Konsum, private* und *staatliche Investitionen* sowie den *Außenbeitrag.*

Der private Konsum umfasst dabei den gesamten Verbrauch von Sachgütern und/oder Dienstleistungen seitens der privaten Haushalte.

Der staatliche Verbrauch dagegen bezieht sich auf alle zivilen und militärischen Leistungen, deren Abgabe an die Staatsbürger – wie bekannt – grundsätzlich ohne direktes Entgelt erfolgt. Diese vom Staat für konsumtive Zwecke eingesetzten Ausgaben entsprechen u.a. den Einkommen der beim Staat beschäftigten Erwerbspersonen. Während die Aufwendungen für Verteidigungszwecke (Käufe von Rüstungsgütern und militärischen Bauten) bisher auch zu den staatlichen Konsumausgaben zählten[82], werden diese Aufwendungen mit Einführung des ESVG 95 zu den Investitionsausgaben des Staates gerechnet.

Die nicht zum Konsum bestimmten Teile des Sozialprodukts fließen in den Bereich der privaten und öffentlichen Investitionen.

Die von den privaten Unternehmern[83] und der öffentlichen Verwaltung getätigten nichtkonsumtiven Ausgaben finden ihren Niederschlag in den Bruttoinvestitionen, die sich aus den Anlage- und Vorratsinvestitionen zusammensetzen[84].

Der Außenbeitrag ist die *Differenz* zwischen dem *Export-* und *Importwert* sämtlicher Güter (Sachgüter und Dienstleistungen). Er ist in einer offenen Volkswirtschaft *positiv,* wenn der Güterexport aus dem Inland den Güterimport aus dem Ausland übersteigt[85]. Die Verwendungsrechnung des Inlandsprodukts kann man insgesamt auch kurz wie folgt darstellen:

$$\text{Bruttoinlandsprodukt zu Marktpreisen} = C_{pr} + C_{st} + \underbrace{I_{pr} + I_{St}}_{\text{brutto}} + \underbrace{(Ex - Im)}_{\text{Außenbeitrag}}$$

Einen Überblick auf die Verwendung des Bruttoinlandsprodukt zu Marktpreisen in der Bundesrepublik Deutschland von 1991 bis 1999 gibt die folgende Tabelle.

Die Tabelle zeigt, dass im Zeitraum 1991 bis 1999 zwischen 56,6% und 57,7% des Bruttoinlandsprodukts für den privaten Konsum verwendet worden sind, während der Anteil der Anlageinvestitionen zwischen 20,8% und 24,0% schwankte. Der Außenbeitrag war in dieser Zeit mit Ausnahme der Jahre 1991 und 1992 ständig positiv und bewegte sich zwischen 0,2% und 1,7%.

---

82 Vgl. Woll, A., Allgemeine Volkswirtschaftslehre, 4. Aufl., Siegen und Bad Homburg v. d.H. 1974, S. 243.
83 Einschließlich öffentlicher Betriebe.
84 Vgl. dazu insbesondere die Ausführungen zur volkswirtschaftlichen Kapitalbildung.
85 In der Bundesrepublik Deutschland ist der Außenbeitrag seit dem Jahr 1951 positiv.

Tab. 9: *Verwendung des Bruttoinlandsprodukts in Deutschland – in jeweiligen Preisen – 1991–1999*[86]

Jahr	Bruttoinlandsprodukt	Inländische Verwendung					Bruttoinvestitionen		Außenbeitrag (Exporte minus Importe)	Nachrichtlich	
		Konsumausgaben								Exporte	Importe
		insgesamt	zusammen	private Haushalte u. priv. Org. o.E.	Staat	zusammen	Bruttoanlageinvestitionen	Vorratsveränderungen[1]			
	1	2	3	4	5	6	7	8	9	10	11
Mrd. DM											
1991[2]	2.713,00	2.573,69	1.956,31	1.477,82	478,49	617,38	599,13	18,25	139,31	924,11	784,80
1991	2.938,00	2.942,92	2.229,29	1.665,36	563,93	713,63	697,98	15,65	-4,92	772,65	777,57
1992	3.155,20	3.161,09	2.409,58	1.785,96	623,62	751,51	758,50	-6,99	-5,89	773,95	779,84
1993	3.235,40	3.228,40	2.500,50	1.857,53	642,97	727,90	745,22	-17,32	7,00	736,48	729,48
1994	3.394,40	3.381,45	2.594,32	1.925,10	669,22	787,13	785,20	1,93	12,95	800,07	787,12
1995	3.523,00	3.498,05	2.699,43	2.001,61	697,82	798,62	790,57	8,05	24,95	862,31	837,36
1996	3.586,00	3.546,71	2.772,90	2.055,42	717,48	773,81	779,36	-5,55	39,29	908,83	869,54
1997	3.666,60	3.613,03	2.820,96	2.106,76	714,20	792,07	784,96	7,11	53,57	1.020,87	967,30
1998	3.784,20	3.720,93	2.894,14	2.174,72	719,42	826,79	797,15	29,64	63,27	1.092,12	1.028,85
1999	3.877,10	3.833,83	2.974,97	2.238,76	736,21	858,86	811,75	47,11	43,27	1.132,14	1.088,87
% des Bruttoinlandsprodukts											
1991[2]	100	94,9	72,1	54,5	17,6	22,8	22,1	0,7	5,1	34,1	28,9
1991	100	100,2	75,9	56,7	19,2	24,3	23,8	0,5	-0,2	26,3	26,5
1992	100	100,2	76,4	56,6	19,8	23,8	24,0	-0,2	-0,2	24,5	24,7
1993	100	99,8	77,3	57,4	19,9	22,5	23,0	-0,5	0,2	22,8	22,5
1994	100	99,6	76,4	56,7	19,7	23,2	23,1	0,1	0,4	23,6	23,2
1995	100	99,3	76,6	56,8	19,8	22,7	22,4	0,2	0,7	24,5	23,8
1996	100	98,9	77,3	57,3	20,0	21,6	21,7	-0,2	1,1	25,3	24,2
1997	100	98,5	76,9	57,5	19,5	21,6	21,4	0,2	1,5	27,8	26,4
1998	100	98,3	76,5	57,5	19,0	21,8	21,1	0,8	1,7	28,9	27,2
1999	100	98,9	76,7	57,7	19,0	22,2	20,9	1,2	1,1	29,2	28,1

1) Einschl. Nettozugang an Wertsachen. – 2) Früheres Bundesgebiet.

86 Quelle: Statistisches Bundesamt, Fachserie 18, Reihe 1.2, 1999.

c) Verteilungsrechnung

Die Verteilungsrechnung schließlich soll Auskunft über die Einkommensbildung einer Volkswirtschaft geben. Zu diesem Zweck ist ihr Ansatzpunkt das Volkseinkommen. Statistisch lässt sich dieses aufgliedern in zwei Gruppen von Einkommensbeziehern: die unselbstständig Tätigen als Empfänger von Löhnen und Gehältern einerseits und die selbstständig Tätigen als Einkommensempfänger aus Unternehmertätigkeit und Vermögen andererseits.

Nettosozialprodukt zu Faktorkosten (NSP$_F$) = *Volkseinkommen = Einkommen aus:*

1. *unselbstständiger Tätigkeit* ⎰ Einkommensverteilung
2. *Unternehmertätigkeit und Vermögen* ⎱ (primäre Verteilung)

Bei der *ursprünglichen (primären)* Einkommensverteilung findet der Anteil der Einkünfte aus unselbstständiger Arbeit – bezogen auf das Volkseinkommen – seinen gesamtwirtschaftlichen Ausdruck üblicherweise in der so genannten *Lohnquote.*Da das Unselbstständigeneinkommen wie auch das Volkseinkommen in ihrer Höhe relativ genau bekannt sind, lässt sich diese Quote verhältnismäßig einfach ermitteln.

Schwieriger dagegen gestaltet sich die Ermittlung des Einkommens aus Unternehmertätigkeit und Vermögen. Dieses ergibt sich statistisch erst als eine Differenz zwischen dem Volkseinkommen und dem Einkommen der unselbstständigen Erwerbspersonen.

Insofern kann diese Restgröße, die summarisch viele unterschiedliche Einkünfte widerspiegelt, keine zuverlässigen und aufgeschlüsselten Angaben über bestimmte Einkommensverhältnisse liefern.

Durch das Tätigwerden des Staates wird allerdings die (primäre) Verteilung der Einkommen *korrigiert:*

Die Reduzierung des Volkseinkommens um die direkten Steuern (T$_{dir}$) wie auch Sozialabgaben und seine Erhöhung um die Transfereinkommen bewirken eine Umverteilung des Einkommens *(sekundäre Verteilung).*

Den Anteil des Einkommens aus unselbstständiger Arbeit am Volkseinkommen bezeichnet man als *Lohnquote.*

$$\textbf{Lohnquote} \quad = \quad \frac{\text{Einkommen aus unselbstständiger Arbeit}}{\text{Volkseinkommen}} \cdot 100$$

Auf den ersten Blick könnte man aus Abb. 29 (oberer Teil) den Schluss ziehen, dass eine *entscheidende* Umverteilung der Einkommen (aus selbstständiger/unternehmerischer Tätigkeit) zu Gunsten der Einkommen aus unselbstständiger Tätigkeit stattgefunden hat. Das wäre jedoch *falsch,* weil die Vergrößerung des Anteils des Einkommens aus unselbstständiger Tätigkeit am gesamten Volkseinkommen hauptsächlich auf dem Umstand beruht, dass die Zahl der unselbstständigen Erwerbspersonen u.a. durch Aufgabe der Selbstständigkeit ständig

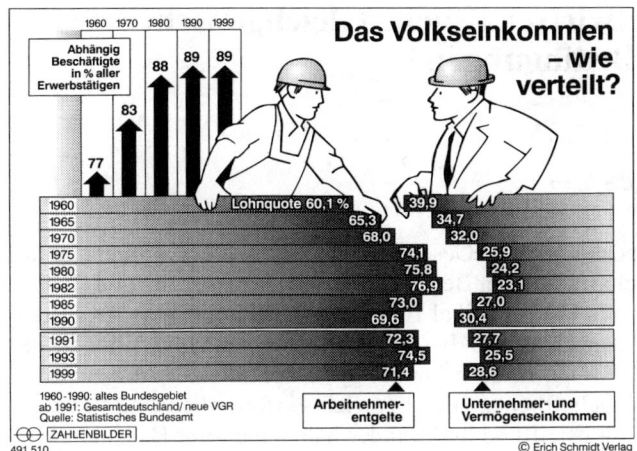

| | 1960 | 1970 | 1980 | 1990 | 1999 | **Das Volkseinkommen – wie verteilt?** |
| | 77 | 83 | 88 | 89 | 89 | Abhängig Beschäftigte in % aller Erwerbstätigen |

Jahr	Lohnquote	Unternehmer- und Vermögenseinkommen
1960	Lohnquote 60,1 %	39,9
1965	65,3	34,7
1970	68,0	32,0
1975	74,1	25,9
1980	75,8	24,2
1982	76,9	23,1
1985	73,0	27,0
1990	69,6	30,4
1991	72,3	27,7
1993	74,5	25,5
1999	71,4	28,6

1960-1990: altes Bundesgebiet
ab 1991: Gesamtdeutschland/ neue VGR
Quelle: Statistisches Bundesamt

Arbeitnehmer-entgelte

Unternehmer- und Vermögenseinkommen

ZAHLENBILDER
491 510

© Erich Schmidt Verlag

zugenommen hat. Dadurch ergibt sich zwangsläufig ein höherer Anteil des Einkommens aus unselbstständiger Arbeit am Volkseinkommen. Die Lohnquote muss daher unter Berücksichtigung der unselbständigen Erwerbstätigen bereinigt werden.

Lohnquote 1950–1997 (Westdeutschland/Gesamtdeutschland)			
Jahr	tatsächlich[1]	bereinigt[2]	Anteil der Arbeitnehmer an den Erwerbstätigen[3]
1950	58,2	71,0	68,4
1960	60,1	65,0	77,2
1970	68,0	68,0	83,4
1975	74,1	71,9	86,0
1980	75,8	71,6	88,3
1985	73,0	68,7	88,6
1990	69,6	65,0	89,4
1991	69,6	64,9	89,5
1992	70,8	65,9	89,6
1993	71,8[4]	76,4	89,4
1994	70,1[4]	65,5	89,1
	Gesamtdeutschland		
1991	72,4	72,4	90,6
1992	73,4	73,6	90,3
1993	74,1	74,6	90,0
1994	72,6	73,3	89,7
1995	72,5	73,3	89,6
1996[4]	71,6	72,5	89,5
1997[4]	69,7	70,7	89,3

[1] Bruttoeinkommen aus unselbständiger Arbeit in Prozent des Volkseinkommens [2] Lohnquote bei konstant gehaltenem Anteil der Arbeitnehmer an den Erwerbstätigen im Jahre 1970 für Westdeutschland bzw. 1991 für Gesamtdeutschland [3] berechnet aus Angaben des Jahresgutachtens des Sachverständigenrates 1998/99 [4] vorläufige Ergebnisse
Quelle: Statistisches Bundesamt, Fachserie 18: Volkswirtschaftliche Gesamtrechnungen Berechnungen des WSI

Abb. 29: Entwicklung der Lohnquote von 1950–1999[87]

---

87 Quelle: Zahlenbilder, Keim, H. und Steffens, H. (Hrsg.) Wirtschaft Deutschland, Daten – Analysen – Fakten. Köln 2000, S. 299.

VI. Das gesamtwirtschaftliche Gleichgewicht und seine Bedingungen

A. Allgemeines

Sowohl im Grundgesetz als auch im Gesetz zur Förderung der Stabilität und des Wachstums der Wirtschaft spielt der Begriff des gesamtwirtschaftlichen Gleichgewichts eine bedeutende Rolle. Artikel 104a Abs. 4 GG bestimmt: „Der Bund kann den Ländern Finanzhilfen für besonders bedeutsame Investitionen der Länder und Gemeinden (Gemeindeverbände) gewähren, die zur Abwehr einer Störung des gesamtwirtschaftlichen Gleichgewichts erforderlich sind." In Artikel 109 Abs. 2 GG heißt es: „Bund und Länder haben bei ihrer Haushaltswirtschaft den Erfordernissen des gesamtwirtschaftlichen Gleichgewichts Rechnung zu tragen" und Abs. 4 lautet: „Zur Abwehr einer Störung des gesamtwirtschaftlichen Gleichgewichts können durch Bundesgesetz ...". Artikel 115 GG, der sich mit der Kreditbeschaffung befasst, enthält ebenfalls den Begriff des gesamtwirtschaftlichen Gleichgewichts. In diesem Zusammenhang wird dort folgendes ausgeführt: „Die Einnahmen aus Krediten dürfen die Summe der im Haushaltsplan veranschlagten Ausgaben für Investitionen nicht überschreiten; Ausnahmen sind nur zulässig zur Abwehr der Störung des gesamtwirtschaftlichen Gleichgewichts."

Auch in § 1 des Gesetzes zur Förderung der Stabilität und des Wachstums (StWG) vom 8. Juni 1967[88] findet man den Begriff des gesamtwirtschaftlichen Gleichgewichts. Im ersten Satz wird folgendes dazu ausgesagt: „Bund und Länder haben bei ihren wirtschafts- und finanzpolitischen Maßnahmen die Erfordernisse des gesamtwirtschaftlichen Gleichgewichts zu beachten."

B. Begriff des gesamtwirtschaftlichen Gleichgewichts

Was man unter dem Begriff des gesamtwirtschaftlichen Gleichgewichts versteht, ist zunächst relativ unbestimmt. Im Kommentar von Maunz-Dürig-Herzog[89] zum Grundgesetz Artikel 109 wird festgestellt, dass juristisch ein so genannter unbestimmter Rechtsbegriff vorliegt, der in erster Linie durch die politischen Entscheidungen der Bundesregierung und der Landesregierungen, im

---

88 BGBl. 1, S. 582.
89 Maunz-Dürig-Herzog, Grundgesetz-Kommentar, Bd. II, 3. Aufl. München 1971, zu Art. 109, Anm. 24.

Streitfall durch die Rechtsprechung ausgefüllt werden muss. In Bezug auf den Inhalt des Begriffs des gesamtwirtschaftlichen Gleichgewichts wird in dem Kommentar folgendes ausgeführt: „Gesamtwirtschaftliches Gleichgewicht bedeutet die gegenseitige Beeinflussung und Förderung von Maßnahmen zu Gunsten einer Stabilität des Preisniveaus, zu Gunsten eines hohen Beschäftigungsgrades, zu Gunsten einer gesunden Außenwirtschaft und zu Gunsten eines stetigen Wirtschaftswachstums. Das Gleichgewicht ist dann als vorhanden anzusehen, wenn alle vier Ziele in möglichst großem Umfang verwirklicht, wenn keines zurückgedrängt oder vernachlässigt wird. Von den drei genannten Zielen (es muss wohl ‚vier‘ heißen – Anm. des Verfassers) stehen die drei erstgenannten gleichrangig nebeneinander, während das vierte durch die Beifügung ‚bei stetigem und angemessenem Wirtschaftswachstum‘ vom Verfassungsgesetzgeber in die Rolle eines ernstlich zu berücksichtigenden, aber nicht unter allen Umständen unerlässlichen Programmpunktes verweist"[90] (es muss wohl „verwiesen wird" heißen – Anm. des Verfassers). Durch dieses Zitat ist der Begriff des gesamtwirtschaftlichen Gleichgewichts nicht wesentlich klarer geworden, denn es ist zu fragen, ob die angegebenen Ziele (Preisniveaustabilität, hoher Vollbeschäftigung usw.), von denen her eine Begriffsbestimmung versucht wird, wesentliche Bestandteile des Begriffes selbst oder nur Zusatzbedingungen des gesamtwirtschaftlichen Gleichgewichts sind. Es zeigen sich hier Interpretationsschwierigkeiten, die sich auf Grund von *juristischer* und *nationalökonomischer* Betrachtungsweise ergeben. Der Kommentar von A. Möller zum Stabilitätsgesetz stellt dann auch folgerichtig fest, dass das gesamtwirtschaftliche Gleichgewicht ein *nationalökonomischer Begriff*[91] ist, wobei die Wirtschafts- und Finanzpolitik davon auszugehen hat, „dass ein derartiges Gleichgewicht kein fixierbarer Zustand ist, sondern sich stets nur als Ziel durch Beeinflussung seiner einzelnen Komponenten (= einzelne Bestandteile – d. Verf.) *anstreben* lässt"[92].

Für die weiteren Ausführungen ist es aber erforderlich, einen *Arbeitsbegriff* für das gesamtwirtschaftliche Gleichgewicht zu Grunde zu legen. Nach Häuser soll folgende Definition verwendet werden: „*Das gesamtwirtschaftliche Gleichgewicht ... kann als ein Zustand charakterisiert werden, bei dem sich Gesamtangebot und Nachfrage entsprechen und daher keine Kräfte wirksam werden, welche diesen Zustand verändern*"[93]. Dazu ist anzumerken, dass dieser Zustand nicht ein absolut fixierter Zustand ist, sondern durch Steuerung seiner Bestimmungsgründe entsprechend der wirtschaftspolitischen Zielsetzung beeinflusst werden kann. Das Ziel des „stetigen und angemessenen Wirtschaftswachstums"

---

90 Ebenda.
91 Möller, A. (Hrsg.), Kommentar zum Gesetz zur Förderung der Stabilität und des Wachstums der Wirtschaft, 2. Aufl., Hannover 1969, S. 88.
92 Ebenda.
93 Häuser, K., Volkswirtschaftslehre, 11. Aufl., Frankfurt/M 1974, S. 236.

bewirkt eine solche Veränderung eines bestimmten Zustandes, wobei nochmals darauf hinzuweisen ist, dass nach Auffassung der Grundgesetzkommentatoren dieses Ziel „ein nicht unter allen Umständen unerlässlicher Programmpunkt"[94] ist. In den weiteren Untersuchungen werden die Probleme des wirtschaftlichen Wachstums nicht berücksichtigt.

C. Bestimmungsgründe des gesamtwirtschaftlichen Gütergleichgewichts

1. Ursachenzusammenhang zwischen Angebot und Nachfrage

a) Allgemeines

Die klassischen Nationalökonomen (vereinfacht: die Mehrzahl der National-ökonomen vor Keynes) waren der Auffassung, dass die *Produktion* das Ausmaß der gesamten wirtschaftlichen Aktivität bestimme. J. B. Say drückte diesen Zusammenhang so aus: Jede Produktion schafft sich selbst die Nachfrage, die nötig ist, um die erzeugten Güter wieder abzusetzen. Nach dieser Auffassung werden die bei der Produktion in Höhe des Produktionswertes (Wertschöpfung) entstandenen Einkommen (Löhne, Gehälter, Mieten, Pacht, Zinsen, Gewinne) in voller Höhe zur Nachfrage verwendet, sodass jedes zusätzliche Angebot eine entsprechende zusätzliche Nachfrage hervorruft. Problematisch wird diese These dann, wenn ein *Teil des Einkommens gespart* und daher *nicht nachfragewirksam* wird. Für diesen Fall haben die Klassiker eine einfache Lösung. Vermehrtes Sparen führt zu einer Senkung des Zinses. Der niedrige Zinssatz veranlasst die Unternehmen zu Investitionen, die den Nachfrageausfall ausgleichen, sodass wieder Gleichgewicht zwischen Angebot und Nachfrage herrscht.

Die Klassiker haben bei ihren Vorstellungen über den Ursachenzusammenhang zwischen Einkommensentstehung und Einkommensverwendung nicht genügend bedacht, dass die Verwendung des bei der Produktion entstandenen Einkommens in einer marktwirtschaftlich orientierten Wirtschaft in der *freien Entscheidung* der Bezieher von Einkommen, d.h. der Nachfrager, liegt.

Die Aussage von Say galt mehr als 100 Jahre. Sie wurde erst durch die große Weltwirtschaftskrise der 30er-Jahre des 20. Jahrhunderts erschüttert.

Keynes, ein englischer Nationalökonom, kehrte in seinen Arbeiten[95], auf dem Hintergrund der Weltwirtschaftskrise, den Ursachenzusammenhang zwischen

---

94 Vgl. S. 108.
95 Das grundlegende Werk von Keynes ist: Keynes, J. M., The General Theory of Employment, Interest and Money, London 1936.

Einkommensentstehung und Einkommensverwendung um. Er wies nach, dass nicht die Produktion, d.h. das Angebot, sondern die Nachfrage den Grad der Beschäftigung und das Volkseinkommen und damit das Gleichgewicht bestimmt. Keynes Verdienst war es nicht nur, den von den klassischen Ökonomen angenommenen Ursachenzusammenhang umgekehrt zu haben, sondern er bewies auch, dass es durchaus ein *Gleichgewicht bei Unterbeschäftigung* geben kann. Keynes ist der Auffassung, dass in diesem Fall der Staat durch entsprechende Ausgaben seine Nachfrage erhöhen muss, um die Vollbeschäftigung zu erreichen. Daraus lässt sich ableiten, dass bei Überbeschäftigung der Staat seine Nachfrage einschränken soll, um zur Wiederherstellung des Gleichgewichts beizutragen.

In den folgenden Ausführungen wird die gesamtwirtschaftliche Nachfrage mit ihren einzelnen Komponenten behandelt, um die das gesamtwirtschaftliche Gleichgewicht bestimmenden Faktoren herausstellen zu können.

b) Darstellung des Zusammenhangs zwischen gesamtwirtschaftlichem Angebot und gesamtwirtschaftlicher Nachfrage

Auf Grund der Aussagen von Keynes kann man den Zusammenhang zwischen der Gesamtnachfrage und dem Gesamtangebot schematisch wie folgt darstellen[96].

Zusammenhang zwischen Gesamtnachfrage und Gesamtangebot

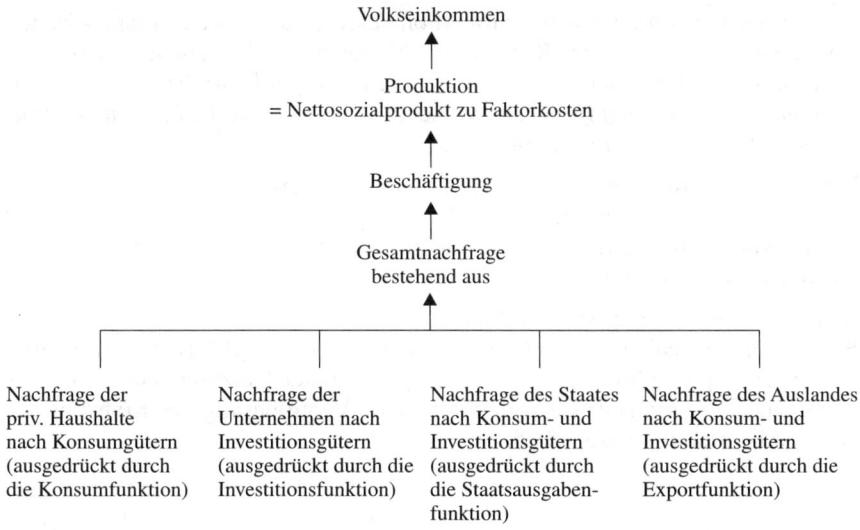

Volkseinkommen

↑

Produktion
= Nettosozialprodukt zu Faktorkosten

↑

Beschäftigung

↑

Gesamtnachfrage
bestehend aus

| Nachfrage der priv. Haushalte nach Konsumgütern (ausgedrückt durch die Konsumfunktion) | Nachfrage der Unternehmen nach Investitionsgütern (ausgedrückt durch die Investitionsfunktion) | Nachfrage des Staates nach Konsum- und Investitionsgütern (ausgedrückt durch die Staatsausgabenfunktion) | Nachfrage des Auslandes nach Konsum- und Investitionsgütern (ausgedrückt durch die Exportfunktion) |

---

96 Vgl. Woll, A. Allgemeine Volkswirtschaftslehre, 3. Aufl., München 1971, S. 305, und Häuser, K. (Hrsg.), Funkkolleg Volkswirtschaftslehre, Studienbegleitbrief 4, Weinheim, Berlin, Basel 1971, S. 53.

Die Darstellung bringt zum Ausdruck, dass der Grad der Beschäftigung einer Volkswirtschaft abhängig ist von der Gesamtnachfrage. Bei gegebener Produktionstechnik und Ausstattung mit Sachkapital (= Summe aller produzierten Produktionsmittel) einer Volkswirtschaft bestimmt die Höhe der Beschäftigung einerseits den Umfang der Güterproduktion (Sachgüter und Dienstleistungen) und (bei einem gegebenen Niveau der Entgelte für produktive Leistungen) andererseits die Höhe des Volkseinkommens. Zusammenfassend ist zu sagen, dass die Gesamtnachfrage für Beschäftigung, Produktion und Volkseinkommen einer Volkswirtschaft die entscheidende Größe ist.

Im Interesse einer besseren Darstellung der Probleme soll bei den folgenden Überlegungen zunächst von einer Volkswirtschaft ausgegangen werden, die keinen ökonomisch aktiven Staat und keine Beziehungen zum Ausland hat. Die Einflüsse des Staates und des Auslandes auf das gesamtwirtschaftliche Gleichgewicht werden dann an entsprechender Stelle kurz behandelt, um den Gesamtzusammenhang aufzuzeigen. Zunächst werden als Bestandteile der gesamtwirtschaftlichen Nachfrage nur der private Konsum und die private Investition erörtert.

c) Konsum- und Sparfunktion

aa) Die Konsumfunktion

Die volkswirtschaftliche Konsumfunktion spielt in den wirtschaftspolitischen Überlegungen eine wichtige Rolle. Einfach ausgedrückt kann man die Konsumfunktion folgendermaßen definieren: *„Die Konsumfunktion drückt ... die Abhängigkeit der globalen* (= gesamtwirtschaftlichen – d. Verf.) *Konsumnachfrage von ihren Bestimmungsfaktoren aus"*[97].

Die praktische Konsumforschung hat eine relativ große Anzahl von Bestimmungsfaktoren ermittelt, die mehr oder weniger intensiv den Umfang und die Art des volkswirtschaftlichen Konsums (C) beeinflussen. Die wichtigsten sollen hier genannt werden[98]:

(1) Reales, verfügbares Volkseinkommen.
Bei steigenden realen (= von Preissteigerungen bereinigt), privat verfügbaren (= nach Abzug von Steuern und Sozialabgaben unter Hinzurechnung von Einkommensübertragungen) Einkommen ist eine Vergrößerung des Konsums der privaten Haushalte festzustellen.

---

97 Siebert, H., Einführung in die Volkswirtschaftslehre, Teil II, 2. Aufl., Stuttgart, Berlin, Köln, Mainz 1971, S. 42.
98 Vgl. Senf, B. und Timmermann, D., Denken in gesamtwirtschaftlichen Zusammenhängen. Eine kritische Einführung, Bd. 1, Bonn 1971, S. 74 .f und Siebert, H., a.a.O., S. 42 f.

(2) Höhe des Vermögens.
Die Bereitschaft zum Konsum wird mit zunehmender Höhe des Vermögens, vor allem des Geldvermögens, vergrößert.

(3) Einkommens- und Vermögensverteilung.
Eine breitere Streuung des Einkommens und Vermögens kann die Konsumausgaben positiv beeinflussen.

(4) Erwartete Preisentwicklung.
Erwarten die Konsumenten eine allgemeine Preissteigerung in der überschaubaren Zukunft, so können sie darauf mit vorgezogenen Konsumausgaben reagieren, was zu einer Ausweitung des Konsums in der Gegenwart führt.

(5) Erwartete Einkommensentwicklung.
Beurteilen die privaten Haushalte die Entwicklung ihrer Einkommen günstig, so können daraus ebenfalls vorgezogene Konsumausgaben resultieren, während bei pessimistischer Einschätzung der Einkommensentwicklung (beispielsweise Furcht vor möglichem Verlust des Arbeitsplatzes in der Zukunft und dem damit verbundenen Einkommensverlust) der Konsum relativ stark eingeschränkt wird, obwohl dies vom gegenwärtigen Stand des Einkommens nicht zu rechtfertigen ist. Die Konsumzurückhaltung vieler Menschen in der Bundesrepublik Deutschland im Jahre 1975 dürfte mit den genannten Überlegungen zu erklären sein.

(6) Schaffung neuer Güter.
Durch das Aufkommen neuer Güter, z.B. Farbfernsehgeräte, Geschirrspülmaschinen, können die privaten Haushalte zur Steigerung ihres Konsums angeregt werden.

(7) Zinssituation und Kreditmöglichkeiten.
Je nach Höhe der Zinssätze für Konsumentenkredite und den allgemeinen Kreditmöglichkeiten sind Auswirkungen entweder in Richtung einer gewissen Ausdehnung oder Einschränkung des Konsums zu beobachten, allerdings ist ein nachhaltiger Einfluss des Zinses auf die Konsumentenentscheidung umstritten.

(8) Altersaufbau der Bevölkerung.
Der Altersaufbau der Bevölkerung kann für den Umfang und die Art des Konsums eine Rolle spielen. Sind in einer Volkswirtschaft z.B. relativ junge Familien vorhanden, wird dies positive Auswirkungen auf den Konsum haben.

(9) Niveau der bisherigen Bedarfsdeckung und Wandlungen der Bedarfsstruktur.
Für den Konsum ist auch das Niveau der bisherigen Bedarfsdeckung wichtig, denn man kann davon ausgehen, dass bei einem hohen Niveau der Bedarfsdeckung Sättigungserscheinungen auftreten, die den Konsum beeinträchtigen. Auch bei Wandlungen der Bedarfsstruktur kommt es zu Auswirkungen auf den Konsum, deren Ausmaß von der jeweiligen Situation und der Art der betroffenen Güter abhängt.

(10) Soziologische und psychologische Einflussgrößen.

Schließlich sei noch auf die nicht zu unterschätzenden soziologischen und psychologischen Faktoren hingewiesen, denen sich der Konsument bewusst oder unbewusst ausgesetzt sieht. In diesen Zusammenhang sei nur auf den Einfluss der Mode verwiesen. Eine ebenso wichtige Rolle spielt das Wohlstandsdenken und insbesondere das *Sozialprestige*. Man kann beobachten, dass in unserer Gesellschaft mit Aufstiegschancen in Schichten mit höherem Sozialprestige die Haushalte oft ihr Konsumverhalten an der Gruppe ausrichten, in die sie aufsteigen möchten (z.B. man kauft den Personenkraftwagen, der in der höheren sozialen Gruppe allgemein gefahren wird, obwohl man es sich von seinem tatsächlichen Einkommen her gesehen eigentlich nicht leisten kann). „Das Konsumverhalten der angestrebten Bezugsgruppe wird bereits vorweggenommen, bevor man in die höhere Gruppe aufsteigt"[99]. Ein großer Teil der Haushalte behält diese Konsumgewohnheiten auch dann noch relativ lange bei, wenn der Aufstieg in die höhere Gruppe nicht gelungen ist. Die Ausgaben für die Beibehaltung des relativ hohen Konsumniveaus werden dann für eine gewisse Zeit durch Auflösung von Ersparnissen und/oder Aufnahme von Kredit finanziert. Sucht man für dieses Konsumverhalten eine Erklärung, so dürfte sie u.a. darin zu suchen sein, „dass der Konsummarkt vor allem bei langlebigen Konsumgütern dem Haushalt Statussymbole vermittelt und sein soziales Ansehen beeinflusst"[100].

Es könnten noch eine Reihe von Einflussfaktoren für das sehr interessante und wichtige Verhalten der Konsumenten aufgeführt werden, dies würde jedoch den Rahmen dieses Buches sprengen.

Um die Probleme des gesamtwirtschaftlichen Gleichgewichts besser herausarbeiten zu können, nimmt man in der Volkswirtschaftslehre eine einfache Konsumfunktion an; d.h. in Kenntnis und bei späterer Berücksichtigung[101] der übrigen Einflussfaktoren wird der Konsum (C = internationales Symbol für Konsum) in Abhängigkeit vom realen, verfügbaren Volkseinkommen (international wird Y als Symbol für Volkseinkommen bzw. Sozialprodukt verwendet)[102] gesetzt.

Die einfache Konsumfunktion lautet dann formelmäßig:

$$C = f(Y)^{[103]}$$

99 Siebert, H., a.a.O., S. 42.
100 Ebenda.
101 Vgl. S. 110.
102 Aus der volkswirtschaftlichen Gesamtrechnung ist bekannt, dass das Nettosozialprodukt zu Faktorkosten identisch mit dem Volkseinkommen ist.
103 Der Buchstabe „f" soll ausdrücken, dass hier eine bestimmte Abhängigkeit des Konsums vom Einkommen vorliegt. Eine Funktion drückt allgemein die Abhängigkeit einer Größe von einer anderen Größe oder von mehreren anderen Größen aus. Zur Erläuterung soll als Beispiel eine Funktion angeführt werden, mit der der Kraftfahrzeugbesitzer täglich konfrontiert wird. Es ist bekannt, dass der Benzinverbrauch eines Kraftfahrzeugs u.a. von der Höhe der Geschwindigkeit pro Stunde abhängt. Wird als Symbol für den Benzinverbrauch Bv und für die Geschwindigkeit

Aus den Beobachtungen der Marktforschung ist bekannt, dass der reale Konsum (= mengenmäßige Nachfrage) mit steigendem Realeinkommen zunimmt. Werden Preissteigerungen zunächst einmal ausgeschlossen, kann man die geldmäßigen (monetären) Ausgaben für den Konsum als identisch mit dem realen Konsum (in Form von Gütern) ansehen. Eine Veränderung des Volkseinkommens hat dann, da kein Preisanstieg angenommen wurde, eine mengenmäßige Veränderung des Konsums zur Folge. Kommt es jedoch zu Preissteigerungen, was für die Wirtschaftspolitik in unserer Zeit ein ernstes Problem ist, steigt der reale Konsum nicht unbedingt bei einer Vergrößerung des Volkseinkommens. Erhöht sich das Volkseinkommen beispielsweise um 5%, die Preise steigen aber ebenfalls um 5%, dann stehen real nicht mehr Güter zur Verfügung. Um den Sachverhalt nicht zu komplizieren, wird in den weiteren Erörterungen der geldmäßige Konsum gleich der mengenmäßigen Nachfrage und das nominale (geldmäßige) Volkseinkommen gleich dem mengenmäßigen Angebot (Nettosozialprodukt zu Faktorkosten) einer Volkswirtschaft gesetzt. Wenn die einfache Konsumfunktion

$$C = f(Y)$$

näher bestimmt wird, lautet sie wie folgt:

$$C = C_a + b \cdot Y$$

Dabei gibt C_a den autonomen Konsum, d.h. den vom Einkommen unabhängigen Konsum, an. Dieser Konsum wird oft auch als Mindestkonsum bzw. Existenzminimum bezeichnet.

Da die absolute Höhe des Mindestkonsums bzw. des Existenzminimums (lebensnotwendiger Konsum) umstritten ist, soll C_a als der Konsum definiert werden, der selbst bei einem Einkommen von Null vorhanden ist und für eine gewisse Zeit entweder aus Auflösung von Ersparnissen und/oder Aufnahme von Krediten finanziert wird. Neben dem autonomen Konsum (C_a) sind noch zwei in der öffentlichen Diskussion immer wieder erscheinende Elemente der einfachen Konsumfunktion zu erläutern.

– Die so genannte *Grenzneigung zum Konsum* (auch marginale Konsumquote genannt), die in der Funktion mit „b" bezeichnet ist. Wenn z.B. von jeder mehr verdienten Markt die Hälfte für Konsumzwecke ausgegeben wird, ist b = 0,5; fließen dagegen 80% einer zusätzlichen Mark in den Konsum, ist b = 0,8.

– *Die Grenzneigung zum Konsum gibt darüber Auskunft, wie sich der Konsum verändert, wenn sich das Einkommen um einen bestimmten Betrag ändert*[104].

---

km/h verwandt, so kann man die Benzinverbrauchsfunktion wie folgt schreiben: Bv = f(km/h). Die anderen Einflussfaktoren auf den Benzinverbrauch, wie z.B. Fahreigenschaft, Straßenzustand usw., sind dabei nicht berücksichtigt.
104 Vgl. Häuser, K. (Hrsg.), Funkkolleg Volkswirtschaftslehre, Studienbegleitbrief, a.a.O., S. 54.

$$b = \frac{\text{Änderung des Konsums (}\Delta C)}{\text{Änderung des Einkommens (}\Delta Y)} \quad {}_{105}$$

– Die Grenzneigung zum Konsum darf nicht mit der *durchschnittlichen Konsumquote* verwechselt werden. Die *Konsumquote gibt an, wie viel im Durchschnitt von einem bestimmten Gesamteinkommen konsumiert wird.*

$$\textbf{Konsumquote} = \frac{\text{Konsumbetrag (C)}}{\text{Gesamteinkommen (Y)}}$$

bb) Die Sparfunktion

Da man das erzielte Einkommen nur entweder für den Konsum oder zum Sparen verwenden kann, ergeben sich sehr enge Beziehungen zwischen Konsum- und Sparfunktion. *Die Sparfunktion drückt die Abhängigkeit des gesamtwirtschaftlichen Sparvolumens von seinen Bestimmungsfaktoren aus.* Da der Konsum in Abhängigkeit vom Einkommen angenommen wurde, und das Einkommen nur in Konsum und Sparen aufgeteilt werden kann, gilt $Y = C + S$ (= Sparen), oder $S = Y - C$; d.h. Einkommen abzüglich Konsum ergibt die Höhe der Ersparnis. Da das Sparen eine Restgröße des Konsums ist und dieser vom Einkommen abhängt, hängt auch das Sparen vom Einkommen ab.

Die Sparfunktion lautet: $S = f(Y)$ oder näher bestimmt $S = S_a + sY$.

S_a drückt das autonome Sparen aus; d.h. ein negatives Sparen bzw. die Kreditaufnahme, denn es gibt eine Reihe von Menschen, die jährlich mehr für Konsumzwecke ausgeben als sie einnehmen. Sie müssen daher frühere Ersparnisse auflösen (negatives Sparen) oder sich verschulden. Der Faktor „s" wird als *Grenzneigung zum Sparen* (oder marginale Sparquote) bezeichnet. *Die Grenzneigung zum Sparen bringt zum Ausdruck, wie viel von einem zusätzlichen Einkommen gespart wird.* Wenn von jeder zusätzlich verdienten Mark die Hälfte gespart wird, dann ist die Grenzneigung zum Sparen = 0,5. Wird nur 20% von jeder zusätzlichen Mark gespart, ist die Grenzneigung zum Sparen = 0,2.

$$\textbf{Grenzneigung zum Sparen (s)} = \frac{\text{Änderung des Sparens (}\Delta S)}{\text{Änderung des Einkommens (}\Delta Y)}$$

Da das zusätzliche Einkommen entweder konsumiert oder gespart werden kann, addieren sich Grenzneigung zum Konsum und Grenzneigung zum Sparen immer zu 1. Von der Grenzneigung zum Sparen ist die in der letzten Zeit in der Öffentlichkeit viel diskutierte *gesamtwirtschaftliche Sparquote* $(\frac{S}{Y})$ zu unterscheiden.

---

105 Mit dem Zeichen Δ wird allgemein die Veränderung einer bestimmten Größe zum Ausdruck gebracht.

Die gesamtwirtschaftliche Sparquote gibt an, wie viel im Durchschnitt bei einer bestimmten Höhe des Volkseinkommens in der Volkswirtschaft gespart wird.

cc) Tabellarische und grafische Darstellung der Konsum- und Sparfunktion

Um die Konsum- und Sparfunktion und die Zusammenhänge zwischen beiden besser darstellen zu können, soll an einem Beispiel in Form einer Tabelle und der auf der Tabelle beruhenden Grafik der Verlauf einer Konsum- und Sparfunktion aufgezeigt werden.

Die einfache Konsumfunktion lautet $C = C_a + bY$.

Der autonome Konsum (Basiskonsum) sei 250 Mrd. DM und die Grenzneigung zum Konsum b = 0,5; d.h. die Hälfte des zusätzlichen Einkommens wird konsumiert; daraus folgt, dass die andere Hälfte gespart wird; d.h. die Grenzneigung zum Sparen „s" ist ebenfalls 0,5. Die Annahme b = 0,5 und s = 0,5 wurde wegen der einfacheren Rechnung gemacht. Die Annahme von b = etwa 0,8 und s = 0,2 dürfte wohl realistischer sein[106].

Die angenommene Konsumfunktion lautet also C = 250 Mrd. DM + 0,5 Y, die Sparfunktion S = – 250 Mrd. DM + 0,5 Y. Aus diesen sich ergänzenden Funktionen kann man bei verschiedenen Einkommenshöhen den jeweiligen Konsum bzw. die Ersparnisse ermitteln und in einer Tabelle zusammenstellen.

Tab. 10: Entwicklung von Konsum, Sparen, Konsum- und Sparquote

1	2	3	4	5	6	7
Y	C	$\frac{\Delta C}{\Delta Y} = b$	$\frac{C}{Y}$	S	$\frac{\Delta S}{\Delta Y} = s$	$\frac{S}{Y}$
0	250	–	–	–250	–	–
100	300	0,5	3,0	–200	0,5	–2,0
200	350	0,5	1,75	–150	0,5	–0,75
300	400	0,5	1,33	–100	0,5	–0,33
400	450	0,5	1,12	–50	0,5	–0,12
500	500	0,5	1,00	0	0,5	0,0
600	550	0,5	0,92	50	0,5	0,08
700	600	0,5	0,86	100	0,5	0,14
800	650	0,5	0,81	150	0,5	0,19

Aus der Tabelle ist zu ersehen, dass der Konsum bei einem Grundkonsum von 250 Mrd. DM (bei einem Einkommen von Null beginnend) bei steigendem Einkommen stetig um 50 Mrd. DM zunimmt, weil die Grenzkonsumneigung mit 0,5 angenommen wurde. Den gleichen Verlauf (nur auf anderem Niveau) nimmt die Sparfunktion. Bei einem Einkommen von Null werden entweder frühere Ersparnisse in Höhe von 250 Mrd. DM aufgelöst und für Konsumzwecke verwandt

---

106 Vgl. Häuser, K. (Hrsg.), Funkkolleg Volkswirtschaftslehre, Studienbegleitbrief, a.a.O., S. 54 f.

(negatives Sparen), oder es wird ein Kredit in gleicher Höhe für Konsumzwecke aufgenommen. Bei einem Volkseinkommen von 500 Mrd. DM wird das gesamte Einkommen konsumiert, d.h. die durchschnittliche Konsumquote ist 1, die Sparquote = 0. Steigt das Volkseinkommen über 500 Mrd. DM, wird aus dem Einkommen gespart; d.h. im Beispiel liegt die Sparschwelle bei 500 Mrd. DM.

Die Tabelle zeigt weiter, dass die volkswirtschaftliche Konsumquote unter 500 Mrd. DM Werte über 1 annimmt, bei 500 Mrd. DM den Wert 1 erreicht und dann über 500 Mrd. DM auf Werte unter 1 absinkt. Gleichzeitig geht die Sparquote vom negativen in den positiven Bereich über, wo sie ansteigt. „Es lässt sich daraus die Vermutung ableiten, dass bei hohem Einkommen der Konsum der Haushalte in gewissem Sinne stagniert und verhältnismäßig viel gespart wird."[107]

Die Werte der Tabelle 10 lassen sich auch in eine Grafik übertragen, mit deren Hilfe die Probleme noch wesentlich deutlicher dargestellt werden können. Für die Konsumfunktion werden die Werte aus den Spalten 1 und 2, für die Sparfunktion die Werte aus den Spalten 1 und 5 entnommen Es ergibt sich folgendes Bild:

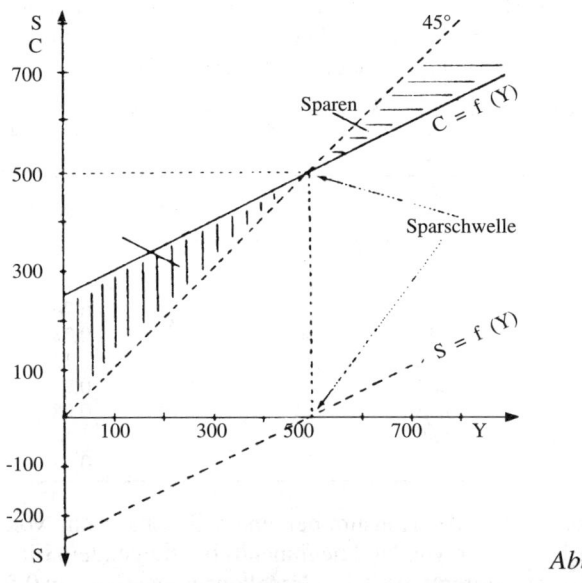

Abb. 30

Auf der Senkrechten der Grafik ist der Konsum bzw. das Sparen, auf der Waagerechten das Volkseinkommen = Nettosozialprodukt zu Faktorkosten abgetragen. Damit erscheint auf der Senkrechten die Nachfrage nach Konsumgütern,

---

107 Ebenda S. 56.

auf der Waagerechten das Angebot an Gütern einer Volkswirtschaft. Als Hilfslinie kann man die 45°-Linie verwenden, denn diese Gerade gibt an, dass jeder Punkt der Linie die Achsenabschnitte der Grafik gleich aufteilt, d.h. in unserem Beispiel bedeutet dies, dass auf jedem Punkt der Linie C = Y ist. Die eingezeichnete Konsumfunktion zeigt, dass bei einem Einkommen von 500 Mrd. DM das gesamte Einkommen (bzw. die Produktion) konsumiert wird, d.h. dass hier die Sparschwelle der Volkswirtschaft liegt. Ab diesem Punkt beginnt der Bereich, wo das Volkseinkommen nicht nur für Konsumzwecke verwendet wird, sondern auch ein zunehmender Teil des Einkommens gespart wird.

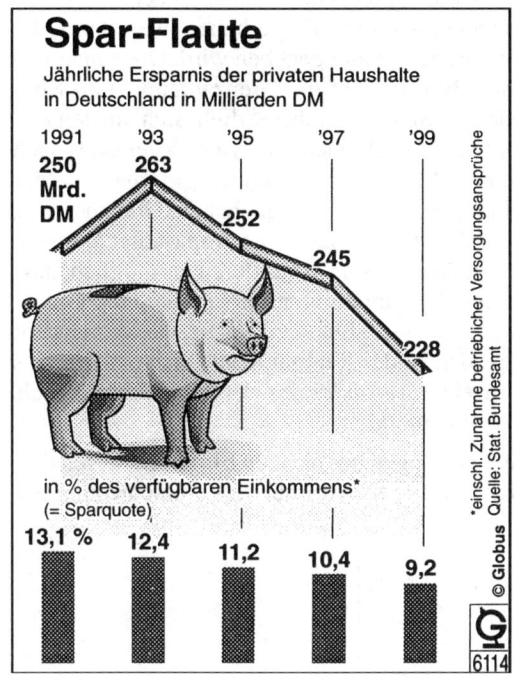

Abb. 31: Entwicklung der Sparquote in Deutschland von 1991 bis 1999

Aus Abbildung 31 ist der stetige Rückgang der Sparquote von 1993 bis 1999 zu entnehmen. Die Sparquote von 1999 ist die niedrigste seit 1962, nur 1960 war sie mit 8,5% noch geringer. Im Jahre 1975 erreichte die Sparquote mit 15,1% einen Höchststand.[108]

---

108 Bundesministerium für Wirtschaft (Hrsg.), Leistung in Zahlen '77, Bonn 1978, S. 21, Wirtschaft in Zahlen '94, Bonn 1995, S. 25 und Mitteilungen aus dem Bundeswirtschaftsministerium (Stand März 1995).

117

dd) Der Einfluss der übrigen Bestimmungsfaktoren des Konsums

Bisher wurde der Einfachheit halber nur das Einkommen als alleiniger Bestimmungsfaktor des Konsums angenommen. Für die Realität muss aber davon ausgegangen werden, dass, wie bereits erörtert, noch andere Faktoren Einfluss auf den Konsum haben. Interessant ist, die Auswirkung der übrigen, bisher konstant gelassenen Einflussfaktoren, auf die Konsumfunktion zu untersuchen. Diese Faktoren können eine Erhöhung bzw. Verringerung des autonomen Konsums C_a (Grundkonsum) bewirken. In diesem Fall verschiebt sich die angenommene Konsumgerade parallel je nach Einflussrichtung entweder nach rechts oben oder nach links unten. Beispielsweise kann das Aufkommen neuer Güter eine Verschiebung der Geraden nach rechts oben zur Folge haben, weil durch die neuen Güter ein Anreiz auch beim Grundkonsum gegeben wird. Die genannten Faktoren können jedoch auch einen Einfluss auf die Grenzneigung zum Konsum haben, dann ändert die Gerade ihre Steigung, d.h. sie dreht sich um den Anfangspunkt des Grundkonsums entweder nach oben (sie wird *steiler)*oder nach unten (sie wird *flacher)*. So könnte z.B. eine pessimistische Einschätzung der zukünftigen Einkommensentwicklung durch die Verbraucher die Grenzneigung zum Konsum negativ beeinflussen, d.h. es wird zunächst gespart, der Konsum geht zurück, die Gerade wird flacher. Andererseits ist es durchaus möglich, dass bei einer optimistischen Betrachtung der Einkommensentwicklung die Grenzneigung zum Konsum steigt, d.h. es wird zusätzlich konsumiert, das Sparen geht zurück, die Konsumgerade wird steiler. In der Realität macht sich der Einfluss der erörterten Faktoren sowohl in einer *Veränderung des Grundkonsums* als auch der *Grenzneigung zum Konsum* bemerkbar.

In der Abbildung 32 sollen die Auswirkungen der übrigen Einflussfaktoren dargestellt werden. Der Übersichtlichkeit wegen wird nur eine Verschiebung der Konsumgeraden angenommen.

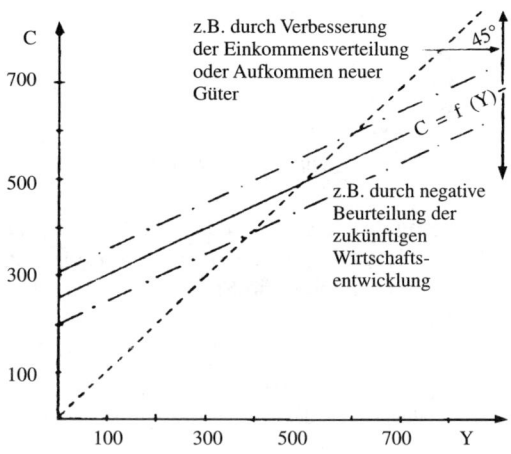

Abb. 32

An dieser Stelle soll darauf hingewiesen werden, dass streng zwischen Bewegungen auf der gegebenen Geraden (der Konsum ändert sich mit dem Einkommen) und einer Verschiebung und/oder Drehung der Geraden, die durch die übrigen Faktoren verursacht wird, unterschieden werden muss.

Die Grenzneigung zum Konsum $\frac{\Delta C}{\Delta Y}$ lässt sich durch die Steigung der Geraden darstellen.

Zur Veranschaulichung soll noch eine in der Realität ermittelte volkswirtschaftliche Konsumfunktion angeführt werden. Es handelt sich dabei um die gesamtwirtschaftliche Konsumfunktion der USA von 1929 bis 1970.

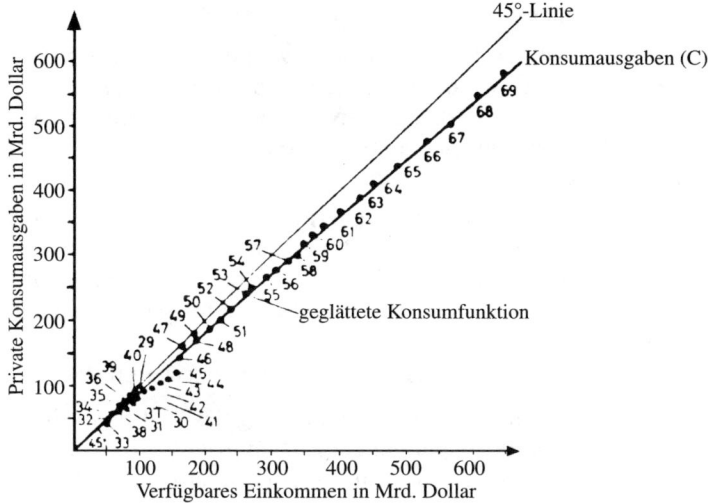

Abb. 33: Entwicklung der gesamtwirtschaftlichen Konsumfunktion in den USA 1929 bis 1970[109]

d) Die Investitionsfunktion

Die Investitionsfunktion bringt die Abhängigkeit des Investitionsvolumens einer Volkswirtschaft von seinen Bestimmungsgründen zum Ausdruck. Da die Ersatzinvestitionen im wesentlichen von den Abschreibungen bestimmt sind, d.h. sich in der Regel die Ersatzinvestitionen mit den Abschreibungen nominal aufheben, sollen hier nur die Bestimmungsgründe für die Nettoinvestitionen untersucht werden.

Zur Klärung der privaten Investitionstätigkeit zieht man in der Volkswirtschaft eine Reihe von Bestimmungsfaktoren heran, über deren Einfluss auf die Investi-

---

109 Aus: Scholz. H. G., Heinen, H. P., Hagemann, F., Volkswirtschaftslehre, Grundzüge und Probleme der Volkswirtschaft, Köln-Porz 1975, S. 337.

119

tionsentscheidungen der Unternehmen sehr unterschiedliche Auffassungen vertreten werden. Es sind hier nur die wichtigsten Bestimmungsfaktoren zu erörtern.

aa) Die Nettoinvestitionen werden vom Gewinn abhängig gemacht; dabei sind zwei Möglichkeiten zu unterscheiden:

(1) Die Investitionen sind abhängig von der Höhe der *realisierten* Gewinne, die für die Unternehmen eine günstige Finanzierungsquelle darstellen und sie vom Kapitalmarkt unabhängiger machen, weil man nicht mehr so stark auf Fremdfinanzierung angewiesen ist.

Die Investitionsfunktion lautet in diesem Fall: I = f (Gewinnhöhe).

(2) Die Investitionen werden durch die *erwarteten* Gewinne in zukünftigen Perioden bestimmt. Je höher die Gewinnerwartungen sind, desto umfangreicher werden Investitionen vorgenommen; d.h. die Investitionstätigkeit einer Volkswirtschaft wird von der Einschätzung der Wirtschaftsentwicklung durch die Unternehmen abhängig gemacht.

Diese Annahme spielte in der öffentlichen Diskussion über die wirtschaftlichen Schwierigkeiten des Jahres 1975 eine wichtige Rolle, denn es wurde immer wieder herausgestellt, dass die pessimistische Beurteilung der zukünftigen wirtschaftlichen Entwicklung durch die Unternehmen diese von Neuinvestitionen abhalte.

Die Investitionsfunktion lautet in diesem Fall: I = f (Gewinnerwartungen).

bb) Die Investitionen sind abhängig von der Veränderung der Konsumnachfrage. Man geht davon aus, dass eine Steigerung der Konsumnachfrage einen starken Anreiz für die Investitionstätigkeit darstellt, weil die Unternehmen ihre Kapazitäten durch Investitionen erweitern können. Eine geringe Erhöhung der Nachfrage nach Konsumgütern hat dagegen keine zusätzlichen Investitionen zur Folge. Es muss betont werden, dass diese Aussage nicht auf der *absoluten Höhe* der Konsumausgaben, sondern auf deren *Veränderung* beruht.

Die Investitionsfunktion lautet dann I = f (Konsumzuwachs ΔC).

cc) Die Investitionen sind vom Zinssatz abhängig, sodass die Investitionsfunktion lautet I = f (i), wobei i = Marktzinssatz ist.

Dabei lassen sich zwei Fälle unterscheiden:

(1) Ist das Unternehmen auf die Finanzierung der geplanten Investitionen mit Krediten angewiesen, so fallen Kosten in Gestalt von zu zahlenden Zinsen an, die die erwarteten Nettoerlöse schmälern. Dies kann dazu führen, dass bei hohen Zinskosten die Investitionsbereitschaft des einzelnen Unternehmens zurückgeht. Auf die Gesamtwirtschaft übertragen hieße das, dass die Investitionstätigkeit insgesamt verringert wird, je höher der Zinssatz für Kredite ist; bzw. umgekehrt, dass bei niedrigem Zinsniveau das Investitionsvolumen zunimmt.

Die klassischen Nationalökonomen haben diesen Zusammenhang sehr stark in den Vordergrund ihrer Aussagen gestellt, Keynes hat diese Annahme relativiert, indem er bezweifelt, dass der Zinssatz die von den Klassikern unterstellte Bedeutung für die Investitionen habe. Man beobachtet in der Realität sehr oft, dass trotz niedrigem Zins die Investitionstätigkeit nicht angeregt wird. Die Zinssenkungspolitik der Deutschen Bundesbank im Rezessionsjahr 1975 führte nicht zu der gewollten Ausweitung der privaten Investitionen. Ebenso lehren die Erfahrungen aus Zeiten überhitzter Konjunktur, dass eine Hochzinspolitik nicht immer die gewünschte Einschränkung der Investition zur Folge hat.

Die Annahme der klassischen Nationalökonomen, dass die Investitionstätigkeit sehr stark auf Zinsänderungen reagiert, ist durch Untersuchungen in der Praxis nicht immer bestätigt worden. „Offensichtlich spielt dabei neben dem Finanzierungscharakter, also Eigen- oder Fremdfinanzierung, die Fristigkeit der Investitionen eine bedeutende Rolle. So ist man heute überwiegend der Meinung, dass nur Investitionen mit langer Lebensdauer relativ zinselastisch sind, d.h. auf Zinsänderungen in starkem Maße reagieren."[110] Ein Bereich, in dem das zutrifft, ist beispielsweise der Wohnungsbau.

(2) Selbstfinanzierung von Investitionen.

Finanziert ein Unternehmen seine Investitionen durch eigene Geldmittel, so wird man prüfen, ob die finanziellen Mittel investiert werden (d.h. diese Finanzmittel in Maschinen, Gebäuden usw. anzulegen sind), oder ob man die Geldmittel dem Geldkapitalmarkt gegen entsprechende Verzinsung zur Verfügung stellt. Es ist anzunehmen, dass in der Regel nur dann investiert wird, wenn der aus der Investition zu erwartende Gewinn höher ist als die am Geldkapitalmarkt zu erzielende Verzinsung der Geldmittel.

Wegen der Vielzahl der Bestimmungsfaktoren und deren Einflussintensität ist die Investitionsfunktion sehr schwer zu ermitteln, sodass damit auch die Bestimmung und Voraussage über die zukünftige Entwicklung des Sozialprodukts bzw. des Volkseinkommens außerordentlich erschwert wird. Diese besonders in letzter Zeit in den Aussagen über die weitere Wirtschaftsentwicklung aufgetretene Unsicherheit, die zu einer Reihe von Fehlprognosen selbst renommierter Wirtschaftsinstitute führte, dürfte u.a. auch in der schwierigen Erfassung der die Investitionstätigkeit betreffenden Faktoren zu sehen sein[111].

Für die weiteren Ausführungen wird der Einfachheit halber unterstellt, dass in der Volkswirtschaft autonome, d.h. von veränderlichen Faktoren unbeeinflusste Investitionen (I_a) geplant und auch durchgeführt werden. Das Investitionsvolumen I_a sei 100 Mrd. DM.

Für die Höhe des Volkseinkommens und der Gesamtnachfrage gilt dann:
$$Y = C_a + bY + I_a$$

---

110 Häuser, K. (Hrsg.), Funkkolleg Volkswirtschaftslehre, Studienbegleitbrief, a.a.O., S. 67.
111 Vgl. auch FAZ vom 26. 11. 1975, Nr. 274, S. 10.

Die Gesamtnachfrage setzt sich daher zusammen aus dem Konsum (= C_a + bY) und den Investitionen (= I_a). In das Zahlenbeispiel eingesetzt erhält man 250 Mrd. DM + 0,5 Y + 100 Mrd. DM. – Grafisch ergibt sich folgendes Bild:

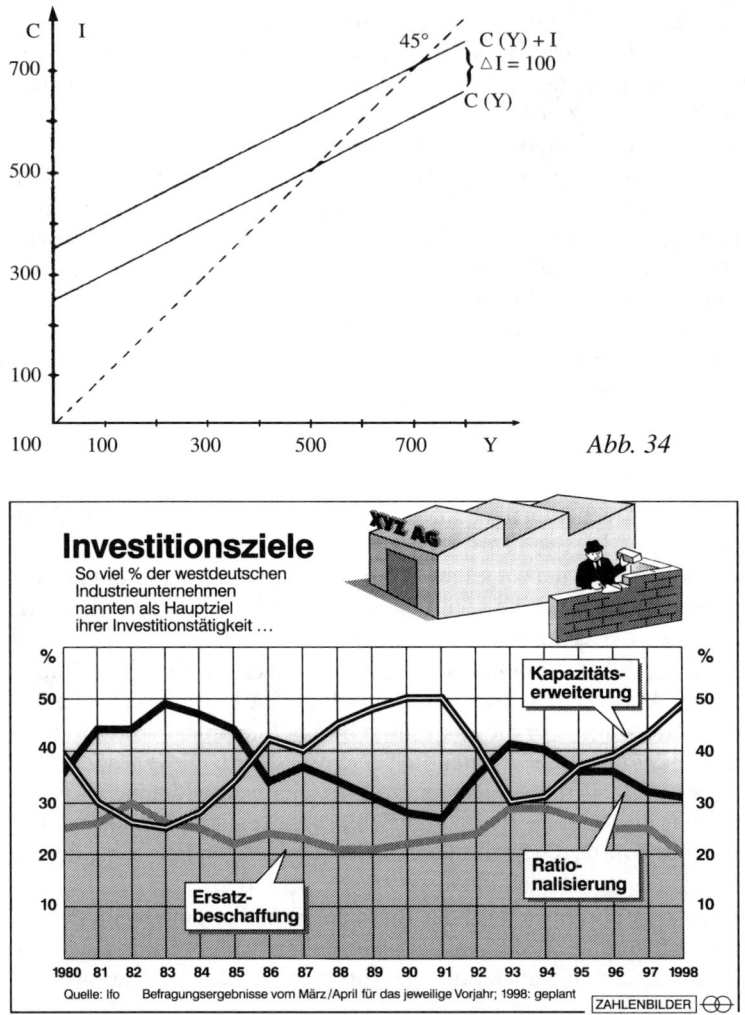

Abb. 34

Abb. 35: *Investitionen – zu welchem Zweck? Investitionsziele in Prozent der Investitionssumme der Industrie*[112]

---

112 Aus: Zahlenbilder, Erich Schmidt Verlag, Berlin.

In Bezug auf die noch zu erörternden Bedingungen für das gesamtwirtschaftliche Gleichgewicht sei bemerkt, dass nicht jede Art der Investition zugleich zum Wachstum der Wirtschaft beiträgt und Arbeitsplätze schafft. Erweiterungsinvestitionen dienen sowohl dem Wirtschaftswachstum als auch der Arbeitsplatzbeschaffung, während Rationalisierungsinvestitionen zwar das Wachstum der Wirtschaft fördern, aber Arbeitsplätze vernichten.

Die Abbildung zeigt, die Entwicklung der unterschiedlichen Arten der Investitionen, die sehr stark von der Einschätzung der Unternehmen über die wirtschaftliche Lage geprägt sind.

2. Die Bestimmung des gesamtwirtschaftlichen Gleichgewichts

a) Bei Nachfrage nach Konsumgütern

Die Nachfrage besteht allein aus Konsumgütern. Gleichgewicht liegt dann vor, wenn die Gesamtnachfrage und das Gesamtangebot übereinstimmen. Damit ist gleichzeitig auch die Höhe des Volkseinkommens gegeben.

Grafisch lässt sich das gesamtwirtschaftliche Gleichgewicht wie folgt darstellen:

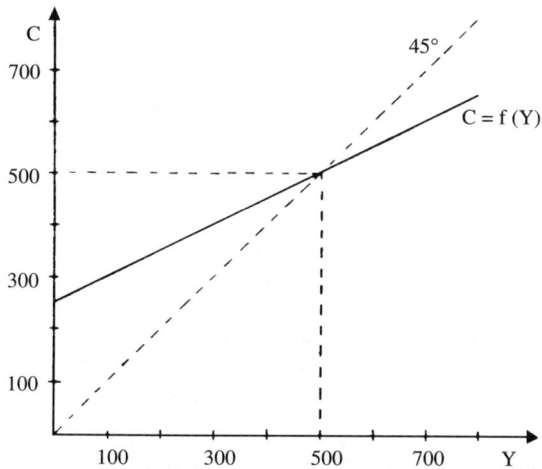

Abb. 36: Gleichgewicht bei ausschließlicher Nachfrage nach Konsumgütern

Bei einer Nachfrage nach Konsumgütern in Höhe von 500 Mrd. DM und einem Gesamtangebot von 500 Mrd. DM herrscht gesamtwirtschaftliches Gleichgewicht. Das Gleichgewichtseinkommen beträgt 500 Mrd. DM.

b) Bei Nachfrage nach Konsum- und Investitionsgütern

Die gesamtwirtschaftliche Nachfrage setzt sich aus Konsum- und Investitionsgütern zusammen. Gesamtwirtschaftliches Gleichgewicht ist bekanntlich dann gegeben, wenn die Gesamtnachfrage dem Gesamtangebot entspricht. Da eine autonome Investition von 100 Mrd. DM angenommen wurde, lautet die Formel für die Gesamtnachfrage = C_a + 0,5 Y + I_a oder in Zahlen ausgedrückt = 250 Mrd. DM + 0,5 Y + 100 Mrd. DM; d.h. auf die Konsumfunktion wird in jedem Punkt der Betrag von 100 Mrd. DM aufgestockt.

Die grafische Darstellung des gesamtwirtschaftlichen Gleichgewichts ergibt sich aus Abb. 37.

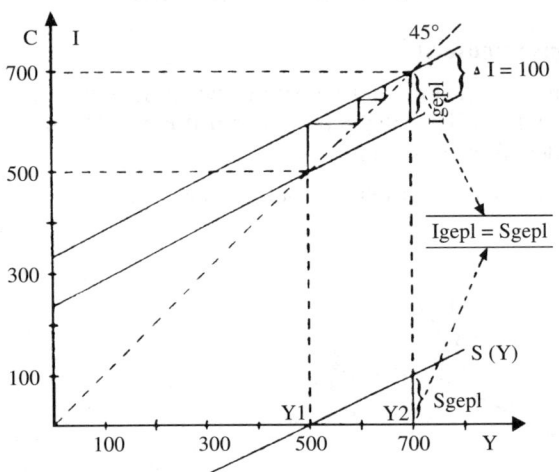

Abb. 37: Gleichgewicht bei Nachfrage nach Konsum- und Investitionsgütern

Das gesamtwirtschaftliche Gleichgewicht ist bei einer Gesamtnachfrage und einem Gesamtangebot (= Produktion) von 700 Mrd. DM gegeben. Da die Produktion gleich dem Volkseinkommen ist, beträgt das Gleichgewichtseinkommen ebenfalls 700 Mrd. DM.

Für die Existenz des gesamtwirtschaftlichen Gleichgewichts muss noch eine wichtige Bedingung abgeleitet werden. Das Volkseinkommen (Y) kann bekanntlich entweder dem Konsum (C) oder dem Sparen (S) dienen: Y = C + S. Sparen heißt Konsumverzicht: S = Y – C.

Das Nettosozialprodukt (= Summe der Sachgüter und Dienstleistungen = Y) kann entweder für die Konsumgüter (C) oder für Nettoinvestitionen (I) verwendet werden: Y = C + I oder I = Y – C.

Die Ersparnis ist $S = Y - C$, wobei S das am Ende einer Periode realisierte Sparen bedeutet. Eine realisierte Ersparnis liegt vor, wenn die Haushalte am Ende einer Periode einen Teil ihres Einkommens nicht ausgegeben haben.

Investitionen sind $I = Y - C$, wobei mit I die Gesamtheit aller Güter gemeint ist, die am Ende einer Wirtschaftsperiode nicht aus dem Bereich der Unternehmen in den Bereich der Haushalte gelangt sind.

Da $S = Y - C$ und $I = Y - C$ ist, ergibt sich zwangsläufig die Gleichung $I = S$, d.h. am Ende einer Periode muss die Gesamtersparnis einer Volkswirtschaft immer mit den gesamten Nettoinvestitionen übereinstimmen.

Voraussetzung für die Existenz eines gesamtwirtschaftlichen Gleichgewichts ist jedoch, dass die zu Anfang einer Periode geplante und im Laufe der Periode auch realisierte Ersparnis einer Volkswirtschaft gleich der zu Beginn der Periode geplanten und während des betrachteten Zeitraums auch verwirklichten Nettoinvestition ist. Also gilt als Bedingung für das gesamtwirtschaftliche Gleichgewicht:

$$\boxed{I_{geplant} = S_{geplant}}$$

Da die Motive der Haushalte, die die Ersparnisse planen, andere sind als die der Unternehmen, die die Investitionen planen, kann es zu nicht erwünschten Reaktionen kommen, die das gesamtwirtschaftliche Gleichgewicht stören.

1. Fall: Die geplanten Ersparnisse sind größer als die geplanten Investitionen; d.h. die privaten Haushalte verringern ihre Konsumnachfrage. Da der Konsum geringer als erwartet ist, bleiben die Unternehmer auf einem Teil ihrer Produkte sitzen. Sie müssen diesen Teil auf Lager nehmen, d.h. eine *unfreiwillige* Investition vornehmen. Nur durch diese unfreiwilligen Investitionen stimmen am Ende der Periode die tatsächlichen Ersparnisse mit den tatsächlichen Investitionen überein. Die unfreiwillige Lagerbildung (ungeplante Investition) hat zur Folge, dass die Unternehmen in der nächsten Periode weniger produzieren, was zu einem Rückgang von Beschäftigung und Volkseinkommen führt. Das Gleichgewicht ist also gestört.

2. Fall: Die geplanten Investitionen sind größer als die geplanten Ersparnisse. Das bedeutet, dass die Unternehmen mehr investieren wollen, als die privaten Haushalte bereit sind zu sparen. Die gesamte Nachfrage ist größer als erwartet. Wenn man vom Vorratsabbau absieht, führt die vergrößerte Nachfrage zu Preiserhöhungen durch die Unternehmen, die damit die Haushalte zum Sparen zwingen, indem diese jetzt höhere Preise bezahlen und damit nicht gewollten Konsumverzicht leisten müssen (erzwungenes Sparen). Dies führt ebenfalls zu einer Störung des gesamtwirtschaftlichen Gleichgewichts durch Überhitzung der Konjunktur (Überbeschäftigung). Durch das erzwungene Sparen stimmen am

Ende der Periode die tatsächlichen Investitionen mit dem tatsächlichen Sparen überein.

Das gesamtwirtschaftliche Gleichgewicht kann mit den angenommenen Werten außer durch grafische Darstellung auch rechnerisch bestimmt werden. Bekanntlich herrscht gesamtwirtschaftliches Gleichgewicht, wenn das Gesamtangebot Y gleich der Gesamtnachfrage ist, die sich aus Konsum- und Investitionsgütern zusammensetzt.

Man kann schreiben

$Y = C(Y) + I_a$.

Wird die Konsumfunktion näher bestimmt, erhält man:

$Y = C_a + b \cdot Y + I_a$;

daraus folgt: $Y - b \cdot Y = C_a + I_a$

oder: $(1 - b) Y = C_a + I_a$,

dann ist:

$$Y = \frac{1}{1-b} (C_a + I_a)$$

Aus dieser Gleichung kann man ermitteln, welches Volkseinkommen zu erwarten ist, wenn die Höhe des autonomen Konsums C_a und die Höhe der Nettoinvestitionen (I) sowie die Grenzkonsumneigung „b" bekannt sind. Dieses so bestimmte Volkseinkommen wird als *Gleichgewichtseinkommen* bezeichnet (damit herrscht auch gesamtwirtschaftliches Gleichgewicht), weil nur bei diesem Einkommen die Pläne von Konsumenten und Investoren in Erfüllung gehen. Wenn die Pläne von Konsumenten und Investoren nicht in Erfüllung gehen, kommt es zu einer Störung des gesamtwirtschaftlichen Gleichgewichts, wie sie in den beiden Fällen erörtert worden ist[113].

Den Faktor bezeichnet man als Multiplikator, weil das Gleichgewichtseinkommen ein Vielfaches aus der Summe von autonomem Konsum und Nettoinvestition ist. Werden die angenommenen Werte eingesetzt, lautet die Gleichung:

$$Y = \frac{1}{1-0{,}5} \cdot 250 \text{ Mrd. DM} + 100 \text{ Mrd. DM} = \frac{1}{0{,}5} \cdot 350 \text{ Mrd. DM}$$
$$= 2 \cdot 350 \text{ Mrd. DM} = 700 \text{ Mrd. DM}.$$

Der Betrag für das Gleichgewichtseinkommen stimmt mit der grafischen Lösung in Abbildung 36 überein.

---

113 Vgl. S. 118.

In Tabelle 11 lässt sich die Bestimmung des Gleichgewichts nochmals darstellen.

Auch aus der Tabelle geht hervor, dass das gesamtwirtschaftliche Gleichgewicht bei einem Volkseinkommen von 700 Mrd. DM erreicht ist; geplante Investitionen von 100 Mrd. DM stimmen mit 100 Mrd. freiwilligen Ersparnissen der Volkswirtschaft überein.

Tab. 11: Zusammenhang zwischen Konsum, Sparen, Investitionen zur Erreichung eines gesamtwirtschaftlichen Gleichgewichts

Y	freiw. Konsum	freiw. Sparen	gepl. I_{netto}	ungepl. I_{netto}	b
0	250	−250	100	−350	−
100	300	−200	100	−300	0,5
200	350	−150	100	−250	0,5
300	400	−100	100	−200	0,5
400	450	− 50	100	−150	0,5
500	500	0	100	−100	0,5
600	550	+ 50	100	− 50	0,5
700	**600**	**+100**	**100**	**0**	**0,5**
800	650	+150	100	50	0,5

Einer der Verdienste von J. M. Keynes ist es, dass er die Existenz eines gesamtwirtschaftlichen Gleichgewichts bei *Unterbeschäftigung* nachgewiesen hat; d.h., es ist möglich, dass Gesamtnachfrage und Gesamtangebot bei einer hohen Arbeitslosenquote gleich sind. Die Schlussfolgerung daraus ist, dass *nicht jedes* gesamtwirtschaftliche Gleichgewicht *automatisch* ein Vollbeschäftigungsgleichgewicht ist, wie es eine Reihe von Nationalökonomen vor Keynes unterstellten. Für unser Beispiel bedeutet dies, dass ein gesamtwirtschaftliches Gleichgewicht bei einem Volkseinkommen von 700 Mrd. DM erst dann ein akzeptables Gleichgewicht ist, wenn die Arbeitslosenquote bei diesem Volkseinkommen nur zwischen etwa 0,7 und 3% schwankt[114].

c) Möglichkeiten zur Überwindung von Ungleichgewichten

Zur Skizzierung der Möglichkeiten für die Beseitigung gesamtwirtschaftlicher Störungen soll zunächst die Bestimmung des volkswirtschaftlichen Gleichgewichts – beruhend auf *allen Elementen der gesamtwirtschaftlichen Nachfrage* – kurz dargestellt werden.

Wurden bislang Gleichgewichts- und Ungleichgewichtssituationen ausschließlich unter der Annahme der Entfaltung von Konsum- und Investitionsgüternachfrage durch private inländische Wirtschaftssubjekte erörtert, so sollen diese im

---

114 Vgl. Wagenblass, H., Grundfragen der Volkswirtschaftslehre. Güterarten – Produktion – Güterverteilung, in: UBWV, Heft 1, 1976, S. 4.

Hinblick auf die *Einbeziehung staatlicher Aktivität* und *ökonomischer Verflechtungen mit dem Ausland* nunmehr entsprechend erweitert werden.

Die Nachfrage des Staates wie auch des Auslandes haben nämlich gleichermaßen direkten Einfluss auf die Höhe des Volkseinkommens der inländischen Volkswirtschaft.

Dergestalt bewirkt etwa die Erhöhung der staatlichen Ausgaben in Form öffentlicher Investitionen für Straßen- und Schulbau, Forschung etc. ein steigendes Volkseinkommen. Noch genauer: die zusätzliche Verausgabung staatlicher Mittel erhöht das Volkseinkommen um ein *Vielfaches*. Das Gleichgewichtseinkommen verschiebt sich dann in der grafischen Darstellung – wie zuvor schon bei der Investitions- und Konsumausgabenerhöhung durch Unternehmen und private Haushalte – auf der Abszisse (Einkommens-Achse) nach rechts.

In umgekehrter Weise gilt dies für Ausgabenkürzungen analog. Ansatzweise mag dies genügen.

Aber auch die Entfaltung von Nachfrage nach Konsum- und Investitionsgütern durch das Ausland beeinflusst das Volkseinkommen.

Eine Erhöhung (Senkung) der ausländischen Nachfrage führt nämlich zur unmittelbaren Ausweitung (Reduzierung) des inländischen Exports und damit zu einem gesamtwirtschaftlich steigenden/sinkenden Einkommen im Inland

Dies muss allerdings unter folgender Einschränkung gesehen werden: Die Erfahrung zeigt, dass bei steigendem (fallendem) Einkommen die Importe ins Inland entsprechend zu(ab)nehmen. Demzufolge hemmen (fördern) steigende (fallende) Importe – zulasten (zu Gunsten) des Konsums und der Investition inländischer Güter – die kurzfristige Entwicklung des Volkseinkommens[115]. Daraus ergibt sich hinsichtlich einer Erhöhung des Exports folgende Aussage: „Je niedriger die Importneigung eines Landes ist, desto stärker ist der einkommenschaffende Effekt einer Exporterhöhung".[116]

Erst Keynes hat vor dem Hintergrund der Weltwirtschaftskrise der 30er-Jahre des 20. Jahrhunderts alle Komponenten der volkswirtschaftlichen Gesamtnachfrage zur Bestimmung der Höhe des Volkseinkommens und damit der Beschäftigung in seine Überlegungen mit einbezogen.

Es gelang ihm, u.a. mithilfe dieser Bausteine bestimmte Grundformen statistischer Gesamtgleichgewichte darzustellen und gleichzeitig Ansatzpunkte zur Überwindung von Ungleichgewichten zu liefern. Für *Keynes* lag der Schwerpunkt wirtschaftspolitischer Bemühungen zur Beseitigung der mit Unterbe-

---

115 Vgl. Hartmann, G. B., Grundlagen der allgemeinen Volkswirtschaft, 11/12 Aufl. Rinteln 1975 S. 177.
116 Vgl. ebenda S. 176.

schäftigung verbundenen Störung des gesamtwirtschaftlichen Gleichgewichts vor allem im *öffentlichen* Bereich. Seine Vorstellung hatte dann auch an den Staat die Aufforderung zum Inhalt, die bestehende Ausgabenlücke (Nachfragelücke) – als Ursache der Arbeitslosigkeit – durch eine Erhöhung der Staatsausgaben zu beseitigen. Das zwischen den Staatsausgaben und Staatseinnahmen entstehende Defizit sei durch Kredite zu finanzieren (deficit spending). Mit dieser Verschuldung des Staates sollte insbesondere die Vornahme öffentlicher Investitionen ermöglicht werden. Im übrigen beruhen auch die Inhalte des im Jahre 1967 verabschiedeten Gesetzes zur Förderung der Stabilität und des Wachstums der Wirtschaft (StWG) weitgehend auf der Gültigkeit keynesianischer Vorstellungen.

Vermochten wirtschaftspolitische Maßnahmen über die Entfaltung staatlicher Nachfrage eine unterbeschäftigte Volkswirtschaft in einen Gleichgewichtszustand bei Vollbeschäftigung hochzudrehen, so kann die geschilderte Wirkung gleichermaßen durch eine zunehmende Nachfrage des Auslandes nach inländischen Gütern herbeigeführt werden. Dies allerdings unter der Voraussetzung, dass eine wachsende Nachfrage des Inlandes nach ausländischen Gütern die beabsichtigte Wirkung nicht aufhebt. Ansatzpunkte für eine Zunahme ausländischer Nachfrage nach inländischen Konsum- und Investitionsgütern sind insbesondere die Steuerungsmöglichkeiten durch Paritätsänderungen bei den Wechselkursen sowie die Maßnahmen des Außenwirtschaftsgesetzes (AWG).

d) Der Multiplikator

Aus Abbildung 37 kann man ersehen, dass eine Erhöhung der I_{netto} von 0 auf 100 Mrd. DM zu einer Steigerung des Volkseinkommens um 200 Mrd. DM führt, d.h. zu einem Mehrfachen des Ausgangsbetrages. Das Ausmaß der Einkommensveränderung lässt sich durch den so genannten Multiplikator ermitteln.

In unserem Beispiel erhöht sich die geplante Investition von 0 auf 100 Mrd. DM. Diese 100 Mrd. DM führen in der gleichen Periode zu einer Erhöhung des Volkseinkommens von 100 Mrd. DM, da bei der Erstellung der Investitionsgüter Einkommen in Form von Löhnen, Gehältern, Mieten, Gewinnen, Verpachtung, Dividenden anfallen. In der nächsten Periode werden von diesen 100 Mrd. DM Einkommen gemäß unserer Annahme über die Grenzkonsumneigung (b = 0,5) 50 Mrd. DM konsumiert und führen in dieser Höhe zu einem Einkommenszuwachs von 50 Mrd. DM in der gleichen Periode. In der folgenden Periode werden von diesen 50 Mrd. DM 25 Mrd. DM für Konsumzwecke verwandt usw.

anhand der folgenden Tabelle 12 kann man den Ablauf des Multiplikatorprozesses verfolgen.

Tab. 12: Multiplikatorprozess bei einer Erhöhung der autonomen Nettoinvestition von 100 Mrd. DM

Periode	Netto-investition	Einkommens-zuwachs	Konsum-zuwachs	Zusätzliches Sparen
1	100	100		
2		50	50	50
3		25	25	25
4		12,5	12,5	12,5
5		6,25	6,25	6,25
6		3,125	3,125	3,125
.		.	.	.
.		.	.	.
.		.	.	.
n	100	200	100	100

Die Tabelle 12 zeigt, dass bei nicht veränderten Werten des Grundkonsums (C_a) und der Grenzkonsumneigung (b) ein *Investitionsstoß* von 100 Mrd. DM nach Ablauf einer Reihe von Perioden insgesamt zu einer Erhöhung des Volkseinkommens auf 200 Mrd. DM führt. Der Einkommenszuwachs wird von Periode zu Periode immer kleiner, bis schließlich der Endwert erreicht ist. Aus Abbildung 36 kann man in Form der einzelnen, immer kleiner werdenden „Treppen" den Multiplikatorprozess ablesen. Wird diese Veränderung des Volkseinkommens durch eine Veränderung der Investition verursacht, spricht man vom *Investitionsmultiplikator,* der angibt, um wie viel sich das Gleichgewichtseinkommen ändert, wenn sich die autonome Investition ändert. Es kann festgestellt werden, dass *je höher die Grenzneigung zum Konsum (b), desto größer die Auswirkung einer Investitionsausweitung auf das Volkseinkommen.* Wenn man beispielsweise annimmt, dass die Grenzkonsumneigung nicht 0,5, sondern 0,8 sei, so ist der Multiplikator $\frac{1}{1-b} = \frac{1}{1-0,8} = \frac{1}{0,2} = 5$; d.h., eine Erhöhung der Investition von 100 Mrd. DM führt über mehrer Perioden zu einer Steigerung des Volkseinkommens auf 500 Mrd. DM. Anzumerken ist, dass ein Rückgang der Investitionen einen Multiplikatorprozess in umgekehrter Richtung in Gang setzt, d.h. das Volkseinkommen geht um ein Vielfaches *zurück.*

Es ist darauf hinzuweisen, dass die Multiplikatoranalyse nur auf die von einer Veränderung der Investitionen ausgehende Einkommenswirkung, d.h. auf den so genannten *Einkommenseffekt* der Investitionen abstellt. Da in der Regel zusätzliche Investitionen langfristig betrachtet einen Zuwachs des Sachkapitalbestandes[117] einer Volkswirtschaft zur Folge haben, d.h. die Produktionsmöglichkeiten erhöhen, muss bei längerfristigen Betrachtungen auch der *Kapazitäts-*

---

117 Wagenblass, H., Grundfragen der Volkswirtschaftslehre a.a.O., S. 4.

effekt dieser zusätzlichen Investitionen berücksichtigt werden; d.h. die Auswirkungen auf die Vergrößerung des Angebots, für das wiederum eine zusätzliche Nachfrage vorhanden sein muss, um langfristig das Gleichgewicht zu sichern. Die Wachstumstheorie, die hier nicht angeschnitten wird, beschäftigt sich mit diesen Problemen.

Da die gesamtwirtschaftliche Nachfrage neben der privaten inländischen Nachfrage auch noch aus der Nachfrage des Staates und des Auslands (Export) besteht, ist noch kurz auf die Auswirkung einer Veränderung der autonomen Staatsausgaben und der autonomen Exporte einzugehen, wobei *autonom* bedeutet, dass sowohl die Staatsausgaben als auch die Exporte als unabhängige Größen angenommen werden. Der Multiplikator bei einer Änderung der Staatsausgaben ist mit der Wirkung in dem bereits erörterten Prozess vergleichbar.

Auf den Multiplikator wird beispielsweise bei dem Bauinvestitionsprogramm der Bundesregierung zur Modernisierung von Altbauten und Ausführung von energiesparenden Einrichtungen vom 27. 8. 1975 Bezug genommen, wenn es heißt: „Dieses Programm sieht Ausgaben der öffentlichen Hand, das sind Bund, Länder und Gemeinden, in Höhe von 5,75 Milliarden DM vor. Damit können Aufträge an die Wirtschaft bis zu 12 Milliarden DM in Bewegung gesetzt werden"[118]. Bei dieser Maßnahme wird ein Multiplikator von etwa 2 angenommen.

Ebenso vergleichbar mit dem geschilderten Multiplikatorprozess ist die Wirkung einer Veränderung des Exports. Es ist jedoch zu berücksichtigen, inwieweit die durch einen Exportschub im Inland entstehenden Einkommenszuwächse zu Importzwecken verwendet werden. Ist die Neigung der Wirtschaftssubjekte groß, Einkommenszunahmen zum Kauf von Importgütern zu verwenden, so ist der von einer Erhöhung des Exports ausgehende positive Effekt auf Volkseinkommen und Beschäftigung im Inland geringer als bei einer stärkeren Verwendung der zusätzlichen Einkommensteile für die Beschaffung von inländischen Gütern. Um das Ausmaß der Auswirkungen einer Erhöhung der Exporte näher bestimmen zu können, muss man neben der Grenzkonsumneigung b noch die Grenzimportneigung der inländischen Wirtschaftssubjekte kennen. Die Grenzimportneigung gibt an, wie viel von einem vermehrten Einkommen zusätzlich für den Kauf von Importgütern ausgegeben wird. Geben die Wirtschaftssubjekte beispielsweise den durch erhöhte Exporte erzielten Einkommenszuwachs vollständig für Importzwecke aus (oder sparen sie ihn), so ist der Multiplikator = 1, d.h., es kommt nicht zu dem geschilderten Multiplikatorprozess.

Die Abbildung 38 zeigt die multiplikative Wirkung:
– einer Erhöhung der *autonomen Investitionen:* → das Sozialprodukt bzw. Volkseinkommen steigt von $Y_1 = 500$ Mrd. DM auf $Y_2 = 700$ Mrd. DM,

---

118 Presse- und Informationsamt der Bundesregierung (Hrsg.), Bauinvestitionsprogramm, Bonn, 1975.

- einer Zunahme der autonomen Staatsausgaben: → das Sozialprodukt bzw. das Volkseinkommen erhöht sich weiter auf Y_3 = 900 Mrd. DM,
- einer Vergrößerung des *autonomen Exports:* → das Sozialprodukt bzw. Volkseinkommen nimmt nochmals von Y_3 = 900 Mrd. DM auf Y_4 = 1100 Mrd. DM zu.

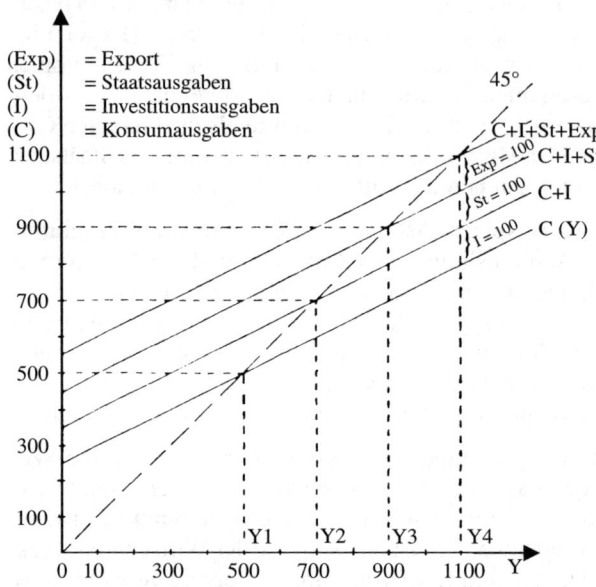

Abb. 38: Multiplikativer Effekt durch Erhöhung von Investitions-, Staats- und Exportausgaben

Da auch die Steigerung der *autonomen Konsumausgaben* multiplikative Auswirkungen auf das Sozialprodukt bzw. das Volkseinkommen hat, kann man für alle Ausgabenarten der gesamtwirtschaftlichen Nachfrage den Multiplikator angeben:

aa) Multiplikator der autonomen Konsumausgaben

$Y = \dfrac{1}{1-b}$ · ΔC. Eine Veränderung der autonomen Konsumausgaben (ΔC) führt zu einer multiplikativen Veränderung des Volkseinkommens = Sozialprodukt (ΔY), die umso größer ausfällt, je höher der Wert der Grenzkonsumneigung (b) ist.

132

bb) Investitionsmultiplikator

$Y = \dfrac{1}{1-b} \cdot \Delta I_a$ Eine Änderung der autonomen Investitionsausgaben (ΔI_a) hat eine multiplikative Änderung des Volkseinkommens (ΔY) zur Folge, deren Ausmaß von der Grenzkonsumneigung b abhängig ist. Bei hoher Grenzkonsumneigung wird die Auswirkung größer als bei einer geringeren Grenzkonsumneigung sein.

cc) Staatsausgabenmultiplikator

$Y = \dfrac{1}{1-b} \cdot \Delta St$. Eine Veränderung der autonomen Staatsausgaben (ΔSt) führt in der geschilderten Weise zu einer multiplikativen Veränderung des Volkseinkommens. Die multiplikative Auswirkung hängt von der Grenzkonsumneigung b ab.

dd) Exportmultiplikator

$Y = \dfrac{1}{1-b} \cdot \Delta Exp$. Änderungen der autonomen Exportausgaben bewirken ebenfalls eine multiplikative Änderung des Volkseinkommens, wobei allerdings, wie erörtert wurde, zu beachten ist, dass dieser multiplikative Effekt von einer hohen inländischen Grenzkonsumneigung (b) positiv beeinflusst wird, während sich eine starke Neigung der inländischen Wirtschaftssubjekte zum Import negativ auf das Volkseinkommen auswirkt. Im Beispiel wurde der Einfachheit halber von einer Grenzimportneigung von Null ausgegangen.

Es sei noch angemerkt, dass die Erhöhung der genannten autonomen Ausgaben nur dann zu einer realen Erhöhung des Volkseinkommens bzw. des Sozialprodukts führt, wenn die Produktionskapazitäten einer Volkswirtschaft noch nicht voll ausgelastet sind. Sind dagegen die Produktionskapazitäten ausgelastet, hat eine Ausweitung der Ausgaben zunächst nur eine Vergrößerung des nominalen Sozialprodukts bzw. des nominalen Volkseinkommens zur Folge, d.h. die Preise steigen, und das reale Volkseinkommen (in Kaufkraft gemessen) verändert sich nicht.

Die durch die Mehrausgaben verursachte multiplikative Erhöhung des Volkseinkommens *(Multiplikatorprozess)* kann nun andererseits die Unternehmen veranlassen, ihre Investitionen zu erhöhen. Es handelt sich dann nicht mehr um *autonome* Investitionen, sondern um so genannte *induzierte* Investitionen. Diese induzierten Investitionen verstärken bzw. beschleunigen den ursprünglichen Multiplikatorprozess des Volkseinkommens noch. Man bezeichnet diesen Vorgang als *Akzeleratoreffekt,* „der also durch Investitionen hervorgerufen wird, die von gleichgerichteten Konsum- oder Volkseinkommensänderungen induziert (= veranlasst – der Verf.) werden. Multiplikatorprozess und Akzeleratoreffekt gelten als wesentliche Bestimmungsgründe für die Konjunkturschwankungen, und sie bieten gleichzeitig für die Wirtschaftspolitik eine Chance, diese Schwankungen bereits mit relativ kleinen Änderungen der gesamtwirtschaftlichen Nachfrage dämpfen zu können[119];" d.h. inflationsfördernde Ausschläge des Wirtschaftswachstums durch Verringerung der Staatsausgaben zu verhindern bzw. bei einem merklichen Rückgang des Wachstums durch Erhöhung der Staatsausgaben die Wirtschaft wieder auf Expansionskurs zu bringen.

D. Geldwirtschaftliches Gleichgewicht

Die bisherigen Ausführungen haben sich mit den Bedingungen und Voraussetzungen des gesamtwirtschaftlichen Gleichgewichts von der Güterseite her (güterwirtschaftliches Gleichgewicht) befasst. Da in einer modernen Volkswirtschaft Geld zur Beschleunigung und Vereinfachung der güterwirtschaftlichen Vorgänge eine wichtige Rolle spielt, muss das güterwirtschaftliche Gleichgewicht von der geldwirtschaftlichen Seite her abgesichert werden, d.h. das güterwirtschaftliche Gleichgewicht ergänzen. Man kann sagen, „ein gesamtwirtschaftliches Gleichgewicht ist erfüllt, wenn sowohl das güterwirtschaftliche als auch das geldwirtschaftliche Gleichgewicht erfüllt ist[120]".

Ein *geldwirtschaftliches Gleichgewicht* liegt dann vor, wenn die *Geldnachfrage gleich dem Geldangebot ist*. Da das Geldangebot einer Volkswirtschaft direkt oder indirekt durch die Zentralbank gesteuert wird, kann man das Geldangebot (M_A) als eine gegebene Größe annehmen, sodass nur die Bestimmungsgründe der Nachfrage nach Geld behandelt werden sollen. Die Geldnachfrage der Wirtschaftssubjekte setzt sich aus der Nachfrage nach Geld zum Zwecke der Bezahlung von benötigten Sachgütern und Dienstleistungen zusammen. Man nennt dies die Geldnachfrage für Transaktionszwecke (M_T), weil die Haushalte und Unternehmen für laufende oder einmalige Ausgaben ständig Geldmittel bereithalten müssen, um mit diesen liquiden (flüssigen) Mitteln Transaktionen tätigen zu können. Wenn die Zahlungsgewohnheiten bekannt sind, kann man von der Höhe des Volkseinkommens auf die Höhe der Transaktionskasse (M_T) schließen. Es wird angenommen, dass der Geldbedarf für Transaktionszwecke mit steigendem Volkseinkommen zunimmt[121]. Die Funktion für die Transaktionskasse lautet $M_T = f(Y)$. Außerdem halten die Wirtschaftssubjekte Geld als Vermögen, weil sie den Wunsch haben, permanent liquide zu sein, um bei Gelegen-

---

119 Bartling, H., Luzius, F., a.a.O., S. 210.
120 Bamberger, I., Berg, C., Kirsch, W., Weber, W., Volks- und Betriebswirtschaftslehre I, Telekolleg II, München, 1974, S. 65.
121 Ebenda, S. 74.

heit Geld für Spekulationszwecke einsetzen zu können. Dieser Wunsch wird als Liquiditätspräferenz (M_S) bezeichnet. Es muss beachtet werden, dass der Wunsch nach ständiger Liquidität durch den mit der Haltung von flüssigen Mitteln verbundenen Zinsverlust beeinträchtigt wird. Es ergibt sich eine eindeutige Abhängigkeit zwischen der Höhe des Zinssatzes und der Kassenhaltung aus Gründen der Liquidität, und zwar dergestalt, dass bei den Wirtschaftssubjekten wegen des bei hohem Zinssatz entstehenden Zinsverlustes die Liquiditätspräferenz relativ gering ist, während diese mit sinkendem Zinssatz steigt, weil der Zinsverlust dann geringer wird.

Dieses Verhalten ist durch empirische (in der Realität durchgeführte) Untersuchungen bestätigt worden[122].

Darüber hinaus werden Geldmittel aus Vorsichtsgründen gehalten (beispielsweise wegen der Unsicherheit über die Erhaltung des Arbeitsplatzes). Die Nachfrage nach Geld aus Vorsichtsgründen soll mit unter M_S erfasst werden.

Die Funktion für die Liquiditätspräferenz lässt sich wie folgt ausdrücken: $M_S = f(i)$, wobei i = Marktzinssatz ist.

Das geldwirtschaftliche Gleichgewicht ist gegeben, wenn das Geldangebot (M_A) gleich der Nachfrage nach Geld zu Transaktionszwecken (M_T) + Geldnachfrage aus Gründen der Liquiditätspräferenz (M_S) ist[123].

Die Gleichgewichtsbedingung für das geldwirtschaftliche Gleichgewicht lautet:

$$M_A = M_T + M_S$$

122 Siebert, A., a.a.O., S. 30 und Häuser, K. (Hrsg.) Funkkolleg Volkswirtschaftslehre, Studienbegleitbrief, a.a.O., S. 77.
123 Häuser, K. (Hrsg.), Funkkolleg Volkswirtschaftslehre, Studienbegleitbrief, a.a.O., S. 78.

VII. Geld und Kredit

A. Notwendigkeit und Begriff des Geldes

Eine moderne Volkswirtschaft ist sich durch ein hohes Maß an Arbeitsteilung gekennzeichnet. Nur eine weitgehende Arbeitsteilung ermöglicht die Bereitstellung eines vielfältigen Güterangebots. Hochspezialisierte Volkswirtschaften machen eine Arbeitsteilung zur optimalen Versorgung der Wirtschaftsobjekte mit Gütern erforderlich. Daraus ergibt sich die Notwendigkeit ökonomischer Tauschhandlungen.

Der Zwang zum Tausch erfordert seinerseits ein *Tauschmittel*. Man kann feststellen, dass je größer der Grad der Arbeitsteilung in einer Volkswirtschaft ist, um so notwendiger wird es, ein von allen Wirtschaftssubjekten anerkanntes Tauschmittel zu benutzen, um damit die Vielzahl von Tauschvorgängen abwikeln zu können. Wenn ein solch allgemein anerkanntes Tauschmittel nicht existiert, würde nur eine sehr begrenzte Anzahl von Tauschakten zu Stande kommen. Die Warenwerte der Tauschpartner müssten immer übereinstimmen. So würde beispielsweise ein Bäcker ein Paar Schuhe bekommen, wenn ein Schuhproduzent bereit wäre, die Schuhe gegen eine entsprechende Anzahl von Broten zu tauschen. Wäre der Schuhproduzent dagegen nicht willens, Schuhe gegen Brot zu tauschen, müsste der Bäcker zumindest einen Partner suchen, der ihm im Tausch gegen Brot das Gut zur Verfügung stellt, welches der Schuhproduzent als Tauschgut gegen Schuhe akzeptiert. Ein solches Tauschsystem Ware gegen Ware wäre äußerst schwerfällig und in einer modernen Volkswirtschaft nicht mehr denkbar. Daher wird das Geld heute als Tauschmittel allgemein anerkannt. *Geld ist ein im Wirtschaftsverkehr zur Bezahlung von Waren, Dienstleistungen und Verbindlichkeiten allgemein anerkanntes Tauschmittel.* Geld verkörpert immer einen Anspruch auf Güter bzw. ist eine Anweisung auf das Sozialprodukt[124].

B. Arten des Geldes

Was wird nun konkret alles unter dem Begriff Geld verstanden; d.h. welche Arten von Geld gibt es?

---

124 Walter, K., Leistico, A., Anatomie der Wirtschaft. Eine Einführung in die Volkswirtschaftslehre, Hamburg 1977, S. 56.

Die älteste Form des Geldes, die sich aus dem Tausch Ware gegen Ware entwickelt hat, ist das *Warengeld*. Warengeld besteht aus Gütern, die sowohl als Zahlungsmittel als auch für andere Zwecke der unmittelbaren oder mittelbaren Bedürfnisbefriedigung verwendet werden (als Konsum- bzw. Produktionsgüter), d.h. sie haben einen Wert als Zahlungsmittel und einen Wert als Gut an sich. Die Wirtschaftsgeschichte zeigt, dass es wohl kaum ein Gut gegeben hat, das nicht zu einer bestimmten Zeit in irgendeinem Land Verwendung als Geld gefunden hat, so z.B. die berühmten Walfischzähne, Edelsteine, Gold, Vieh und sogar Mühlsteine. Warengeld hat jedoch so erhebliche Nachteile (es ist schwer zu transportieren und zu teilen), dass es heute höchstens in ökonomisch völlig unterentwikelten Gebieten noch von Bedeutung ist. Eine interessante Erkenntnis ist jedoch die Tatsache, dass man auch in hoch entwickelten Volkswirtschaften immer dann auf das Warengeld zurückgreift, wenn die vom Staat garantierte Währung eines Landes (Binnenwährungssystem) zusammenbricht. In den Jahren von 1945 bis zur Währungsreform im Juni 1948 konnte für das Gut Zigaretten fast alles, für das gesetzliche Zahlungsmittel – Reichsmark – jedoch kaum etwas gekauft werden. Auch wenn das internationale Währungssystem nicht mehr funktionsfähig ist, gewinnt das Warengeld im Handelsverkehr zwischen den Ländern an Bedeutung.

Eine besondere Art des Warengeldes existiert auch heute in normalen Zeiten noch, nämlich das *Münzgeld*. Münzen sind Prägungen aus Metall (Gold, Silber oder Kupfer), deren Gewicht und Feingehalt vom Staat garantiert wird, der sowohl die Münzhoheit als auch das *Münzregal* besitzt. Unter *Münzhoheit* versteht man das Recht, die Organisation des Münzwesens eines Landes gesetzlich zu regeln. Das Münzregal beinhaltet das ausschließliche Recht, Münzen zu prägen oder prägen zu lassen. Sowohl die Münzhoheit als auch das Münzregal liegen in der Bundesrepublik Deutschland auch nach In-Kraft-Treten der Europäischen Währungsunion ab 1. 1. 1999 weiterhin bei der Bundesregierung (Bundesfinanzminister). Bei den Münzen unterscheidet man zwischen Scheide- und Kurantmünzen. Scheidemünzen sind unter dem Metallwert ausgeprägte Münzen, Kurantmünzen sind vollwertig ausgeprägt, d.h. der in der Münze enthaltene Metallwert entspricht dem auf der Münze ausgewiesenen Nominalwert. Da die für Zahlungszwecke in der Bundesrepublik Deutschland geprägten Münzen Scheidemünzen sind, zieht der Bund aus dem erheblichen Unterschied zwischen Metallwert und Nominalwert der Münzen einen nicht unbedeutenden Gewinn.

Die Münzen werden im Auftrag des Bundesfinanzministers durch die Deutsche Bundesbank in Abstimmung mit der Europäischen Zentralbank (EZB) in Umlauf gebracht. Auf Grund gesetzlicher Vorschriften kann der Finanzminister Münzen jedoch nur in einem ganz bestimmten Umfang prägen lassen. Die EZB genehmigt lediglich das *Ausgabevolumen* der Euro-Münzen (Artikel 106 EG-Vertrag).

Die Prägung von Münzen stellt gegenüber dem Warengeld in der Entwicklung des Geldwesens einen erheblichen Fortschritt dar. Aber auch das Münzgeld weist für den Zahlungsverkehr noch einen entscheidenden Nachteil auf: Wenn es sich um größere Beträge handelt, ist die Aufbewahrung und Beförderung von Münzen umständlich, kostspielig und oft auch riskant.

Die Wirtschaft suchte daher im Laufe der Geschichte weiter nach Mitteln und Wegen zur Vereinfachung des Zahlungsverkehrs. Es wurden unausgeprägte Edelmetalle, wie z.B. Gold oder Münzen bei bestimmten Personen oder Institutionen (z.B. Goldschmieden) zur Aufbewahrung hinterlegt. Diese gaben dafür Empfangsbescheinigungen aus. Sie galten als Wertpapiere und wurden als Zahlungsmittel verwendet. Damit war das *Papiergeld,* die spätere *Banknote,* geschaffen. Die Aussteller dieser Empfangsbescheinigungen verpflichteten sich, dem Inhaber der Bescheinigungen jederzeit die entsprechende Menge an Edelmetall oder Münzen auszuhändigen. Im Laufe der Zeit entdeckten jedoch die Papiergeld ausgebenden Institutionen, dass immer nur ein geringer Teil der ausgestellten Papiere gegen Edelmetall oder Münzen eingewechselt wurde. Sie konnten daher einen immer größeren Betrag an Papiergeld (Noten) ausgeben als den bei ihnen lagernden Edelmetallvorräten entsprach. Im Laufe der Entwicklung löste sich also das Papiergeld immer mehr vom Metall. Die Ausgabe von Papiergeld übernahmen die Staatsbanken. Die ausgegebenen Banknoten wurden gesetzliches Zahlungsmittel. Heute haben die Banknoten praktisch keinen Materialwert mehr (abgesehen von dem Wert des Papiers, aus dem sie hergestellt werden). Papiergeld ist heute auch kein Ersatzgeld mehr in dem Sinne, dass die ausgebenden Notenbanken verpflichtet sind, die Banknoten in Gold oder Silber umzutauschen. Der Wert der Banknoten beruht daher nicht mehr auf einem Edelmetallvorrat der Notenbank, sondern auf einer *soliden Politik der Notenbank und der Wirtschaftskraft eines Landes.* In der Bundesrepublik Deutschland hat die Deutsche Bundesbank bis zum 31. 12. 2001 das alleinige Recht, Banknoten in den Verkehr zu bringen. Sie besitzt gemäß § 14 des Gesetzes über die Deutsche Bundesbank (BBankG vom 26. Juli 1957) das Banknotenmonopol. Dieses geht ab 1. 1. 2002 endgültig auf die EZB über (Artikel 106 EG-Vertrag).

Banknoten und Münzen sind in der Bundesrepublik Deutschland gesetzliche Zahlungsmittel.

Neben der Banknote hat sich heute als abstrakte Form des Geldes das so genannte *Buch-* oder *Giralgeld* herausgebildet. Dieses Geld existiert in der Regel nur in den Büchern der privaten Geschäftsbanken in Form von Gutschriften für die Wirtschaftssubjekte. Es entsteht durch Einzahlung von Bargeld auf ein laufendes Konto (Girokonto) bei einer Geschäftsbank oder weithin durch Gewährung von Krediten von Geschäftsbanken an ihre Kunden. Mittels Scheck oder Überweisung kann sofort darüber (meist bargeldlos) von Girokonto zu Girokonto verfügt werden. Im einzelnen versteht man unter Buch oder Giralgeld die Sichteinlagen (jederzeit fällige Einlagen) bei den Geschäftsbanken einschließlich der Einlagen auf Postscheckkonten. Prinzipiell zählen dazu auch die Giroguthaben bei der Deutschen Bundesbank, soweit man über diese frei verfügen kann[125]. Es wird darüber hinaus die Ansicht vertreten, dass auch Termineinlagen (Festgelder) und zum Teil auch Spareinlagen zum Buch- oder Giralgeld zu rechnen seien, weil ohne größere Schwierigkeiten Termin- und Spareinlagen in Sichteinlagen umgewandelt werden können[126]. Von Spareinlagen kann man innerhalb von 30 Tagen ohne Kündigung und ohne Zinseinbußen bis 3000 DM bar abheben oder auf ein Girokonto umbuchen lassen. Bei Termineinlagen (Festgelder) ist unter Inkaufnahme von Zinsverlusten (Strafzinsen) eine Umwandlung in Sichteinlagen möglich. Während die Ausgabe von Münzen oder Banknoten ausschließlich dem Staat (Bundesfinanzminister bzw. Bundesbank als bundesunmittelbare juristische Person des öffentlichen Rechts) (ab 1. 1. 2002 der EZB) vorbehalten ist, wird das Giralgeld fast ausschließlich von den privaten Geschäftsbanken geschaffen. Das Giralgeld ist in den wirtschaftlich hochentwickelten Ländern die am meisten verbreitete Geldart.

Im Dezember 1999 betrug in der Bundesrepublik Deutschland der Bargeldumlauf 290,0 Mrd. DM (274,2 Mrd. DM Banknoten und 15,8 Mrd. DM Scheidemünzen), während allein die Sichteinlagen 834,1 Mrd. DM ausmachten. Hinzu kommen 500,5 Mrd. DM Einlagen mit einer vereinbarten Laufzeit bis zu 2 Jahren und 993,8 Mrd. DM. Einlagen mit einer vereinbarten Kündigungsfrist bis zu 3 Monaten. Zusammen ergibt sich ein Betrag von 2618,4 Mrd. DM[127, 128].

Die Tatsache, dass Giralgeld von den privaten Geschäftsbanken geschöpft werden kann, beinhaltet prinzipiell die Gefahr einer übermäßigen Ausdehnung der Geldmenge. Die Deutsche Bundesbank hatte bis zum 31. 12. 1998 Möglichkeiten, diese Gefahr mithilfe ihrer geldpolitischen Instrumente abzuwehren. Ab dem 1. 1. 1999 ist die Kompetenz auf die EZB mit Sitz in Frankfurt/M übergegangen.

---

125 V. Spindler, J., Becker, W., Starke, O. E., Die deutsche Bundesbank. Grundzüge des Notenbankwesens und Kommentar zum Gesetz über die Deutsche Bundesbank. 4. Aufl., Stuttgart, Berlin, Köln, Mainz 1973, S. 33.
126 Ebenda, S. 34.
127 Deutsche Bundesbank (Hrsg.) Monatsberichte der Deutschen Bundesbank, statistischer Teil, 47. Jg. Nr. 2, Frankfurt 1995, S. 10* und 14*. Stand Dezember 1994, Bargeldumlauf mit Kassenbeständen der Kreditinstitute und der im Ausland befindlichen DM-Noten und Münzen.
128 Auskunft der Deutschen Bundesbank Stand April 2000.

C. Funktionen des Geldes

In einer modernen Volkswirtschaft hat das Geld im wesentlichen folgende Funktionen (= Aufgaben) zu erfüllen:

1. Funktion des Geldes als allgemeines Tauschmittel

Eine überragende Aufgabe des Geldes ist es, Tauschvorgänge zu erleichtern und zu beschleunigen. Der umständliche direkte Tausch von Gütern gegen Güter *(Naturaltausch)* wird durch das Geld überflüssig gemacht. Geld ist damit eine wesentliche Voraussetzung für eine volks- und weltwirtschaftlich optimal funktionierende Arbeitsteilung, deren Grundlage sinnvolle und rationelle Tauschvorgänge in Form von Gütern gegen Geld bzw. umgekehrt bilden. Diese besondere Form des Tausches funktioniert jedoch nur, wenn die Wirtschaftssubjekte bereit sind, den Tausch gegen Hingabe eines besonderen und bevorzugten Tauschmittels, nämlich des Geldes, auch durchzuführen.

2. Die Funktion des Geldes als Wert- und Recheneinheit

Die in der Wirtschaft vorhandenen Güter werden auf Geldeinheiten bezogen, d.h. das Geld dient als ein allgemeiner Wertmaßstab. Der Wert des Gutes ergibt sich dabei als rechnerisches Produkt aus den beiden Elementen Gütermenge x Güterpreis. Wegen der Vergleichbarkeit und der leichteren Erfassbarkeit müssen alle Güter auf einen einheitlichen Nenner gebracht werden. Die einzelnen Güter können als reale Größen nicht sinnvoll addiert werden (z.B. Äpfel und Birnen). Erst mithilfe der Bewertung in Geldeinheiten ist eine solche vergleichbare Rechnung möglich. Bei der Erfassung des Sozialprodukts ist dieses Problem bereits angeschnitten worden. „Mit dem Geld ist eine Recheneinheit geschaffen worden, die die Güter addierbar und vergleichbar macht. Erst mit dem Geld als allgemeinem Wertmaßstab ist eine Preisbildung möglich geworden, . . .“[129].

3. Funktion des Geldes als allgemeines Zahlungsmittel

Diese Aufgabe des Geldes kann man zunächst im unmittelbaren Zusammenhang mit dem Tauschakt Ware gegen Geld bzw. Geld gegen Ware sehen. Geld dient als Zahlungsmittel zur Abwicklung des Tauschvorganges. Darüberhinaus spielt das Geld auch bei Vorgängen eine Rolle, die nicht im Zusammenhang mit einem Tauschvorgang Ware gegen Geld bzw. umgekehrt stehen. So kann beispielsweise jemand einem Bedürftigen eine Unterstützung in Geld zahlen, ohne dass es dabei gleichzeitig zu einer Gütertransaktion kommt. Wird das Geld bei-

---

129 Scholz, H. G., Heinen, H. P., Hagemann, F. a.a.O., S. 229.

den aufgezeigten Anforderungen gerecht, erfüllt es die Funktion eines *allgemeinen Zahlungsmittels.*

4. Funktion des Geldes als gesetzliches Zahlungsmittel

Der Gesetzgeber versucht die Tausch- und Zahlungsmittelfunktion des Geldes noch dadurch zu stärken, dass er es zum *gesetzlichen Zahlungsmittel* erklärt. Dieses Verfahren ist erforderlich, weil das Geld seinem Wesen nach nicht von vornherein den Charakter eines gesetzlichen Zahlungsmittels hat. Der Staat muss dem Geld erst diese Funktion durch einen besonderen hoheitlichen Akt verleihen. Soll das gesetzliche Zahlungsmittel zugleich auch allgemeines Zahlungsmittel sein, müssen die Wirtschaftssubjekte bereit sein, das gesetzliche Zahlungsmittel allgemein als Tauschmittel anzuerkennen. Fehlt die Annahmebereitschaft des gesetzlichen Zahlungsmittels seitens der Wirtschaftssubjekte, kann das Geld als gesetzliches Zahlungsmittel seine Funktion nur noch für einseitige Transaktionen (z.B. Schuldentilgung) erfüllen.

Hat beispielsweise jemand Schulden in Höhe von 10.000 DM und die Deutsche Mark ist gesetzliches Zahlungsmittel, so ist die Schuld bei seinem Gläubiger mit der Zahlung des Betrages in Deutscher Mark (Banknoten und/oder Scheidemünzen) beglichen. Ab dem 1. 7. 2002 gilt dies für den Euro bzw. Cent, die dann die alleinigen gesetzlichen Zahlungsmittel in der Europäischen Währungsunion sind. Der Gläubiger kann die Annahme des Geldes nicht mit der Begründung verweigern, dass zur Zeit eine starke Geldentwertung herrsche, und er die Schuld lieber durch eine andere Leistung getilgt haben möchte. Steuerzahlungen erfolgen immer mit dem gesetzlichen Zahlungsmittel, selbst dann, wenn es von Wirtschaftssubjekten nicht mehr als allgemeines Zahlungsmittel angesehen wird (z.B. bei großer Inflation). In diesem Fall ist das gesetzliche Zahlungsmittel für den Wirtschaftsverkehr nicht mehr geeignet, denn trotz der staatlich verfügbaren Annahmepflicht wird es beim zweiseitigen Tausch von den Wirtschaftssubjekten nicht mehr akzeptiert. Der Staat kann die Wirtschaftssubjekte bei zweiseitiger Tauschhandlung nicht zwingen, das gesetzliche Zahlungsmittel zu verwenden. An die Stelle des gesetzlichen Zahlungsmittels treten dann andere Tausch- und Zahlungsmittel, wie z.B. die bereits erwähnten Zigaretten in der Zeit vor der Währungsreform von 1948.

Die gesetzlich verfügte Annahmepflicht für gesetzliche Zahlungsmittel gilt in unbeschränkter Höhe nur für die Banknoten. Nach § 3 des „Gesetzes über die Ausprägung von Scheidemünzen" vom 8. Juli 1950 (BGBl. I, S. 323) ist außer öffentlichen Stellen niemand verpflichtet, auf Pfennig lautende Münzen im Betrag von mehr als DM 5,– und auf Deutsche Mark lautende Münzen im Betrag von mehr als DM 20,– je Transaktion anzunehmen.

Durch Änderung von § 3 des obigen Gesetzes in Folge der Europäischen Währungsunion ist mit Ausnahme der ausgebenden Behörde niemand verpflichtet, mehr als 50 Euro-Münzen aller Mitgliedsstaaten pro einzelner Zahlung anzunehmen. Damit sind die Euro-Münzen – wie bisher auch die DM-Münzen – nur beschränkt gesetzliches Zahlungsmittel.

Das erwähnte Buchgeld ist im strengen Sinne kein gesetzliches Zahlungsmittel, obwohl es sonst *alle* Geldfunktionen erfüllt.

5. Funktion des Geldes als Wertaufbewahrungsmittel

Wenn sich das Geld über längere Zeit ohne Wertverlust aufbewahren lässt, erfüllt es die Funktion eines Wertaufbewahrungsmittels. Geld wird oft von den Wirtschaftssubjekten nicht sofort gegen Güter eingetauscht, sondern sie halten es zurück, um Werte in liquider Form zu haben. Dadurch schafft man sich die Möglichkeit, jederzeit wirtschaftliche Tauschaktionen durchführen zu können. Geld erleichtert also die Anhäufung und Aufbewahrung von Werten und sichert den Wirtschaftssubjekten zugleich den sofortigen Zugang zu den Gütern. Inwieweit das Geld seine Funktion als Wertaufbewahrungsmittel erfüllen kann, hängt in entscheidendem Maße von der allgemeinen *Preisentwicklung* in der Volkswirtschaft ab. In Zeiten beträchtlicher Preissteigerungen und der damit verbundenen Geldentwertung versuchen die Wirtschaftssubjekte durch Flucht in bestimmte Sachgüter (z.B. Gold, Grundstücke usw.), Werte über längere Zeit zu sichern und aufzubewahren. Das Geld kann in dieser Lage seiner Wertaufbewahrungsfunktion nicht mehr gerecht werden.

6. Funktion des Geldes als Wertübertragungsmittel

Geld ermöglicht in der Gegenwart generell die Übertragung von Werten von einem Wirtschaftssubjekt auf ein anderes. Außerdem kann man mit Geld auch Werte von der Gegenwart in die Zukunft und umgekehrt übertragen. So werden beispielsweise Verträge, die in die Zukunft gerichtet sind, auf Geldbasis abgeschlossen. Den Wert der zukünftigen realen Leistung kann man heute schon in Geld bewerten und bezahlen.

Zusammenfassend sollen die Funktionen des Geldes in einem Schema dargestellt werden. Gleichzeitig ist hervorzuheben, dass das Geld diese Funktionen nur voll erfüllen kann, wenn es von allen akzeptiert, d.h. als wertvoll angesehen wird. Daher muss die Wirtschaftspolitik eines Staates der *Sicherung des Geldwertes* einen hohen Rang einräumen, um das Vertrauen der Wirtschaftssubjekte in das Geld nicht zu erschüttern. Diese Aufgabe wurde in der Bundesrepublik Deutschland vornehmlich der Deutschen Bundesbank (Notenbank) übertragen. Ab dem 1. 1. 1999 hat die Europäische Zentralbank diese Funktion übernommen.

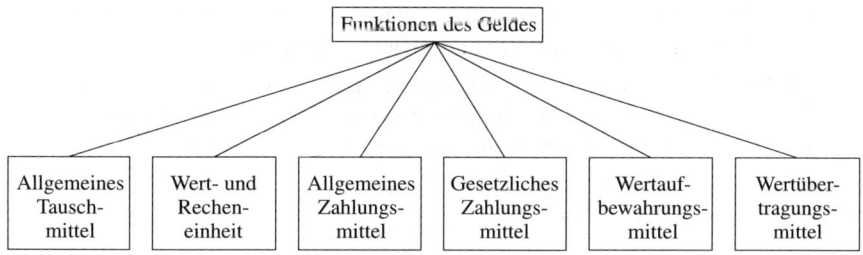

D. Währung

1. Begriff

Unter Währung versteht man die hoheitliche Ordnung des Geldwesens eines Staates im Inneren und im Verhältnis zu anderen Ländern. Die Währungsordnung besteht aus einer Summe von Normen, die den wirtschaftlichen Verkehr mit Geld zwischen den Wirtschaftssubjekten regeln. Beziehen sich diese Normen auf die Gestaltung des Geldwesens im Innern eines Landes, spricht man von der *Binnenwährungsordnung,* bei Regelungen des Geldwesens im Verkehr mit anderen Staaten von der *internationalen Währungsordnung.* Bezogen auf den Geldwert ist zwischen dem *Binnenwert* und dem *Außenwert* des Geldes zu unterscheiden. Zur *Binnenwährungsordnung* gehören u.a. Normen, die bestimmen:

a) was Geld in der Binnenwirtschaft ist,
b) wer unter welchen Umständen bestimmte Arten von Geld schaffen darf,
c) was gesetzliche Zahlungsmittel sind,
d) wie die Menge und Stückelung des gesetzlichen Zahlungsmittels geregelt wird,
e) wer für den Binnenwert des Geldes verantwortlich ist.

Eine *internationale Währungsordnung* muss u.a. folgende Regelungen beinhalten:

– was gilt im internationalen Wirtschaftsverkehr als Zahlungsmittel?
– wer darf unter welchen Umständen das allgemein anerkannte (internationale) Zahlungsmittel schaffen?
– wer kann auf welche Weise nationale Zahlungsmittel in andere Zahlungsmittel einschließlich des internationalen Zahlungsmittels tauschen?
– wie erfolgt die Preisbildung (Wechselkursbildung) der nationalen Zahlungsmittel untereinander? Der Wechselkurs ist der Preis für 100 Einheiten bzw. für eine Einheit ausländischer Währungen, ausgedrückt in inländischer Währung, z.B. 100 sfr = 127 DM, 1 US-Dollar = 2,24 DM.

– welche Institutionen gewähren Hilfen, wenn ein Partnerland einer internationalen Währungsordnung in internationale Zahlungsschwierigkeiten gerät?

Eine Ordnung des Geldwesens in nationalem und internationalem Rahmen ist notwendig, damit sich die Arbeitsteilung sowohl in der Binnenwirtschaft als auch im internationalen Wirtschaftsverkehr voll entfalten kann.

Oft wird unter Währung lediglich die Währungseinheit, z.B. Dollar, Deutsche Mark oder Euro, verstanden.

2. Arten

Im Laufe der Geschichte haben sich eine Reihe von Währungsarten herausgebildet. Man kann dabei im wesentlichen zwei Arten von Währungen unterscheiden. Einerseits die *Metallwährung* und andererseits die *Papierwährung*.

Innerhalb der Metallwährung gibt es die *monometallische* und *bimetallische* Währung. Bei der monometallischen Währung ist nur ein Metall gesetzliches Zahlungsmittel, wie z.B. Gold oder Silber in den deutschen Staaten von 1857–1871. Wenn das Metall wie etwa das Gold in ausgeprägter Form als Münzen im Umlauf ist, spricht man von einer *Goldumlaufwährung*. Gleichermaßen eine Metallwährung ist die so genannte *Goldkernwährung*. Allerdings ist hierbei das Gold nicht ausgeprägt in Münzen als Zahlungsmittel im Umlauf, sondern es dient zur Deckung der im Zahlungsverkehr befindlichen oder gehorteten Banknoten. Dabei kann eine hundertprozentige Golddeckung der Noten (Volldekung), aber auch nur eine Teildeckung vorgesehen sein. So hatte beispielsweise das Deutsche Reich in den Jahren von 1925 bis 1931 eine Goldkernwährung. Die umlaufenden Banknoten der Deutschen Reichsbank waren zu 30% durch Gold und zu 70% durch Devisen und Wechsel gedeckt. Es gab keine Verpflichtung der Deutschen Reichsbank zur Einlösung der von ihr ausgegebenen Noten

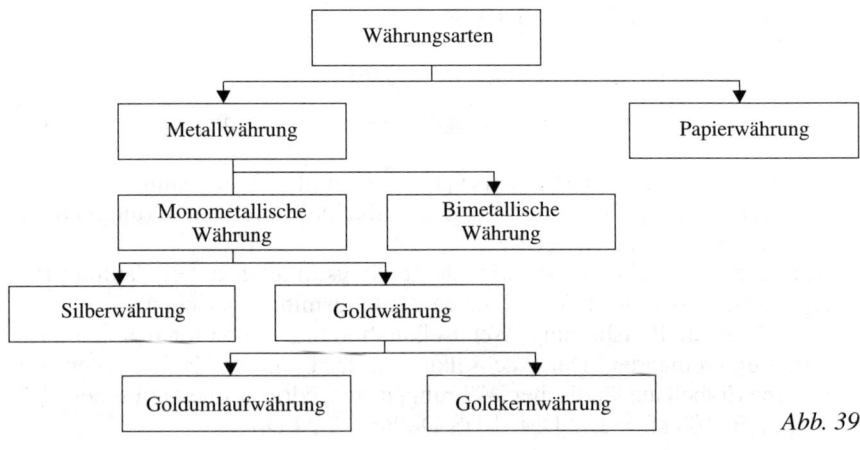

Abb. 39

144

in Gold oder Devisen. „Die Reichsbank verpflichtete sich aber, Barrengold zum festen Satz ... gegen ihre Noten umzutauschen."[130]

Bei der *Papierwährung* ist keinerlei gesetzliche Bindung an ein Metall oder an ein anderes wertbeständiges Gut vorhanden. Da eine solche Währung frei gestaltet werden kann, bezeichnet man sie auch als *freie* oder *manipulierte* Währung. Bei dieser Währung beruht der Wert des Geldes allein auf einer soliden Politik der Notenbank, dem durch diese Politik gestärkten Vertrauen der Bevölkerung in das Geld und einer erfolgreichen Wirtschaftspolitik der Regierung eines Staates. Die Währung der Bundesrepublik Deutschland – DM – ist eine reine Papierwährung, die ab dem 1. 1. 2002 vom Euro abgelöst wird. Die Deutsche Bundesbank hat keine Verpflichtung zur Bindung der DM an Gold oder Devisen, obwohl sie einen großen Vorrat an Gold und Devisen besitzt. Auch die Währung der Europäischen Währungsunion – Euro –, die ab dem 1. 1. 2002 im Umlauf sein wird, ist eine reine Papierwährung. Trotz bedeutender Gold- und Devisenvorräten der nationalen Zentralbanken besteht für die EZB keine Bindung der umlaufenden Euro-Banknoten an diese Reserven. Die Geld- und Devisenreserven stärken jedoch die Position der Zentralbank und der Europäischen Währungsunion im internationalen Zahlungsverkehr.

Zusammenfassend sind die Währungsarten in Abb. 39 im Überblick dargestellt.

E. Kredit

1. Begriff

Unter Kredit versteht man generell die Hingabe von Geldmitteln (= Kaufkraft) im Vertrauen auf eine spätere Rückgabe.

Durch die Hingabe liquider Mittel seitens des Kreditgebers verpflichtet sich der Kreditnehmer zur Rückzahlung des ihm überlassenen Kreditbetrages zu einem späteren Zeitpunkt. In der Regel erfolgt die Überlassung von Geldmitteln gegen eine angemessene Verzinsung. Dem Kreditgeber entgeht nämlich während seines Verzichts auf Liquidität die Möglichkeit des Erwerbs von Gütern. Allerdings ermöglichen die bis zum Ende der Kreditlaufzeit insgesamt angefallenen Kreditzinsen dem Kreditgeber den Kauf einer nunmehr größeren Gütermenge. Voraussetzung dafür ist jedoch, dass der Geldwert während der Laufzeit des Kredits stabil bleibt. In bestimmten Fällen werden Kredite zinslos gewährt.

Kreditbeziehungen sind für eine Volkswirtschaft von äußerster Wichtigkeit, weil durch Kredite einer Reihe von Wirtschaftssubjekten erst die Möglichkeit eröffnet wird, ökonomische Aktivitäten in größerem Umfang zu entfalten.

---

130 v. Spindler, J., Becker, W., Starke, O. E., a.a.O., S. 11.

2. Arten

Die Kredite lassen sich nach unterschiedlichen Merkmalen einteilen. Ist das Einteilungskriterium die *Laufzeit* der Kredite, so unterscheidet man
– kurzfristige Kredite (Laufzeit bis 6 Monate),
– mittelfristige Kredite (Laufzeit über 6 Monate bis 4 Jahre) und
– langfristige Kredite (Laufzeit über 4 Jahre).

Stellt man dagegen zur Unterscheidung auf die private oder öffentliche *Zugehörigkeit der Kreditnehmer* ab, gibt es den privaten Kredit, d.h. Kreditvergabe an die privaten Wirtschaftssubjekte und den öffentlichen Kredit, d.h. Kreditvergabe an die öffentliche Hand (Bund, Länder und Gemeinden u.a.).

Sieht man im Zusammenhang mit der Kreditgewährung den *Verwendungszweck* als Unterscheidungsmerkmal an, so spricht man vom *Investitions-* oder *Konsumkredit.*

Wird schließlich der *Wohnsitz* des Kreditnehmers berücksichtigt, so kann man die Kredite in *Inlands-* und *Auslandskredite* unterscheiden.

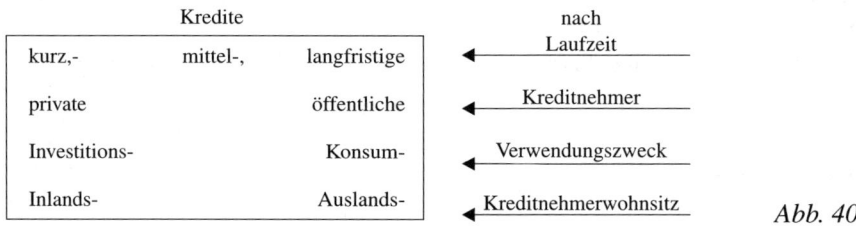

Kredite			nach
kurz,-	mittel-,	langfristige	Laufzeit
private		öffentliche	Kreditnehmer
Investitions-		Konsum-	Verwendungszweck
Inlands-		Auslands-	Kreditnehmerwohnsitz

Abb. 40

F. Binnenwert des Geldes

1. Begriff

Die Erfüllung der wesentlichsten Funktionen des Geldes setzt neben anderen Komponenten immer eine relative Stabilität des Geldwertes voraus. Nur eine gewisse Festigung des inneren Wertes des Geldes schafft das notwendige Vertrauen, um die finanziellen Mittel der Wirtschaftssubjekte nicht in unnötigem Umfange in Sachwerte fließen zu lassen.

Was aber im eigentlichen versteht man unter dem Binnenwert des Geldes?

Der Binnenwert des Geldes, also der Wert des Geldes im Innern einer Volkswirtschaft, ist die Fähigkeit, mit Geld eine bestimmte Menge an Sachgütern und/oder Dienstleistungen im Inland zu erwerben. Diese Fähigkeit bezeichnet man auch als die *Kaufkraft* des Geldes. Welche Kraft also besitzt das Geld, um damit im Innern einer Volkswirtschaft mengenmäßig eine bestimmte Anzahl von Gütern zu kaufen? Oder anders: *wie viel an Gütern erhält im Inland der Geldbesitzer für eine Einheit inländischer Währung?*

Grundlage für die Beurteilung der Kaufkraftstabilität sind in der Regel verschiedene Indices[131], welche die Höhe und die Entwicklung des gesamtwirtschaftlichen Preisniveaus[132] wiedergeben. Absolut *stabil* wäre demnach der inländische Geldwert, wenn man über einen längeren Zeitraum hinweg *dieselbe Menge an Gütern gleicher Qualität für jeweils eine Einheit Inlandswährung eintauschen könnte.* Dies allerdings ist auf Grund des in der historischen Entwicklung ständig zu beobachtenden steigenden Preisniveaus[133] ein illusorisches Wunschdenken. Infolgedessen begnügt man sich generell mit einer *relativen Stabilität des Binnenwertes des Geldes.*

Wovon die Kaufkraft des Geldes im einzelnen abhängt und welche Möglichkeiten zur Sicherung der relativen Stabilität des Binnenwertes des Geldes gegeben sind, soll Gegenstand der Abhandlung der folgenden Abschnitte sein.

2. Zusammenhang zwischen Geld- und Gütermenge

Die volkswirtschaftliche Theorie versucht schon seit langem, die Abhängigkeit des Geldwertes durch einen Zusammenhang zwischen der in einer Volkswirtschaft vorhandenen Geldmenge und der damit nachgefragten Gütermenge nachzuweisen.

Ihren klassischen Ursprung fand diese Annahme bereits im Altertum in der so genannten *naiven Quantitätstheorie des Geldes.* Man unterstellte dabei einfach einen proportionalen Zusammenhang zwischen Geld- und Gütermenge, ohne sich jedoch Gedanken über das dem Geldkreislauf entzogene Geld (= Horten) einerseits und die Umlaufgeschwindigkeit des Geldes andererseits gemacht zu haben[134].

Auf dem Markt erscheinende Gütermenge je Periode	In der Volkswirtschaft vorhandene Geldmenge	Preis je Einheit der Gütermenge
1000	1000 GE	1,– GE
1000	2000 GE	2,– GE
1000	3000 GE	3,– GE
1000	4000 GE	4,– GE

Abb. 41: Geld-, Gütermenge und Preise

---

131 u.a. Lebenshaltungskostenindex, Index industrieller Erzeugerpreise, Großhandelspreisindex etc.
132 Durchschnittsberechnung aus vielen Preisen.
133 Maßgröße für Inflation.
134 Vgl. Hartmann, G. B., a.a.O., S. 201.

Gerade aber das Horten und die Umlaufgeschwindigkeit des Geldes haben auf den Geldwert bedeutenden Einfluss. Nämlich:

(1) „Eine Verdoppelung der Geldmenge kann dann nicht zur Verdoppelung der Preise führen, wenn das zusätzliche Geld von den Wirtschaftssubjekten nicht ausgegeben, sondern gehortet wird ...

(2) Die Verdoppelung der Geldmenge kann auf dem Markt nicht wirksam werden, wenn die Umlaufgeschwindigkeit des Geldes nach der Geldmengenerhöhung sinkt ...“[135].

Gütermenge je Periode	Geldmenge	gehortete Geldmenge	nachfrage- wirksame Geldmenge	Preis
1000	1000 GE	–	1000 GE	1,– GE
1000	2000 GE	1000 GE	1000 GE	1,– GE
1000	3000 GE	2000 GE	1000 GE	1,– GE
1000	4000 GE	3000 GE	1000 GE	1,– GE

Abb. 42: Geldmenge, Hortneigung und Preise[136]

Gütermenge je Periode	Geldmenge	gehortete Geldmenge	nachfrage- wirksame Geldmenge	Preis
1000	1000 GE	1	1000 GE	1,– GE
1000	2000 GE	1/2	1000 GE	1,– GE
1000	3000 GE	1/3	1000 GE	1,– GE
1000	4000 GE	1/4	1000 GE	1,– GE

Abb. 42: Geldmenge, Umlaufgeschwindigkeit des Geldes und Preise[137]

Dabei gibt die *Umlaufgeschwindigkeit des Geldes* an, *wie oft innerhalb einer Periode die Geldmenge* (als Bestandsgröße) *durchschnittlich für Zahlungen* (als Stromgröße) *der Wirtschaftssubjekte eingesetzt wird*[138]. Einflussfaktoren für die Veränderungen der Umlaufgeschwindigkeit können unterschiedliche Faktoren wie etwa die Zahlungsgewohnheiten und Preiserwartungen der Wirtschaftssubjekte und die Organisation des Zahlungsverkehrs in einer Volkswirtschaft sein. Demzufolge liegt nahe, dass die Umlaufgeschwindigkeit des Geldes ständigen wie auch starken Schwankungen unterworfen ist. Im übrigen „jedoch ist nicht zu bestreiten, dass die Umlaufgeschwindigkeit des Geldes eine schwer abgrenzbare und in der Wirklichkeit nicht fassbare Größe darstellt“[139].

---

135 Ebenda.
136 Ebenda.
137 Ebenda.
138 Vgl. Köhler, C., Geldwirtschaft, 2. Aufl., Berlin und Hannover 1969, S. 201.
139 Vgl. v. Spindler, J. Becker, W. Starke, O.-E., Die Deutsche Bundesbank, a.a.O. S. 39/40.

Erst der amerikanische Geldtheoretiker Irving Fisher *verfeinerte* durch Berücksichtigung dieser beiden Komponenten im Zusammenhang mit der Geld- und Gütermenge die althergebrachte Quantitätstheorie.

Entsprechend seinen Überlegungen wird nämlich die Kaufkraft des Geldes nicht durch die insgesamt in einer Volkswirtschaft vorhandene Bar- und Giralgeldmenge, sondern nur durch die tatsächlich zu Zahlungen benötigte Geldmenge – ohne Hortgeld also –beeinflusst. Gleichermaßen stellte er in Rechnung, dass mit diesem tatsächlich *nachfragewirksamen* Geld nicht das gesamte Ergebnis der volkswirtschaftlichen Güterproduktion, sondern nur die tatsächlich im Inland umgesetzte Gütermenge (= Handelsvolumen) in Beziehung gebracht werden kann.

Unter diesen Bedingungen brachte Fisher den Zusammenhang in seiner Verkehrsgleichung mathematisch zum Ausdruck, wobei der Geldwert durch das Preisniveau symbolisch mit P, das Handelsvolumen mit H, die Geldmenge mit G und die Umlaufgeschwindigkeit des Geldes mit U bezeichnet werden.

Demnach gilt:

(1) $\underbrace{P \cdot H}_{\text{Güterseite}} = \underbrace{G \cdot U}_{\text{Geldseite}}$ und umgeformt

(2) $P = \dfrac{G \cdot U}{H}$ oder auch

(3) $P = \dfrac{\text{Zahlungsvolumen}}{\text{(umgesetzte) Gütermenge}}$ bzw.

(4) $P = \dfrac{\text{kaufkräftige Nachfrage}}{\text{realisiertes Angebot}}$

Beachtet man darüberhinaus, dass die Umlaufgeschwindigkeit des Geldes bei unbaren Zahlungen (U_G) – allein schon aus technischen Gründen – stets höher als bei Barzahlungen (U_B) ist, erweitert sich diese Formel wie folgt:

(5) $P = \dfrac{G_1 \cdot U_G + G_2 \cdot U_B}{H}$

Für sich betrachtet ist diese Identitätsgleichung richtig. Denn: Jeder dieser errechenbaren und für sich veränderlichen Faktoren beeinflusst das Preisniveau und damit den Geldwert. Rechnerisch nämlich sinkt (steigt) der Geldwert, bei steigenden (fallenden) Preisen infolge einer Vermehrung (Verminderung) der Geldmenge und/oder einer Beschleunigung (Verlangsamung) der Umlaufgeschwindigkeit des Geldes und/oder einer Reduzierung (Erhöhung) des Handelsvolumens. Zur Bewahrung relativer Preisstabilität muss demzufolge bei zunehmendem (abnehmendem) Handelsvolumen die Geldmenge und/oder die Umlaufgeschwindigkeit des Geldes entsprechend ansteigen (abnehmen). Damit ist von

Fisher die enge Beziehung zwischen Geld- und Gütermenge sicherlich zutreffend analysiert worden: Alle Geldumsätze sind zwangsläufig allen Güterumsätzen gleich (Güterseite = Geldseite).

Betrachtet man die Verkehrsgleichung allerdings kritisch, muss man trotz ihres pädagogischen Aussagewertes klar feststellen, dass sie komplexe volkswirtschaftliche Zusammenhänge nur stark *vereinfacht* widerspiegelt und keinerlei kausale Aussagen, aus denen man geldpolitische Schlüsse ziehen könnte, zulässt[140].

Sie darf „daher niemals mit der Quantitätstheorie verwechselt werden …"[141]. Inhaltlich stellt diese eine ursächliche Beziehung zwischen der Geldmenge und der Höhe des Preisniveaus her: Eine Erhöhung (Senkung) der Geldmenge wirkt tendenziell zinssenkend (zinssteigend), damit nachfragebelebend (nachfragedämpfend) und schließlich preissteigernd (preissenkend)[142]. Dies mag sicherlich unter bestimmten Voraussetzungen[143] seine Richtigkeit haben. Eine Erhöhung der Geldmenge kann allerdings dann nicht preissteigernd wirken, wenn die Wirtschaftssubjekte in Höhe des Geldmengenzuwachses keine Nachfrage entfalten, sondern die finanziellen Mittel in vollem Umfang sparen oder gar horten.

Insofern werden Preissteigerungen nur durch die tatsächlich zu Nachfragezweken verwendete Geldmenge verursacht. Betrachtet man darüberhinaus gesamtwirtschaftlich unterbeschäftigte Volkswirtschaften, so führt allerdings eine Erhöhung der *nachfragewirksamen* Geldmenge selbst dann *nicht* zu Preissteigerungen, wenn *unausgelastete* Kapazitäten eine Mehrproduktion ohne wesentliche Erhöhung der Kosten und damit der Marktpreise ermöglichen. Eine *Änderung der Geldmenge kann dann zwar zu Preisveränderungen führen, muss es aber nicht*[144].

Ganz wesentlich ist damit also die Bestimmung derjenigen Geldmenge, deren Veränderung eine klare Aussage über die tatsächliche Wirkung auf die Nachfrage zulässt.

Besonders die Anhänger der so genannten *monetaristischen Schule,* allen voran der Chicagoer Nobelpreisträger für Wirtschaftswissenschaften, Milton Friedmann, treten denn in ihren Lehrmeinungen – in Anlehnung an die Quantitätstheorie – auch für eine genaue Bestimmung der nachfragewirksamen Geldmen-

---

140 Vgl. Ponta, W., Lehrbuch der Wirtschaftswissenschaften, Band I, Wiesbaden 1973, S. 343.
141 Vgl. ebenda, S. 343.
142 Im Normalfall nur für Erhöhungen der Geldmenge geltend – Verringerungen der Geldmenge mit entsprechend preissenkendem Effekt sind praktisch kaum feststellbar.
143 Die Verfechter der Quantitätstheorie unterstellen dabei eine allgemeine Konstanz der Umlaufgeschwindigkeit des Geldes und vernachlässigen grundsätzlich ursächliche Veränderungen des Handelsvolumens.
144 Vgl. Ponta, W., Lehrbuch der Wirtschaftswissenschaften, a.a.O., S. 343 und v. Spindler. J., Beker, W., Starke, O.-E., S. 44.

ge ein. Daraus leitet man die Behauptung ab, „durch richtige Dosierung und gleichmäßige Regulierung des jährlichen Geldmengenzuwachses ließe sich die Konjunktur in eine gleichgewichtige Entwicklung steuern"[145].

Die Geldpolitik der Deutschen Bundesbank orientierte sich im wesentlichen an der Quantitätstheorie des Geldes. Die Europäische Zentralbank hat sich für ihre Geldpolitik weitgehend die Auffassung der Deutschen Bundesbank zu eigen gemacht. Flankierend und ergänzend zieht die EZB von Fall zu Fall als zweite Säule für den Einsatz ihrer geldpolitischen Instrumente auch noch die Entwicklung des von ihr konzipierten harmonisierten Preisindex für die Lebenshaltung aller privater Haushalte des EURO-Raumes heran[146].

3. Nachfragewirksame Geldmenge und ihre Steuerung

Unbestritten hat die nachfragewirksame Geldmenge entscheidenden Einfluss auf den Binnenwert des Geldes.

Nach der Währungsverfassung der Europäischen Währungsunion ist die Europäische Zentralbank (EZB) zur Wahrung der Kaufkraft der Währung im Inland (Preisstabilität im Sinne von Preisniveaustabilität) verpflichtet (vgl. Artikel 105 EU-Vertrag in der Fassung des Vertrags von Amsterdam und Artikel 88 GG).

Die Erfüllung dieser wohl wichtigsten Aufgabe der EZB setzt eine *genaue Kenntnis über die Zusammensetzung der umlaufenden Geldmenge* voraus. Über deren konjunkturell richtige Bemessung nämlich versucht die EZB Einfluss auf die monetäre Nachfrage der Volkswirtschaft zu nehmen.

a) Geldmengenbegriffe der Europäischen Zentralbank (EZB)

Die einer Volkswirtschaft insgesamt zur Verfügung stehenden liquiden Mittel haben jeweils unterschiedliche Wirkungen auf die Nachfrage. Diesem Tatbestand versucht die EZB durch verschiedene Abgrenzungen der Geldmenge gerecht zu werden.

Die statistische Erfassung und Messung der Geldmenge findet einerseits Ausdruck in der *Geldmengendefinition M_1*. Dieser Geldmengenbegriff umfasst sowohl den *Bargeldumlauf*[147] (minus der Kassenbestände der Kreditinstitute) als auch die *Sichteinlagen inländischer Nichtbanken* (täglich fällige Einlagen) bei den Kreditinstituten[148].

---

145 v. Spindler, J., Becker, W., Starke, O.-E., a.a.O., S. 43, siehe auch S. 314.
146 Vgl. Ponta, W., Lehrbuch der Wirtschaftswissenschaften, a.a.O., S. 342. Vgl. auch die Ausführungen über den Monetarismus auf S. 314. Auskunft der EZB von April 2000.
147 Bargeldumlauf = Summe aller umlaufenden gesetzlichen Zahlungsmittel, d.h. aller Münzen und Banknoten die nicht im Besitz der Deutschen Bundesbank bzw. der EZB sind.
148 Giralgeldeinlagen von Privatpersonen, Unternehmen und öffentlichen Haushalten (ohne Zentralbankeinlagen der öffentlichen Haushalte).

Die EZB erfasst die Geldmenge noch mit einem weiteren Begriff M_2. Dieser Geldmengenbegriff M_2 enthält zu M_1 noch die Einlagen mit vereinbarter Laufzeit bis zu 2 Jahren plus Einlagen mit vereinbarter Kündigungsfrist bis zu 3 Monaten (in Deutschland nur Spareinlagen). Eine Ergänzung erfährt der Geldmengenbegriff durch Erweiterung von M_2 zu M_3.

Die Geldmenge M_3 setzt sich danach aus M_2 + Geldmarktfondsanteile und Geldmarktpapiere zuzüglich Schuldverschreibungen mit einer Laufzeit bis zu 2 Jahren sowie Repogeschäfte zusammen. M_3 ist für die Geldpolitik der EZB gegenwärtig die entscheidende Größe.

Zu dieser Interpretation des Geldvolumens hat sich die EZB entschlossen, um möglichen Verschiebungen innerhalb der anderen Geldmengendefinitionen zu entgehen. Der Geldmengenbegriff M_1 beispielsweise kann dann nämlich zu irreführenden Annahmen führen, „wenn in Zeiten unterschiedlich steigender Zinsen in größerem Umfange Umbuchungen von Girokonten auf Terminkonten vorgenommen werden"[149]. Damit könnte man meinen, das Geldvolumen M_2 würde wachsen, obwohl lediglich Verschiebungen stattfinden.

In gleicher Weise gilt dieser mögliche Effekt für die Geldmenge nach der Definition M_2 mit Verschiebungen von Termineinlagen mit einer Laufzeit von bis zu 2 Jahren zu Einlagen mit vereinbarter Kündigungsfrist von bis zu 3 Monaten bzw. umgekehrt.

b) Steuerungsmöglichkeiten der Geldmenge durch die Europäische Zentralbank (EZB)

Die Europäische Zentralbank versucht durch richtige Bemessung der umlaufenden Geldmenge eine ausgeglichene Geldversorgung der Volkswirtschaften des EURO-Raumes mit dem Ziel der Sicherung des *Binnenwertes des Geldes* herbeizuführen.

Auf Grund der prinzipiellen Gültigkeit der in der modernen Quantitätstheorie aufgezeigten kausalen Abhängigkeiten besitzt die umlaufende Geldmenge entscheidenden Einfluss auf das Preisniveau einer Volkswirtschaft. Dabei konzentrieren sich die Bemühungen der EZB infolge der kaum zu beeinflussenden Umlaufgeschwindigkeit des Geldes voll auf die zur möglichen Nachfrage werdende Geldmenge. Durch ihre Veränderung versucht die EZB – entsprechend den konjunkturellen Voraussetzungen und Entwicklungen – die Stabilität der Währung zu sichern.

Um dieses Ziel – Sicherung der Stabilität der neuen europäischen Währung (Euro) – zu erreichen, bedient sich die EZB einer Reihe von geldpolitischen Instrumenten, die denen der Deutschen Bundesbank sehr ähnlich sind (mit Ausnahme

---

149 Nach Auskunft der EZB.

der Diskontpolitik, die entfallen ist), aber auch neuer Instrumente. Man könnte sagen, dass das geldpolitische Instrumentarium der EZB „eine modernisierte Version des deutschen Instrumentariums darstellt".[150]

Der EZB steht zur Geldmengensteuerung folgendes Instrumentarium zur Verfügung:[151]

- Offenmarktgeschäfte
  1. Hauptrefinanzierungsgeschäfte (kurzfristig)
  2. Längerfristige Refinanzierungsgeschäfte
  3. Feinsteuerungsoperationen
  4. Strukturelle Operationen
- Ständige Fazilitäten
  1. Spitzenrefinanzierungsfazilität
  2. Einlagenfazilität
- Mindestreserven

aa) Offenmarktgeschäfte

Der Begriff *Offenmarktgeschäfte* umfasst ein relativ breites Spektrum von geldpolitischen Instrumenten der EZB.[152]

Unter dem Begriff „Offenmarkt" versteht man den An- und Verkauf von Wertpapieren durch die Zentralbank am sog. offenen Markt, einem Markt der allen Geschäftsbanken zugänglich ist.[153] Der Begriff „offener Markt" stammt vom englischen Bankensystem. Man verstand unter „open market policy" Verkauf und Käufe von Staatsanleihen durch die Zentralbank an einem Markt, der nur für Diskonthäuser zugänglich war.

Bei Offenmarktgeschäften handelt es sich in erster Linie um verschiedene Arten von Transaktionen, bei denen die EZB (in der Abwicklung sind es die nationalen Zentralbanken im Auftrag der EZB) entweder staatliche Wertpapiere von den Geschäftsbanken zeitlich befristet in Verwahrung (in Pension) nimmt und dafür im Gegenzug den Geschäftsbanken Liquidität (Zentralbankgeld) gegen entsprechende Verzinsung zur Verfügung stellt (Wertpapierpensionsgeschäfte) oder den Geschäftsbanken gegen Verpfändung von Wertpapieren zu einem bestimmten Zinssatz Liquidität verschafft (Pfandkreditgeschäft).

Diese Offenmarktgeschäfte auf Zeit (sog. befristete Transaktionen) können also entweder als Pensionsgeschäfte oder als Pfandkreditgeschäfte abgewickelt wer-

---

150 Frenkel, M. und Stadtmann, G.: Die geldpolitischen Instrumente der Europäischen Zentralbank, in WISU, 27. Jg. April 1999, S. 598.
151 Europäische Zentralbank (Hrsg.), Die einheitliche Geldpolitik in Stufe 3. Allgemeine Regelungen für die geldpolitischen Instrumente und Verfahren des ESZB, Frankfurt/M, 1998, S. 13 ff.
152 Europäische Zentralbank (Hrsg.), Die einheitliche Geldpolitik in Stufe 3, a.a.O., S. 13 ff.
153 Bei diesem Markt kann es sich um den Geld- oder Kapitalmarkt handeln. Die EZB operiert weitgehend am Geldmarkt.

den.[154] Bei den Pensionsgeschäften erfolgt eine befristete Eigentumsübertragung der Wertpapiere (Vermögenswerte) von den Geschäftsbanken auf eine der nationalen Zentralbanken (Deutsche Bundesbank für Deutschland), die in der Europäischen Währungsunion integraler Bestandteil des Europäischen Zentralbanksystems (ESZB) – (= Zusammenfassung der nationalen Zentralbanken mit der EZB) sind.[155] Die nationalen Zentralbanken handeln wie bereits gesagt, hier im Auftrag der EZB, die die Geld- und Kreditpolitik der Europäischen Währungsunion **autonom** bestimmt.

Beim Pfandkreditgeschäft verbleiben die verpfändeten Wertpapiere im Eigentum der Geschäftsbanken. Die EZB betreibt ihre befristeten Transaktionen vor allem als Pfandkreditgeschäft im Gegensatz zur Deutschen Bundesbank, die bis zum 31. 12. 1998, ihre Wertpapierpensionsgeschäfte mit einer Eigentumsübertragung der Wertpapiere verbunden hat und lediglich die Lombardkredite mittels Verpfändung sicherte. Der Vorteil der Pfandkreditgeschäfte wird vor allem in den niedrigeren Verwaltungskosten gesehen.[156]

Die befristeten Transaktionen der EZB werden üblicherweise über das sog. *Tenderverfahren* abgewickelt, d.h. diese Geschäfte bietet die EZB den Kreditinstituten im Wege der Ausschreibung an. Darin gibt die EZB die Bedingungen bekannt, nach denen die teilnehmenden Geschäftsbanken ihre Gebote abgeben können. Die EZB unterscheidet zwischen *Standardtendern,* die innerhalb von 24 Stunden und Schnelltendern, die innerhalb einer Stunde nach Ausschreibung zugeteilt wurden. Die Zuteilung kann über sog. *Mengentender* oder über *Zinstender* erfolgen. Bei Mengentendern legt die EZB den Zinssatz für die Transaktion fest und die beteiligten Geschäftsbanken nennen in ihren Geboten lediglich die Beträge an befristeten Wertpapieren, die sie an die EZB (in Auftragsverwaltung der EZB an die nationalen Zentralbanken) verkaufen bzw. verpfänden wollen. Die EZB entscheidet wie viel an Wertpapieren sie kaufen oder als Pfand akzeptieren will und erteilt den jeweiligen Bietern nach einheitlichen Quoten einen Zuschlag. Der Mengentender bietet sich immer dann an, wenn die EZB dem Markt und damit der Wirtschaft ein klares *Zinssignal* geben will.[157] Beim *Zinstender* werden die Geschäftsbanken an der Ermittlung des Zinssatzes beteiligt. Sie nennen neben dem Betrag an Wertpapieren auch den Zinssatz, den sie für befristete Transaktionen zu zahlen bereit sind. Die Zuteilung erfolgt für den Bieter mit dem höchsten Bietersatz, dann für den mit dem am nächsten folgenden Zinssatz usw., bis der von der EZB festgesetzten Gesamtbetrag ausgeschöpft ist (amerikanisches Verfahren). Die EZB kann auch einen einheitlichen

---

154 Ebenda.
155 Gemäß 6. Änderungsgesetz über die Deutsche Bundesbank vom 22. Dez. 1997.
156 Dietrich, D., Vollmer, U., Das geldpolitische Instrumentarium des Europäischen Zentralbanksystems, In: WISU, Heft 11/99, Düsseldorf, 1999, S. .
157 Auskunft Landeszentralbank Baden-Württemberg.

Zinssatz aus allen Geboten ermitteln und zu diesem Satz alle Transaktionen abwickeln (holländisches Verfahren).

Beim Zinstender erhalten die Geschäftsbanken gegenüber dem Mengentender ein größerer Einfluss auf den Zinssatz. Allerdings wird, wie bereits ausgeführt, die Gestaltungsmöglichkeit des Zinssatzes durch die Zentralbank eingeschränkt.[158]

(1) Hauptrefinanzierungsgeschäfte

Bei den Hauptrefinanzierungsgeschäften stellt die Europäische Zentralbank den Geschäftsbanken Liquidität (Zentralbankgeld) zur Verfügung, indem sie Wertpapiere mit einer Laufzeit bis zu 2 Wochen im wöchentlichen Rhythmus mit Rückkaufvereinbarungen gegen einen bestimmten Zinssatz ankauft oder gegen Verpfändung von Wertpapieren mit einer Laufzeit bis zu 2 Wochen die gewünschte Liquidität zu dem jeweiligen Zinssatz bereitstellt. Diese Option in den beiden Varianten wird als *Repo-Geschäft* bezeichnet.

Die EZB akzeptiert dabei eine breite Palette von Wertpapieren und deren Sicherheit (Kategorie 1-Sicherheiten und Kategorie 2-Sicherheiten).[159] Kauft die EZB die Wertpapiere mit gleichzeitiger Rückkaufvereinbarung an, erwirbt sie befristet das Eigentum an diesen Wertpapieren (Vermögenswerte). Im anderen Falle werden diese Wertpapiere bei der EZB als Pfand hinterlegt. Die Anwendung der beiden Formen hängt vom jeweiligen Rechtssystem ab, in dem die nationalen Notenbanken im Auftrag der EZB operieren. Die Deutsche Bundesbank, die durch das 6. Änderungsgesetz über die Deutsche Bundesbank vom 22. Dezember 1997 als Zentralbank der Bundesrepublik Deutschland *integraler Bestandteil* des Europäischen Systems der Zentralbanken (ESZB) bzw. des Eurosystems ist, praktiziert das Hauptfinanzierungsinstrument in Form des Pfandkredits, d.h. bei den befristeten Transaktionen findet kein Rechtsübergang statt.[160]

Der EZB-Rat, der aus den Mitgliedern des Direktoriums und den Präsidenten der nationalen Zentralbanken (Mai 2000 = 11 Länder) besteht, setzt den Hauptrefinanzierungssatz fest, also den Zinssatz, zu dem die EZB bereit ist, die oben beschriebenen befristeten Transaktionen durchzuführen. Der Hauptrefinanzierungssatz ist der eigentliche Leitzinssatz der Geldpolitik der EZB,[161] da dieses Geschäft, wie schon der Name sagt, das zentrale Instrument zur Refinanzierung der Geschäftsbanken darstellt. Von der Veränderung dieses Zinssatzes gehen die geldpolitischen Signale an die Wirtschaft aus.

---

158 Issig, O., Einführung in die Geldpolitik, 6. überarb. Auflage, München, 1996, S. 395 ff.
159 Vgl. Europäische Zentralbank (Hrsg.), Die einheitliche Geldpolitik in Stufe 3, a.a.O., S. 10 ff.
160 Mitteilung der Deutschen Bundesbank.
161 Mitteilung der EZB.

Eine Erhöhung (Senkung) dieses Zinssatzes durch die EZB verteuert (verbilligt) das den Geschäftsbanken zufließende Zentralbankgeld. Durch Veränderung dieses Preises erhofft sich die Zentralbank eine Verminderung (Erhöhung) der Bankenliquidität.

Die im privatwirtschaftlichen Sinne tätigen Geschäftsbanken **können** dann durch eine entsprechende Veränderung ihrer Zinssätze im Kredit- wie auch im Einlagengeschäft reagieren. Dieses Verhalten der privaten Geschäftsbanken führt zu der von der EZB erhofften Wirkungsweise: Die Nachfrage der Nichtbanken nach Krediten für Investitionen und Konsum wird gedämpft (erhöht).[162]

Allerdings bleibt diese Wirkung von der EZB eben nur erhofft, da fraglich ist, ob z.b. in einer Phase der Hochkonjunktur die privaten Unternehmer trotz hoher Kreditzinsen ihre neuen Investitionen bei ausreichenden Gewinnerwartungen unterlassen. Entsprechend gilt dies für eine Phase der Niedrigkonjunktur. Die von der EZB durch eine Zinssenkung erwartete Mehrnachfrage bleibt dann aus, wenn sich insbesondere die nach erwerbswirtschaftlichen Gesichtspunkten handelnden Unternehmer von der Durchführung ihrer Neuinvestitionen keine Gewinne versprechen.

Gleichermaßen gilt dies im Hinblick auf die Nachfrage der privaten Haushalte nach Konsumentenkrediten.

Daraus ergibt sich die Konsequenz, dass mit einer Veränderung des Hauptrefinanzierungssatzes nur eine **mittelbare** Wirkung auf **Geldmenge** und **Nachfrage** herbeigeführt werden kann.

(2) Längerfristige Refinanzierungsgeschäfte

Ein weiteres Instrument im Rahmen der Offenmarktgeschäfte stellt das sog. längerfristige Refinanzierungsgeschäft dar. Die EZB bietet den Geschäftsbanken dieses Refinanzierungsgeschäft mittels Wertpapieren mit einer Laufzeit von drei Monaten zu einem bestimmten Zinssatz an, um *weitergehenden* Liquiditätsbedarf der Geschäftsbanken zu decken. Die Zuteilung erfolgt über Standardtender, die regelmäßig jeden Monat durchgeführt werden.

Im Gegensatz zum Hauptrefinanzierungszinssatz soll der Zinssatz für längerfristige Refinanzierungsoperationen keine Signalwirkungen auf den Geldmarkt bzw. auf die Wirtschaft ausüben.[163] Nach den Vorstellungen der EZB dient er nur dazu, die längerfristige Basisrefinanzierung der Geschäftsbanken (in Deutschland erfolgte dies bis zum 31. 12. 1998 durch die Deutsche Bundesbank mittels den Diskontkredit) zu sichern.

---

162 Gleiches gilt entsprechend für das Einlagengeschäft der privaten Geschäftsbanken. Ein Ansteigen der Sparzinsen führt in aller Regel zu einer von der EZB durchaus gewollten zunehmenden Sparneigung der privaten Haushalte.
163 Europäische Zentralbank (Hrsg.), Die einheitliche Geldpolitik in Stufe 3, a.a.O., S. 14.

Die Auswirkungen auf die Liquidität der Geschäftsbanken und die Wirkung auf die Wirtschaft gleichen denen beim Hauptfinanzierungsgeschäft beschriebenen. Die längerfristigen Refinanzierungsgeschäfte werden im Standardtenderverfahren, in der Regel im Zinstenderverfahren, durchgeführt. Die Sicherheiten für Wertpapiere unterliegen der gleichen Anforderung wie beim Hauptrefinanzierungsgeschäft. Die Operationen können in Form des Pensionsgeschäftes oder des Pfandkreditgeschäftes durchgeführt werden. Die EZB bevorzugt auch hier das Pfandkreditgeschäft.

(3) Feinsteuerungsoperationen

Tritt im Geschäftsbankenbereich ein unerwarteter Liquiditätsbedarf auf, so kann die EZB zur Zinssteuerung in Ausnahmefällen die folgenden geldpolitischen Instrumente einsetzen.

– Hereinnahme von Termineinlagen (Durch die Hereinnahme dieser verzinslichen Termineinlagen durch die EZB wird Liquidität absorbiert.).

– Devisenswapgeschäfte
  Die EZB kauft von den Geschäftsbanken Fremdwährungen (z.B. Dollar) per Kasse gegen Euro und verkauft diese gleichzeitig wieder per Termin und umgekehrt. Die Differenz zwischen Termin und Kassenkurs ist der sog. Swapsatz. Dieser gibt an (bezogen auf den Kassenkurs) zu welchem Zinssatz die EZB bereit ist, durch Kauf von Devisen, den Geschäftsbanken Liquidität (Zentralbankgeld) zur Verfügung zu stellen oder Liquidität durch Verkauf von Devisen abzuschöpfen.

– Definitive Käufe bzw. Verkäufe von bestimmten Wertpapieren

Diese Operationen werden unregelmäßig durchgeführt und sind nicht standardisiert. Es handelt sich um bilaterale Geschäfte zwischen der EZB und einzelnen Geschäftsbanken.

(4) Strukturelle Operationen

Im Rahmen dieses Instruments kann die EZB eigene Schuldverschreibungen herausgeben (emittieren). Diese stellen eine Verbindlichkeit der EZB gegenüber dem Inhaber dar. Sie werden verzinst, (– und zwar in abgezinstierter Form; d.h. die Schuldverschreibungen emiiert die EZB unter pari – unter ihrem Nennwert – und bei Fälligkeit werden sie mit ihrem Nennwert eingelöst. Die Verzinsung ergibt sich aus der Differenz zwischen Nenn- und Emissionswert –.). Diese Schuldverschreibungen werden regelmäßig oder unregelmäßig im Tenderverfahren im Auftrag der EZB von den nationalen Zentralbanken angeboten und abgewickelt. Ihre Laufzeit beträgt weniger als 12 Monate. Beim Kauf wird den Geschäftsbanken **unmittelbar** Liquidität entzogen; bei Fälligkeit den Geschäftsbanken **unmittelbar** Liquidität zugeführt.

bb) Ständige Fazilitäten

Ein weiteres geldpolitisches Instrument der EZB sind die sog. ständigen Fazilitäten.

Im Bankensektor ist eine Fazilität eine Kreditmöglichkeit, die bei Bedarf in Anspruch genommen wird. Die EZB hat diesen Begriff erweitert. Sie bezieht ihn auch auf die *Anlagemöglichkeit* von überschüssiger Liquidität der Geschäftsbanken bei der EZB (bzw. den nationalen Zentralbanken, die bekanntlich im Auftrag der EZB handeln).

Bei diesem Instrument „Ständige Fazilitäten" ist zwischen Spitzenrefinanzierungsfazilität und Einlagenfazilität zu unterscheiden.

(1) Spitzenrefinanzierungsfazilität

Den Geschäftsbanken wurde sich mit diesen Transaktionen die Möglichkeit eröffnet, sich kurzfristig Liquidität gegen Sicherheiten zu einem von der EZB festgesetzten Zinssatz zu beschaffen. Man nennt dies auch Beschaffung von „Übernachtliquidität", d.h. solche Kredite haben nur eine Laufzeit von einem Geschäftstag. Diese Transaktionen können in Form von „Übernacht-Pensionsgeschäften" oder „Übernacht-Pfandkrediten" abgewickelt werden. Überwiegend wird im ESZB-Bereich bzw. im Eurosystem der Pfandkredit bevorzugt. Die Sicherheiten bemessen sich nach den üblichen Standards (Kategorie 1 und 2). Kreditgrenzen sind in der Regel nicht vorgesehen, wenn entsprechende Sicherheiten zur Verfügung stehen. Die EZB kann allerdings den Zugang zu dieser Fazilität verweigern, bzw. aussetzen und die Bedingungen ändern, wenn grundsätzliche geldpolitische Notwendigkeiten dies erfordern. Der Zinssatz für die Spitzenrefinanzierungsfazilität tritt die Nachfolge des Lombardsatzes im früheren geldpolitischen Instrumentarium der Deutschen Bundesbank an;[164] er übernimmt vom ehemaligen Lombardsatz die Funktion eines oberen Leitzinssatzes. Seine Veränderung durch die EZB soll sich auf die Tagesgeldsätze auswirken.

(2) Einlagefazilität

Im Gegensatz zur Spitzenrefinanzierungsfazilität stellt die Einlagenfazilität den Geschäftsbanken keine Liquidität zur Verfügung, sondern bindet Liquidität für einen kurzen Zeitraum (über Nacht). Die Geschäftsbanken können überschüssiges Zentralbankgeld kurzfristig gegen Verzinsung bei der EZB anlegen. Der Zinssatz, der beim Start des Euro ab 1. 1. 1999 auf 2% festgesetzt wurde, bildet die Untergrenze für den Tagesgeldzinssatz[165].

---

164 Aussagen der Deutschen Bundesbank in einem Telefongespräch.
165 Deutsche Bundesbank (Hrsg.), Monatsberichte, Nov. 1998, Frankfurt/M, 1998, S. 2.

Bei den „Ständigen Fazilitäten" geht im Gegensatz zu den anderen Instrumenten der EZB die Initiative nicht von der EZB, sondern von den Geschäftsbanken aus.

Der Zinssatz für die Spitzenrefinanzierungsgeschäfte wurde von der EZB am Beginn ihrer Tätigkeit auf 4,5% festgesetzt, der für die Einlagenfazilität auf 2%, somit bilden diese beiden Zinssätze den Zinskorridor innerhalb dessen sich der Marktzinssätze bewegen. Von der Festsetzung bzw. Veränderung der Eckpunkte des Korridors dürften daher auch gewisse geldpolitische Signale ausgehen.

cc) Mindestreserven

Mit der Mindestreserve verfügt die EZB über ein weiteres geldpolitisches Instrument, das sie, abgesehen von kleineren Änderungen, weitgehend von der Deutschen Bundesbank übernommen hat. Nach der ESZB/EZB-Satzung sind alle Geschäftsbanken im Eurowährungsraum dazu verpflichtet, von den Einlagen ihrer Kunden Mindestreserven an die EZB abzuführen.

Die mindestreservenpflichtigen Einlagen sind im wesentlichen täglich fällige Einlagen (Sichteinlagen), Einlagen mit einer Laufzeit bis 2 Jahren, Einlagen mit einer Kündigungsfrist bis 2 Jahre, Schuldverschreibungen mit einer Laufzeit bis 2 Jahre und Geldmarktpapiere.[166] Der Rat der EZB setzt einen Prozentsatz (Mindestreservesatz) fest, der die Höhe der Mindestreserven bestimmt, d.h. die die Geschäftsbanken zwangsweise bei der EZB (vertreten durch die nationalen Zentralbanken) in Zentralbankgeld (Euro) halten müssen. Mit der Festsetzung des Mindestreservesatzes und dessen Veränderung hat die EZB *unmittelbaren* Einfluss auf die Liquidität der Geschäftsbanken.

Im Gegensatz zur Deutschen Bundesbank hat die EZB keine Staffelung des Mindestreservesatzes vorgenommen, sondern verwendet einen einheitlichen Satz, der beim Start der EZB am 1. 1. 1999, auf 2% festgesetzt wurde. Außerdem wird jeder Geschäftsbank ein Freibetrag von z.Z. 100.000 Euro vom Mindestreservesoll eingeräumt. Daneben erfolgt eine Verzinsung der Mindestreserve in Höhe des Zinssatzes für das Hauptfinanzierungsgeschäft. Beides war bei der Deutschen Bundesbank nicht möglich.

Erhöht (senkt) die EZB den Mindestreservesatz, so wird die Überschussreserve[167] der privaten Geschäftsbanken unmittelbar verringert (ausgeweitet). Die Bindung (Freisetzung) von Zentralbankgeld auf (aus) Konten der EZB bzw. bei

---

166 Darüber hinaus wären noch Einlagen mit einer Kündigungsfrist von über 2 Jahren, Repo-Geschäfte und Schuldverschreibungen über 2 Jahre mindestreservepflichtig. Die EZB belegt diese Einlagen z. Z. mit einem Satz von 0%, d.h. sie macht davon keinen Gebrauch, was sich aber jederzeit ändern kann.

167 Überschussreserve = Zentralbankgeld der privaten Geschäftsbanken abzüglich den bei der Zentralbank zu hinterlegenden Mindestreserven und ihren Reserven für Barabhebungen der Nichtbanken. Sie stellt die freie Liquidität der Geschäftsbanken dar.

den jeweiligen nationalen Zentralbanken, die im Auftrag der EZB handeln, bedeutet für die privaten Geschäftsbanken einen Entzug (Zuführung) von Liquidität. Dadurch wird der Geldschöpfungs- und Kreditgewährungsspielraum der Geschäftsbanken eingeschränkt (erweitert). Gerade hinsichtlich der Möglichkeit der Schöpfung von Buchgeld durch die privaten Geschäftsbanken erkennt man die außerordentliche Wirksamkeit des Steuerungsinstruments der Mindestreservenpolitik.

Zur Verdeutlichung sei dazu folgendes angeführt: Die Geschäftsbanken räumen insbesondere im Rahmen ihrer Kreditgeschäfte den Unternehmen und privaten Haushalten Ansprüche auf Buchgeld ein, die ihren Bestand an Zentralbankgeld zumeist weit übersteigen. Würden die Nichtbanken alle diese Ansprüche auf Buchgeld bei einer Geschäftsbank durch Umwandlung in Bargeld (Zentralbankgeld) geltend machen wollen, so würde dies mit Sicherheit zur *Illiquidität* dieses Kreditinstitutes führen.

Die Geschäftsbanken gehen aber von ganz bestimmten Zahlungsgewohnheiten der Nichtbanken aus. Diese verfügen nämlich über ihre eingeräumten Sichtguthaben zumeist mittels Scheck und/oder Überweisung und heben i. d. R. nur gewisse Teile ihrer gewährten Kredite in bar ab[168].

Entsprechend halten die privaten Geschäftsbanken nur bestimmte Anteile der von ihnen gewährten Kredite als Barreserve zurück und „können auf diese Weise mehr Kredit vergeben, als sie über Zentralbankgeld verfügen"[169].

Würde ein Bankkunde bei einer privaten Geschäftsbank 1 einen Betrag in Höhe von DM 2.000,– in bar einbezahlen, so ergäbe sich in der Bilanz des Kreditinstitutes auf der Aktivseite eine Kassenhaltung in Höhe von DM 2.000,– und als Verbindlichkeit auf der Passivseite zugleich eine Einlage in Höhe desselben Betrages. Vereinfacht sei angenommen, dass die Geschäftsbank 1 nur 10% dieses Sichtgeldes als Barreserve zurückhält, so kann sie einem weiteren Bankkunden dann einen Kredit in Höhe von DM 1.800,– einräumen. Dieser zahlt den eingeräumten Kreditbetrag zur Begleichung z.B. seiner eigenen Verbindlichkeiten in voller Höhe bei einer Geschäftsbank 2 ein. Diese kann dann wieder unter Berücksichtigung der unterstellten Zahlungssitten einem weiteren Kunden Buchgeld in Form eines Kredites in Höhe von DM 1.620,– einräumen. Dieser Prozess setzt sich unter der Voraussetzung eines vollständig bargeldlosen Zahlungsverkehrs unendlich weit fort.

---

168 In der Bundesrepublik Deutschland lag (Anfang 1980) nach Schätzungen des Deutschen Sparkassen- und Giroverbandes der Anteil des bargeldlosen Zahlungsverkehrs am Gesamtzahlungsverkehr der privaten Geschäftsbanken gemessen an der Anzahl der Zahlungsvorgänge bei 65%, gemessen an der Wertsumme bei 80%. Vgl. dazu Deutscher Sparkassen- und Giroverband (Hrsg.) Fachmitteilungen Nr. 10 von 1980, S. 242.
Im Postscheckverkehr waren z.B. im Jahre 1970 86% aller Zahlungsvorgänge bargeldlos. Vgl. dazu Ponta, W., Lehrbuch der Wirtschaftswissenschaften, a.a.O., S. 306.
169 Vgl. v. Armin, H. H., Volkswirtschaftspolitik, 2. Aufl., Frankfurt/Main 1976, S. 186.

Diese Möglichkeit der Schaffung von Buchgeld durch die privaten Geschäftsbanken insgesamt kann die Europäische Zentralbank mithilfe ihrer Mindestreservenpolitik gemäß ihren Zielvorstellungen entsprechend beeinflussen.

Neben den (infolge der Zahlungsgewohnheiten der Nichtbanken) zu haltenden Barreserven müssen die privaten Geschäftsbanken bei der Zentralbank noch zinslos Mindestreserven hinterlegen. *Eine Veränderung des Mindestreservesatzes beeinflusst dann unmittelbar die Summe der zur Kreditgewährung bereitstehenden Buchgelder.*

Das Kreditangebot der Geschäftsbanken an die Nichtbanken wird geschmälert oder erhöht. Dabei ist außer Zweifel, dass von der Zentralbank *„ein Erfolg in kontraktiver Hinsicht schneller zu erzielen (ist – der Verf.) als in expansiver"*[170].

Unterstellt man einen Mindestreservesatz in Höhe von 20%, so kann die Geschäftsbank 1 nach Abzug dieser Liquiditätsreserve noch DM 1.600,– an Giralgeld schöpfen.

Dieser Prozess setzt sich dann wie folgt fort (siehe Tab. 13 auf Seite 162):[171]

Man sieht: Bei bargeldlosem Zahlungsverkehr ist dann aus einer einmaligen Bareinzahlung eines Kunden im Geschäftsbankensystem im Rahmen von Kreditgeschäften Buchgeld in Höhe von DM 7.999,74 (usw.) geschaffen worden. Aus einer Überschussreserve von DM 1.600,–kann das Bankensystem insgesamt einen vielfachen Betrag der Überschussreserve an Krediten gewähren, obwohl die Überschussreserven auf Grund der zu haltenden Mindestreserven fortwährend abnehmen.

Dieser Sachverhalt lässt sich durch Anwendung einer Formel[172] auch mathematisch darstellen.

Dabei sei $\triangle K$ der Zuwachs des Kreditspielraums insgesamt, $\triangle Ü$ die Überschussreserve der Geschäftsbank 1 und r der Mindestreservesatz. Er soll wiederum 20% betragen.

Dann gilt:

$$\triangle K = \frac{\triangle Ü}{r} \text{ oder } \frac{1}{r} \cdot \triangle Ü \tag{1}$$

Mit den Zahlen aus dem gewählten Beispiel ergibt sich

$$\triangle K = \frac{1.600}{\frac{20}{100}} = 8.000,- \text{ DM}$$

---

170 Vgl. v. Spindler, J., Becker, W., Starke, O.-E., a.a.O., S. 63.
171 Vgl. dazu Walter K., Leistico, A., a.a.O., S. 59.
172 Abgeleitet aus der Summenformel für unendliche geometrische Reihen.

Tab. 13: Der Prozess der Geldschöpfung

Kreditschöpfung	Einlage	Reserve	Kredite
Bank 1	2000,–	400,–	1600,–
Bank 2	1600,–	320,–	1280,–
Bank 3	1280,–	256,–	1024,–
Bank 4	1024,–	204,80	819,24
Bank 5	819,24	163,85	655,39
Bank 6	655,39	131,18	524,21
Bank 7	524,21	104,82	419,39
Bank 8	419,39	83,88	335,51
Bank 9	335,51	67,10	268,41
Bank 10	268,41	53,68	214,73
Bank 11	214,73	42,95	171,78
Bank 12	171,78	34,36	137,42
Bank 13	137,42	27,48	109,94
Bank 14	109,94	21,99	87,95
Bank 15	87,95	17,59	70,36
Bank 16	70,36	14,07	56,29
Bank 17	56,29	11,26	45,03
Bank 18	45,03	9,01	36,02
Bank 19	36,02	7,20	28,82
Bank 20	28,82	5,76	23,06
Bank 21	23,06	4,61	18,45
Bank 22	18,45	3,69	14,76
Bank 23	14,76	2,95	11,81
Bank 24	11,81	2,36	9,45
Bank 25	9,45	1,89	7,56
Bank 26	7,56	1,51	6,05
Bank 27	6,05	1,21	4,84
Bank 28	4,84	0,97	3,87
Bank 29	3,87	0,77	3,10
Bank 30	3,10	0,62	2,48
Bank 31	2,48	0,50	1,98
Bank 32	1,98	0,40	1,58
Bank 33	1,58	0,32	1,26
Bank 34	1,26	0,25	1,01
Bank 35	1,01	0,20	0,81
Bank 36	0,81	0,16	0,65
Bank 37	0,65	0,13	0,52
Bank 38	0,52	0,10	0,42
Bank 39	0,42	0,08	0,34
Bank 40	0,34	0,06	0,28
Bank 41	0,28	0,06	0,22
Bank 42	0,22	0,04	0,18
Bank 43	0,18	0,04	0,14
Bank 44	0,14	0,03	0,11
Bank 45	0,11	0,02	0,09
Bank 46	0,09	0,02	0,07
Bank 47	0,07	0,01	0,06
Bank 48	0,06	0,01	0,05
Bank 49	0,05	0,00	0,05
Liquiditätsreserve		1999,99	
Kreditsumme			7.999,74

Rechnerisch gibt der Geldschöpfungsmultiplikator an, „welches Vielfache der anfänglichen Überschussreserve die Summe der insgesamt möglichen Buchgeldschöpfung erreichen kann"[173].

Bezieht man in diese Betrachtung zusätzlich die Reservehaltung der Geschäftsbanken auf Grund der Zahlungssitten der Bankkundschaft (z) ein, so verringert sich entsprechend die Kreditschöpfungsmöglichkeit des Bankensystems infolge der von Anfang an niedrigeren Überschussreserve.

Würde z = 10% betragen, so hätte die Überschussreserve in der 1. Stufe eine Höhe von DM 1.440,–. Bei der Berechnung dieses Wertes ist zu beachten, dass die Geschäftsbanken bisher ihre jeweiligen Bestände an inländischen gesetzlichen Zahlungsmitteln von ihren mindestreservepflichtigen Verbindlichkeiten absetzen konnten. Bei einer Bareinzahlung in Höhe von DM 2.000,– fließen somit DM 200,– in die Reservehaltung (Barreserve) der Geschäftsbanken und nur die verbleibenden DM 1.800,– unterliegen dem Mindestreservesatz in Höhe von 20%, was einer Mindestreserve von DM 360,– entspricht. Barreserve und Mindestreserve summieren sich auf DM 560,–, sodass die Überschussreserve der 1. Stufe DM 1.440,– beträgt. In den nächsten Stufen der Geldschöpfung ergeben sich Überschussreserven in Höhe von DM 1036,80, DM 746,50 usf.

Für das gesamte Bankensystem erweitert sich die anzuwendende Formel unter Berücksichtigung von z wie folgt:

$$\Delta K = \frac{1}{r\,(1-z)+z} \cdot \Delta\ddot{U} \qquad (2)$$

Bei r = 20%, z = 10% und einer Überschussreserve von DM 1.440,– in der Ausgangsbasis ergibt sich:

$$\Delta K = \frac{1}{0{,}2\,(1-0{,}1)+0{,}1} \cdot 1.440 = 5.142{,}86 \, \text{DM}$$

Durch die Berücksichtigung der Barreserven der Geschäftsbanken werden die Kreditschöpfungsmöglichkeiten des privaten Bankensystems insgesamt um nahezu DM 3.000,– gegenüber dem Beispiel auf Seite 161 eingeschränkt.

Der Geldschöpfungsmultiplikator verringert sich vom Wert 5 auf 3,57.

Wird die Barreserve **nicht** auf die Mindestreserveverpflichtung angerechnet, ergibt sich folgende Formel:

$$\Delta K = \frac{1}{r+z} \cdot \Delta\ddot{U}$$

---

173 Vgl. v. Spindler, J., Becker, W., Starke, O.-E., a.a.O., S. 38.

Der Geldschöpfungsspielraum beträgt dann nur noch:

$$\Delta K = \frac{1}{0,2 + 0,1} \cdot 1400 \text{ DM}$$

$$\Delta K = 3,33 \cdot 1400 \text{ DM}$$

$$\Delta K = 4662,00 \text{ DM}$$

Eine weitere Einschränkung der Geldschöpfungsmöglichkeiten erfolgt dann, wenn die Kreditnehmer einen Teil ihrer Kredite in Bargeld abrufen.

Betrachtet man abschließend die Wirkungen einer Erhöhung der Mindestreservesätze durch die Europäische Zentralbank, so vermindert diese in umgekehrter Weise die Möglichkeit der Giralgeldschöpfung durch die privaten Geschäftsbanken um ein Vielfaches[174].

Es muss jedoch gleichzeitig berücksichtigt werden, dass i. d. R. die Kreditnachfrage der Nichtbanken geringer ist als in der modellhaften Darstellung der Buchgeldschöpfung angenommen. Die privaten Geschäftsbanken sind zudem meist liquider, „als im theoretischen Extremfall nötig wäre. Daher bewirkt eine Mindestreserveerhöhung in Wirklichkeit nicht unmittelbar eine Verminderung des Kredit- und Buchgeldvolumens, sondern meist nur Liquiditätsverschlechterungen des Bankenapparates und Zinssteigerungen"[175].

G. Außenwert des Geldes

1. Begriff

Unter dem *Außenwert* des Geldes versteht man die *Kaufkraft einer inländischen Währungseinheit* (z.B. des Euro) *im Ausland*. Der Außenwert des Geldes gibt also an, *wie viel Sachgüter und Dienstleistungen man für eine Einheit der inländischen Währung außerhalb der Staatsgrenzen erwerben kann*. Steigt der Außenwert beispielsweise des Euro, können die Besitzer von Euro im Ausland mehr an Sachgütern und Dienstleistungen kaufen, sinkt der Außenwert des Euro[176], dann entsprechend weniger. Der Außenwert des Geldes wird durch den Wechselkurs festgelegt. Der Wechselkurs lässt sich in zwei verschiedenen Formen ausdrücken, zum einen durch die so genannte *Preisnotierung* und zum anderen durch die so genannte *Mengennotierung*. Die gängige Ausdrucksform des Wechselkurses ist die Preisnotierung. Entsprechend der Preisnotierung ist der *Wechselkurs der Preis einer ausländischen Währungseinheit ausgedrückt in inländischer Währung*, z.B. 1 US-Dollar = 2,24 DM oder 1 US-Dollar =

---

174 Vgl. ebenda, S. 62.
175 Vgl. ebenda, S. 38.
176 Im gleichen Verhältnis nimmt dann der Außenwert der ausländischen Währungen zu.

164

1,14 Euro (Stand Okt. 2000). Die Mengennotierung dagegen gibt an, wie viele ausländische Währungseinheiten man für eine inländische Währungseinheit erhält, z.B. 0,87 US-Dollar für einen Euro.

Der Handel mit *Devisen* und die *Wechselkursbildung* erfolgen am *Devisenmarkt*. Im allgemeinen Sprachgebrauch werden *ausländische Zahlungsmittel aller Art* als *Devisen* bezeichnet Die Banken unterscheiden jedoch noch zwischen *Sorten (ausländisches Bargeld im Inland)* und *Devisen* im engeren Sinne, d.h. an einem ausländischen Bankplatz zahlbares Buchgeld (Inländerguthaben bei ausländischen Banken). Der Ort, an dem Devisenangebot und Devisennachfrage zusammentreffen, nennt man *Devisenmarkt*. Auf dem Devisenmarkt bildet sich – wie bei jedem anderen Markt – ein Preis für das gehandelte Gut, hier für Devisen. Das Zentrum des Devisenmarktes in der Bundesrepublik Deutschland ist die Devisenbörse in Frankfurt/Main.

Die Bestimmung des Außenwertes des Geldes und damit die Art der Wechselkursbildung ist wesentlicher Bestandteil einer internationalen Währungsordnung.

2. Notwendigkeit, Inhalt und Form einer internationalen Währungsordnung

Die internationale Währungsordnung ist die Summe aller Regelungen, welche die internationalen Geldtransaktionen betreffen.

Eine Ordnung des internationalen Geldverkehrs ist notwendig, um die Vorteile der internationalen Arbeitsteilung optimal zu nutzen. Da der wirtschaftliche Wohlstand vieler Länder auf einem intensiven Austausch von Sachgütern und Dienstleistungen beruht, ist eine funktionierende internationale Währungsordnung von größter Bedeutung. Die Wichtigkeit wird am besten dadurch klar, dass man sich eine Weltwirtschaft vorstellt, die auf reinem Tausch von Ware gegen Ware beruht. Der Warenaustausch ist dann äußerst schwierig und kompliziert. Dadurch wäre das Volumen eines weltweiten Naturaltauschhandels im Vergleich zu einer funktionierenden internationalen Währungsordnung relativ gering. Zum besseren Verständnis soll als Beispiel die Situation der Bundesrepublik Deutschland in einer solchen Tauschwirtschaft dargestellt werden. Die Bundesrepublik Deutschland benötige mangels eigener Vorkommen an Kupfer dieses vom Ausland. Ein Kupfer produzierendes Land wäre bereit, der Bundesrepublik Deutschland Kupfer zu liefern, aber nur im Tausch gegen Erdöl. Um das Kupfer zu erhalten, müsste nun die Bundesrepublik ihrerseits ein Erdöl erzeugendes Land finden, das bereit wäre, z.B. deutsche Maschinen gegen Erdöl zu tauschen. Dieses Erdöl könnte dann die Bundesrepublik Deutschland mit dem Kupfer produzierendes Land tauschen.

Man sieht, dass dieses Verfahren äußerst umständlich ist und keinesfalls einer Beschleunigung und Ausweitung des internationalen Güteraustausches dient.

Viel einfacher wäre es dagegen, wenn in einer funktionierenden internationalen Währungsordnung Geld als Tausch- und Zahlungsmittel allgemein anerkannt würde, z.B. der US-Dollar als internationales Zahlungsmittel; gleichermaßen, wenn der Euro zu einem bestimmten Kurs in US-Dollar umgetauscht werden könnte oder sogar der Euro als internationales Tausch- und Zahlungsmittel akzeptiert würde. In unserem Beispiel wäre die Bundesrepublik Deutschland dann in der Lage, das benötigte Kupfer gegen US-Dollar oder Euro zu erwerben. Der umständliche Tausch mit dem Erdöl entfiele. Das Partnerland würde dann mit dem von der Bundesrepublik Deutschland erhaltenen internationalen Zahlungsmittel seinen Bedarf an Erdöl direkt bei einem Erdöl fördernden Land decken. Man sieht, dass dieser Weg ein wesentlich größeres Handelsvolumen ermöglicht und zu einer schnelleren Abwicklung der internationalen Handelsgeschäfte führt. Es ist interessant, dass im Laufe der neueren Geschichte der Welthandel immer dann drastisch zurückging, wenn das internationale Währungssystem (Währungsordnung) zusammengebrochen ist. So z.B. in den 30er-Jahren des 20. Jahrhunderts, als die so genannte Goldwährung endgültig funktionsunfähig wurde, weil sich keiner der Partner dieser speziellen Form einer internationalen Währungsordnung mehr an die Spielregeln hielt. Protektionismus und Schrumpfung des Welthandels waren die Folgen.

In der Vergangenheit hatte man im Handelsverkehr der westlichen Staaten mit der DDR und den übrigen Staaten des Rates für gegenseitige Wirtschaftshilfe (RGW) weitgehend reinen Tauschhandel. Das Volumen ist dadurch naturgemäß begrenzt. Diese Art des Tausches ist in der Öffentlichkeit unter dem Begriff *Kompensationsgeschäft* bekannt.

Zum Inhalt einer internationalen Währungsordnung erübrigen sich an dieser Stelle weitere Ausführungen, weil diese bereits im Zusammenhang mit dem Begriff Währung erfolgten.

Bei der *Form* einer internationalen Währungsordnung lassen sich im wesentlichen zwei Varianten unterscheiden, nämlich die *Goldwährung* und die *Papierwährung.*

Die Goldwährung kann durch folgende Merkmale gekennzeichnet werden:
– Gold wird von den Mitgliedsländern der Währungsordnung als internationales Zahlungsmittel allgemein anerkannt.
– Zwischen den jeweiligen inländischen Währungen der Partnerländer eines Goldwährungssystems und dem Gold besteht eine unveränderliche Preisrelation (Paritätspreis).
– Die Zentralbanken der einzelnen Länder geben *grundsätzlich* durch Gold gedecktes Papiergeld aus, was einen Umlauf von Goldmünzen nicht ausschließt.
– Die einzelnen Zentralbanken sind stets bereit, ihre Banknoten gegen Goldbarren und Goldbarren gegen Banknoten zum festgelegten Preis (Paritäts-

preis) mit *jedermann* zu tauschen; d.h. es besteht eine *Goldeinlösungs-* und *Goldankaufspflicht* der Zentralbanken.

- Der Export und Import von Gold unterliegt keinerlei Beschränkungen.
- Die Zentralbanken verpflichten sich gegenseitig am Goldmarkt einzugreifen (zu intervenieren), wenn die festgelegte Preisrelation Gold zu Banknoten bzw. umgekehrt unter- oder überschritten wird.
- Die Goldreserven der Zentralbanken werden in ein bestimmtes festes Verhältnis zum Volumen der im Inland umlaufenden Banknoten gesetzt, was zur Folge hat, dass bei Erhöhung der Goldreserven mehr Banknoten ausgegeben werden müssen. Damit wird die inländische Geldmenge ausgeweitet. Bei Abnahme der Goldreserven sind die Zentralbanken gehalten, Banknoten aus dem Umlauf zu nehmen und somit die inländische Geldmenge zu verkleinern.

Eine *Papierwährung* als internationale Währungsordnung unterscheidet sich im wesentlichen dadurch von der Goldwährung, dass die Zentralbanken der Staaten nicht mehr verpflichtet sind, Banknoten gegen Gold einzutauschen und umgekehrt. *Gold ist dann nicht mehr das allgemein anerkannte internationale Zahlungsmittel.* Die Wirtschaftssubjekte können ihre Forderungen und Verbindlichkeiten aus Außenwirtschaftsbeziehungen nicht mehr durch Goldtransfer ausgleichen.

Selbst wenn die Papierwährung eine feste Relation zum Gold haben sollte, ist sie dennoch keine Goldwährung, da die Umtauschpflicht der Zentralbanken fehlt. Die Papierwährung kann einerseits als reine *Devisenwährung,* zum anderen als *Gold-Devisenwährung* praktiziert werden.

Von einer *Devisenwährung* spricht man dann, wenn inländische Zahlungsmittel bei der Zentralbank oder auf dem *Devisenmarkt* zum jeweiligen Tageskurs in Devisen umgetauscht werden können (und umgekehrt). Ist der Umtausch (die Konvertibilität) unbeschränkt, liegt eine *volle Konvertibilität* der Währungen vor. Von einer *beschränkten* Konvertibilität ist dagegen dann zu sprechen, wenn inländisches Geld beispielsweise nur für bestimmte Transaktionen im Außenhandel in Devisen umgetauscht werden darf.

Die *Gold-Devisenwährung* ist eine Papierwährung mit besonderen Eigenschaften:
a) Die inländischen Zahlungsmittel sind wie bei der Devisenwährung unter den dort genannten Bedingungen in Devisen umtauschbar. Der Zahlungsverkehr zwischen den Zentralbanken der einzelnen Länder umfasst jedoch auch Goldtransaktionen. Gold ist nur noch unter den Zentralbanken Zahlungsmittel. Für die privaten Wirtschaftssubjekte ist Gold jedoch *kein* internationales Zahlungsmittel.
b) Es besteht eine feste Parität (Austauschverhältnis) mindestens einer Währung zum Gold. Alle übrigen Währungen haben dann eine feste Parität zu dieser Währung, was zur Folge hat, dass damit jede Währung eine bestimmte Parität zum Gold hat.

Die Gold-Devisenwährung entsprach der internationalen Währungsordnung, wie sie sich nach dem Zweiten Weltkrieg herausgebildet hatte und unter dem Namen Weltwährungssystem von Bretton Woods bekannt wurde. Diese internationale Währungsordnung, die das Ergebnis der internationalen Währungskonferenz im amerikanischen Bretton Woods im Jahre 1944 war, existiert in wesentlichen Punkten heute nicht mehr. Die Ereignisse in den Jahren 1969–1973 (weltweiter Verlust des Vertrauens in den US-Dollar) führten zu einer weitgehenden Außerkraftsetzung dieser internationalen Währungsordnung.

Die Entwicklung des Außenwertes des US-Dollars und damit zugleich die Veränderung des Außenwertes der DM in den Jahren 1949 bis 1999 zeigt folgende Abbildung.

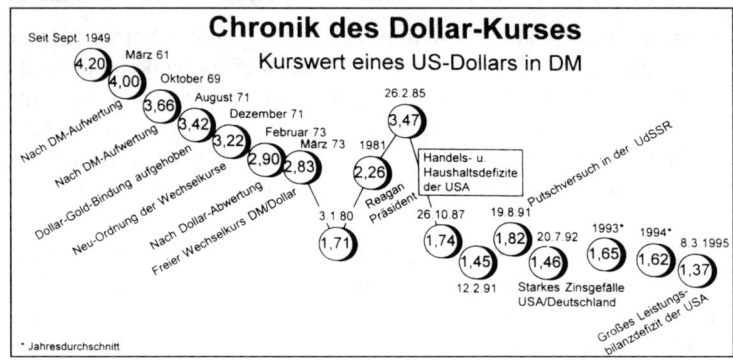

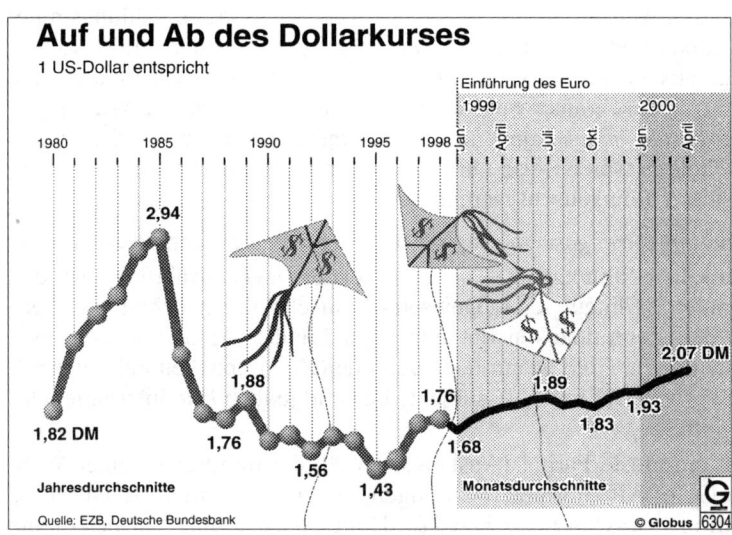

Abb. 43 u. 44: Entwicklung des Dollarkurses

168

Das Weltwährungssystem von Bretton Woods lässt sich im wesentlichen durch die Prinzipien des Internationalen Währungsfonds (IWF, englisch: International Monetary Fonds = IMF) kennzeichnen, der im Jahre 1945 als Exekutivorgan der Konferenz von Bretton Woods gegründet wurde[177].

Im einzelnen wurden durch den IWF folgende Leitsätze erstellt:

– *Liberalisierung* des internationalen Zahlungsverkehrs, d.h. volle Konvertibilität der Währungen der angeschlossenen Länder.

– Der US-Dollar ist die *Leitwährung* des Systems und damit internationales Zahlungsmittel.

– Für den US-Dollar wird *administrativ* eine feste Parität zum Gold festgesetzt. Gleichzeitig vereinbaren die Mitgliedsländer eine *feste* Parität ihrer Währungen zum US-Dollar. Man legt so genannte *Bandbreiten* fest, innerhalb derer die Wechselkurse der einzelnen Währungen zum US-Dollar (um den festen Paritätspreis) am Devisenmarkt schwanken dürfen.

– Die Zentralbanken der Mitgliedstaaten des IWF verpflichten sich, am Devisenmarkt dann *einzugreifen* (zu intervenieren) wenn der Wechselkurs ihrer Währung zum US-Dollar die Bandbreite zu verlassen droht. Sie nehmen dann jede beliebige Menge US-Dollar aus dem Markt bzw. bieten jede Menge US-Dollar am Devisenmarkt an.

– Die Mitgliedsländer zahlen in den Internationalen Währungsfonds Gold und eigene Zahlungsmittel nach bestimmten Quoten ein. Dadurch wird der IWF in die Lage versetzt, einzelnen Mitgliedsländern bei *kurzfristigen* Zahlungsschwierigkeiten durch Gewährung von Krediten zu helfen.

– Bei fundamentalen, d.h. *langfristigen* Zahlungsbilanzschwierigkeiten ist eine *Auf-* bzw. *Abwertung* der Währungen möglich. Bei Änderungen der Währungsparitäten bis zu 10% ist eine *Information* des IWF durch das betreffende Land erforderlich. Ist dagegen eine Minderung der Währungsparität von über 10% beabsichtigt, so bedarf es der *Zustimmung* des IWF.

Die *internationale Währungsordnung* von Bretton Woods ist mit Beginn des Jahres 1973 in wesentlichen Teilen zusammengebrochen.

Seitdem ist man auf der Suche nach einer neuen Weltwährungsordnung, deren Form infolge der vielfältigen internationalen Probleme noch nicht endgültig gefunden wurde. Es können daher nur Entwicklungstendenzen für die Lösung der internationalen Währungsprobleme aufgezeigt werden.

In der neuen internationalen Währungsordnung soll das Gold auch im Zahlungsverkehr unter den Zentralbanken keine Rolle mehr spielen. Man strebt eine völlige Loslösung des internationalen Währungssystems vom Gold an. Das in-

---

177 Die Bundesrepublik Deutschland trat dem IWF am 28. Juli 1952 bei.

ternationale Zahlungsmittel will man nicht auf eine Währung fixieren (wie auf den Dollar im Währungssystem von Bretton Woods), sondern durch *Ausweitung* der so genannten *Sonderziehungsrechte* (SZR) ein *Kunstgeld* schaffen, für dessen Wert die jeweils währungsstärksten Länder mit ihrer Wirtschaftskraft bürgen. Damit soll im Gegensatz zum Währungssystem von Bretton Woods, in dem die USA für das internationale Zahlungsmittel die alleinige Verantwortung trugen, die Bürde für die Garantie des internationalen Zahlungsmittels auf mehrere Schultern gelegt werden.

3. Wechselkursbildung

Die Regelung der Wechselkursbildung der einzelnen Währungen ist ein wesentlicher Bestandteil einer internationalen Währungsordnung. Prinzipiell bieten sich zwei Möglichkeiten der Wechselkursbildung an, nämlich ein *System fester Wechselkurse* mit Bandbreiten und die *flexible Wechselkursbildung* (Floating).

Die beiden Systeme werden generell erläutert. Aus Gründen der besseren Verständlichkeit ist in den Beispielen die vertraute Dollar/DM-Relation herangezogen worden, die ab dem 1. 1. 2002 nicht mehr existieren wird. Der aktuelle Stand der Wechselkursbildung ist den folgenden Seiten zu entnehmen.

a) Feste Wechselkurse mit Bandbreiten

In einem System fester Wechselkurse mit Bandbreiten werden die Austauschverhältnisse (Paritäten) der Währungen untereinander und möglicherweise zu einer Leitwährung *administrativ,* d.h. durch Vereinbarungen der an einer internationalen Währungsordnung beteiligten Länder festgesetzt. Es wird ein so genannter *Mittelkurs* der betreffenden Währung festgelegt, z.B. 1 US-Dollar = 3 DM. Weiterhin vereinbart man einen bestimmten Bereich – die so genannte *Bandbreite* – in dem Schwankungen um den Mittelkurs zugelassen werden. Beispielsweise als unterer Begrenzungspunkt 1 US-Dollar = 2,97 DM und als oberer Begrenzungspunkt 1 US-Dollar = 3,03 DM. Die Regierungen der einem solchen Währungssystem angehörenden Länder verpflichten sich, dass ihre Zentralbanken dann am Devisenmarkt eingreifen (intervenieren), wenn diese für jede Währung einzeln festgelegten Bandbreiten am Devisenmarkt unter- bzw. überschritten werden. Man nennt daher die Eingriffspunkte auch den *oberen* bzw. *unteren Interventionspunkt.*

Bezogen auf das angeführte Beispiel des Marktes für US-Dollar/DM bedeutete dies, dass die Deutsche Bundesbank bei einem Kurs von 1 $ = 3,03 DM am Devisenmarkt dergestalt intervenierte, dass sie zu diesem Kurs jede Menge an Dollars auf den Markt werfen musste, um den Dollarkurs nicht über die Bandbreite (oberen Interventionspunkt) ansteigen zu lassen. Da man am Devisenmarkt die Preisnotierung praktiziert, beinhaltete diese Entwicklung, bezogen auf den Dollar, eine *Aufwertungstendenz.* Um diese Aufwertung des Dollar bzw. Abwertung der DM zu verhindern, *musste* die Deutsche Bundesbank auf Grund der Vereinbarungen intervenieren. Verlor dagegen der US-Dollar infolge bestimmter Vorgänge an Wert, d.h. wenn sein Preis sinkt, war die Deutsche Bundesbank verpflichtet, beim Erreichen der unteren Grenze (unterer Interventionspunkt) 1 $ = 2,97 DM einzugreifen, indem sie jetzt jede Menge Dollar aus dem Markt nahm, um ein weiteres Absinken des Dollars gegenüber der DM zu verhindern. Am unteren Interventionspunkt befindet sich die DM in einem Aufwertungstrend, der Dollar in einem *Abwertungstrend,* den die Deutsche Bundesbank durch ihr Eingreifen abstoppen musste. Da die aus dem Markt genommenen Dollars gemäß den Absprachen zu dem festgesetzten Kurs in DM umzutauschen waren, vergrößerte sich im Inland die Geldmenge, was zu Preissteigerungen führen kann. Diesen Umstand bezeichnet man auch als *„importierte Inflation".* Wenn diese Situation länger anhielt, konnte die Bundesregierung nach Absprache mit ihren Partnern im internationalen Währungssystem entweder die Bandbreite erweitern (z.B. 2,94 DM – 3,06 DM) oder die DM aufwerten, d.h. eine neue Parität des Dollars zur DM mit entsprechender Bandbreite (beispielsweise Mittelkurs 1 $ = 2,70 DM, Bandbreite von 2,73 DM bis 2,67 DM) festlegen. Wäre der US-Dollar dagegen ständig am oberen Interventionspunkt, so hätte die Bundesregierung die Möglichkeit, die Bandbreite zu vergrößern oder die DM gegenüber dem Dollar *abzuwerten,* d.h. eine andere Parität mit neuer Bandbreite zu bestimmen. Da bekanntlich am oberen Interventionspunkt die Zentralbank jede nachgefragte Menge an Devisen auf den Markt bringen muss, besteht in diesem Fall die Gefahr, dass sich bei länger anhaltender Schwäche der eigenen Währung die Devisenreserven des Landes erschöpfen. Ist eine bestimmte Währung zugleich internationales Zahlungsmittel, wie es im System von Bretton Woods der US-Dollar war, könnte dies bedeuten, dass das währungsschwache Land durch ständigen Abfluss von US-Dollar auch seine internationale Zahlungsfähigkeit verliert.

Das System fester Wechselkurse mit Bandbreiten lässt sich auch mithilfe einer grafischen Darstellung verdeutlichen. Am Devisenmarkt treten u.a. als Anbieter von Devisen Exporteure und Spekulanten, als Nachfrager nach Devisen Importeure und Spekulanten auf. Der Markt für US-Dollar/DM soll als Beispiel dienen. Die Anbieter von Dollars verhalten sich in der Regel so, dass sie mit steigenden Dollarkursen (Preis des Dollars ausgedrückt in DM) mehr an Dollars anbieten werden, die Nachfrager dagegen würden mehr Dollars bei sinkendem Dollarkurs kaufen. Man kann diese Verhaltensweisen in einem Schaubild darstellen:

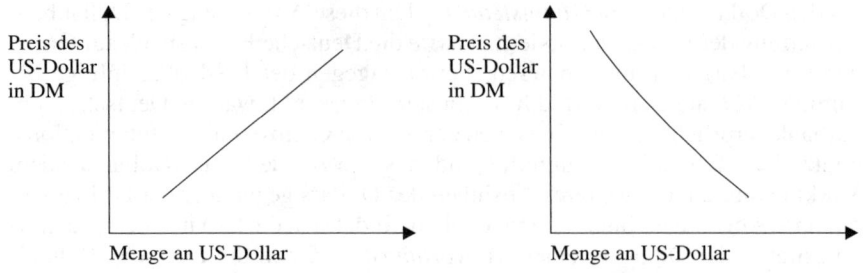

Abb. 45: Angebot an Dollars   *Abb. 46: Nachfrage nach Dollar*
       (Preisnotierung)   *(Preisnotierung)*

Die beiden Kurven, deren Verlauf allein von den Preiserwartungen für den US-Dollar abhängen, können sich nach rechts oder links verschieben, wenn andere Einflussfaktoren in starkem Maße auftreten. Das kann beispielsweise bei einem allgemeinen Vertrauensverlust in den Dollar der Fall sein. (Die Angebotskurve verschiebt sich nach rechts unten, die Nachfragekurve nach links unten, d.h. es setzt eine Flucht aus dem Dollar ein → Angebot an Dollars steigt stark, die Nachfrage nach Dollars geht beträchtlich zurück.

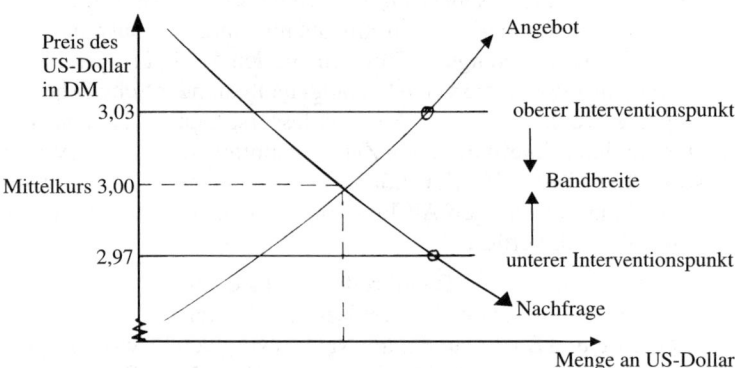

Abb. 47: Kursbildung am Devisenmarkt bei festen Wechselkursen mit
       Bandbreiten

Am Devisenmarkt bildet sich der Wechselkurs der Währungen. Wie sieht diese Kursbildung in einem System fester Wechselkurse aus?

Durch das Zusammentreffen von Angebot und Nachfrage am Devisenmarkt bildet sich der Wechselkurs, der im Beispicl 1 $ = 3,00 DM beträgt. Er stimmt in diesem Fall zufällig mit dem administrativ festgesetzten Mittelkurs überein (vgl. Abb. 47).

172

Was geschieht, wenn durch einen Vertrauensverlust in den Dollar sich das Angebot an Dollars erhöht? (Verschiebung der Angebotskurve nach rechts unten). Der Dollarkurs sinkt. Am unteren Interventionspunkt muss die Deutsche Bundesbank die Menge an Dollars aus dem Markt nehmen, die in der Grafik durch die Strecke AB dargestellt wird. Gäbe es keine Bandbreite, würde sich der Kurs auf Grund der Marktsituation bei 1 $ = 2,95 DM einpendeln. Dieser Kurs darf aber nicht erreicht werden.

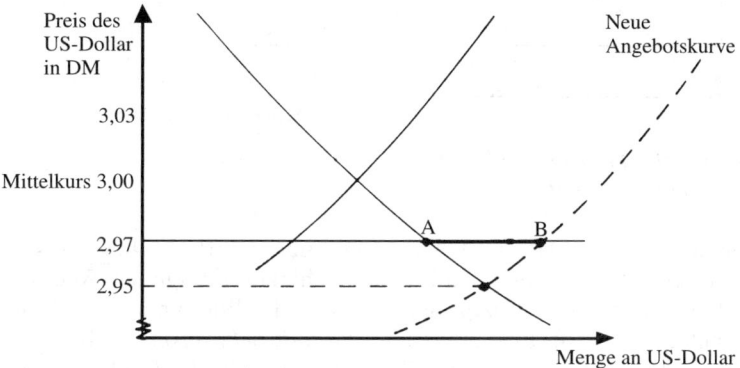

Abb. 48: Intervention der Zentralbank (Deutsche Bundesbank) am unteren Interventionspunkt

Wenn andererseits wegen schlechter wirtschaftlicher Verhältnisse in der Bundesrepublik Deutschland eine Flucht aus der DM in den Dollar eintritt, so erfolgt eine verstärkte Nachfrage nach Dollars und die Nachfragekurve verschiebt sich nach oben rechts. Beim Erreichen des oberen Interventionspunktes *muss* die Deutsche Bundesbank die Menge an Dollars auf den Markt werfen, die der Strecke $\overline{CD}$ in der Grafik entspricht. Auf Grund der Marktlage würde sich ohne Bandbreite ein Kurs von 1 $ = 3,05 bilden, der aber nicht realisiert werden darf (vgl. Abb. 49).

b) Flexible Wechselkurse (Floating)

Im Gegensatz zu einem System fester Wechselkurse existieren hier *weder administrativ festgesetzte Wechselkurse noch Bandbreiten*. Die Wechselkurse der Währungen bilden sich *frei* durch Angebot und Nachfrage nach Devisen am Devisenmarkt. Es besteht *keine Interventionspflicht* der Zentralbank. Dies schließt aber nicht aus, dass die Zentralbank von Fall zu Fall als Anbieter bzw. Nachfrager von Devisen am Devisenmarkt auftritt, sie muss es aber nicht. Die Zentralbank verhält sich dann wie die anderen Anbieter und Nachfrager nach Devisen. Die Wechselkurse schwanken frei und können je nach Marktlage von Tag zu Tag

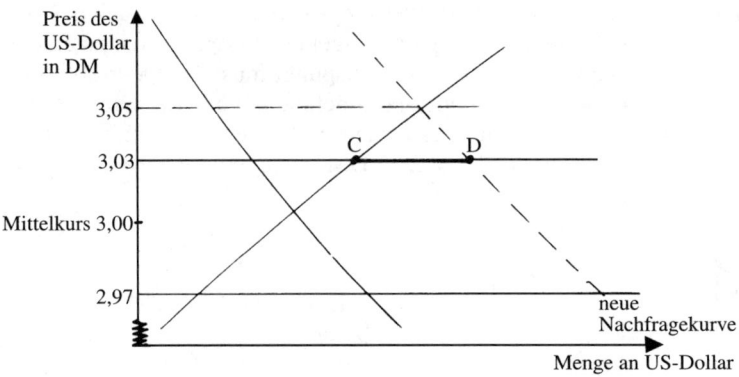

Abb. 49: Intervention der Deutschen Bundesbank am oberen
Interventionspunkt

unterschiedlich hoch sein. Das Problem der importierten Inflation bzw. die Gefahr des Verlustes der internationalen Zahlungsfähigkeit infolge der Wechselkursentwicklung besteht im Prinzip nicht, da sich die Währungen durch die Marktkräfte automatisch auf- bzw. abwerten. Das *freie Schwanken der Wechselkurse* wird auch als *Floating* bezeichnet. Das folgende Schaubild soll die Preisbildung bei flexiblen Wechselkursen verdeutlichen.

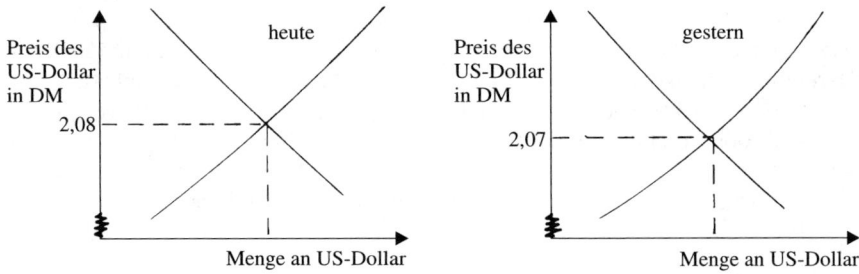

Abb. 50: Kursbildung am Devisenmarkt bei flexiblen Wechselkursen

Die beiden behandelten Systeme haben Vor- und Nachteile, wobei die prinzipiellen Vorteile des einen Systems zugleich die prinzipiellen Nachteile des anderen sind. Der entscheidende *Vorteil* des Systems fester Wechselkurse ist, dass die Außenhandelspartner über eine längere Zeit eine *sichere Kalkulationsgrundlage* für ihre Geschäfte haben. Die Unsicherheit im Warenaustausch, die sich aus ständig schwankenden Wechselkursen ergibt, ist ausgeschaltet. Die *Nachteile* des Systems sind einerseits die *Gefahr der importierten Inflation* am unteren Interventionspunkt und andererseits der *Verlust der internationalen*

Zahlungsfähigkeit durch ständigen Devisenabfluss am oberen Interventions-punkt. Diese beiden Gefahren bestehen in einem System flexibler Wechselkurse im Prinzip nicht, was als großer Vorteil von freischwankenden Wechselkursen angesehen wird. Nachteil des Systems flexibler Wechselkurse ist die unsichere Kalkulation insbesondere bei langfristigen Auslandsgeschäften. Es gibt jedoch so genannte Termingeschäfte, durch die das Risiko der sich ständig verändern-den Wechselkurse gemindert werden kann. Allerdings ist das mit zusätzlichen Kosten verbunden.

c) Gegenwärtige Wechselkursbildung

Die aktuelle Situation der Wechselkursbildung der wichtigsten Währungen der westlichen Welt ist sowohl durch ein System *flexibler* als auch *fester Wechsel-kurse* mit Bandbreiten gekennzeichnet. Seitdem die Bundesregierung im März 1973 zusammen mit den im so genannten Zehnerklub zusammengeschlossenen Ländern das System fester Wechselkurse aufgegeben hat (die Deutsche Bundes-bank hatte im Februar 1973 in wenigen Tagen Dollars im Gegenwert von 18 Mrd. DM ankaufen müssen)[178], *schwankt (floatet) die DM gegenüber dem US-Dollar und anderen Währungen frei.* Gleichzeitig hatten damals die Bundesre-publik Deutschland, Frankreich, Dänemark und die Benelux-Staaten für ihre Währungen untereinander *ein System fester Wechselkurse vereinbart.* Norwe-gen und Schweden schlossen sich an. Man bezeichnete diesen Währungsver-bund auch als *„Europäische Währungsschlange",* womit die wellenartigen Be-wegungen der Wechselkurse innerhalb der Bandbreiten charakterisiert wurden. Die Zentralbanken mussten in der beschriebenen Weise intervenieren, wenn die oberen bzw. unteren Interventionspunkte der jeweiligen Währungen erreicht wurden. Der Europäischen Währungsschlange gehörten zuletzt (im Jahre 1978) nur noch die Bundesrepublik Deutschland und die Benelux-Staaten an[179]. Die übrigen Länder ließen den Wechselkurs ihrer Währungen frei schwanken.

Das Auseinanderfallen der Währungsschlange hat die Regierungen der Mit-gliedsländer der Europäischen Gemeinschaft veranlasst, nach einer Neuord-nung der Währungsverhältnisse in der Gemeinschaft zu suchen. Diese Bemü-hungen führten im Ergebnis zum *Europäischen Währungssystem (EWS),* das im März 1979 in Kraft trat. Dem EWS gehörten damals mit Ausnahme Großbritan-niens alle Mitgliedsländer der EU an. Wenn auch gewisse Unterschiede zur Eu-ropäischen Währungsschlange bestanden, konnte man das EWS vereinfacht als *Fortsetzung des europäischen Währungsverbundes mit mehr Mitgliedern be-zeichnen.* Das recht komplizierte EWS soll hier nur überblicksmäßig in wichti-gen Punkten dargestellt werden. Das EWS war ein *System fester Wechselkurse*

---

178 Vgl. Bundesminister der Finanzen (Hrsg.), Vorabdruck einer Broschüre zum Europäischen Währungssystems, Bonn 1979, S. 3.
179 Der Europäischen Währungsschlange gehörten zeitweise auch Großbritannien und Italien an.

mit Bandbreiten. Es wurden Leitkurse der einzelnen Währungen untereinander mit Bandbreiten vereinbart. Diese betrugen damals 2,25% nach oben bzw. unten. Italien hatte man damals eine erweiterte Bandbreite von ± 6% zugestanden. Auf Grund von Währungsturbulenzen im EWS in den Sommermonaten 1993 hatte man die Bandbreite generell mit Wirkung vom 2. 8. 1993 auf ± 15% erweitert.

Bei Erreichen der oberen bzw. unteren Interventionspunkte der jeweiligen Währung gegenüber einer anderen Währung des Systems muss die jeweils betroffen Zentralbank in der bereits geschilderten Weise eingreifen.

Als *neue europäische Währungseinheit* wurde der *ECU*[180] *(European-Currency-Unit)* geschaffen. Die ECU-Einheit war ein *Kunstgeld* und wurde nicht für Zahlungszwecke der privaten Wirtschaftssubjekte in Umlauf gebracht.

Der ECU diente zur *Fixierung der Wechselkurse.* Man hat Währungen aller beteiligten Länder in ein festes Austauschverhältnis zu dem Kunstgeld gesetzt und damit zugleich eine feste Relation der nationalen Währungen untereinander erreicht. Beispielsweise wurde als Leitkurs für die DM und den französischen Franc folgende Parität festgesetzt: 1 ECU = 1,950 DM, 1 ECU = 6,539 ffrs.

„Über diese ECU-Leitkurse erhielt man eine unmittelbare Beziehung zwischen jeweils zwei Währungen, die als Kreuzparität (englisch ‚cross-rate') bezeichnet wird (z.B. 100 ffrs. = 29,8164 DM)"[181]. Außerdem hatte der ECU die Aufgabe einer Rechengröße für den Ausgleich von Forderungen und Verbindlichkeiten der Zentralbanken der beteiligten Länder untereinander.

Es wurde ein *Europäischer Fonds für währungspolitische Zusammenarbeit (EFWZ)* gegründet, in den die Zentralbanken der Mitgliedsländer treuhänderisch 20% ihrer Gold- und Dollarreserven einbezahlten. Dafür erhielten die Zentralbanken ECU-Einheiten zum Ausgleich der durch die Interventionen entstandenen Ungleichgewichte.

Gegenüber Währungen von Ländern außerhalb des EWS wurde weiterhin gefloatet.

Das EWS wurde durch die Europäische Währungsunion abgelöst. Seit dem 1. 1. 1999 sind die Wechselkurse der Währungen der beteiligten Ländern unwiderruflich zum Euro fixiert worden. Damit ist ein System fester Wechselkurse ohne Bandbreiten entstanden. Mit dem Untergang der nationalen Währungen der beteiligten Länder am 1. 1. 2002 erledigt sich dieses System der Wechselkurse von selbst, denn dann gilt als alleiniges Zahlungsmittel der Euro.

---

180 Bereits im Mittelalter gab es eine französische Goldmünze gleichen Namens.
181 Stand nach der Neufestsetzung der Paritäten im Europäischen Währungssystem im August 1993.

Nationale Währungseinheiten		Der Euro ist da!
40,3399	Belgische Francs	
1,95583	Deutsche Mark	Feststehende Kurse für die Umrechnung der Teilnehmer-Währungen in Euro (ab 1.1.1999)
5,94573	Finnmark	
6,55957	Französische Francs	(*Drachmen ab 1.1.2001)
2,20371	Holländische Gulden	
0,787564	Irische Pfund	
1936,27	Italienische Lire	
40,3399	Luxemburgische Francs	
13,7603	Österreichische Schilling	
200,482	Portugiesische Escudos	= 1 Euro
166,386	Spanische Pesetas	
340,750	Griechische Drachmen*	

© Erich Schmidt Verlag

ZAHLENBILDER
715 538

Abb. 51: Die endgültige Festsetzung der nationalen Währungen zum Euro

Gegenüber dem US-Dollar und anderen Währungen der Welt liegt ein System flexibler Wechselkurse vor, denn sowohl die Währungen der beteiligten Länder (bis 21. 12. 2001) als auch der Euro floaten gegenüber dem US-Dollar und den anderen Währungen.

Für die Währungen der EU-Länder, die nicht der Europäischen Währungsunion angehören (Großbritannien = Pfund Sterling, Schweden = Schwedische Krone, Dänemark = Dänische Krone und Griechenland = Griechische Drachme) wurde das EWS II geschaffen. Es ist ein System fester Wechselkurse mit einem Leitkurs und Bandbreiten von bis zu ± 15%. Die nationalen Zentralbanken der beteiligten Länder haben bei Unterschreiten des unteren bzw. bei Überschreiten des oberen Interventionspunktes die Pflicht zur Intervention in der beschriebenen Weise (vgl. S. 170 ff.).

Gegenüber dem US-$ floatet das EWS II als Block (Blockfloaten). Die Teilnahme am EWS II-Wechselkurssystem ist für die genannten EU-Länder freiwillig.

Bisher (Stand Mai 2000) nehmen jedoch nur Griechenland und Dänemark am EWS II teil. Für Griechenland gilt eine Bandbreite von ± 15% zum Mittelkurs; für Dänemark eine von ± 2,25%. Nach einem Beschluss der Staats- und Regierungschefs der EU vom Juni 2000 gehört Griechenland ab 1. 1. 2001 der Europäischen Währungsunion an.

177

Wie sich der Wechselkurs des Euro gegenüber dem US-Dollar vom 4. 1. 1999 bis 15. 10. 2000 entwickelt hat, zeigt die folgende Abbildung.

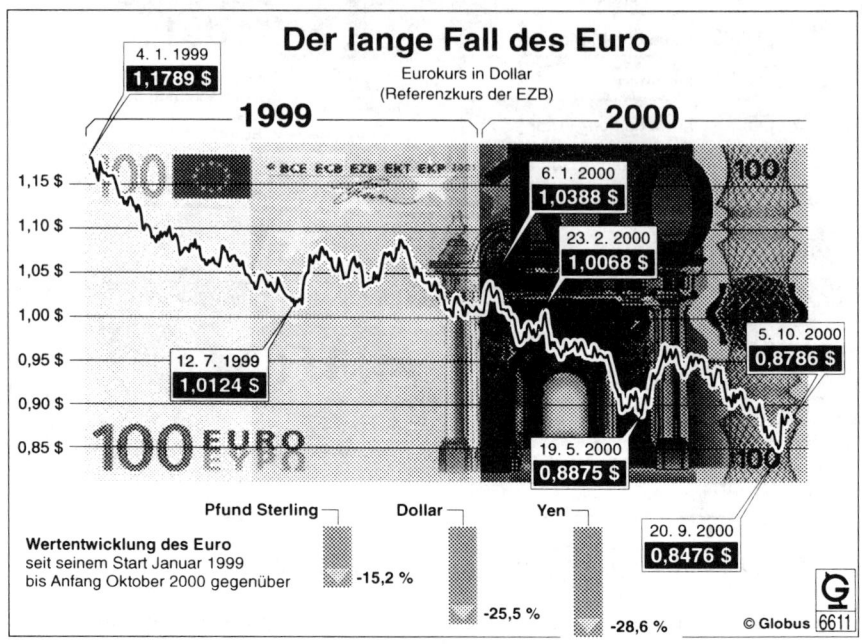

Abb. 52: Entwicklung des Euro-Kurses von Januar 1999 bis Oktober 2000

Aus Abb. 52 geht hervor, dass sich der Euro seit seiner Einführung am 1. 1. 1999 mit einem Kurs von 1,789 Dollar in der Tendenz abwärts entwickelte. Der Euro hat am 20. September 2000 mit einem Kurs von 0,8576 Dollar den von vielen Experten als „untere Schmerzgrenze" von 0,85 Dollar angesehenen Wert unterschritten. Im Vergleich zum Startkurs von fast 1,18 Dollar ist ein beträchtlicher Verlust des **Außenwertes** des Euro von 28% eingetreten.

178

VIII. Öffentliche Finanzen – Finanzwirtschaftliche Tätigkeit und Bedeutung des Staates in der Sozialen Marktwirtschaft

A. Der Staat als Wirtschaftssubjekt in der Sozialen Marktwirtschaft

1. Funktionen des Staates

Die Aufgaben des Staates in der Sozialen Marktwirtschaft wurden bereits allgemein bei den Organisationsformen der Wirtschaft erörtert. Hier sollen nur die wichtigsten Funktionen des Staates im besonderen dargestellt werden.

a) Dienstleistungsfunktion

Diese Funktion besteht vornehmlich in der Befriedigung kollektiver Bedürfnisse durch Bereitstellung kollektiver Dienste. Kollektive Dienste sind bekanntlich dadurch charakterisiert, dass die Nutzung dieser Güter nicht auf ein Individuum beschränkt bleibt, sondern dass mehrere (im Idealfall alle Mitglieder der Gesellschaft) an der Nutzung teilhaben. Bei einem individuellen Bedürfnis schließt die Nutzung des Gutes durch das Individuum I_1 die gleichzeitige Nutzung durch das andere Individuum I_2 aus.

In einer Marktwirtschaft soll die Befriedigung von Bedürfnissen grundsätzlich individuell, d.h. über den Markt erfolgen. Warum ist es dann erforderlich, dass in einer Sozialen Marktwirtschaft auch der Staat Bedürfnisse befriedigt?

Im Rahmen der Dienstleistungsfunktion des Staates sind in diesem Zusammenhang drei Bereiche zu unterscheiden:

aa) Der Staat nimmt sich Bedürfnissen an, die *sinnvollerweise* nicht über den Markt zu befriedigen sind. Man denke nur an die Rechtspflege. Wollte man das Bedürfnis nach Rechtssicherheit marktwirtschaftlich befriedigen, käme derjenige zum Zuge, der am meisten zahlen könnte. Zu diesem Bereich gehört u.a. auch das Bedürfnis nach innerer und äußerer Sicherheit.

bb) Der Staat wird weiterhin tätig bei Bedürfnissen, die zwar von den privaten Wirtschaftssubjekten befriedigt werden könnten, deren Befriedigung durch die Individuen aber mangels Gewinnaussichten nicht erfolgt. (Beispiele: Kindergärten, Schulen, sonstige soziale Einrichtungen.)

cc) Bedürfnisse, welche die privaten Wirtschaftssubjekte befriedigen können und wollen, deren sich der Staat aber aus übergeordneten Gesichtspunkten selbst annimmt.

b) Umverteilungsfunktion

Die Umverteilungsfunktion des Staates beinhaltet alle Maßnahmen zur Umverteilung von Einkommen und Vermögen. Diese Umverteilung kann entweder bei der *Einnahmenerhebung* des Staates oder durch entsprechende *Gestaltung der Staatsausgaben* erfolgen.

Umverteilungsvorgänge im Zuge der Einnahmenerhebung des Staates umfassen besonders *steuerliche* Maßnahmen. Man geht dabei von der Überlegung aus, dass die Einkommensverteilung, wie sie sich aus dem Marktprozess ergibt, korrekturbedürftig im Hinblick auf eines der Leitprinzipien der „Sozialen Marktwirtschaft" – des sozialen Ausgleichs – ist. Die Umverteilung mithilfe der Steuern erfolgt über eine bestimmte Gestaltung des Steuertarifs (z.B. Progression bei der Einkommensteuer, Einführung bzw. Erhöhung von Freibeträgen bei der Einkommensteuer). Im Rahmen des Kapitels Steuern wird darauf im einzelnen einzugehen sein.

Die Umverteilung von Einkommen kann auch über einen gezielten Einsatz der Staatsausgaben erfolgen. Dabei wird von der Forderung der Sozialen Marktwirtschaft ausgegangen, dass der Staat (die Gesellschaft) den Bürgern in denjenigen Fällen ein Einkommen zur Sicherung ihrer Existenz verschaffen muss, in denen die Betroffenen *kein* oder kein *ausreichendes* Einkommen über den Markt erzielen **können** (z.B. wegen Krankheit, Invalidität, Alter, Arbeitslosigkeit, hoher Kinderzahl). Mit steuerlichen Maßnahmen wäre diesen Bevölkerungskreisen wenig geholfen, weil sie mangels Einkommen steuerliche Vergünstigungen überhaupt nicht in Anspruch nehmen können oder steuerliche Vergünstigungen wegen zu geringem Einkommen nicht im erforderlichen Maße greifen. Diejenigen, die ein ausreichendes Einkommen erzielen, sollen aus gesellschaftlicher Solidarität für die weniger verdienenden Bürger eintreten. Dabei geht man davon aus, dass prinzipiell jeder Staatsbürger in die Lage kommen kann, Hilfe von der Solidargemeinschaft der Bürger in Anspruch zu nehmen. Der Staat tritt als zentrale Umverteilungsinstanz auf und leitet Geldzahlungen (so genannte *Transferzahlungen)* in Form von Sozialhilfe, Wohngeld, Kindergeld usw. an die berechtigten Personen zu deren Verfügung weiter *(Versorgungs-bzw. Fürsorgeprinzip).* Die Geldmittel entstammen den allgemeinen Steuermitteln, die von den steuerpflichtigen Bürgern aufgebracht werden.

Daneben findet im Rahmen der staatlichen Sozialversicherung ein besonderer Umverteilungsprozess innerhalb eines Personenkreises statt, der dem Risiko ausgesetzt ist, zu einem oft nicht näher bestimmbaren Zeitpunkt über kein oder kein ausreichendes Markteinkommen mehr zu verfügen. Der Staat zwingt diese Personen (insbesondere Arbeitnehmer), Vorsorge für den Fall des Risikoeintritts (Krankheit, Unfall, Alter) zu treffen. Der Staat verlangt, dass aus dem laufenden Einkommen dieser Bürger solange Beiträge zur Sozialversicherung abgeführt werden, bis durch den Eintritt des Risikofalles das dann fehlende Arbeitseinkommen durch die Leistungen der Sozialversicherungsträger ersetzt wird *(Versicherungsprinzip)*.

In der Bundesrepublik Deutschland kann man bei den staatlichen Sozialleistungen nicht immer zwischen Versorgungs- und Versicherungsprinzip eindeutig trennen. Während Leistungen, die echten „Fürsorge"-Charakter haben, ausschließlich nach dem Versorgungsprinzip gestaltet sind, findet sich in der gesetzlichen Sozialversicherung oft eine *Kombination* von *Versorgungs-* und *Versicherungsprinzip*. So werden beispielsweise Staatszuschüsse an die Sozialversicherung aus allgemeinen Steuermitteln geleistet, wodurch ein zusätzlicher Umverteilungseffekt bewirkt wird. In der Bundesrepublik Deutschland sind die öffentlichen Sozialleistungen, die der Staat im Rahmen seiner Umverteilungsfunktion erbringt, zu einem vorbildlichen *„Netz der Sozialen Sicherung"* vor allem für Arbeitnehmer ausgebaut worden. Dieses Netz der sozialen Sicherung hat sich in den wirtschaftlichen Krisen seit Bestehen der Bundesrepublik Deutschland bewährt. Die Ausgaben für soziale Sicherung nehmen im Bundeshaushalt seit Jahren eine überragende Position ein. Beispielsweise waren im Jahre 1979 dafür im Bundeshaushalt 72 Mrd. DM angesetzt; sie stellten mit 35,3% der Gesamtausgaben den größten Posten dar. Im Jahr 1999 waren 172,4 Mrd. DM = 35,5% für die soziale Sicherheit im Bundeshaushalt veranschlagt.

c) Stabilisierungs- bzw. Steuerungsfunktion

Die Stabilisierungsfunktion des Staates hat die Aufgabe, die einem marktwirtschaftlichen System innewohnenden Schwankungen im Wirtschaftsablauf entweder von vornherein zu *verhindern* oder möglichst *zu dämpfen*. Da die Wirtschaftsschwankungen im Laufe der Geschichte der Bundesrepublik Deutschland bisher weitgehend *konjunktureller Natur* waren, wurde die Stabilisierungs- bzw. Steuerungsfunktion im engeren Sinne durch eine *aktive Konjunkturpolitik* als erfüllt angesehen. Diese *aktive Konjunkturpolitik* bezeichnet man auch als *Globalsteuerung* der Wirtschaft, weil sie sich an der Entwicklung volkswirtschaftlicher *Gesamtgrößen* wie Sozialprodukt, Volkseinkommen und Beschäftigung orientiert und *keine* branchenmäßigen bzw. regionalen Differenzierungen beim Einsatz der Maßnahmen beinhaltet bzw. zulässt. So beruhte beispielsweise die Geldpolitik der Deutschen Bundesbank weitgehend auf den Wirkungsprinzipien einer Globalsteuerung. Die gleiche Absicht verfolgt die Europäische Zentralbank für die Länder der Europäischen Währungsunion.

Es hat sich jedoch in letzter Zeit herausgestellt, dass viele Entwicklungen im Wirtschaftsablauf nicht konjunkturell, sondern strukturell bedingt sind, sodass neben einer *aktiven Konjunkturpolitik* auch eine *aktive Strukturpolitik* zur Vermeidung von Fehlentwicklungen der Wirtschaft erforderlich ist.

Zur Stabilisierungsfunktion gehören darüber hinaus alle wirtschaftspolitischen Maßnahmen, die der Erhaltung bzw. Wiederherstellung des gesamtwirtschaftlichen Gleichgewichts dienen. In der Bundesrepublik Deutschland ist die Stabilisierungsfunktion des Staates im „Gesetz zur Förderung der Stabilität und des Wachstums der Wirtschaft" verankert.

Die folgende Abbildung stellt die ökonomische Bedeutung des Staates dar:

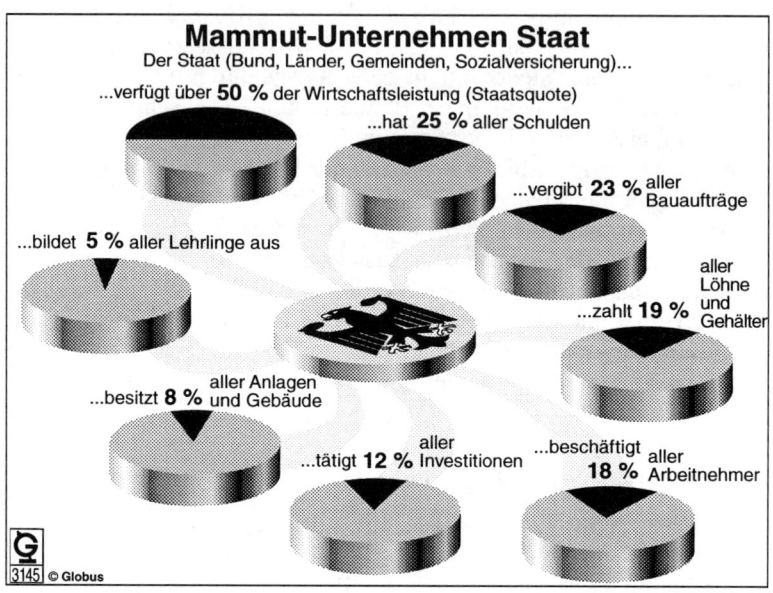

Abb. 53

2. Einfluss der staatlichen Tätigkeit auf Sozialprodukt, Volkseinkommen und Beschäftigung

a) Dienstleistungsfunktion

Zur Erfüllung der Dienstleistungsfunktion benötigt der Staat Personal. Die Beschäftigung von Personal wirkt sich direkt aus auf den Beschäftigungsgrad der Volkswirtschaft und zwar dergestalt, dass sich der Beschäftigungsgrad erhöht, wenn der Staat mehr Beamte, Angestellte und Arbeiter einstellt. Umgekehrt sinkt der Beschäftigungsgrad bei Entlassungen von Arbeitnehmern. Da die Mitarbeiter des Staates für ihre Tätigkeit Entgelte in Form von Bezügen, Gehältern und Löhnen erhalten, ist auch eine direkte Auswirkung der Dienstleistungsfunktion auf das Volkseinkommen festzustellen.

1987 betrug die Zahl der Beschäftigten bei den Gebietskörperschaften in der Bundesrepublik Deutschland 2.718.431 Personen; davon waren beim Bund

182

309.479 = 11,4%, bei den Ländern 1.487.452 = 54,7% und bei den Gemeinden 921.500 = 33,9% tätig. Nach der Wiedervereinigung ergeben sich für 1992 (Gesamtdeutschland) folgende Zahlen: Gebietskörperschaften insgesamt 3.859.382 Beschäftigte, davon Bund: 351.095 = 9,1%. Länder: 1.977.650 = 51,2%, Gemeinden: 1.530.637 = 39,7%[182].

Bezogen auf alle Erwerbstätigen in der Bundesrepublik Deutschland 1987 (= 25.987.000) waren demnach 10,5% bei den Gebietskörperschaften beschäftigt.

1992: Erwerbstätige (Gesamtdeutschland) = 35.901.000, Anteil der Beschäftigten bei den Gebietskörperschaften = 10,7%. Mitte 1998 waren bei *öffentlichen Arbeitgebern* 6,44 Mio. Menschen beschäftigt, d.h. jeder fünfte abhängig Erwerbstätige. Die Zahl der Arbeitsplätze ging im Vergleich zum Vorjahr um 109.000 (–1,7%) zurück. Die Zahl der Beschäftigten im *öffentlichen Dienst* (ohne öffentliche Unternehmen) betrug 1998 = 5,1 Mio. Im Bereich des unmittelbaren öffentlichen Dienstes waren 4,6 Mio. Menschen tätig, d.h. 12,8% der gesamten Erwerbstätigen. Für 1999 ergeben sich folgende Werte: Öffentlicher Dienst insgesamt 4,97 Millionen, davon 4,5 Mio. im unmittelbaren öffentlichen Dienst[183].

Die beim Staat Beschäftigten erbringen Dienstleistungen für die Allgemeinheit, so dass ein direkter Einfluss der Staatstätigkeit auf das Sozialprodukt besteht.

Stellt der Staat mehr Dienstleistungen zur Verfügung, erhöht sich das Sozialprodukt; bei einer Verminderung der Dienstleistungen hingegen sinkt das Sozialprodukt.

Außerdem muss der Staat zur Bereitstellung von Dienstleistungen neben der Arbeitskraft auch Güter von Privaten in Anspruch nehmen. Der Erwerb von Gütern führt zu Aufträgen bei den Unternehmen und damit unmittelbar zur Produktion von Gütern und zur Beschäftigung von Arbeitnehmern. Die Nachfrage des Staates nach Gütern hat direkten Einfluss auf die Höhe des Sozialprodukts und der Beschäftigung. Da bei der Produktion der vom Staat nachgefragten Güter Einkommen entstehen, ist auch eine direkte Wirkung auf das Volkseinkommen gegeben.

Zusammenfassend ist festzustellen, dass die Dienstleistungsfunktion *unmittelbaren Einfluss* auf *Sozialprodukt*, *Volkseinkommen* und *Beschäftigung* hat. Diese Wirkung kann auf Grund des aufgezeigten Multiplikator- und Akzeleratorprozesses noch zusätzlich verstärkt werden.

---

182 Bundesministerium der Finanzen (Hrsg.) Finanzbericht 1989. Bonn 1988, S. 265, Finanzbericht 1995, Bonn 1994, S. 329.
183 Nach Auskunft des Statistischen Bundesamtes (März und Juli 2000). Auskunft des Arbeitsamtes Mannheim (März 2000).

b) Umverteilungsfunktion

Bei der Umverteilungsfunktion ist ein direkter Einfluss auf die Höhe des Sozial-produkts, der Beschäftigung und des Volkseinkommens *nicht* vorhanden, weil nur eine *Umverteilung* des Einkommens erfolgt.

Es können sich jedoch *indirekte* Auswirkungen auf die genannten volkswirtschaftlichen Gesamtgrößen ergeben, wenn die durch Transferzahlungen des Staates begünstigten Personengruppen *mehr* Güter nachfragen als die durch die Umverteilung benachteiligten Personengruppen. Man kann sagen, je höher die Konsumneigung der begünstigten Bevölkerungskreise ist, desto stärker sind entsprechend dem Multiplikatoreffekt die indirekten Auswirkungen auf Sozial-produkt, Volkseinkommen und Beschäftigung. (Dieser Vorgang kann zusätzlich durch den Akzeleratorprozess beschleunigt werden).

c) Steuerungsfunktion

Hier versucht der Staat im Rahmen seiner Wirtschaftspolitik durch *antizyklische* Gestaltung seiner Ausgaben und Einnahmen zur Erhaltung bzw. Wiederherstel-lung des gesamtwirtschaftlichen Gleichgewichts Einfluss auf Sozialprodukt, Volkseinkommen und Beschäftigung zu nehmen.

Zielen die Maßnahmen des Staates innerhalb der Steuerungsfunktion auf die Er-höhung bzw. Reduzierung der Staatsnachfrage nach Investitions- und Konsum-gütern, so sind *unmittelbare* Auswirkungen auf die genannten Größen zu ver-zeichnen, die sich durch den Multiplikator- und Akzeleratoreffekt noch verstär-ken können. Weitet der Staat beispielsweise in einer Phase der *Rezession* seine Ausgaben aus, ergeben sich durch die Aufträge an die Wirtschaft *unmittelbare* Auswirkungen auf die Produktion, was zu einer Steigerung des Sozialprodukts führt. Da bei der Produktion Einkommen entstehen, hat dies auch eine unmittel-bare Vergrößerung des Volkseinkommens zur Folge. In der Regel wird auch eine direkte Auswirkung auf die Höhe der Beschäftigung erfolgen, es sei denn, die im Arbeitsprozess stehenden Arbeitskräfte waren bisher nicht voll ausgelastet (Kurzarbeit), oder die Unternehmen steigern ihre Produktion durch verstärkte Rationalisierungsinvestitionen.

Im Falle einer Reduzierung der staatlichen Nachfrage in Zeiten der *Hochkon-junktur* ist ebenfalls eine unmittelbare Auswirkung auf die gesamtwirtschaftli-chen Größen gegeben. Werden zur Nachfragedämpfung die staatlichen Aufträ-ge an die Wirtschaft gekürzt, so wirkt sich dies *direkt* auf die Produktion und da-mit auf das Sozialprodukt und das Volkseinkommen aus. Zudem haben rückläu-fige Aufträge auch Auswirkungen auf die Höhe des volkswirtschaftlichen Be-schäftigungsstandes.

Versucht der Staat im Rahmen seiner Steuerungsfunktion die privaten Wirt-schaftssubjekte entsprechend der Konjunkturlage zur Ausweitung bzw. Beschränkung ihrer Nachfrage nach Konsum- und Investitionsgütern zu veranlassen, hat dies nur *indirekt* Auswirkungen auf die Höhe des Sozialprodukts, des Volkseinkommens und der Beschäftigung. Die mit den staatlichen Maßnahmen bezweckten Erfolge treten nämlich nur dann ein, wenn die privaten Wirtschaftssubjekte auch entsprechend reagieren. In einer Sozialen Marktwirtschaft kann der Staat gegenüber den privaten Wirtschaftssubjekten keine Konsum- und Investitionsgebote bzw. Konsum- und Investitionsverbote aussprechen. Die privaten Wirtschaftssubjekte besitzen die alleinige Entscheidungsfreiheit. Senkt beispielsweise der Staat in Zeiten einer Rezession die Steuern, um die Konjunktur anzukurbeln und damit Sozialprodukt, Volkseinkommen und Beschäftigung zu erhöhen, tritt dies nur ein, wenn die privaten Wirtschaftssubjekte ihr durch die Steuerreduzierung erhöhtes Einkommen auch zu vermehrter Konsum- bzw. Investitionsgüternachfrage verwenden. Vergleichbar ist die Situation bei der Gewährung von Investitionszulagen.

In einer Hochkonjunktur wird eine Steuererhöhung erst dann den beabsichtigten Dämpfungseffekt haben, wenn die privaten Wirtschaftssubjekte sich durch diese Maßnahme veranlasst sehen, ihre Nachfrage auch beträchtlich einzuschränken.

B. Gesamtwirtschaftliche Bedeutung der Staatsausgaben

1. Gesetz der wachsenden Staatsausgaben (Wagnersches Gesetz)

Die Beobachtung der Entwicklung der Ausgaben der öffentlichen Hand zeigt, dass seit den 70er-Jahren des 19. Jahrhunderts die öffentlichen Ausgaben nicht nur *absolut,* sondern auch *relativ* (gemessen am Volkseinkommen bzw. Sozialprodukt) beträchtlich gestiegen sind.

Im Deutschen Reich und in der Bundesrepublik Deutschland sind die gesamten Staatsausgaben von 1876 bis 1959 absolut auf etwa das 42-fache angewachsen[184]. Auch der relative Zuwachs der öffentlichen Gesamtausgaben ist beträchtlich. Der Anteil der Staatsausgaben am Volkseinkommen stieg von 1881 bis 1985 von 12,6% auf über 40%[185].

Die folgende Tabelle zeigt diese Entwicklung im einzelnen auf.

Adolph Wagner, ein bekannter deutscher Nationalökonom und Finanzwissenschaftler des 19. Jahrhunderts, hat diese Entwicklung in seinem bereits 1860

---

184 Meyers Handbuch über die Wirtschaft, a.a.O., S. 433.
185 Recktenwald, H. C., Staatsausgaben in säkularer Sicht, in: Theorie und Praxis des Finanzpolitischen Interventionismus, Tübingen 1970, S. 429.

formulierten „Gesetz der wachsenden Ausdehnung der öffentlichen und speziell der Staatstätigkeit", oder wie er es auch nannte, „Gesetz der wachsenden Ausdehnung des öffentlichen Finanzbedarfs" vorhergesehen (prognostiziert).

Das so genannte Wagnersche Gesetz ist natürlich kein Gesetz im naturwissenschaftlichen Sinne, sondern eine *langfristige Prognose,* die Wagner auf Grund der von ihm angenommenen gesellschaftlichen Entwicklung in hoch industrialisierten Ländern aufstellte. In die moderne Sprache der Wirtschaftswissenschaft übertragen, besagt das Wagnersche Gesetz, dass ein *ständig wachsender Teil des Sozialprodukts den öffentlichen Sektor durchläuft bzw. von diesem in Anspruch genommen wird.* Wagner rechnete mit einem *absoluten* und vor allem *relativen* Anstieg der Staatsausgaben. Wagner begründete seine Voraussage damit, „dass der Staat in einer modernen Industriegesellschaft eine Reihe von Bedürfnissen zu befriedigen hat die früher von den Privaten selbst befriedigt wurden, und dass mit der Industrialisierung, mit dem Bevölkerungswachstum und der zunehmenden Verstädterung ganz neue Bedürfnisse entstehen, deren Befriedigung ebenfalls der Staat zu übernehmen hat"[186].

Die Entwicklung hat Wagner Recht gegeben. Es hat sich nämlich gezeigt, dass der Staat vor allem im sozialen Bereich, im Verkehrswesen sowie im Bildungs- und Gesundheitswesen tätig werden musste. Hinzu kam dann noch die seit den 30er-Jahren dieses Jahrhunderts vom Staat betriebene Ausgabenpolitik (deficit-spending) zur Überwindung von gesamtwirtschaftlichen Ungleichgewichten.

Tabelle 14 gibt einen umfassenden Überblick über die Zunahme staatlicher Aktivitäten. Dabei ist zu betonen, dass die Kriegsjahre, in denen der Staat *beträchtliche* Teile des Sozialprodukts in Anspruch genommen hat, außer Betracht bleiben müssen, um keine Verzerrungen des Gesamtbildes entstehen zu lassen. Interessant ist, dass die Zunahme der Staatstätigkeit oft in Schüben erfolgte. War die Entwicklung von 1881 bis 1913 durch einen kontinuierlichen Anstieg von rd. 13% auf rd. 16% gekennzeichnet, trat der erste große Schub nach dem Ersten Weltkrieg ein. Im Jahre 1925 (das erste Jahr, in dem nach der Inflation von 1922/23 wieder normale Währungsverhältnisse herrschten) betrug der Anteil bereits 25%. Dieser Anstieg ist insbesondere auf die sozialen und wirtschaftlichen Folgen des Ersten Weltkrieges (Kriegsopferversorgung, Reparationsleistungen u.a.) sowie auf die allgemeine Verbesserung der sozialen Leistungen zurückzuführen. Die nächste markante Erhöhung erfolgte zu Anfang der 30er-Jahre (1929 betrug der Anteil 28,9%, 1934 bereits 41,0%). Hierin kommen die Maßnahmen des Staates zur Überwindung der bisher größten Krise in der Wirtschaftsgeschichte mit über 6 Mill. Arbeitslosen im Deutschen Reich zum

---

186 Recktenwald H. C., a.a.O, S. 429, eigene Berechnung nach: Bundesministerium für Wirtschaft (Hrsg.) Leistung in Zahlen 81, Bonn 1982, Wirtschaft in Zahlen 94, Bonn 1995, Monatsbericht der Deutschen Bundesbank, 47. Jg., Nr. 1., a.a.O., 1995, S. 53* u. 61*, 52. Jg. Nr. 4, a.a.O, 2000 S. 52* u. 60* und Angaben aus dem Bundesministerium der Finanzen (Stand Februar 2000).

Tab. 14: Anteil der gesamten Staatsausgaben* am Volkseinkommen im Deutschen Reich und in der Bundesrepublik Deutschland von 1881 bis 1999[187]

Jahr	Anteil der Staats-ausgaben in%	Jahr	Anteil der Staats ausgaben in%
1881	12,6	1957	36,4
1891	13,0	1958	36,4
1900	13,9	1959	37,3
1906	14,6	1960	36,7
1910	15,6	1961	37,4
1913	16,5	1962	40,5
1925	25,2	1963	40,2
1926	28,7	1964	40,3
1927	28,0	1965	40,6
1928	28,7	1966	42,4
1929	28,9	1967	42,5
1930	30,7	1968	39,5
1931	31,3	1969	38,4
1932	34,0	1970	36,8
1933	38,1	1975	44,7
1934	41,0	1980	44,7
1935	38,7	1985	43,0
1936	42,1	1990	42,0
1937	40,9	1991[1]	47,6
1938	45,3	1992	49,8
1950	36,1	1993	52,5
1951	38,3	1994	53,3
1952	37,2	1995[2]	42,8
1953	38,4	1996	41,6
1954	38,5	1997	40,3
1955	34,2	1998	40,0
1956	36,3	1999	40,6

* ohne Ausgaben der Sozialversicherungsträger
1) Ab 1991 Staatsausgaben Gesamtdeutschland, Volkseinkommen alte Länder
2) Ab 1995 nach dem neuen Europäischen System Volkswirtschaftlicher Gesamtrechnungen (ESVG 95) berechnet

Ausdruck. Die Entwicklung in der Bundesrepublik Deutschland ist seit dem Jahre 1950 durch einen relativ kontinuierlichen Anstieg gekennzeichnet. In den 80er-Jahren hat sich der Anteil bei 42–44% stabilisiert und ist dann, bedingt durch die Wiedervereinigung, Anfang der 90er-Jahre auf über 50% angestiegen. Seit Mitte der 90er-Jahre bewegt sich der Anteil wieder im 40%-Bereich. Dazu ist jedoch anzumerken, dass durch die Umstellung auf das neue „Europäische

---

187 Meyers Handbuch über die Wirtschaft, a.a.O., S. 435, Angaben aus dem Bundesministerium der Finanzen (Stand April 2000).

System Volkswirtschaftlicher Gesamtrechnungen (ESVG 95)" die Vergleichbarkeit und damit die Aussagefähigkeit beeinträchtigt ist. Damit dürfte auch der starke Rückgang des Anteils von 1994 auf 1995 zu erklären sein.

2. Staatsquote

a) Begriff der Staatsquote

Zur Kennzeichnung des Umfanges der gesamten Staatstätigkeit wird die so genannte *Staatsquote* herangezogen. Die Staatsquote und ihre Entwicklung spielt in der Diskussion der Öffentlichkeit der Bundesrepublik Deutschland eine wichtige Rolle.

Was beinhaltet die Staatsquote? Die Staatsquote drückt den Anteil der gesamten Staatsausgaben am nominalen Bruttoinlandsprodukt zu Marktpreisen aus.

$$\text{Staatsquote} = \frac{\text{gesamte Staatsausgaben}}{\text{Bruttoinlandsprodukt zu Marktpreisen}} \cdot 100$$

Da seit Anfang der 90er-Jahre als Ausdruck der volkswirtschaftlichen Leistung nicht mehr das Bruttosozialprodukt zu Marktpreisen (BSP_M) herangezogen wird, sondern das Bruttoinlandsprodukt zu Marktpreisen (BIP_M), kann man für die Staatsquote, die folgende Transfer- und Zinsquote das Bruttoinlandsprodukt als Bezugsgröße ansetzen. Da aber die Differenz zwischen dem früheren BSP_M und BIP_M gering ist, ändern sich die jeweiligen Quoten nur unwesentlich.

Die Ausgaben des staatlichen Sektors umfassen dabei nach der volkswirtschaftlichen Gesamtrechnung die Ausgaben der *Gebietskörperschaften* und der *Sozialversicherungsträger.* Die Definition der *Finanzstatistik,* wonach zu den Staatsausgaben nur die Ausgaben der Gebietskörperschaften (Bund, Länder und Gemeinden) zählen, findet keine Anwendung[188]. Diese Aussage ist bei der Beurteilung der Staatsquote und ihrer Entwicklung zu beachten.

Von der oben definierten allgemeinen Staatsquote ist die *Staatsquote im engeren Sinn* zu unterscheiden. Bereinigt man die Staatsausgaben um die so genannten *Transferzahlungen,* das sind die Geldbeträge, die der Staat den privaten Wirtschaftssubjekten meist aus sozialen Gründen wieder zukommen lässt, und um die Zinszahlungen des Staates an die privaten Wirtschaftssubjekte auf Grund von Kreditaufnahmen, so erhält man die Staatsquote im engeren Sinne. Sie drückt den Anteil der Ausgaben für den eigentlichen Staatsbedarf (Staatsverbrauch und Bruttoanlageinvestitionen des Staates) am Bruttoinlandsprodukt zu Marktpreisen.

---

188 Presse- und Informationsamt der Bundesregierung (Hrsg.), Aktuelle Beiträge zur Wirtschafts- und Finanzpolitik, Nr. 76 Bonn 1976, S. 4.

$$\textbf{Staatsquote im engeren Sinne} = \frac{\text{Ausgaben für den Staatsbedarf}}{\text{Bruttoinlandsprodukt zu Marktpreisen}} \cdot 100$$

Da zu den Staatsausgaben noch die Transferzahlungen sowie Zinszahlungen des Staates für aufgenommene Gelder zählen, wird daneben zusätzlich die so genannte Transferquote und die Zinsquote angegeben.

Die Transferquote ist das Verhältnis der gesamten Transferzahlungen zum Bruttoinlandsprodukt zu Marktpreisen.

$$\textbf{Transferquote}^{189} = \frac{\text{gesamte Transferzahlungen}}{\text{Bruttoinlandsprodukt zu Marktpreisen}} \cdot 100$$

Die Zinsquote gibt die Relation Zinszahlungen zum Bruttoinlandsprodukt an.

$$\textbf{Zinsquote}^{190} = \frac{\text{Zinszahlungen des Staates}}{\text{Bruttoinlandsprodukt zu Marktpreisen}} \cdot 100$$

Die allgemeine Staatsquote setzt sich also aus der Staatsquote im engeren Sinne, der Transferquote und der Zinsquote zusammen.

b) Aussagefähigkeit der Staatsquote

Die Höhe der Staatsquote und ihre Entwicklung im Zeitablauf haben für die Beurteilung der Staatstätigkeit eine nicht zu unterschätzende Bedeutung. Für die Aussagefähigkeit der Staatsquote ist jedoch ihre richtige Interpretation ausschlaggebend. Geht man von der allgemein gebräuchlichen Definition der Staatsquote (Gesamtausgaben der Gebietskörperschaften und der Sozialversicherungsträger im Verhältnis zum nominalen Bruttoinlandsprodukt) aus, so vermittelt die Staatsquote und ihre Entwicklung ein Bild der *Beteiligung des Staates am Wirtschaftsprozess.*

Wenn man das Schema des Wirtschaftskreislaufs heranzieht, zeigt die Staatsquote den Umfang der Ströme, die den öffentlichen Sektor (Kreislaufpol Staat) berühren. Die allgemeine Staatsquote sagt jedoch nichts über die Inanspruchnahme des Produktionspotenzials einer Volkswirtschaft durch den Staat aus. Eine allgemeine Staatsquote von beispielsweise 47,7% im Jahre 1975 darf nicht so interpretiert werden, als habe der Staat nahezu die Hälfte des Bruttoinlandsprodukts der Bundesrepublik Deutschland, d.h. der Gesamtheit der in einer Volkswirtschaft erstellten Sachgüter und Dienstleistungen, in Anspruch genom-

189 Ebenda., S. 7.
190 Ebenda.

men. Eine solche Aussage wäre irreführend, weil in den Staatsausgaben nicht nur die Ausgaben für den Staatsverbrauch und die öffentlichen Bruttoinvestitionen enthalten sind, sondern auch ein beträchtlicher Teil davon den privaten Wirtschaftssubjekten zu deren Verfügung wieder zufließt. Im Jahre 1975 hat der Staat nur rd. 25% des Bruttosozialprodukts (Staatsquote im engeren Sinne) tatsächlich für sich in Anspruch genommen[191]. Eine Staatsquote von 47,7% zeigt natürlich, dass der Staat einen starken Einfluss auf die Ströme des Wirtschaftskreislaufs ausübt, und dadurch den Wirtschaftskreislauf maßgeblich beeinflussen (steuern) kann. Die Höhe der Staatsquote wird auch sehr stark von der jeweiligen Konjunkturlage beeinflusst. In Zeiten der Rezension steigt die Staatsquote stark an, wenn die Regierung durch Ausdehnung der Staatsausgaben die Konjunktur anzukurbeln versucht.

Die wirtschaftlichen Aktivitäten und damit die Bedeutung des Staates für die Volkswirtschaft lassen sich beispielsweise an Hand des Bundeshaushalts sehr gut darstellen. Die Abbildung 54 zeigt den finanziellen Umfang der Tätigkeiten des Bundes.

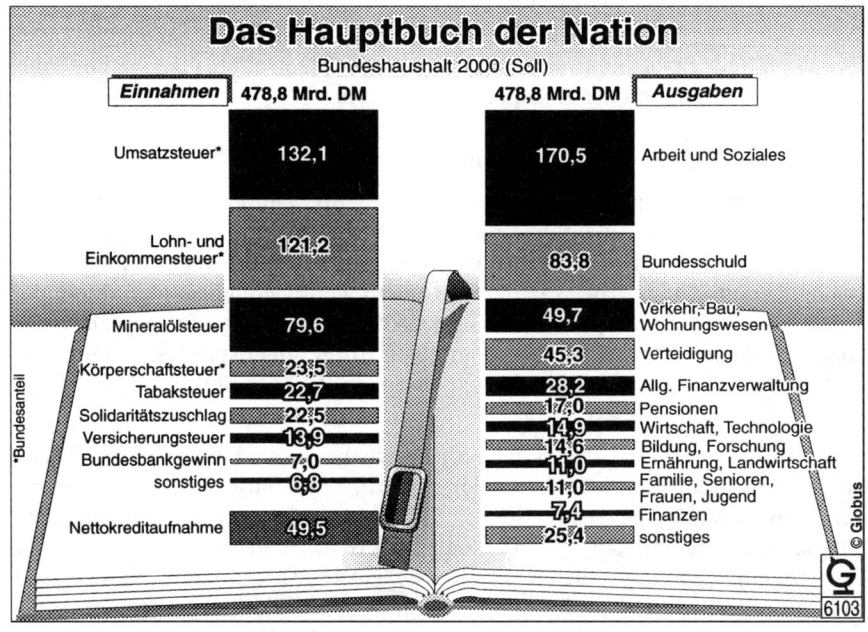

Abb. 54 Der Haushalt des Bundes 2000

---

191 Ebenda.

c) Entwicklung der Staatsquote

Die Entwicklung der allgemeinen Staatsquote im Deutschen Reich bzw. in der Bundesrepublik Deutschland ist durch eine ständige Zunahme gekennzeichnet. Die folgende Tabelle zeigt diesen Prozess seit dem Jahre 1913.

Tab. 15: Entwicklung der allgemeinen Staatsquote im Deutschen Reich und in der Bundesrepublik Deutschland 1913–2000[192]

| Jahr | Staats-quote insgesamt[1] | Ausgaben d. Staates i.v.H. Darunter | | Jahr | Staats-quote insgesamt[1] | Ausgaben d. Staates i.v.H. Darunter | |
		Gebiets-körper-schaften[1]	Sozialver-sicherung[1]			Gebiets-körper-schaften[1]	Sozialver-sicherung[1]
1913	13,4	–	–	1981	49,6	33,3	16,3
1925	20,6	–	–	1982	49,8	33,2	16,6
1929	23,7	–	–	1983	48,6	32,1	16,5
1932	28,6	–	–	1984	48,2	31,6	16,5
1950[2]	32,0	–	–	1985	48,0	31,6	16,4
1955[2]	30,7	–	–	1986	47,4	31,2	16,2
1960	32,9	23,7	9,2	1987	47,7	31,3	16,4
1965	37,2	27,5	9,6	1988	47,3	30,7	16,6
1968	39,6	28,0	11,5	1989	45,8	30,1	15,7
1969	39,0	27,6	11,4	1990	46,1	30,7	15,4
1970	39,1	27,9	11,2	1991[3]	47,1	31,2	15,9
1971	40,5	28,8	11,7	1992	48,1	31,0	17,1
1972	41,3	29,0	12,3	1993	49,3	32,0	17,3
1973	42,1	29,2	12,8	1994	49,0	31,3	17,7
1974	45,1	30,8	14,4	1995	49,3	30,9	18,4
1975	49,6	33,4	16,1	1996[4]	50,3	31,4	18,9
1976	48,5	32,3	16,3	1997[4]	49,2	30,6	18,7
1977	48,6	32,1	16,5	1998[4]	48,3	30,2	18,1
1978	48,1	32,1	16,0	1999[5]	49,0	–	–
1979	48,0	32,1	15,8	2000[5]	48,0	–	–
1980	48,6	32,8	15,9				

1) Ohne Verrechnungsverkehr (ermittelt nach dem sogen. Belastungsprinzip)
2) Ohne Berlin (West) und Saarland
3) Ab 1991 einschließlich neue Bundesländer, Bezugsgröße BIP, in Abgrenzung des ESVG 1995
4) Vorläufige Ist-Ergebnisse
5) Schätzung Stand November 1999

Hinter dieser Entwicklung steht ein kontinuierlicher Ausbau des staatlichen Leistungsangebots, eine verstärkte sozialpolitische Tätigkeit, sowie eine aktive Wirtschaftspolitik des Staates zur Sicherung bzw. Erhaltung eines gesamtwirtschaftlichen Gleichgewichts Dies wird besonders bei der Entwicklung der

---

192 Zusammengestellt nach Angaben in: Meyers Handbuch über die Wirtschaft a.a.O., S. 434 und Presse- und Informationsamt der Bundesregierung (Hrsg.) Aktuelle Beiträge a.a.O., S. 4 und einer Mitteilung aus dem Bundesministerium der Finanzen (Stand März 2000).

Staatsquote in der Bundesrepublik Deutschland deutlich. Die hohe Staatsquote in den Jahren von 1974 bis 1976 ist in starkem Maße durch die Rezession und die Maßnahmen des Staates zu ihrer Überwindung gekennzeichnet. In diesen Jahren wurden einerseits die Ausgaben des Staates infolge von Mehrausgaben für Arbeitslosengeld und Arbeitslosenhilfe sowie für Konjunkturprogramme stark ausgeweitet, andererseits nahm in dieser Zeit zugleich das nominale Bruttoinlandsprodukt wegen der Rezession nur noch geringfügig zu. Die Ausweitung der Staatsausgabenquote in Phasen konjunktureller Abschwächung sollte im Vergleich mit Zeiten ausgeglichener Konjunktur nicht zu einer endgültig erhöhten Inanspruchnahme des volkswirtschaftlichen Produktionspotenzials führen. Ist die Rezession überwunden, fallen die konjunkturbedingten Mehrausgaben fort. Das Bruttoinlandsprodukt steigt wieder, sodass die Staatsquote sinkt. „Im Regelfall entwickelt sich die Staatsausgabenquote konjunkturgegenläufig"[193]. Wenn man die Staatsquote von den konjunkturell bedingten Einflüssen bereinigt, ist jedoch festzustellen, dass sich im Laufe der Entwicklung der Staatsanteil ständig ausgeweitet hat. Die Staatsquote hat 1993 nahezu die 50%-Marke erreicht, was vor allem auf erhöhte Staatsausgaben zurückzuführen ist, die durch die Wiedervereinigung verursacht wurden. 1996 ist die Quote leicht über 50% gestiegen, danach aber wieder rückläufig.

Tab. 16: Entwicklung der Staatsquote im engeren Sinne der Transferquote und der Zinsquote in der Bundesrepublik Deutschland 1960 bis 1994[194]

	1960	1965	1970	1975	1980	1985	1990	1992	1993	1994
	– Anteile in vH am BSP, ab 1990 in vH am BIP –									
Staatsquote i.e.S.	16,6	19,8	20,4	24,3	23,6	22,1	20,6	22,7	22,4	22,0
davon:										
Staatsverbrauch	(13,4)	(15,2)	(15,8)	(20,4)	(20,0)	(19,8)	(18,3)	(19,9)	(19,7)	(19,3)
Bruttoinvestitionen	(3,2)	(4,6)	(4,6)	(3,9)	(3,7)	(2,3)	(2,3)	(2,8)	(2,7)	(2,7)
Transferquote	15,6	16,7	17,7	23,8	23,1	22,4	22,9	23,6	24,7	24,9
Zinsquote	0,7	0,7	1,0	1,4	1,9	3,0	1,6	3,2	3,3	3,3
Allgemeine Staatsquote	32,9	37,2	39,1	49,5	48,6	47,5	45,1	49,5	50,4	50,2

Die Tabelle zeigt, dass weniger als die Hälfte der staatlichen Gesamtausgaben vom Staat letztlich für seine eigenen Zwecke in Anspruch genommen werden. Mehr als die Hälfte der Gesamtausgaben floss wieder den privaten Wirtschaftssubjekten in Form von Transferzahlungen und Zinsen zu. Der im Trend bis Ende der 70er-Jahre zu beobachtende Anstieg der Staatsquote im engeren Sinne ist Ausdruck der ständigen Verbesserung des staatlichen Leistungsangebots (so

---

193 Presse- und Informationsamt der Bundesregierung (Hrsg.), Aktuelle Beiträge a.a.O, S. 6/8 und einer Mitteilung aus dem Bundesministerium der Finanzen (Stand März 1995).
194 Ebenda.

wurden beispielsweise mehr Universitäten, mehr Schulen, mehr Straßen gebaut, mehr Lehrer eingestellt, die sozialen Dienste verbessert). Wie sich die Staatsquote im engeren Sinne weiter entwickeln wird, hängt in entscheidendem Maße davon ab, ob die Staatsbürger weiter zunehmende Ansprüche an den Staat stellen. Neuere Zahlenangaben, die aber wegen der Umstellung auf das neue ESVG 95 nach Auskunft des BMF ungenau sind, zeigen, dass sich der Trend zur Erhöhung der Staatsquote im engeren Sinne weiter fortgesetzt hat.

C. Finanzierung der Staatsausgaben

1. Einbindung der Finanzierung der Staatsausgaben in gesamtwirtschaftliche Erfordernisse

Um die Staatsausgaben, die infolge der staatlichen Aufgabenerfüllung entstehen, finanzieren zu können, benötigt der Staat Einnahmen.

Da die Einnahmen und Ausgaben nicht nur eine wichtige Funktion innerhalb der öffentlichen Verwaltung erfüllen, sondern auf Grund ihres Volumens entscheidenden Einfluss auf die gesamtwirtschaftliche Entwicklung ausüben, hat der Gesetzgeber im Grundgesetz, im Gesetz zur Förderung der Stabilität und des Wachstums der Wirtschaft, im Haushaltsgrundsätzegesetz sowie in der Bundeshaushaltsordnung die Gebietskörperschaften verpflichtet, bei der Aufstellung und der Ausführung ihrer Haushalte den Erfordernissen des gesamtwirtschaftlichen Gleichgewichts Rechnung zu tragen. Das bedeutet, die Ausgaben- und Einnahmegestaltung hat sich an der Entwicklung der Volkswirtschaft zu orientieren. Man kann auch sagen, dass der Staat zu einem *antizyklischen* Finanzgebaren verpflichtet worden ist. Inwieweit man dieser Verpflichtung bei der Finanzierung der Staatsausgaben gerecht werden kann, hängt nicht zuletzt davon ab, in welchem Umfang sich bestimmte Ausgabenbereiche überhaupt für eine solche Politik eignen. So kann man beispielsweise in einer Hochkonjunktur schlecht die Ausgaben für Kriegsopfer kürzen.

2. Arten öffentlicher Einnahmen

a) Überblick

Die staatlichen Gesamteinnahmen seien zunächst in folgender Übersicht kurz dargestellt[195]:

---

[195] Skizze entnommen aus Wittmann, W., Einführung in die Finanzwissenschaft, Teil II, 2. Aufl., Stuttgart 1975, S. 2 und ergänzt nach Hartmann, G. B., Grundlagen der allgemeinen Volkswirtschaft, a.a.O., S. 272.

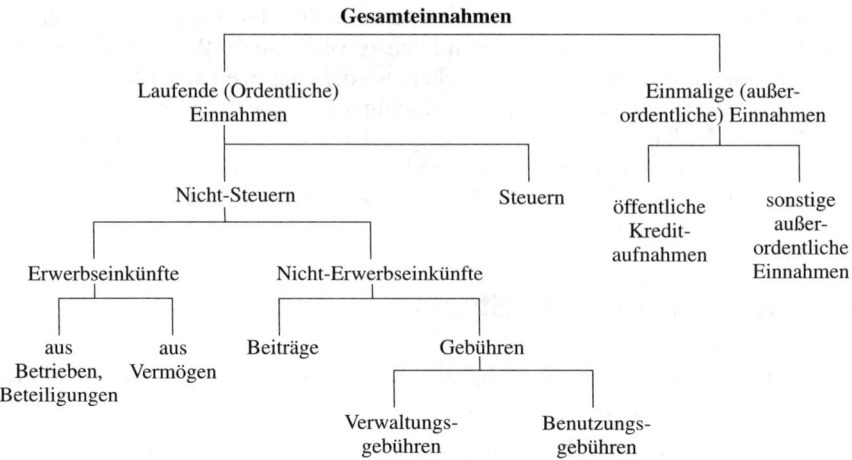

b) Die verschiedenen Einnahmearten und ihre relative Bedeutung für die Finanzierung der Staatsausgaben.

Bevor auf die Einnahmen des Staates im einzelnen eingegangen wird, soll im Überblick die relative Bedeutung der einzelnen Einnahmearten herausgestellt werden.

Die Tabelle 17 gibt Auskunft über die *Quellen* der Finanzierung der staatlichen Ausgaben in der Bundesrepublik Deutschland. Die Zahlen zeigen, dass die Steuern und steuerähnlichen Einnahmen bei der Finanzierung der staatlichen Ausgaben eine überragende Rolle spielen. Bei den Einnahmen der Gebietskörperschaften aus laufender Rechnung haben die Steuern einen Anteil von fast 82%. Misst man die Steuereinnahmen an den *Gesamtausgaben* der Gebietskörperschaften, so machen diese einen Anteil von über 76% aus.

c) Steuern

aa) Begriff und Arten der Steuern

Die Bedeutung der Steuern zur Finanzierung der Staatsausgaben ist aus Tabelle 20 hervorgegangen. Was versteht man unter Steuern?

Der Begriff der Steuer ist in § 3 der Abgabenordnung (AO) vom Gesetzgeber definiert worden. Dort heißt es: „Steuern sind Geldleistungen, die nicht eine Gegenleistung für eine besondere Leistung darstellen und von einem öffentlich-rechtlichen Gemeinwesen zur Erzielung von Einnahmen allen auferlegt werden, bei denen der Tatbestand zutrifft, an den das Gesetz die Leistungspflicht knüpft."

194

Tab. 17: Einnahmearten der Gebietskörperschaften* und ihre relative
Bedeutung in der Bundesrepublik Deutschland im Jahre 1997[196]

Einnahmeart	Betrag in Mio DM	Prozentualer Anteil an den Gesamteinnahmen (1 022 552) Mio DM = 100%
I. Einnahmen aus laufender Rechnung	948 033	92,7%
davon:		
1. Steuern u. steuerähnliche Einnahmen	800 759	78,3%
2. Einnahmen aus wirtschaftlicher Tätigkeit (einschl. Zinseinnahmen)	41 767	4,1%
3. Sonstige Einnahmen	105 507	10,3%
davon: Gebühren, sonstige Entgelte	(54 147 **)	(5,3%)
II. Einnahmen aus Kapitalrechnung (Veräußerung von Sachvermögen etc.)	74 519	7,3%
III. Gesamteinnahmen (ohne Finanzierungsvorgänge)	1 022 552	100%
IV. Gesamtausgaben	1 116 687	
V. Saldo d. Verrechnungen (+ Mehreinnahmen)	+ 42	
VI. Saldo sonstige Brutto/Nettostellungen	0	
VII. Finanzierungssaldo	– 94 093	
davon:		
1. Nettokreditaufnahme	99 057	
2. Sonstige Finanzierungsvorgänge	– 4 964	

* Einnahmen und Ausgaben des Bundes (einschließlich LAG-Fonds, ERP-Sondervermögen, EU-Anteile der Länder und Gemeinden, Fonds Deutscher Einheit, Kreditabwicklungsfonds (West auf Ost), Entschädigungsfonds (1997), Erblastentilgungsfonds (1997), Bundeseisenbahnvermögen (1997) und Steinkohlefonds (1997) einschließlich Finanzierungsvorgänge für das Jahr 1997.
** Davon entfallen auf die Gemeinden (Gv.) 71 723 Mio DM.

Man kann demnach zur Charakterisierung der Steuern drei wesentliche Merkmale hervorheben:

– es fehlt die spezielle Gegenleistung des öffentlich-rechtlichen Gemeinwesens
– die Abgaben haben Zwangscharakter
– die Abgaben fließen der öffentlichen Hand zu.

196 Mitteilung aus dem Bundesministerium der Finanzen (Stand Mai 2000).

Die Besteuerung ist eine den Gebietskörperschaften eigene Art der Einnahmenbeschaffung. Kein anderes Wirtschaftssubjekt hat das Recht, sich auf diese Weise Einnahmen zu verschaffen.

Die öffentliche Hand verfügt in der Bundesrepublik Deutschland über eine Vielzahl von Steuerquellen mit recht unterschiedlicher Ergiebigkeit. Die Folgende Abbildung zeigt die verschiedenen Steuerquellen im Jahre 1999.

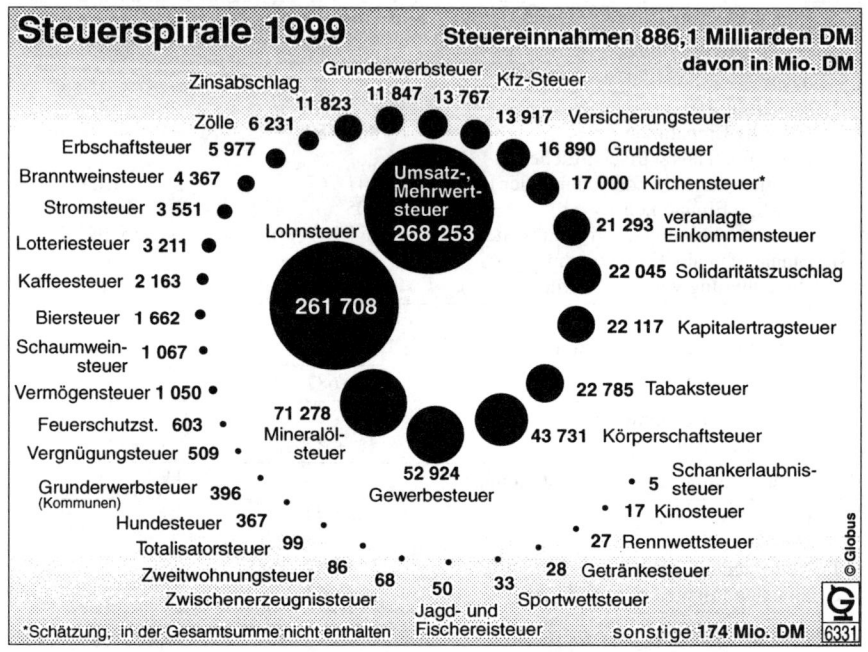

Abb. 55

Der Staat hat sich von einigen Bagatellsteuern getrennt. Im Rahmen der EU-Steuerharmonisierung wurden Leuchtmittel-, Zucker-, Tee- und Salzsteuer abgeschafft.

Der Staat zapft fast 40 Steuerquellen an. Die ergiebigste Steuer ist die Lohnsteuer (eine besondere Art der Einkommensteuer), gefolgt von der Mehrwertsteuer, der Mineralöl-, Gewerbe-, Körperschaftsteuer. Diese fünf Steuern hatten beispielsweise 1999 einen Anteil am gesamten Steueraufkommen von rd. 79%.

Es gibt eine Reihe von Steuerarten, deren Einteilung nicht einfach ist. Es wurde immer wieder versucht, die Steuern nach bestimmten Gesichtspunkten zu gruppieren. „Das Problem besteht darin, zweckmäßige und eindeutige Kriterien der

196

Unterscheidung zu finden"[197]. Die wohl unproblematischste Einteilung ist die nach der *Ertragskompetenz* (d.h. wem fließen die Steuern zu).

In einem föderalistischen Staatswesen wie der Bundesrepublik Deutschland gibt es demnach Gemeinschaftssteuern (Steuern, die Bund und Ländern gemeinsam zustehen), Bundessteuern (Steuern, die ausschließlich der Bund erhält), Landessteuern (Steuern, die allein den Ländern zufließen) und Gemeindesteuern (Steuern, die ausschließlich die Kommunen erheben). Die Abbildung 56 gibt eine Übersicht über die Verteilung der nach der Ertragskompetenz unterschiedenen Steuerarten[198].

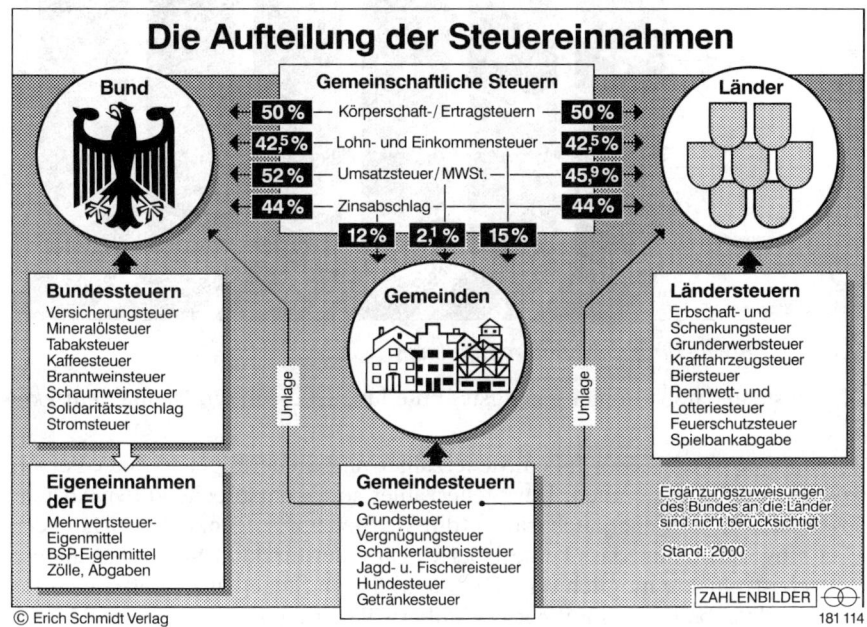

Abb. 56: Verteilung der Steuereinnahmen nach der Ertragskompetenz

Wie sich die Steuereinnahmen von Bund, Länder und Gemeinden weiter entwickeln werden, stellt Abbildung 57 dar.

---

197 Meyers Handbuch über die Wirtschaft, a.a.O., S. 395.
198 Bundesministerium der Finanzen (Hrsg.), Unsere Steuern von A–Z, Reihe: Bürgerinformation, Bonn 1978, S. 28/29.

197

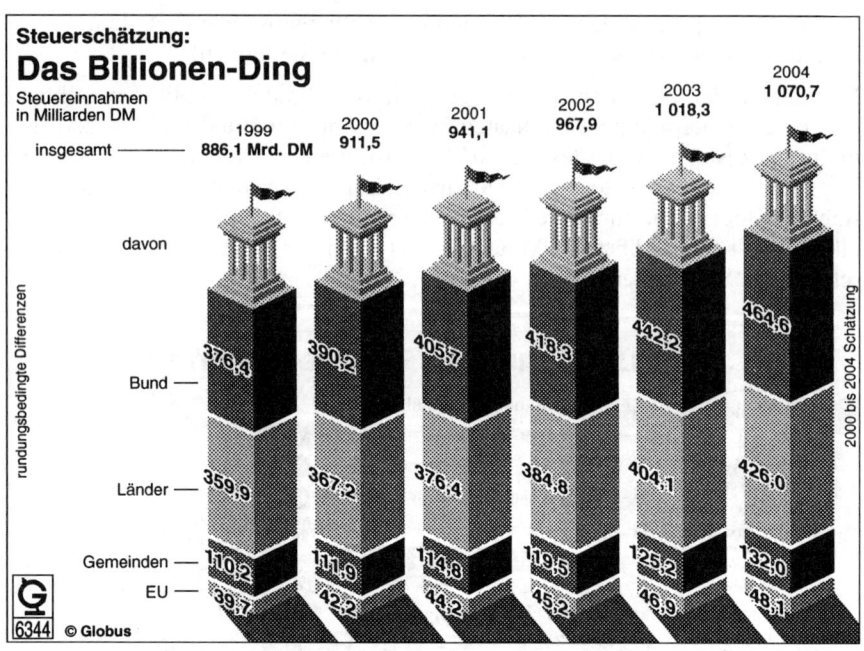

Abb. 57: Entwicklung der Steuereinnahmen

Die älteste und noch immer gängigste Einteilung ist die in *direkte* und *indirekte* Steuern.

Bei einer *direkten* Steuer fallen Steuerzahler und Steuerträger in einer Person bzw. Institution zusammen. Der Steuerzahler soll – entsprechend der Absicht des Staates diese Steuer auch tragen (direkte Steuer = so genannte Tragsteuer). Man ging davon aus, dass keine Überwälzung der direkten Steuer auf andere Wirtschaftsobjekte möglich sei. „Die Identität von Steuerzahler und Steuerträger war gleichbedeutend mit der Nichtüberwälzbarkeit direkter Steuern[199]."

Bei der *indirekten* Steuer fallen Steuerzahler und Steuerträger nicht in einer Person oder Institution zusammen. Die indirekte Steuer wird zwar beim Steuerzahler erhoben, sie soll jedoch nach dem Willen des Steuergesetzgebers vom Steuerzahler auf den endgültigen Steuerträger überwälzt werden können. So sind beispielsweise Steuern auf Mineralölprodukte zwar von den Mineralölgesellschaften zu zahlen, sie werden aber dem Verbraucher von Mineralöl über den Preis angelastet. Steuern auf Tabak und viele andere Produkte fallen ebenfalls unter die Kategorie der indirekten Steuern. Auch die Mehrwertsteuer gehört in diesen Bereich.

---

199 Wittmann, W., a.a.O., S. 28.

198

Da es sehr fraglich ist, ob die direkte Steuer von den nach dem Willen des Ge setzgebers belasteten Wirtschaftssubjekten nicht auf andere Wirtschaftssubjekte überwälzt wird, hat *Neumark* eine Einteilung der Steuern nach *belastungspolitischen* und *erhebungstechnischen* Gesichtspunkten vorgenommen, wobei er zwischen einer *persönlichen* und *sachlichen* Steuerleistungsfähigkeit der Pflichtigen unterscheidet[200]. Neumark berücksichtigt die traditionelle Unterscheidung in direkte und indirekte Steuern und entwickelt eine Einteilung, die im folgenden Schema zum Ausdruck kommt[201].

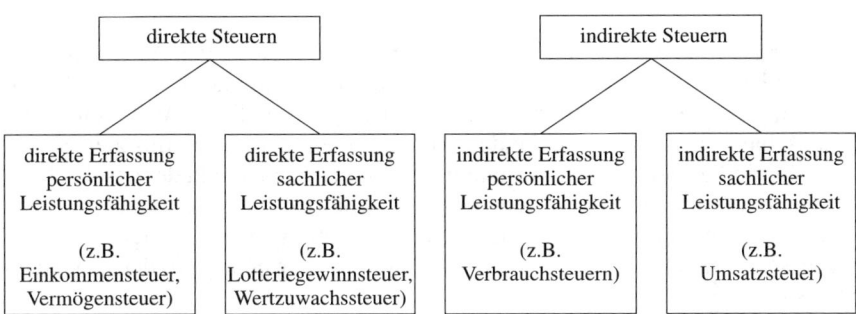

Abb. 58: Steuerarten nach der persönlichen und sachlichen Steuerleistungs-
       fähigkeit

bb) Rechtfertigungslehren zur Besteuerung

Es sind verschiedene Rechtfertigungslehren für die Erhebung von Steuern entwickelt worden. Sie unterscheiden sich im wesentlichen in der jeweiligen Auffassung des Verhältnisses des Staatsbürgers zum Staat.

Betrachtet man das Verhältnis Staat – Staatsbürger als ein rein kommerzielles und wird der Staat „als ein aus dem Vertrag der Individuen untereinander entstandenes Gebilde"[202] aufgefasst (Vertragstheorie: Vertreter Hobbes und Locke im 18. Jahrhundert), so ergibt sich daraus die Besteuerung nach dem Prinzip von Leistung und Gegenleistung. Erwarten die Individuen von der Summe der Vertragspartner (= Staat) Leistungen wie z.B. Rechtsschutz, innere und äußere Sicherheit usw., so werden sie entsprechend der Inanspruchnahme der Leistungen zu deren kostenmäßigen Abdeckung herangezogen. Man nennt diese Art der Rechtfertigung der Steuer – Besteuerung nach dem Äquivalenzprinzip (äquivalent = gleichwertig) und die darauf beruhende Steuerrechtfertigungslehre – *Äquivalenztheorie*. Entsprechend dieser privatwirtschaftlichen Betrachtungs-

---

200 Vgl. Hartmann, G. B., a.a.O., S. 276.
201 Nach ebenda.
202 Nach ebenda.

weise hat sich die Steuer, die der einzelne Staatsbürger zu entrichten hat, danach zu bemessen, welcher Vorteil dem Einzelnen aus der staatlichen Tätigkeit erwächst (benefit-of-service-principle), oder danach, welche Ausgaben dem Staat beim Erfüllen seiner Aufgaben entstehen (cost-of-service-principle).

Bei der Steuergestaltung nach dem Äquivalenzprinzip besteht das Problem darin, einen Indikator zu finden, der die Leistungsinanspuchnahme widerspiegelt. Das gilt insbesondere bei Leistungen des Staates, die dem einzelnen Bürger nicht direkt zurechenbar sind (z.b. innere und äußere Sicherheit, Rechtspflege und Bildung).

Im Gegensatz zur Vertragstheorie geht die Staatsauffassung von Aristoteles von dem Gedanken der gesellschaftlichen Solidarität aus und kommt von daher zu einer ethischen Steuerrechtfertigung. Der Staat ist nach dieser Auffassung eine gesellschaftliche Institution, die den Individuen ein gutes (im ethischen Sinne) und materiell gesichertes Leben garantiert. Vom Gesichtspunkt der gesellschaftlichen Solidarität und Ethik aus betrachtet erscheint es folgerichtig, die Steuern nicht wie beim Äquivalenzprinzip nach den empfangenen Staatsleistungen zu bemessen, sondern nach der *individuellen Leistungsfähigkeit* der einzelnen Staatsbürger.

Diese Auffassung wird noch dadurch vertieft, dass man das Leistungsfähigkeitsprinzip in ein *Opferprinzip* umwandelt. Danach sollen alle Staatsbürger zur Finanzierung der Staatsaufgaben ein *relativ gleiches Opfer* entsprechend ihrer Leistungsfähigkeit erbringen. Daher nennt man diese Steuerrechtfertigungslehre auch *Opfertheorie*. In diesem Zusammenhang bedeutet das Wort „relativ", dass das *Bedürfnisbefriedigungsniveau der Wirtschaftssubjekte durch die Steuerzahlung gleich merklich gekürzt werden soll.*

Die Schwierigkeit der Anwendung der Opfertheorie bei der Besteuerung liegt vor allem darin, dass man den Begriff des relativ gleichen Opfers schwer bestimmen kann. Dabei wird hilfsweise die so genannte Grenznutzentheorie herangezogen. Auf das Geld angewandt besagt diese, dass der Nutzwert des Geldes mit zunehmenden Einkommen sinkt. Nach diesem Nutzenkonzept hat ein Wirtschaftssubjekt, das zu seinem bisherigen Monatseinkommen von beispielsweise 500,– DM eine weitere Mark hinzuverdient, von dieser zusätzlichen Mark einen relativ größeren Nutzenzuwachs (vermehrte Befriedigung von Bedürfnissen) als ein Wirtschaftssubjekt, das eine Mark zu seinem bisherigen Monatseinkommen von 10.000,– Mark erhält.

Legt man dem Wirtschaftssubjekt mit einem Monatseinkommen von 500,– DM eine Steuer von 1% = 5,– DM auf, dann erleidet dieses Wirtschaftssubjekt dadurch eine relativ größere Nutzeneinbuße als dasjenige, das 10.000,– DM verdient und ebenfalls mit 1% = 100,– DM besteuert wird. Soll nun aus den Gerechtigkeitserwägungen der Opfertheorie heraus eine gleich spürbare Einschränkung des Bedürfnisbefriedigungsniveaus erfolgen, dann muss bei steigendem Einkommen die Steuerbelastung überproportional ansteigen (progressiver Steuertarif innerhalb bestimmter Einkommensbereiche, d.h. mit wachsendem Einkommen steigende prozentuale Steuersätze). In diesem Nutzenkonzept liegt die Hauptschwäche der Opfertheorie, weil die allgemeine Normierung der Nutzenbewertung sehr fragwürdig ist. Ein Nutzenvergleich zwischen den Personen (gleicher Nutzen bei gleichem Bedürfnisbefriedigungsniveau?) ist kaum möglich. Die Annahme, dass bei wachsenden Einkommen der Nutzen jeder zusätzlichen Einkommenseinheit abnimmt, ist wissenschaftlich nicht zu überprüfen, weil die Präferenzen der Wirtschaftssubjekte zu unterschiedlich sind, als dass man sie einer einheitlichen Normierung unterwerfen könnte. Allerdings lässt sich nicht abstreiten, dass es die allgemein gültige Erscheinung des abnehmenden Nutzens des Geldes für jede zusätzliche Einkommenseinheit gibt. Es ist jedoch nicht exakt anzugeben, ab welcher Einkommensgrenze der Nutzen einer weiteren Einkommenseinheit abnimmt.

Trotz dieser offensichtlichen Mängel ist das Steuersystem der Bundesrepublik Deutschland weitgehend an der Opfertheorie orientiert, weil man diese gegenüber der Äquivalenztheorie als „gerechter" ansieht. Da man den Nutzen nicht messen kann, wird als Ersatzindikator für die individuelle Bedürfnisbefriedigung wie auch die individuelle steuerliche Leistungsfähigkeit einer Person das *Einkommen* herangezogen. Die relativ gleiche Nutzeneinbuße, d.h. die in gleicher Weise spürbare Einschränkung des Bedürfnisbefriedigungsniveaus, wird ab einer bestimmten Einkommenshöhe durch eine progressive Einkommenbesteuerung angestrebt. Nach Haller kann man folgende Komponenten für die Leistungsfähigkeit(Bedürfnisbefriedigung) angeben[203]:

---

1. Einkommen aus selbstständiger und unselbstständiger Arbeit
2. Vermögenseinkommen
3. Reale Werte der Bedürfnisbefriedigung
   a) Häusliche Dienstleistungen (z.B. Hausfrauenarbeit)
   b) Eigenverbrauch (z.B. in der Landwirtschaft)
   c) Kostenlose Verpflegung und Wohnung
   d) Mietwerte dauerhafter Konsumgüter (z.B. Automobile)
   e) Wohnungs- und Hausnutzung des Eigentümers
4. Wertsteigerungen des Sachvermögens und Glücksgewinne
5. Erbschaften und Schenkungen

Abb. 59: Indikatoren der Leistungsfähigkeit (Bedürfnisbefriedigung)

---

203 Haller, H., Die Steuern, Grundlinien eines rationellen Systems öffentlicher Abgaben, Tübingen, 1964, S. 39 ff.

Die Entscheidung, wie die *Steuerprogression* gestaltet werden muss, um damit dem Prinzip der relativ gleichen Nutzeneinbußen gerecht zu werden, kann wissenschaftlich *nicht* getroffen werden, weil keine objektive Aussage darüber möglich ist, wie der Nutzen jeder zusätzlichen Einkommenseinheit bei unterschiedlichen Einkommenshöhen konkret ermittelt werden kann. Daher muss über die *Progressionsgestaltung* des Steuertarifs *politisch* entschieden werden. Dies gilt im übrigen für den gesamten Einkommensteuertarif, der sich aus einem Proportional- und einem Progressionsbereich zusammensetzt.

Unser Steuersystem enthält nur wenige Elemente der Äquivalenztheorie.

Als Beispiel könnte man die Kraftfahrzeugsteuer nennen. Zur Finanzierung von Ausgaben für diese Sonderleistung, die nur einen bestimmten Personenkreis (Besitzer von Kraftfahrzeugen) betrifft, erhebt der Staat von dieser Gruppe Kraftfahrzeugsteuern nach dem Prinzip Leistung gegen Gegenleistung. Da die Leistung des Staates in diesem Fall (Bereitstellung von Straßen, Verkehrsregelung usw.) dem einzelnen Besitzer eines Kraftfahrzeugs nicht direkt zugerechnet werden kann, entsteht das Problem, einen angemessenen Indikator für die Inanspruchnahme der Leistungen des Staates zu finden. Nach dem gegenwärtig noch geltenden System geht man vom Hubraum eines Kraftfahrzeugs als Indikator der Leistungsinanspruchnahme aus.

In den Fällen, in denen jedoch die staatlichen Leistungen den Wirtschaftssubjekten *direkt* zugerechnet werden können, erhebt der Staat entsprechend der Äquivalenztheorie Gegenleistungen in Form von *Gebühren* und *Beiträgen*.

cc) Besteuerungsgrundsätze

Das Steuersystem der Bundesrepublik Deutschland besteht aus einer Vielzahl von Steuern mit sehr unterschiedlichem Aufkommen, die das System sehr unübersichtlich machen und oft dem Prinzip der Steuererhebung nach der steuerlichen Leistungsfähigkeit nicht gerecht werden.

Die folgenden Ausführungen sollen zeigen, welche Anforderungen heute an ein rational gestaltetes Steuersystem gestellt werden. Dabei ist zu bedenken, dass sich ein Steuersystem außer an den (in der erörterten Rechtfertigungslehre für die Steuer) genannten Grundsätzen auch noch an *konjunkturpolitischen* und *sozialen* Zielen des Staates zu orientieren hat.

Haller hat für ein rationales Steuersystem Besteuerungsgrundsätze aufgestellt, die im folgenden aufgeführt werden sollen[204]:

– der Grundsatz der *Erhebungsbilligkeit,* d.h. die Besteuerung ist so zu gestalten, dass der Aufwand, der dem Staat aus der Besteuerung entsteht, so gering wie möglich ist;

---

204 Vgl. Haller, Heinz, Finanzpolitik, 5. Aufl., Tübingen und Zürich 1972, S. 239 ff.

- der Grundsatz der *Entrichtungsbilligkeit,* d.h. die Besteuerung ist so zu gestalten, dass der Aufwand, der den Desteuerten aus der Ermittlung und Bezahlung der Steuerschuld entsteht, so gering wie möglich ist;

- der Grundsatz der (psychologischen) *Lastenerleichterung,* d.h. die Besteuerung ist so zu gestalten, dass die den Steuerzahlern aufgebürdete Last so wenig wie möglich spürbar ist und damit die wirtschaftliche Aktivität so wenig wie möglich beeinträchtigt;

- der Grundsatz der *Neutralität der Besteuerung,* d.h. die Besteuerung ist so zu gestalten, dass durch sie weder die Rentabilitätslage einzelner Produktionszweige durch besondere Belastungen oder Entlastungen verfälscht, noch dass die optimale Abstimmung der Produktion auf die Bedürfnisstruktur gestört wird.

Ein Beispiel für die Nichteinhaltung dieses Grundsatzes war die Bruttoallphasenumsatzsteuer, die vor der Einführung der Mehrwertsteuer 1967 in der Bundesrepublik Deutschland praktiziert wurde. Die steuerliche Belastung eines Gutes war abhängig von der Zahl der Stufen, die das Gut durchlief. Erst die Mehrwertsteuer beseitigte diese unterschiedliche Belastung, indem nur noch der *Mehrwert* besteuert wird. Die Zahl der durchlaufenen Stufen spielt für die Belastung des Gutes daher keine Rolle mehr.

- der Grundsatz der *konjunkturpolitischen Effizienz,* d.h. die Besteuerung ist so zu gestalten, dass sie für Zwecke der Konjunktur- und Beschäftigungspolitik mit finanzwirtschaftlichen Mitteln so wirkungsvoll wie möglich eingesetzt werden kann;

- der Grundsatz der *verteilungspolitischen Effizienz,* d.h. die Besteuerung ist so zu gestalten, dass mit ihrer Hilfe in möglichst hohem Grade Einfluss genommen werden kann auf die Einkommensverteilung im Sinne einer Erhöhung der Verteilungsgerechtigkeit;

- der Grundsatz der *Achtung der Privatsphäre,* d.h. die Besteuerung ist so zu gestalten, dass eine sich im Zusammenhang mit der Feststellung der steuerlichen Leistungsfähigkeit und der Vornahme steuerlicher Verteilungskorrekturen eventuell ergebende Offenlegung der persönlichen Verhältnisse auf das unumgängliche Maß beschränkt wird;

- der Grundsatz der *inneren Geschlossenheit* des Steuersystems, d.h. die Besteuerung ist so zu gestalten, dass die eventuell zu wählende Kombination verschiedener Steuern ein auf die unterschiedlichen Zielsetzungen abgestimmtes Ganzes bildet, sodass insbesondere keine ungerechtfertigten Überschneidungen und Lücken der Besteuerung auftreten.

Ein Steuersystem zu finden, das allen diesen Forderungen gleichermaßen gerecht wird, ist schwierig – wenn nicht gar unmöglich! Denn zwischen einzelnen oder mehreren dieser Besteuerungsgrundsätze besteht ein Konkurrenzverhältnis, so dass von den politisch Verantwortlichen immer Prioritäten gesetzt werden müssen, die letztlich Kompromisse darstellen.

dd) Einkommensteuertarif

Da das Einkommen als ein wichtiger Maßstab der steuerlichen Leistungsfähigkeit der Staatsbürger angesehen wird, ist die Einkommensteuer eine der tragenden Säulen des Steuersystems in der Bundesrepublik Deutschland.

Die Einnahmen aus der allgemeinen Einkommensteuer (Lohnsteuer und veranlagte Einkommensteuer) betrugen im Jahre 1999 = 283.001 Mio. DM, das sind rd. 32% des gesamten Steueraufkommens in der Bundesrepublik Deutschland. Es ist daher von Interesse, den Aufbau des Einkommensteuertarifs in der Bundesrepublik kurz zu erläutern. (Da die Lohnsteuer nichts anderes ist als die Einkommensteuer für Einkünfte aus unselbstständiger Arbeit, gilt für sie gleichermaßen der Einkommensteuertarif.) In diesem Tarif kann die steuerliche Leistungsfähigkeit der Bürger auf zweierlei Weise berücksichtigt werden. Einmal dadurch, dass man nicht die Einkommen generell der Besteuerung unterwirft, sondern nur das zu versteuernde Einkommen zu Grunde legt. Dabei ist das zu versteuernde Einkommen dasjenige Einkommen, das nach Abzug von Einkommensteilen verbleibt, die der Steuerzahler beispielsweise zur Sicherung seiner Existenz *unbedingt* benötigt (so genanntes *steuerfreies Existenzminimum)* oder die für die Unterstützung bedürftiger Familienangehöriger aufgewendet werden müssen. Aus Gründen der Vereinfachung der Steuererhebung kann man diese Beträge in bestimmten Grenzen auch pauschalieren, so dass die Pauschale für alle Bürger gilt, auch für diejenigen, die keine derartigen Aufwendungen haben. Darüber hinaus kann der einzelne Bürger seine steuerliche Leistungsfähigkeit durch *Einzelnachweis* von Aufwendungen mindern, die der Steuergesetzgeber noch zusätzlich anerkennt.

Zum anderen findet die steuerliche Leistungsfähigkeit dadurch Berücksichtigung, dass man den steuerlichen *Tarifverlauf* entsprechend gestaltet und verändert.

Der Steuertarif hat sich in den letzten Jahren zwar geändert, das Grundschema ist jedoch weitgehend erhalten geblieben. Der für das Jahr 2000 geltende Einkommensteuertarif wird in der folgenden Abbildung dargestellt.

Grundlage dieser grafischen Darstellung ist das zu versteuernde Einkommen von unverheirateten Personen ohne Kinder. Es handelt sich jeweils um das zu *versteuernde Einkommen,* d.h. das Einkommen, das bereits bestimmte Freibeträge, wie Grundfreibetrag, Altersfreibetrag, sonstige Freibeträge und weitere Abzugsgrößen berücksichtigt. Das zu versteuernde Einkommen ist immer ein Jahreseinkommen.

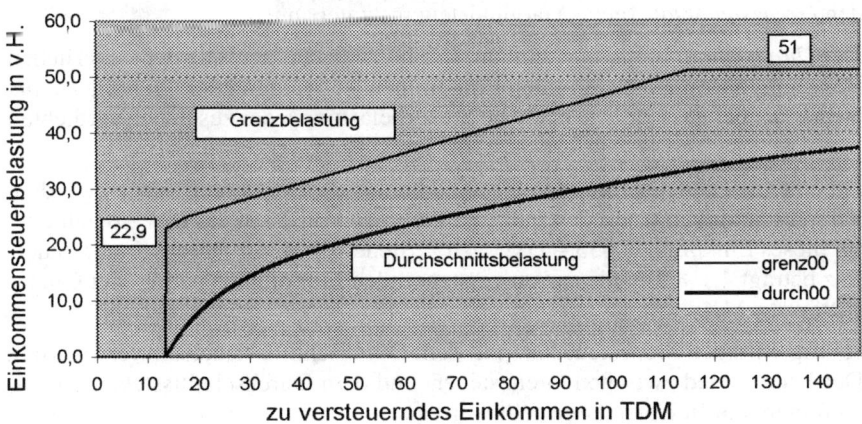

Einkommensteuertarif 2000

Abb. 60: Schema des Einkommensteuertarifs 2000[205]

Das Schema zeigt, dass die Besteuerung erst bei einem Einkommen von 13.500/ 27.000 DM bei Ledigen/Verheirateten beginnt. Jedem Einkommensbezieher wird nämlich ein so genannter *Grundfreibetrag* gewährt. Damit soll gewissermaßen allen Bürgern ein steuerfreies Existenzminimum gesichert werden. Dieser Grundfreibetrag wird bei Ledigen/Verheirateten jährlich festgesetzt.

Bei einem Einkommen über 13.500/27.000 DM für Ledige/Verheiratete steigt der Steuersatz für jede zusätzlich verdiente Mark im Jahre 2000 von 22,9% bis 51,0% (ab 2001 von 19,9% bis 48,5%) bei einem zu versteuernden Einkommen von 114.696/229.392 (ab 2001 107.568/215.316) DM für Ledige/Verheiratete an. Die Steuerbelastung des zusätzlich verdienten Einkommens ist nicht mehr proportional, sondern unterliegt einem steigenden Steuersatz. Diese Veränderung nennt man *Progression* und bezeichnet diesen Bereich daher als die *Progressionszone* des Steuertarifs.

Bei einem zu versteuernden Einkommen über 114.696/229.392 DM für Ledige/ Verheiratete bleibt dann der Steuersatz für jede weiter hinzuverdiente Mark mit 51% ab dem Jahr 2000 konstant. Ab dem Jahre 2001 sinkt dieser Satz auf 48,5%. Der Bereich über 114.696/229.392 DM für Ledige/Verheiratete kann daher als *Proportionalzone* bezeichnet werden.

Um die Aussagen des Einkommensteuertarifs richtig interpretieren zu können, bedarf es der Klarstellung einiger Begriffe. In der öffentlichen Diskussion wird von Steuersätzen allgemein gesprochen, ohne dass man genauer angibt, um wel-

---

205 Quelle: Bundesministerium der Finanzen (Stand 2000).

che Prozentsätze es sich dabei handelt. Es gibt nämlich den *Durchschnitts-* und den *Grenzsteuersatz* (auch Marginalsteuersatz genannt).

Der *Durchschnittssteuersatz* gibt an, wie hoch der Prozentsatz der steuerlichen Belastung bei einem bestimmten Einkommen ist, während der *Grenzsteuersatz* etwas darüber aussagt, wie hoch die Steuerbelastung jeder zusätzlich verdienten Mark ist.

An einem Beispiel soll der Unterschied herausgestellt werden. Hat eine ledige Person ein zu versteuerndes Jahreseinkommen von 16.307,– DM, so zahlt sie für dieses Einkommen 633,– DM = 4,1% Steuern, d.h. der Durchschnittssteuersatz beträgt 4,1%. Bei diesem zu versteuernden Einkommen beträgt der Grenzsteuersatz 24,4%.

Häufig wird der Grenzsteuersatz mit dem Durchschnittssteuersatz verwechselt. Der Unterschied zwischen Grenzsteuer- und dem Durchschnittssteuersatz soll an folgendem Beispiel dargestellt werden:

Eine ledige Person verfügt über ein zu versteuerndes Jahreseinkommen von 63.017,– DM. Sie zahlt für dieses Einkommen 23,975% Steuern, d.h. der Durchschnittssteuersatz beträgt 23,975%. Steigt ihr Einkommen um eine Mark auf 63.018,– DM, muss sie, da der Grenzsteuersatz bei einem zu versteuernden Einkommen von 63.018,– DM 37,2% beträgt, für diese zusätzliche Mark 37 Pfennige Steuern bezahlen. Der Durchschnittssteuersatz beträgt dann aber bei einem Einkommen von 63.018 DM nicht etwa 37% (wie in der Öffentlichkeit oft fälschlicherweise behauptet wird), sondern 24,007%, d.h. er liegt nur geringfügig über dem Steuersatz bei einem Einkommen von 63.017 DM. Für das Einkommen von 63.017 DM zahlt der Steuerpflichtige also 23,975% (Durchschnittssteuersatz), für die darüber hinaus mehr verdiente Mark jedoch 37%. Das ergibt einen Betrag von 15.108,33 DM für 63.017 DM steuerpflichtiges Einkommen zuzüglich rd. 37 Pfennige für die zusätzlich verdiente Mark = 15.108,70 DM.

Mit steigendem Einkommen steigt der Grenzsteuersatz kontinuierlich an, so dass die Progressionsentwicklung um so stärker auf den Durchschnittssteuersatz durchschlägt, je höher das Einkommen ist. Bei sehr hohem Einkommen nähern sich daher Durchschnittssteuersatz und Grenzsteuersatz einander an, ohne jemals übereinzustimmen.

Eine Problematik des Einkommensteuertarifs liegt darin, dass auf Grund der *nominalen* Einkommensentwicklung viele Steuerpflichtige immer stärker in Bereiche der Progressionszone gelangen, in denen sie auf Grund ihrer *Realeinkommensentwicklung* nicht angesiedelt werden dürften. Deshalb müsste der Gesetzgeber eigentlich den Steuertarif in gewissen zeitlichen Abständen der realen Einkommensentwicklung anpassen.

Für das Jahr 2001 ist folgender Einkommensteuertarif[206] vorgesehen

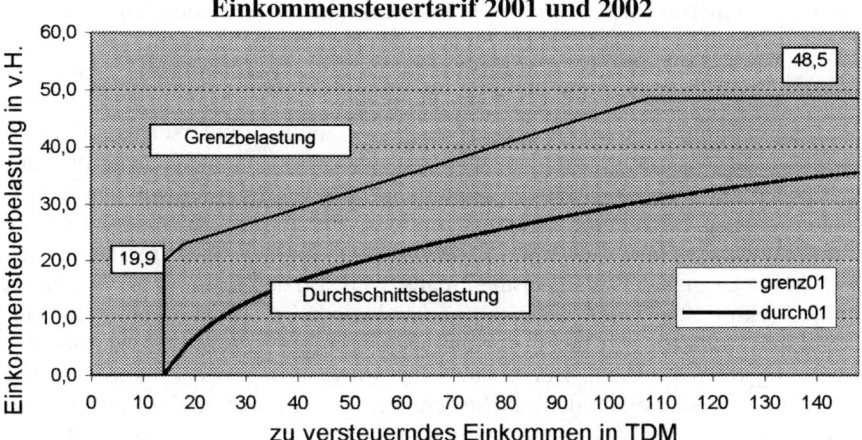

Abb. 61

ee) Grenzen der Besteuerung

Wegen der überragenden Bedeutung der Steuern für die Finanzierung der Staatsausgaben ist die Frage interessant, in welchem Umfang der Staat die Erweiterung seiner Aufgaben mit zusätzlichen Steuern finanzieren kann, d.h. ob es bestimmte Grenzen der Besteuerung gibt, und wie diese zu bestimmen sind.

Allgemein kann man sagen, dass die Bestimmung einer *allgemein gültigen Grenze der Besteuerung,* ab der die Staatsbürger nicht mehr willens und fähig sind, zusätzliche Steuerlasten zu tragen, wissenschaftlich exakt nicht festzulegen ist.

Dennoch ist festzustellen, dass die oberste und absolute Grenze dort liegt, wo der Antrieb zu jeglicher privatwirtschaftlicher Tätigkeit der Wirtschaftssubjekte erlahmt und damit keine *Leistungsbereitschaft* der Bürger mehr besteht. Die Markierung dieser Grenze der Besteuerung durch einen bestimmten Steuersatz ist jedoch nicht realisierbar. Die Grenze der Besteuerung hängt von vielen Faktoren ab. Die Bereitschaft, mehr Steuern zu zahlen, dürfte mit dadurch bestimmt werden, wie die höheren Steuereinnahmen verwendet werden sollen, d.h. es kommt darauf an, wie der Staatsbürger zu seinem Staat und dessen Leistungen für ihn steht. Betrachtet er zusätzliche Steuerleistungen für sinnvoll und notwendig, wird er eher eine höhere Belastung in Kauf nehmen, als wenn er diese

---

206 Quelle: Unterlagen aus dem Bundesministerium der Finanzen (Stand April 2000).

für überflüssig hält. Weiterhin dürfte die Grenze der Besteuerung davon abhängen, in welchem Maße die höhere Steuerlast für den Einzelnen spürbar ist (Problem der Steuerüberwälzung). Kann ein Wirtschaftssubjekt die Steuern abwälzen, wird die Bereitschaft, höhere Steuern zu entrichten, eher vorhanden sein als bei der Nichtüberwälzung. Daneben sind auch die Wachstumsmöglichkeiten der Wirtschaft von Bedeutung. Man kann davon ausgehen, „dass ein gutes Wachstumsklima (wachsende Einkommen) von nicht zu unterschätzender materieller und psychologischer Bedeutung für die Reaktionen der Steuerpflichtigen gegenüber einer wachsenden Steuerbelastung ist"[207]. Auch von der *Art des Steuersystems* (Verteilung zwischen direkten und indirekten Steuern) ist die Grenze abhängig. Eine Gewichtsverlagerung von direkten zu indirekten Steuern schiebt die Grenze der Besteuerung hinaus, weil von den Bürgern die Steuerlast bei indirekten Steuern oft nicht so *drückend* wie bei direkten Steuern empfunden wird. Auch die Art der Einkommenserzielung dürfte die Grenze der Besteuerung mitbestimmen. Bei zusätzlicher Besteuerung von Einkommen aus Arbeit (z.B. aus Überstunden) dürfte schneller eine Abnahme der Leistungsbereitschaft erfolgen als bei so genannten „arbeitslosen" Einkommen (z.B. Einkommen aus Kapital und Boden).

Bei einer Einzelsteuer kann „passiver" Widerstand der Steuerpflichten eine Grenze der Besteuerung darstellen. So können beispielsweise bei der Einkommensteuer die Steuerpflichtigen passiven Widerstand leisten, indem sie dem Staat bei der exakten Ermittlung der Höhe ihres Einkommens Schwierigkeiten bereiten[208]. Die Grenzen der Besteuerung in einem Staat werden dann für jedermann sichtbar, wenn „aktiver Widerstand" durch Gründung von Steuerverweigerungsparteien erfolgt (wie z.B. vor einigen Jahren in Dänemark und Frankreich).

Zur Bestimmung der Grenzen der Besteuerung müssen zahlreiche *ökonomische, politische* und *soziologische* Faktoren berücksichtigt werden. Für eine nach marktwirtschaftlichem Prinzip gestaltete Wirtschaftsordnung lässt sich generell nur feststellen, dass die Grenzen der Besteuerung dort liegen, wo die Antriebskräfte dieser Wirtschaftsordnung – nämlich die private Leistungsbereitschaft und die Risikoübernahme – völlig erlahmen. Oft wird jedoch die Grenze der Besteuerung mit der Belastungsgrenze allgemein verwechselt. In den Belastungen sind auch die Sozialabgaben mit enthalten, die z.B. bei den Arbeitnehmern gegenwärtig zwar eine zusätzliche Belastung darstellen, aber gleichzeitig auch einen Anspruch auf künftige Einkommen beinhalten. Abbildung 62 zeigt die Belastungsentwicklung im Deutschen Reich bzw. in der Bundesrepublik Deutschland von 1913 bis 1977.

---

207 Wittmann, W., a a.O., S. 148.
208 Vgl. Haller, H., Die Steuern, a.a.O., S. 7 und 186.

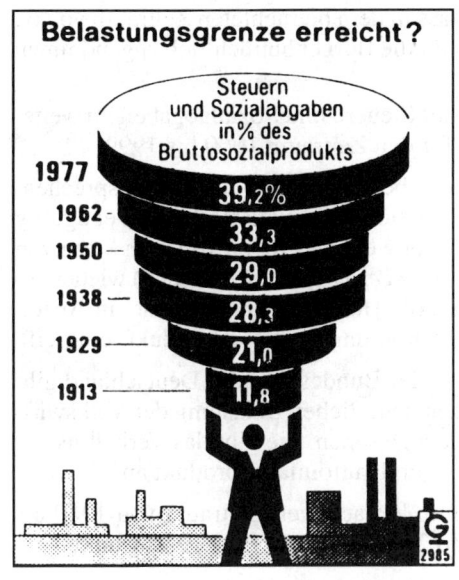

Abb. 62

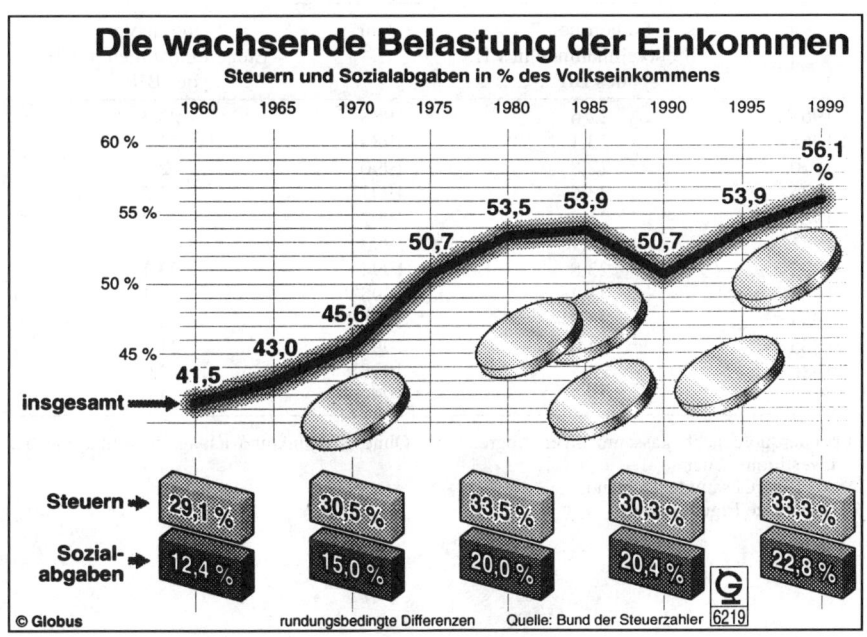

Abb. 63

Zu dieser Abbildung ist anzumerken, dass in dem betrachteten Zeitraum von 64 Jahren auch die Leistungen des Staates für die Bürger beträchtlich zugenommen haben.

Wie sich die Abgabenlast im Hinblick auf Steuern und Sozialabgaben im weiteren Verlauf darstellt zeigt die Abb. 63 für den Zeitraum 1960 bis 1999.

Bei der Betrachtung der *Abgabenlast* muss betont werden, dass die entsprechenden Anteile den privaten Wirtschaftssubjekten nicht vollständig und endgültig entzogen sind, sondern diesen in mehr oder weniger großen Teilen in Form von *Transferzahlungen* und *anderen Übertragungen* (z.B. Subventionen) wieder zufließen. Es ist daher unzweifelhaft, dass die Höhe der Abgabenlast ein Anzeichen dafür ist, wie stark der Staat in die Verteilung des Sozialprodukts eingreift.

Die Entwicklung der Steuerbelastung in der Bundesrepublik Deutschland gibt die folgende Tabelle an. Als Maßstab der steuerlichen Belastung der Volkswirtschaft wird die so genannte *Steuerquote* angesehen. Sie gibt das Verhältnis der gesamten Steuereinnahmen zum nominalen Bruttoinlandsprodukt an.

Tabelle 18 zeigt, dass die Steuerquote im betrachteten Zeitraum von 1960 bis 1999 zwischen 21,8% im Jahr 1997 und 24,8% im Jahr 1980 geschwankt hat.

Tabelle 18: Entwicklung der Steuerquote 1960 bis 1999[209]

Jahr	Steuerquote[1] – Steuereinnahmen in v.H. des BIP	Jahr	Steuerquote[1] – Steuereinnahmen in v.H. des BIP
1960	22,6	1988	23,3
1965	23,1	1989	24,0
1970	22,8	1990	22,7
1975	23,6	1991[2]	22,5
1980	24,8	1992	23,2
1981	24,1	1993	23,2
1982	23,8	1994	23,1
1983	23,7	1995	23,1
1984	23,7	1996[3]	22,3
1985	24,0	1997[3]	21,8
1986	23,5	1998[3]	22,0
1987	23,5	1999[3]	23,0

1) Steuerquote nach kassenmäßiger Abgrenzung. Ohne Konjunkturzuschlag, Stabilitätsabgabe, Investitionssteuer
2) Ab 1991 Gesamtdeutschland
3) Vorläufige Ergebnisse

209 Quelle: Bundesministerium der Finanzen, Stand März 2000.

d) Sonstige „öffentliche Einnahmen"

aa) Zölle

Da den Zöllen „die Eigenschaft des speziellen Entgelts fehlt, zählt diese *Zwangsabgabe* zu den Steuern"[210]. Sie sind damit eine Art indirekter Steuern. Genauer: *Zölle stellen Abgaben dar, die der Staat beim Überschreiten der Zollgrenze für bestimmte Güter erhebt.* Im Gegensatz zu den im Inland erhobenen indirekten Steuern sind Zölle so genannte „äußere" Verbrauchssteuern. Handelt es sich bei den belasteten Gütern um Importwaren, spricht man von Importzöllen, bei Belastung von Exportgütern von Exportzöllen. Heute werden in der Regel nur Importe mit Zöllen belegt.

Wenn man den Zweck des Einfuhrzolls betrachtet, ist zwischen *Finanzzöllen* und *Schutzzöllen* zu unterscheiden. Bei den *Finanzzöllen* sollen die Verbraucher von bestimmten Importgütern zusätzlich zu den im Inland geltenden indirekten Steuern für ausländische Güter belastet werden. Ein mit einem Zoll belegtes Importgut unterliegt nämlich auch noch der Mehrwertsteuer. Der Finanzzoll ist daher eine zusätzliche Einnahmequelle des Staates.

Die Aufgabe des *Schutzzolles* liegt dagegen in erster Linie im Schutz bestimmter inländischer Produktionszweige oder einer meist vorübergehenden Förderung neu entstehender Produktionsbereiche. Die Einnahmen aus Zöllen, die ausschließlich dem Bund zustehen, sind im Vergleich zu den Einnahmen aus seinen Bundessteuern relativ gering. Sie hatten 1998 an den ausschließlich dem Bund zufließenden Steuern nur einen Anteil von 4,7%[211].

bb) Gebühren

Gebühren sind im *Gegensatz* zu den Steuern Entgelte, die der Staatsbürger für Leistungen des Staates zu entrichten hat, die ihm *direkt* einen Vorteil verschaffen. Der Gebührenerhebung liegt der Gedanke zu Grunde, dass es staatliche Dienste gibt, die nur dem einzelnen Staatsbürger zugute kommen. Diejenigen Staatsbürger, die von den speziellen staatlichen Leistungen Gebrauch machen, haben gegenüber den übrigen Staatsbürgern einen Sondernutzen, den sie durch eine Gebühr abgelten. *Gebühren sind also einseitig vom Staat festgesetzte Entgelte für die direkte Inanspruchnahme oder Veranlassung einer speziellen Leistung des Staates.* Da die Gebühren ein Entgelt für eine Sondernutzung darstellen, kann die Festlegung der Höhe der Gebühr nach dem Äquivalenzprinzip erfolgen, d.h. die Gebühren sollen prinzipiell *kostendeckend* sein.

Die Besonderheit der Gebühren liegt im Vergleich zu den Steuern darin, dass sie keinen unmittelbaren Zwangscharakter haben. Jedoch nehmen Gebühren fak-

---

210 Wittmann, W., a.a.O., S. 79.
211 Bundesministerium der Finanzen (Hrsg.), Finanzbericht 2000, Bonn 1999, S. 276.

tisch Zwangscharakter an, wenn der Staatsbürger nämlich gezwungen wird, die besonderen Staatlichen Dienste in Anspruch zu nehmen. So haben beispielsweise Müllabfuhrgebühren in den Gemeinden Zwangscharakter, weil der Bürger durch entsprechende Satzungen der Gemeinde gezwungen ist, die Müllabfuhr zu benutzen (Anschluss- und Benutzungszwang). Die Hauptmerkmale der Gebühren sollen anschließend nochmals herausgestellt werden:

– unmittelbare staatliche Gegenleistung
– unmittelbare Inanspruchnahme der staatlichen Gegenleistung durch den Staatsbürger

cc) Beiträge

Im Gegensatz zu den Gebühren entsteht die Pflicht zur Zahlung von Beiträgen nicht aus der unmittelbaren Veranlassung staatlicher Dienste, sondern aus der mittelbaren Inanspruchnahme der Leistungen. Beiträge sind „einseitig festgesetzte und ohne Rücksicht auf individuelle Inanspruchnahme oder Erwünschtheit der zu finanzierenden Veranstaltungen geforderte Geldleistungen solcher Gruppen von Personen oder Institutionen, welche wirklich oder vermeintlich aus dieser Veranstaltung einen wirtschaftlichen Sondervorteil haben". (F. Terhalle)[212] Man kann auch sagen, dass Beiträge – als verhältnismäßige Kostenbeteiligung an im öffentlichen Interesse liegenden staatlichen Diensten – von jedem erhoben werden, der davon einen dauernden Sondervorteil hat.

Der einzelne Staatsbürger nimmt also *nicht* unmittelbar einen staatlichen Dienst in Anspruch, sondern er veranlasst den Staat durch bestimmte Handlungen oder Unterlassungen *mittelbar* zu Sonderleistungen.

Nimmt z.B. ein Arbeitnehmer eine Tätigkeit auf, dann provoziert er dadurch unmittelbar noch keine staatliche Leistung. Da aber die Möglichkeit besteht, dass dieser Arbeitnehmer wegen Arbeitsunfähigkeit durch Krankheit oder Alter der Unterstützung des Staates bedarf, wird mittelbar eine Art staatlicher Sozialversicherung veranlasst, weil viele Personen freiwillig für den Eventualfall nicht rechtzeitig vorsorgen würden. Der Arbeitnehmer muss daher Beiträge zu der gesetzlichen Sozial- und Krankenversicherung zahlen.

Ähnlich ist die Situation beim Kauf eines Baugrundstücks. Unmittelbar wird durch diesen Kauf der Staat nicht zu bestimmten Leistungen veranlasst. Mittelbar entsteht jedoch für den Staat die Aufgabe, dieses Grundstück an die öffentlichen Versorgungseinrichtungen anzuschließen (Straßenbau, Kanalisation usw.). Die dafür zuständigen Gemeinden lassen sich die Kosten, die durch die mittelbare Inanspruchnahme staatlicher Dienste hervorgerufen wurden, durch Anlieger- und Erschließungsbeiträge von den begünstigten Bürgern entgelten.

---

212 Zitiert in: Meyers Handbuch über die Wirtschaft, a.a.O., S. 393.

Auch hier gilt im Grundsatz das *Äquivalenzprinzip*. Schwierig ist nur das Auffinden eines richtigen Indikators, der den Grad der Leistungsinanspruchnahme durch den Einzelnen widerspiegelt. Als Indikator für die Inanspruchnahme der staatlichen Leistungen wird für die Kostenberechnung in diesem Fall beispielsweise die Grundstücksgröße, die Länge der Straßenfront usw. herangezogen.

dd) Erwerbseinkünfte

Erwerbseinkünfte erzielt der Staat durch seine *Beteiligungen am Markt*. Der Staat tritt am Markt nicht als Hoheitsträger auf, sondern er beteiligt sich am Marktgeschehen grundsätzlich als *gleichberechtigter Marktpartner*. Die Rechtsformen der Unternehmen des Staates und das Ziel der Tätigkeit der staatlichen Unternehmen (Gewinnerzielung oder gemeinwirtschaftliches Prinzip) sind dabei ohne Bedeutung[213]. Neben den Einkünften der staatlichen Unternehmen werden auch die Einnahmen von Anstalten sowie jene aus Grundbesitz und Kapitalvermögen zu den Erwerbseinkünften des Staates gerechnet[214], sodass man letztlich alle *nicht hoheitlichen Einkünfte* des Staates zu den Erwerbseinkünften zählt[215].

Ganz allgemein kann man feststellen, dass der Staat seine Einnahmen aus dem Verkauf von Sachgütern und Dienstleistungen am Markt erzielt, d.h. Einnahmen aus der Bereitstellung von Kapital und Boden sowie aus Beteiligungen an Unternehmen. Die Käufer von Leistungen des Staates sind, keinem „hoheitlichen" Zwang ausgesetzt[216]. Hierin liegt der entscheidende Unterschied zu den Steuern (einschl. Zöllen), Gebühren und Beiträgen, die letztlich Entgelte für *hoheitliche* Tätigkeiten des Staates sind. Im 18. und 19. Jahrhundert spielten die Erwerbseinkünfte des Staates in Deutschland bei den Gesamteinnahmen eine bedeutende Rolle. Es waren dies besonders die Einkünfte aus land- und forstwirtschaftlich genutztem Grundbesitz (so genannte Domänen). Mit der Entwicklung Deutschlands vom Agrarstaat zum Industriestaat nahm die Bedeutung der Erwerbseinkünfte immer mehr ab. Heute haben diese Einkünfte nur noch eine relativ geringe Bedeutung.

---

213 Ebenda, a.a.O., S. 389.
214 Vgl. Wittmann, W., a.a.O., S. 5.
215 Meyers Handbuch über die Wirtschaft, a.a.O., S. 389.
216 Wittmann, W., a.a.O., S. 6.

e) Öffentlicher Kredit

aa) Begriff und Arten des öffentlichen Kredits

Neben den Steuern stellen die öffentlichen Kredite eine *weitere* wichtige Einnahmequelle des Staates dar. Jedoch handelt es sich dabei nur um *Einnahmen auf Zeit*, da Kredite in der Regel zurückgezahlt werden müssen. Der Staat erhält seine Kredite hauptsächlich aus den Ersparnissen der privaten Wirtschaftssubjekte für eine gewisse Zeit und zahlt die Kredite mit einer entsprechenden Verzinsung nach einem festgelegten Zeitraum zurück.

Eine Kreditaufnahme bei der Notenbank ist nicht mehr möglich.

Öffentliche Kredite sind andere als laufende (außerordentliche) und vorläufige Einnahmen der öffentlichen Hand. Man kann eine Reihe von Arten des öffentlichen Kredits unterscheiden. Wird der öffentliche Kredit nach seiner *rechtlich formalen Gestaltung* unterschieden, kann man ihn wie folgt einteilen[217]:

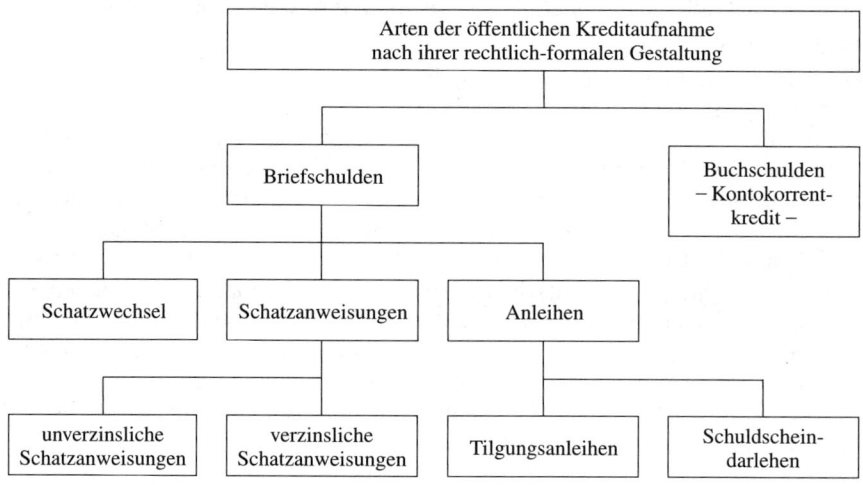

Abb. 64

Briefschulden sind durch Wertpapiere verbriefte Forderungen der Kreditgeber an den Staat. Sie sind als *Orderpapiere* (Schatzwechsel) oder *Inhaberpapiere* jederzeit veräußerbar und daher sehr bewegliche Forderungen. Zu den Briefschulden gehören:

---

217 Entnommen aus: Hartmann, G. B., a.a.O., S. 289, eigene Ergänzungen.

(1) *Schatzwechsel,* die im allgemeinen eine Laufzeit von 3 Monaten haben und wie normale Handelswechsel diskontiert werden. Die Laufzeit kann auch bis zu 6 Monaten betragen. Sie werden bei den Banken zur Behebung vorübergehender Liquiditätsschwierigkeiten in Form von Kassenverstärkungskrediten der öffentlichen Hand aufgenommen.

(2) *Unverzinsliche Schatzanweisungen.* Das sind Wertpapiere mit kurzen Laufzeiten (6–24 Monate), die im Wege der Diskontierung untergebracht werden. Bei der Diskontierung wird dem Käufer eines solchen Wertpapiers (Kreditgeber) bei der Übernahme des Papiers nicht der volle Nennwert berechnet, sondern ein Abschlag (Diskont) gewährt. Am Fälligkeitstag erhält der Kreditgeber jedoch vom Staat den vollen Nennbetrag vergütet, sodass de facto doch eine Verzinsung erfolgt. Diese Papiere werden auch als Finanzierungsschätze *(U-Schätze)* bezeichnet.

(3) *Verzinsliche Schatzanweisungen,* die rechtlich und technisch ähnlich ausgestaltet sind wie die noch zu besprechenden Tilgungsanleihen. Lediglich die Laufzeit ist kürzer als bei den Anleihen. Die Bundesschatzbriefe sind verzinsliche Schatzanweisungen mit einer Laufzeit von 6–7 Jahren.

(4) *Öffentliche Anleihen* (Tilgungsanleihen) sind Wertpapiere *(Schuldverschreibungen)* von Bund, Ländern, Gemeinden und Sondervermögen (z.B. Bundespost, Bundesbahn usw.) zur Beschaffung von *langfristigem Geldkapital.* Es handelt sich hierbei um so genannte Inhaberpapiere, das bedeutet, der jeweilige Besitzer des Papiers kann das im Wertpapier verbriefte Recht geltend machen. Die Anleihen haben einen Ausgabekurs und eine im Voraus bestimmte Verzinsung. Die Laufzeit beträgt meistens zwischen 7 und 20 Jahren. Die Tilgung der Anleihe erfolgt in der Regel mit Ende der Laufzeit. Sie werden an der Börse gehandelt, sodass sich täglich ein Börsenkurs bildet, der vom Ausgabekurs je nach Marktlage zum Teil beträchtlich abweichen kann. Allerdings sind die Kurse der öffentlichen Anleihen gewöhnlich nicht den starken Schwankungen wie etwa bei den Aktien unterworfen.

(5) Eine Sonderform der öffentlichen Anleihe ist das *Schuldscheindarlehen.* Beim Schuldscheindarlehen wird dem Gläubiger vom Schuldner (Staat) über die Kreditgewährung in Form eines Darlehens ein *Schuldschein* ausgestellt. Der Staat verpflichtet sich zur regelmäßigen festen Verzinsung und zur Rückzahlung nach einem festgelegten Tilgungsplan. Schuldscheindarlehen werden in großen Beträgen mit Banken vereinbart, die sie entweder selbst behalten oder bestimmten Anlegern (z.B. Versicherungen) weitergeben. Laufzeit und Verzinsung von Schuldscheindarlehen sind aber unterschiedlich. Sie sind von der jeweiligen Kapitalmarktlage abhängig. In der Regel handelt es sich bei den Schuldscheindarlehen um eine längerfristige Finanzierungsquelle für den Staat. Die Laufzeiten sind etwa mit denen von Tilgungsanleihen vergleichbar. Heute stellen die Schuldscheindarlehen die wichtigste *Finanzierungsquelle* für den

Bund dar[218]. Schuldscheindarlehen sind nicht börsenfähig und daher auch keinen Kursschwankungen ausgesetzt.

Die *Buchschulden* existieren nur in den Büchern der Banken, die der öffentlichen Hand Kredite geben. Bei diesen Krediten handelt es sich um von Kreditinstituten in laufender Rechnung gewährte Kredite, so genannte *Kontokorrent-Kredite*. Es handelt sich dabei um *Überziehungskredite,* die der Staat zur Überbrückung von kurzfristigen Liquiditätsschwierigkeiten seiner Kassen in Anspruch nimmt. Diese können dadurch entstehen, dass zwischen Zahlungsausgängen und Zahlungseingängen (Steuern, Gebühren usw.) eine gewisse Zeitspanne liegt. Man nennt diese Kredite auch *Kassenverstärkungskredite.* Die Kontokorrent- oder Kassenverstärkungskredite werden der öffentlichen Hand von den privaten Geschäftsbanken und den Sparkassen gewährt. Aber auch andere Geldgeber sind denkbar. Im Interesse der Währungsstabilität ist die für den Staat bequeme Art der Kreditaufnahme bei der Zentralbank in der Bundesrepublik Deutschland praktisch aufgehoben worden. Der Bund durfte nach § 20 Bundesbankgesetz bei der Deutschen Bundesbank maximal bis zu 6 Mrd. DM Kassenkredite aufnehmen, d.h. in dieser Höhe bestand ein so genannter *Kreditplafond.* Durch gesetzliche Regelungen der EU ist dies nicht mehr möglich; § 20 BBankG wurde ab dem 1. 1. 1994 entsprechend geändert. Auch die Länder können ebenfalls ab 1. 1. 1994 bei der Deutschen Bundesbank keine Kassenkredite mehr aufnehmen. Den Gemeinden war die Kreditaufnahme bei der Deutschen Bundesbank schon immer versperrt. Daraus folgt, dass der Staat bei der Kreditaufnahme auf den privaten Geld- und Kapitalmarkt angewiesen ist, wo er zusammen mit anderen Nachfragern nach Krediten (Banken, Versicherungen, Industrieunternehmen) um die von den privaten Wirtschaftssubjekten freiwillig zur Verfügung gestellten Geldmittel konkurrieren muss.

Die großen Inflationen dieses Jahrhunderts haben gezeigt, wie gefährlich die unbeschränkte Kreditaufnahme des Staates bei der Zentralbank ist. Daher hat man diesen Weg für die Gebietskörperschaften versperrt.

Teilt man die öffentlichen Kredite nach der Laufzeit ein, ergibt sich folgendes Schema[219]:

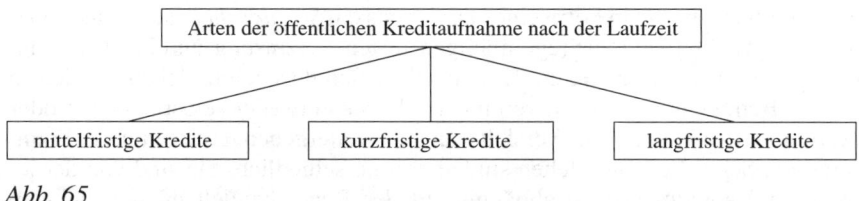

Abb. 65

---

218 Bundesministerium der Finanzen (Hrsg.), Sind Schulden vernünftig?, Bonn 1976, S. 6.
219 Entnommen aus: Hartmann, G. B., a.a.O., S. 290.

Als *kurzfristige* Kredite gelten solche mit einer Laufzeit bis zu 2 Jahren. Es sind dies in der Regel *Schatzwechsel* und *Kontokorrentkredite*. Die Laufzeit *mittelfristiger* Kredite beträgt über 2–4 Jahre, meist jedoch weniger. Hier sind besonders die *verzinslichen Schatzanweisungen* zu nennen. Als *langfristig* gelten Kredite mit einer Laufzeit von über 4 bis über 10 Jahren. In der Regel haben die öffentlichen Anleihen eine Laufzeit von 7 bis 20 Jahren; gegebenenfalls auch bis zu 30 Jahren.

Kredite mittelfristiger und langfristiger Art erscheinen im Haushaltsplan, sodass man darüber hinaus noch eine Unterscheidung der Kredite nach der haushaltsrechtlichen Behandlung treffen kann. Das Haushaltsrecht des Bundes, vor allem in der Folge der Haushaltsreform von 1969, macht es notwendig, die öffentlichen Kredite in folgender Hinsicht zu unterscheiden:[220]

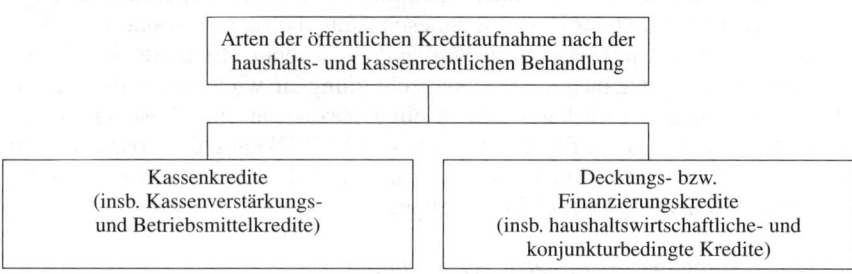

Abb. 66

bb) Rechtfertigung des öffentlichen Kredits

Man könnte der Auffassung sein, dass der Staat seine Ausgaben voll aus den Steuern und sonstigen endgültigen Einnahmen (Gebühren, Beiträge, Erwerbseinkünfte) finanzieren sollte. Gibt es aber einleuchtende Gründe für die Finanzierung durch Kredite, die nur vorübergehende Einnahmen für den Staat darstellen?

Die einfachste Begründung ist, dem Staat wie jedem anderen Wirtschaftssubjekt die Möglichkeit der Kreditaufnahme zur Überbrückung der Zeitspanne zwischen Zahlungsausgängen und Zahlungseingängen durch einen Kontokorrentkredit zu geben.

Die *klassische* Rechtfertigung für die Aufnahme von längerfristigen Krediten geht davon aus, dass mit Krediten bestimmte Investitionsvorhaben des Staates mit langer Nutzungsdauer zu finanzieren sind. Da diese Investitionen meistens nicht nur der *gegenwärtigen* Generation zugute kommen, sondern auch von *zu-*

---

220 Ebenda und Staender, K., Lexikon der öffentlichen Finanzwirtschaft, Heidelberg 2000, S. 290 ff.

künftigen Generationen genutzt werden, ist eine teilweise Kreditfinanzierung zu rechtfertigen. Würde man die im Zeitpunkt der Investitionsausführung lebende Generation voll mit den damit verbundenen Kosten über Steuern belasten, so wäre dies eine übermäßige Beanspruchung der Leistungsfähigkeit dieser Bürger. Die zukünftige Generation soll zu den mit Krediten finanzierten Investitionen durch anteilige Kostenübernahme in Form von Steuern herangezogen werden. Die Aussage von Lorenz von Stein: *„Ein Staat ohne Kredite verlangt entweder zu viel von der Gegenwart oder leistet zu wenig für die Zukunft"* macht die klassische Begründung des öffentlichen Kredits besonders deutlich.

Seit der großen Wirtschaftskrise der 30er-Jahre des 20. Jahrhunderts und der aus dieser Zeit stammenden Lehre von J. M. Keynes ist eine weitere Rechtfertigungslehre der öffentlichen Verschuldung entwickelt worden. Die Kreditaufnahme durch den Staat wird danach nicht mehr ausschließlich unter dem allgemeinen Gesichtspunkt der Einnahmenbeschaffung betrachtet, sondern wird vor allem unter dem *Aspekt der Wirtschaftspolitik* gesehen. Es hatte sich die Erkenntnis durchgesetzt, dass die Staatsverschuldung ein wichtiges wirtschaftspolitisches Instrument sein kann, um in einer Rezession eine Ausdehnung der staatlichen Nachfrage zu finanzieren, um so den Rückgang der privaten Nachfrage auszugleichen Die Staatsverschuldung dient also auch der Wiederherstellung des gesamtwirtschaftlichen Gleichgewichts.

cc) Entwicklung der öffentlichen Verschuldung

Die folgende Tabelle 19 gibt Aufschluss über die Entwicklung der öffentlichen Verschuldung von 1999 bis 2000[221]:

Die Zahlen über den jeweiligen Schuldenstand am Jahresende zeigen zunächst eine *kontinuierliche Zunahme der Staatsverschuldung.* Mit der Wiedervereinigung 1990 steigt die Staatsverschuldung *sprunghaft* an.

Die Entwicklung der Staatsverschuldung lässt sich auch grafisch darstellen (Abbildungen 67, 67a, 67b)[222]

---

221 Quelle: Bundesministerium der Finanzen (Stand April 2000).
222 Quelle: Globus Kartendienst.

Tabelle 19: Schulden der öffentlichen Haushalte 1990–2000

	1990	1991	1992	1993	1994	1995	1996	1997	1998	1999[6]	2000[6]
Schulden (Mrd. DM)[1]											
Öffentliche Haushalte insgesamt[2]	1.048,8	1.165,5	1.331,5	1.499,2	1.645,1	1.976,1	2.093,6	2.188,7	2.256,4	2.323½	2.401½
Bund	542,2	586,0	606,7	685,3	712,5	754,3	833,2	899,1	954,4	1.386½	1.433½
Länder (West)[3]	326,4	344,6	364,7	391,3	409,5	438,7	468,8	498,1	519,4	535½	558½
Länder (Ost)[3]	.	3,6	19,3	37,3	51,2	64,6	78,6	88,2	96,3	103	110½
Gemeinden (West)[4]	114,4	119,6	126,6	134,1	136,3	139,4	141,6	138,3	135,8	131½	128
Gemeinden (Ost)[4]	.	7,6	12,3	18,3	23,3	26,3	27,6	29,1	30,1	32	33½
Sonderrechnungen[5]	56,7	94,3	190,4	217,1	291,1	530,8	522,0	515,8	499,7	114	116½
Schulden in v. H. der Gesamt-Schulden											
Bund	51,7	50,3	45,6	45,7	43,3	38,2	39,8	41,1	42,3	59½	59½
Länder (West)[3]	31,1	29,6	27,4	26,1	24,9	22,2	22,4	22,8	23,0	23	23
Länder (Ost)[3]	.	0,3	1,5	2,5	3,1	3,3	3,8	4,0	4,3	4½	4½
Gemeinden (West)[4]	10,9	10,3	9,5	8,9	8,3	7,1	6,8	6,3	6,0	5½	5½
Gemeinden (Ost)[4]	.	0,7	0,9	1,2	1,4	1,3	1,3	1,3	1,3	1½	1½
Sonderrechnungen[5]	5,4	8,1	14,3	14,5	17,7	26,9	24,9	23,6	22,1	5	5
Schulden in v. H. des BIP											
Öffentliche Haushalte insgesamt[2]	43,2	39,7	42,2	46,3	48,5	56,1	58,4	59,7	59,6	60	60)
Bund	22,3	19,9	19,2	21,2	21,0	21,4	23,2	24,5	25,2	36	35½
Länder (West)[3]	13,5	11,7	11,6	12,1	12,1	12,5	13,1	13,6	13,7	14	14
Länder (Ost)[3]	.	0,1	0,6	1,2	1,5	1,8	2,2	2,4	2,5	2½	3
Gemeinden (West)[4]	4,7	4,3	4,0	4,1	4,0	4,0	3,9	3,8	3,6	3½	3
Gemeinden (Ost)[4]	.	0,3	0,4	0,6	0,7	0,7	0,8	0,8	0,8	1	1
Sonderrechnungen[5]	2,3	3,2	6,0	6,7	8,6	15,1	14,6	14,1	13,2	3	–
Maastricht-Kriterium „Schuldenstand" in v. H. des BIP						57,0	59,7	60,8	60,7	61	61

1) Schuldenstand jeweils am Stichtag 31. Dezember. „Kreditmarktschulden im weiteren Sinn" (einschließlich Ausgleichsforderungen; ohne Schulden bei öffentlichen Haushalten, innere Darlehen, Kassenverstärkungskredite, kreditähnliche Rechtsgeschäfte, Bürgschaften und sonstige Gewährleistungen). Ab 1997 ohne Krankenhäuser mit kaufmännischem Rechnungswesen.
2) Bund, Länder, Gemeinden einschl. Gemeindeverbände, Sonderrechnungen, Zweckverbände.
3) Länder (West) einschl. Berlin, Länder (Ost) ohne Berlin.
4) Einschließlich Krankenhäuser, ohne Schulden der Eigenbetriebe.
5) ERP-Sondervermögen, Fonds „Deutsche Einheit" (seit 1990), Kreditabwicklungsfonds (1990 bis 1994), Entschädigungsfonds (seit 1994), Bundeseisenbahnvermögen (1994 bis 1998), Erblastentilgungsfonds (1995 bis 1998) und Steinkohlefonds (1995 bis 1998); Schulden des Bundeseisenbahnvermögens, Erblastentilgungsfonds und Steinkohlefonds ab 1999 beim Bund nachgewiesen.
6) Projektion (Stand Finanzplanungsrat Herbst 1999).

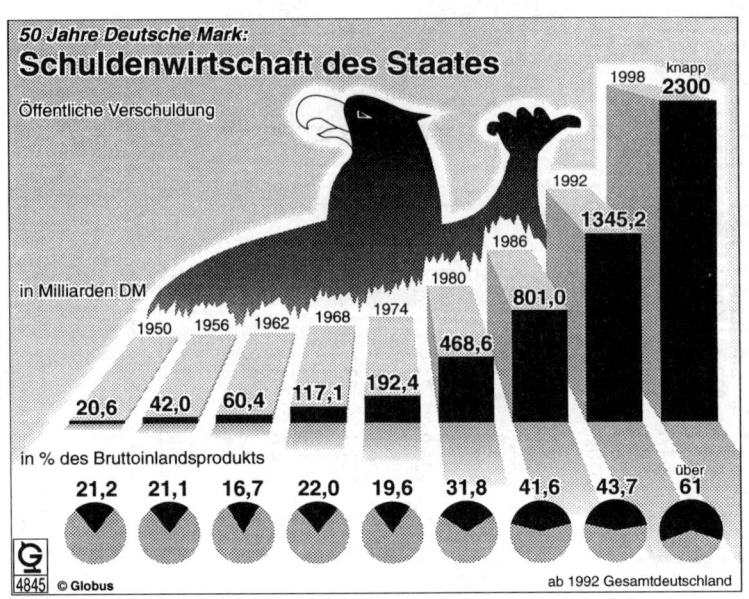

Abb. 67: Entwicklung der Staatsverschuldung in Deutschland 1950–1999

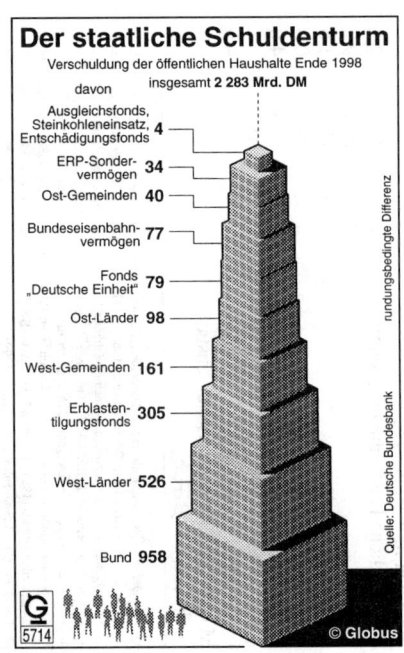

Abb. 67a: Die Struktur der Staatsschulden Ende 1998

dd) Grenzen der öffentlichen Verschuldung

Die Frage nach den Grenzen der Staatsverschuldung kann wissenschaftlich *nicht* beantwortet werden, weil es *keine* absoluten und objektiven Kriterien gibt, die geeignet sind, die Grenzen der Staatsverschuldung eindeutig zu bestimmen[223]. Man kann auch nicht die Kriterien heranziehen, die die Verschuldungsgrenze für private Wirtschaftssubjekte angeben, weil die privaten Wirtschaftssubjekte auf Grund ihrer Zielsetzungen nicht die Aufgaben erfüllen würden, die man dem Staat zumutet (beispielsweise eine Verschuldung zur Überwindung einer Rezession oder Kreditaufnahme für privatwirtschaftlich unrentable Investitionen). Ein in der Privatwirtschaft üblicher Vergleich von Schulden und Vermögen ist beim Staat wenig sinnvoll, weil der überwiegende Teil des Staatsvermögens (Straßen, Schulgebäude, Krankenhäuser, Brücken) keinen Marktwert hat und daher keine Bewertung zu Marktpreisen zulässt.

Die Gegenüberstellung der Kosten der Kreditfinanzierung und der Erlöse der mit Krediten finanzierten öffentlichen Investitionen, um daraus die Grenzen für die Staatsverschuldung abzuleiten, wird nur in Ausnahmefällen möglich sein[224]. Viele öffentliche Investitionen werfen nämlich keine Rendite ab, sondern dienen der Verbesserung der wirtschaftlichen Infrastruktur (Bildungs-, Gesundheits-, Verkehrs-, Versorgungswesen) Der Gewinn, den die Allgemeinheit daraus zieht, ist kaum messbar. Im Grundgesetz findet man in Artikel 115 einen gewissen Anhaltspunkt für die Verschuldungsgrenze des Bundes. Danach dürfen die *Einnahmen* aus Krediten die Summe der im Haushaltsplan veranschlagten *Ausgaben für Investitionen nicht überschreiten*. Diese Aussage wäre eine klare Bestimmung für die Grenze der Verschuldung, wenn nicht Artikel 115 GG gleichzeitig durch die Formulierung – *„Ausnahmen sind nur zulässig zur Abwehr einer Störung des gesamtwirtschaftlichen Gleichgewichts"* – die Bestimmung der Verschuldungsgrenze wieder unklar werden ließe. Die Grenze, nämlich eine öffentliche Verschuldung nur in Höhe der im Haushalt veranschlagten Ausgaben für Investitionen vorzunehmen, bezieht sich auf eine normale Konjunkturlage, wobei unter *Ausgaben für Investitionen alle Ausgaben zu verstehen sind, die die „Produktionsmittel der Volkswirtschaft erhalten, vermehren oder verbessern"*. Dazu gehören sowohl Eigeninvestitionen des Bundes, die dessen unmittelbaren Vermögensstand erhöhen, als auch Fremdinvestitionen, die vom Bund finanziell gefördert werden"[225]. Interessant ist, dass damals die Kassenkredite des Bundes bei der Deutschen Bundesbank nicht als Kredite im Sinne des Art. 115 GG angesehen wurden[226].

---

223 Vgl. Möller, A., Die Schulden der öffentlichen Hand. Staatsverschuldung als Instrument der Wirtschaftspolitik, Bonn 1976, S. 11.
224 Ebenda.
225 Maunz/Dürig/Scholz, Grundgesetz-Kommentar, München 1978, Art. 115 Rdnr. 19.
226 Ebenda, Rdnr. 6.

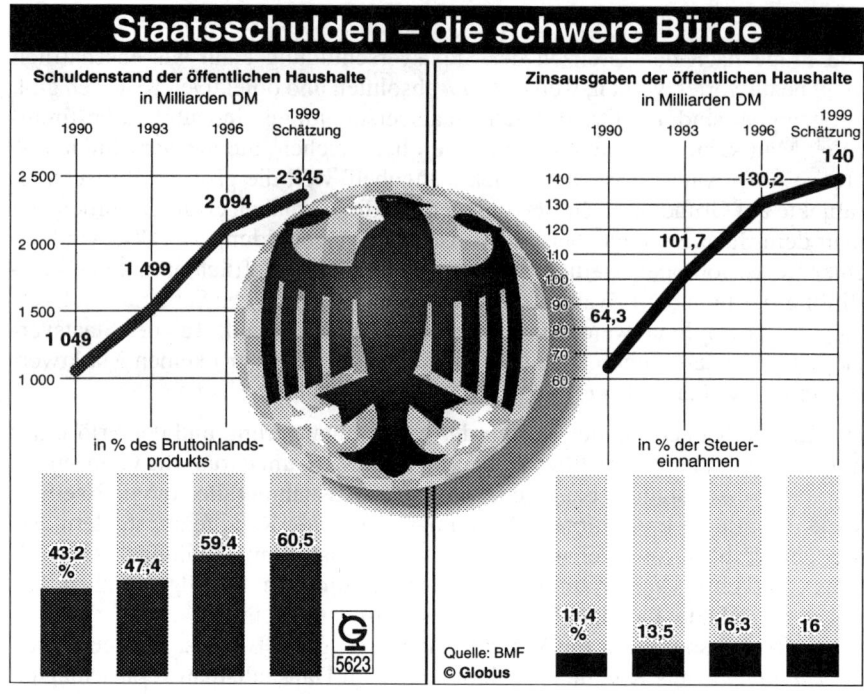

Staatsschulden – die schwere Bürde

Schuldenstand der öffentlichen Haushalte
in Milliarden DM

1990	1993	1996	1999 Schätzung

2 345
2 094
1 499
1 049
2 500
2 000
1 500
1 000

in % des Bruttoinlands-produkts

43,2 %
47,4
59,4
60,5

Zinsausgaben der öffentlichen Haushalte
in Milliarden DM

1990	1993	1996	1999 Schätzung

140
130,2
101,7
64,3
140
130
120
110
100
90
80
70
60

in % der Steuer-einnahmen

11,4 %
13,5
16,3
16

5623

Quelle: BMF
© Globus

Abb. 68: Entwicklung der Staatsschulden und der Zinsausgaben der öffentlichen Haushalte (absolut und in v.H. des Bruttoinlandsprodukts und der Steuereinnahmen)[227]

Da auch aus Artikel 115 GG *keine eindeutige Verschuldungsgrenze* festzustellen ist, müssen weitere Kriterien gesucht werden. Dabei wir die Argumentation, wie schon bei Artikel 115 GG zum Ausdruck gekommen ist, mehr unter haushaltswirtschaftlichen Gesichtspunkten geführt. Es kommt bei der Beurteilung der Grenze der Staatsverschuldung auch darauf an, wie hoch die Belastung der öffentlichen Haushalte durch den Schuldendienst (= sämtliche Ausgaben für Zins- und Tilgungsleistungen) ist. Man könnte sagen, „dass eine Grenze der Staatsverschuldung dann erreicht ist, wenn der Schuldendienst den haushaltspolitischen Verfügungsspielraum ernstlich einengt."[228] Damit ist jedoch auch keine genaue Grenze beschrieben. Da nach der Haushaltssystematik im Bundeshaushalt für den Schuldendienst als Ausgaben nur die Zinszahlungen veranschlagt werden (Tilgungen dagegen nicht; diese zieht man von den Einnahmen

---

227 Möller, A., Die Schulden der öffentlichen Hand, a.a.O., S. 12.
228 Ebenda.

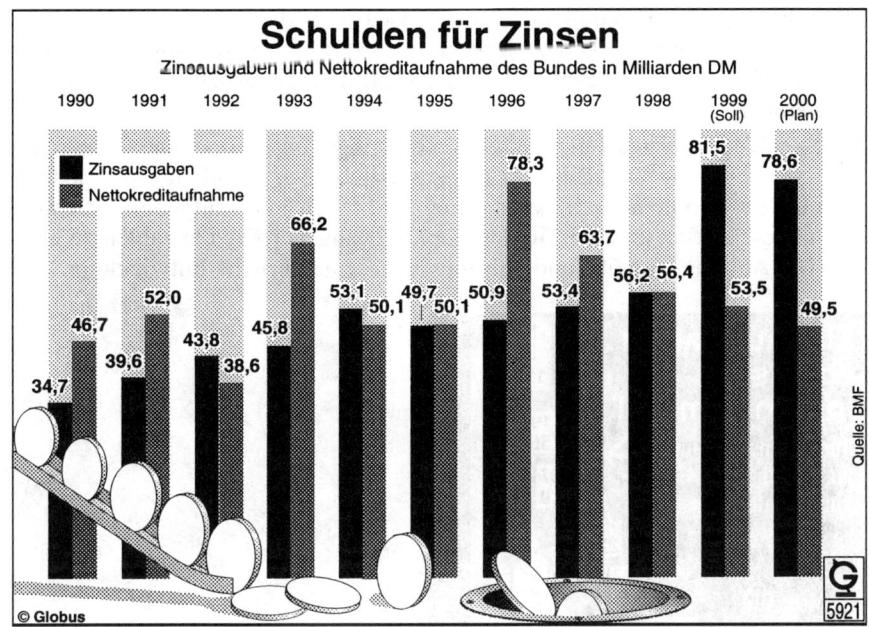

Abb. 68a: Entwicklung der Ausgaben für Zinsen und die Kreditaufnahme des Bundes in Milliarden DM 1990 bis 2000[229]

aus Krediten ab, sodass sich im Haushalt immer nur die Neuverschuldung, die so genannte Nettokreditaufnahme niederschlägt), könnte man eine Grenze durch das Verhältnis von Zinszahlungen zu den Gesamtausgaben bzw. zu den Gesamteinnahmen markieren. Möller sieht bei einer Schuldendienstbelastung von durchschnittlich 3 bis 4 Prozent des gesamten Ausgabenvolumens der öffentlichen Haushalte noch keine „fühlbare Einengung des haushaltswirtschaftlichen Manövrierspielraums."[230]

Die Anteile der Zinsausgaben an den *Gesamtausgaben* des Bundes sind von 1957 mit 1,5% ständig gestiegen und werden 1997 die 22%-Marke überschreiten (Abb. 69). Die Anteile der Zinsausgaben des Bundes an seinen Steuereinnahmen wachsen ebenfalls ständig; von 1992 mit 12,4% auf 15,0% im Jahre 1995, auf 16% im Jahre 1999 (Abb. 68). Ob sich daraus schon eine Grenze der Verschuldung ergibt, ist jedoch ohne weiteres nicht erkennbar. Allgemein könnte man sagen, dass die Relation: Zinsbelastung aus der Staatsverschuldung zu Steuereinnahmen einen bestimmten Wert nicht überschreiten sollte, damit die

---

229 Quelle: Globus, Bundesministerium der Finanzen.
230 Ebenda.

Zinsbelastung prozentual nicht schneller wächst als das Aufkommen an Steuern. Die Festlegung des Wertes, der nicht überschritten werden soll, ist objektiv nicht möglich, sondern kann nur auf Grund politischer Entscheidungen getroffen werden.

Abschließend ist festzustellen, dass es nicht möglich ist, *exakt* eine Grenze der Staatsverschuldung anzugeben. Eine zusätzliche Verschuldung wird jedoch dann äußerst problematisch, wenn neue Kredite nur noch aufgenommen werden, um die Zinsen und die Tilgung vorausgegangener Kredite zahlen zu können. Die Abbildungen 68a und 68b zeigen diese gefährliche Entwicklung.

Abb. 68b:
Zinsausgaben in v. H.
der Gesamtausgaben
des Bundes 1957 bis 1997[231]

D. Finanzausgleich

1. Notwendigkeit des Finanzausgleichs

Auf Grund natürlicher, demografischer und soziologischer Voraussetzungen besteht in den einzelnen Ländern der Bundesrepublik Deutschland sowie in den Gemeinden eines Bundeslandes eine unterschiedliche wirtschaftliche Aktivität und damit auch ein unterschiedliches Steueraufkommen. Die Folge davon ist ein gewisses *Wohlstandsgefälle* zwischen den einzelnen Bundesländern und zwi-

---

231 Quelle: Globus.

schen den Gemeinden eines Landes. Dieses Gefälle würde sicher noch verstärkt werden, wenn man die Gebietskörperschaften auf die Steuereinnahmen beschränken würde, die ihnen nach dem Grundgesetz im föderativ aufgebauten Staatswesen der Bundesrepublik Deutschland zustehen. Es würde sich dann auf Grund des unterschiedlichen Steueraufkommens auch ein unterschiedliches Angebot an öffentlichen Leistungen (z.B. Straßenbau, Schulwesen) ergeben. Damit wäre der Intention des Grundgesetzes, die *Einheitlichkeit der Lebensverhältnisse im Bundesgebiet* (Art. 106 Abs. 3 GG) zu Gewähr leisten, nicht Rechnung getragen. Um die Gebiete, die durch bestimmte Bedingungen ohnehin wirtschaftlich benachteiligt sind, nicht auch noch in der Versorgung mit staatlichen Diensten zu benachteiligen, findet ein *Finanzausgleich* statt. Dabei unterscheidet man zwei Arten des Finanzausgleichs.

2. Arten des Finananzausgleichs

a) Horizontaler Finanzausgleich

Unter dem horizontalen Finanzausgleich versteht man den Ausgleich zwischen *gleichgeordneten* Gebietskörperschaften. Er findet beispielsweise zwischen den Bundesländern untereinander und zwischen den Gemeinden eines Gemeindeverbandes statt. Der bedeutendste horizontale Finanzausgleich ist der zwischen den Bundesländern. Das Gesetzes über den Finanzausgleich[232] zwischen Bund und Ländern vom 28. August 1969 bestimmen, welche *finanzstarken Länder an finanzschwache Länder* einen Ausgleich zu zahlen haben. Danach werden aus Beiträgen der ausgleichspflichtigen Länder Zuschüsse an die ausgleichsberechtigten Länder geleistet, wobei *ausgleichspflichtige* Länder solche Länder sind, deren so genannte *Steuerkraftmesszahl* im für den Ausgleich maßgeblichen Jahr ihre so genannte *Ausgleichsmesszahl* übersteigt. Länder, deren *Steuerkraftmesszahl* die *Ausgleichsmesszahl* nicht erreicht, erhalten Zuweisungen im Rahmen des *horizontalen Finanzausgleichs*. Die *Steuerkraftmesszahl* eines Bundeslandes berechnet sich aus der Summe der Steuereinnahmen des Landes und der seiner Gemeinden.

Die *Ausgleichsmesszahl* ist der Durchschnitt der auszugleichenden Einnahmen je Einwohner im Bundesgebiet, multipliziert mit der Einwohnerzahl des betreffenden Landes[233]. Die finanzschwachen Länder erhalten seit 1970 Ausgleichsleistungen im Rahmen des Landesfinanzausgleichs, wodurch ihre Finanzkraft auf mindestens 95% des Durchschnittssatzes aller Bundesländer angehoben wird[234].

---

232 BGBl, S. 142.
233 Vogel, K., Kirchhof, P., Kommentar zum Bonner Grundgesetz (Bonner Kommentar), Bonn 1971, Art. 107, Rdnr. 174.
234 Süddeutsche Zeitung, Nr. 298, vom 28. 12. 1978, S. 20.

Die folgenden Abbildungen zeigen die Entwicklung des horizontalen Finanzausgleichs unter den Bundesländern von 1970 bis 1999.

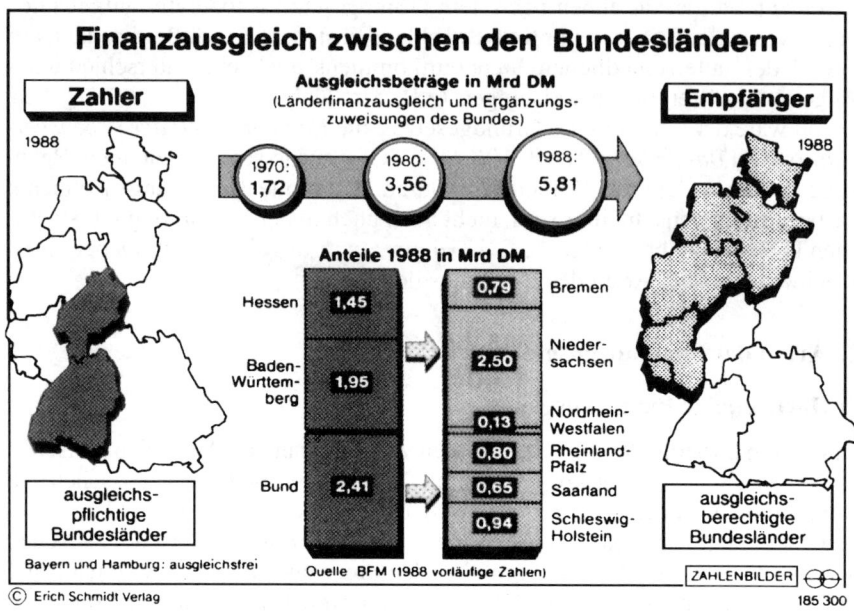

Abb. 69

Die finanzschwachen Bundesländer sind seit Jahren weitgehend dieselben, nämlich Schleswig-Holstein, Bremen, Niedersachsen, Rheinland-Pfalz, Saarland und Bayern (Bremen gehört erst seit einiger Zeit dazu). Bayern erhielt 1988 keine Mittel mehr aus dem Länderfinanzausgleich; es hat sich von einem finanzschwachen zu einem finanzstarken Land zu entwickelt. Zu den finanzstarken Bundesländern gehören Hamburg, Hessen und Baden-Württemberg. Nordrhein-Westfalen hat sich besonders in Folge struktureller Probleme (Ruhr-Gebiet) vorübergehend von einem finanzstarken Land zu einem relativ finanzschwachen Land gewandelt. Im Jahre 1985 hat es weder Finanzmittel im Länderfinanzausgleich abgegeben noch welche erhalten. Es ist jedoch in den 90er Jahren wieder ein finanzstarkes Land geworden.

Bei den empfangenden Ländern stand Niedersachsen an der Spitze, dessen Anteil sich seit 1974 ständig vergrößert hat. Bei den Geberländern hat der Anteil Baden-Württembergs stark zugenommen und mit 65% im Jahre 1985 einen bisherigen Höchststand erreicht. Im Jahre 1968 zählte Bremen noch zu den zahlungspflichtigen Ländern. Beispielsweise kamen 1968 von 1,7 Mrd. DM umverteilten Finanzmitteln 27,9% aus Hamburg, aus Hessen 25,4%, aus Baden-Württemberg 25,0%, aus Nordrhein-Westfalen 21,6% und aus Bremen noch

226

0,16%. Von den ausgleichsberechtigten Ländern hatte Niedersachsen einen Anteil von 35,5% und Bayern einen von 5,8%, während auf Schleswig-Holstein noch 32,8%, auf Rheinland-Pfalz noch 21,0% und auf das Saarland 14,9% entfielen. Anfang der 90er-Jahre hat sich bei der Verteilung zwischen Geber- und Nehmerländer nur insofern etwas geändert, dass nur noch Hessen und Baden-Württemberg die Geberländer waren und Bayern, Hamburg und Nordrhein-Westfalen weder Mittel abgaben noch welche erhielten.

Mit der umfassenden Neuregelung des Länderfinanzausgleichs als Folge der Wiedervereinigung ab 1. 1. 1995 ändert sich das Verhältnis von gebenden und nehmenden Ländern grundlegend. Es wurde von einem Volumen des gesamtdeutschen Länderfinanzausgleichs 1995 von rd. 13 Mrd. DM angegangen. Empfängerländer sind: alle neuen Bundesländer und Berlin, Bremen, Niedersachsen, RheinlandPfalz und Saarland. Im Jahre 1995 waren Zahlerländer Hessen, Baden-Württemberg, Bayern, Nordrhein-Westfalen und mit geringen Beträgen Schleswig-Holstein und Hamburg[235].

Wie sich der Länderfinanzausgleich im Jahre 1999 darstellte zeigt Abbildung 70

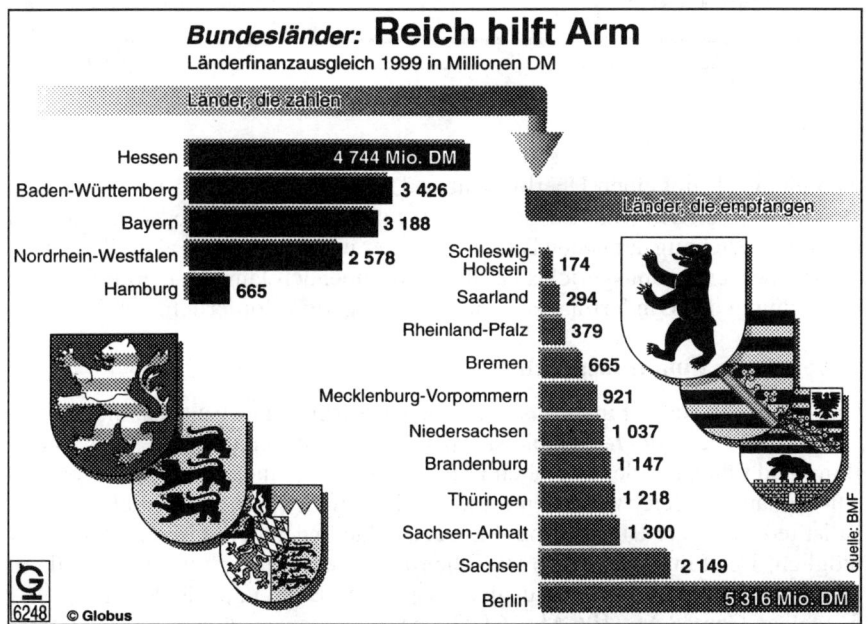

Abb. 70

---

235 Ebenda, Finanzbericht 1995, a.a.O., 1994, S. 155.

Finanzausgleich zwischen den Ländern

Neuregelung ab 1995 bezieht auch die neuen Bundesländer ein

❶ Umsatzsteuer-ausgleich

Mittel:
Umschichtung von bis zu ¼ der gesamten Ländereinnahmen aus der Umsatzsteuer (der Rest wird nach der Einwohnerzahl auf die Länder verteilt)

Ziel:
Die finanzschwachen Länder auf 92 % der länderdurchschnittlichen Finanzkraft anzuheben

❷ Länderfinanz-ausgleich

Mittel:
Zuweisungen der finanzstarken an die finanzschwachen Bundesländer

Ziel:
Die finanzschwachen Länder auf mindestens 95 % der länderdurch-schnittlichen Finanz-kraft anzuheben

❸ Leistungen des Bundes

Fehlbetrags-Ergänzungszuweisungen
an finanzschwache Länder; decken 90 % des restlichen Fehlbetrags zur länderdurch-schnittlichen Finanzkraft ab

Sonderbedarfs-Ergänzungszuweisungen
zum Ausgleich teilungs-bedingter Belastungen, unterdurchschnittlicher Gemeindefinanzen und für die relativ hohen Kosten der politischen Führung in kleinen Bundesländern

Übergangs-Ergänzungszuweisungen
an finanzschwache alte Bundesländer, die durch den neugeregelten Finanzaus-gleich stark belastet sind

© Erich Schmidt Verlag

ZAHLENBILDER
185 300

Abb. 71

Abbildung 71 gibt einen Überblick über den Verteilungsmodus im Finanzaus-gleich zwischen den Bundesländern, wie er sich nach der Neuregelung ab 1995 unter Einbeziehung der neuen Bundesländer ergibt. Nach einem aktuellen Urteil des Bundesverfassungsgerichts ist für die kommenden Jahre eine grundlegende Neuordnung des Länderfinanzausgleichs **zwingend** erforderlich.

b) Vertikaler Finanzausgleich

Unter dem vertikalen Finanzausgleich ist der Ausgleich zwischen *übergeordne-ten* und *untergeordneten* Gebietskörperschaften zu verstehen, d.h. zwischen Bund und Ländern oder zwischen Ländern und Gemeinden. Ein direkter verti-kaler Finanzausgleich zwischen Bund und Gemeinden wäre prinzipiell denkbar. Er ist jedoch in der Bundesrepublik Deutschland nach dem Grundgesetz nicht möglich. Der Finanzausgleich zwischen Bund und Ländern wird ebenfalls in dem Gesetz über den Finanzausgleich zwischen Bund und Ländern in §§ 1–3 festgelegt. Gemäß Art. 106 Abs. 6 GG muss der Finanzausgleich zwischen Län-dern und Gemeinden geregelt werden.

Art. 106 GG bestimmt im Prinzip den vertikalen Finanzausgleich durch die Ver-teilung der Steuern auf Gebietskörperschaften. Lediglich die Aufteilung der Mehrwertsteuer (Umsatzsteuer) muss zwischen Bund und Ländern stets neu

228

verhandelt werden und durch Bundesgesetz, das der Zustimmung des Bundesrats bedarf, festgesetzt werden (Art. 106 Abs. 3, 4 GG). Die Aufteilung der Mehrwertsteuer (Umsatzsteuer) zwischen Bund und Ländern ändert sich oft. Nach erfolgten Änderungen betrug Ende 1994 das Beteiligungsverhältnis Bund-Länder 63% zu 37%. Ab 1. 1. 1995 verschiebt sich das Verhältnis zu Gunsten der Länder wie folgt: Bund 56%, Länder 44%. Daneben hat der Bund nach Änderung des Gesetzes über den Finanzausgleich mit Wirkung vom 1. 1. 1987 aus seinem Umsatzsteueranteil Bundesergänzungszuweisungen an finanzschwache Länder in Höhe eines Festbetrags von 1,775 Mrd. DM geleistet. Für die Jahre 1988 bis 1993 ist durch das Gesetz das Gesamtvolumen auf 2 v.H. des Umsatzsteueraufkommens angehoben worden. Für 1988 waren dies schätzungsweise 2,46 Mrd. DM.

Die Mehrwertsteuer (Umsatzsteuer) ist durch die Finanzreform 1969 in den Steuerverbund von Bund und Ländern einbezogen worden, nachdem sie vorher eine reine Bundessteuer war. Danach wird das Beteiligungsverhältnis von Bund und Ländern jeweils für die Dauer von 2 Jahren befristet festgesetzt.

Abschließend soll der aktuelle Stand (1999/2000) und die Entwicklung der vertikalen Steuerverteilung dargestellt werden.

Einkommensteuer (einschließlich Lohnsteuer)
    Bund: 42,5%, Länder: 42,5%, Gemeinden: 15%
Zinsabschlagsteuer
    Bund: 44%, Länder: 44% Gemeinden 12%
Körperschaftsteuer
    Bund: 50%, Länder: 50%
Umsatzsteuer
    1993 und 1994: Bund: 63%, Länder 37%
    1995: Bund: 56%, Länder: 44%
    1998 und 1997: Bund: 50,5%, Länder: 49,5%
    Ab 1998 Beteiligung der Gemeinden
    1998 Bund: rd. 51,2%, Länder: rd. 46,7%, Gemeinden: rd. 2,1%
    1999 Bund: rd. 52,2%, Länder: rd. 45,7%, Gemeinden: rd. 2,1%
    2000 Bund: rd. 52,0%, Länder: rd. 45,9%, Gemeinden: rd. 2,1%

IX. Wirtschaftspolitik

A. Begriff der Wirtschaftspolitik

Allgemein kann man *Wirtschaftspolitik* als die *Summe aller Maßnahmen zur Gestaltung des Wirtschaftslebens* definieren. Die Maßnahmen beziehen sich zunächst auf die Gestaltung der *Wirtschaftsordnung*. Im Rahmen der so gestalteten Wirtschaftsordnung soll dann der Wirtschaftsablauf und die Wirtschaftsstruktur beeinflusst werden. Mit obiger Definition wird die *Wirtschaftspolitik im weiteren Sinne* beschrieben.

Da dem Staat in der Sozialen Marktwirtschaft eine aktive Rolle bei der Gestaltung des Wirtschaftsgeschehens zugewiesen ist, kommt er in erster Linie als Träger der Wirtschaftspolitik in Frage. Daher spielt der Staat bei der Diskussion über Wirtschaftspolitik in der breiten Öffentlichkeit die führende Rolle, obwohl, wie später noch zu erörtern ist, es auch private Träger der Wirtschaftspolitik gibt. Wird auf den Hauptträger der Wirtschaftspolitik abgestellt, kommt man zur Definition der *Wirtschaftspolitik im engeren Sinne*. Unter *Wirtschaftspolitik* sind danach *„alle staatlichen Maßnahmen zur Gestaltung des Wirtschaftsgeschehens"*[236] *zu verstehen.*

Bei den Ausführungen über den Begriff der Wirtschaftspolitik ist hervorzuheben, dass es immer um die Erklärung der *praktischen,* nicht der theoretischen Wirtschaftspolitik ging. Es soll noch auf eine gängige Definition der *praktischen Wirtschaftspolitik* hingewiesen werden. *Praktische Wirtschaftspolitik* ist danach *„die Summe hoheitlicher, zweckorientierter Handlungen, die darauf abzielen, die Wirtschaftsordnung, den Wirtschaftsablauf und die Wirtschaftsstruktur nach bestimmten Zielvorstellungen zu beeinflussen"*[237]. Die Beeinflussung kann prinzipiell durch Appelle, Anreize/Erschwernisse und unmittelbare Festlegung (Zwang) erfolgen. In der „Sozialen Marktwirtschaft" ist der Zwang als Mittel der Beeinflussung bei Entscheidung der privaten Wirtschaftssubjekte grundsätzlich ausgeschlossen. Zielvorstellungen sind an anderer Stelle zu behandeln.

Das folgende Schema gibt einen Überblick über die verschiedenen Arten und Bereiche der Wirtschaftspolitik.

---

236 Meyers Handbuch über die Wirtschaft, a.a.O., S. 1150.
237 Lampert, H., Die Interdependenzen zwischen der Wirtschaftspolitik und der Sozialpolitik, in: WISU, Nr. 5, 1977, Düsseldorf, 1977, S. 211.

Abb. 72: *Übersicht über die Wirtschaftspolitik*

B. Arten der Wirtschaftspolitik

1. Ordnungspolitik

Beziehen sich die staatlichen Maßnahmen auf die Schaffung und/oder Ergänzung von Rahmenbedingungen für die Wirtschaft (= Wirtschaftsverfassung), so spricht man von Wirtschaftspolitik als *Ordnungspolitik.* „Unter *Ordnungspolitik ist jener Bereich wirtschaftspolitischer Aktivität zu verstehen, der darauf ausgerichtet ist, eine gewünschte Wirtschaftsordnung zu verwirklichen oder eine gültige Wirtschaftsordnung zu sichern und auszubauen"*[238]. Man kann Ordnungspolitik auch wie folgt definieren: Ordnungspolitik ist die Summe aller hoheitlichen, zweckorientierten Maßnahmen mit dem Ziel, die Wirtschaftsordnung eines Landes zu konstituieren, zu stabilisieren und zu dynamisieren. Auf die Bundesrepublik Deutschland bezogen heißt dies: Sicherung (Stabilisierung und Dynamisierung) der Sozialen Marktwirtschaft. Die Ordnungspolitik besteht vor allem im Setzen von Rechtsnormen für die Wirtschaft. Ordnungspolitische Maßnahmen finden ihren Niederschlag in einer Reihe von Gesetzen, die seit der Verabschiedung des Grundgesetzes, das selbst keine bestimmte Wirtschaftsordnung zwingend vorschreibt, in der Bundesrepublik Deutschland erlassen worden sind. Dazu gehören u.a.: Das Gesetz gegen Wettbewerbsbeschränkungen (GWB), das Gesetz über die Deutsche Bundesbank (BBankG), das Gesetz zur Förderung der Stabilität und des Wachstums der Wirtschaft (StWG) – kurz Stabilitätsgesetz genannt – sowie das Außenwirtschaftsgesetz (AWG).

---

238 Schachtschabel, H. G., Allgemeine Wirtschaftspolitik, Stuttgart, Düsseldorf, 1975, S. 61.

2. Prozesspolitik

Werden staatliche Maßnahmen veranlasst, die sich auf die Beeinflussung des *Ablaufs* des Wirtschaftsgeschehens innerhalb des durch die Ordnungspolitik abgesteckten Rahmens richten, spricht man von Wirtschaftspolitik als *Prozesspolitik* bzw. *Ablaufspolitik.* Die Prozesspolitik kann man wie folgt definieren:

„Wirtschaftspolitik (i. S. von Prozesspolitik – Anm. d. Verfassers) *ist die (Gesamtheit aller Bestrebungen, Handlungen und Maßnahmen, die darauf abzielen, den Ablauf des Wirtschaftsgeschehens in einem Gebiet oder Bereich zu ordnen, zu beeinflussen oder unmittelbar festzulegen "*[239].

Zur Prozesspolitik gehören also alle Maßnahmen zur Steuerung des Wirtschaftsablaufs, so beispielsweise die Senkung oder Erhöhung des Leitzinssatzes und des Mindestreservesatzes durch die Europäische Zentralbank (EZB) sowie Veränderungen des Einkommensteuersatzes bis zu 10% nach oben oder unten gemäß dem Stabilitätsgesetz (StWG).

3. Strukturpolitik

Die Strukturpolitik wird neben der Ordnungs- und Prozesspolitik als eine besondere Art der Wirtschaftspolitik herausgestellt. Unter *Strukturpolitik* versteht man allgemein die *Summe aller Maßnahmen zur Gestaltung bzw. Beeinflussung der Wirtschaftsstruktur eines Landes.* Da die Strukturpolitik an anderer Stelle ausführlich erörtert wird, soll diese kurze Definition genügen.

C. Träger der Wirtschaftspolitik

1. Definition der Träger der Wirtschaftspolitik

Träger der Wirtschaftspolitik sind alle Institutionen, in Ausnahmefällen auch hervorragende Persönlichkeiten, die durch ihr Handeln maßgeblich Einfluss auf die Wirtschaftsordnung, den Wirtschaftsablauf und die Wirtschaftsstruktur eines Landes nehmen können (potenzielle Träger) und auch tatsächlich nehmen (aktuelle Träger). Dabei kann man im Inland zwischen *öffentlichen* und *privaten Trägern* der Wirtschaftspolitik unterscheiden. Hinzu kommen dann noch *international operierende Organisationen.*

---

239 Giersch, H., Allgemeine Wirtschaftspolitik, Wiesbaden, 1960, S. 17.

2. Öffentliche Träger der Wirtschaftspolitik

a) Gebietskörperschaften

In der Sozialen Marktwirtschaft wird dem Staat eine besondere Verantwortung für die Wirtschaft zugewiesen. Gemäß der Aufteilung der wirtschaftspolitischen Zuständigkeiten des Grundgesetzes spielen die Gebietskörperschaften – Bund, Länder und Gemeinden – als direkte Repräsentanten des *Staates* in der Bundesrepublik Deutschland auch die entscheidende Rolle in der Wirtschaftspolitik. Innerhalb der Gebietskörperschaften kommt dabei dem Bund eine *überragende* Position zu. Beim Bund ist die Bundesregierung (vertreten durch die entsprechenden Minister) als Inhaber der faktischen wirtschaftspolitischen Macht der *wichtigste* Träger der Wirtschaftspolitik, wenngleich das Parlament die Voraussetzungen der Wirtschaftspolitik schafft und die Umsetzung der Maßnahmen in die Praxis mehr oder weniger stark kontrollieren kann. In einem föderativ aufgebauten Staatswesen wie der Bundesrepublik Deutschland sind auch die Länder Träger der Wirtschaftspolitik und haben einen nicht zu unterschätzenden Einfluss, vor allem im Bereich der regionalen und sektoralen Strukturpolitik. Da auf die *Gemeinden* in der Bundesrepublik Deutschland rund *zwei Drittel des gesamten öffentlichen Investitionsvolumens*[240] entfallen, sind auch diese in ihrer Gesamtheit bedeutende Träger der Wirtschaftspolitik. „Die Verfassungswirklichkeit spiegelt eine zunehmende wirtschaftspolitische Dominanz des Bundes wider"[241].

b) Sonstige juristische Personen des öffentlichen Rechts

Bei den sonstigen juristischen Personen des öffentlichen Rechts spielt die Bundesanstalt für Arbeit in der Bundesrepublik Deutschland eine wichtige Rolle bei der Beschäftigungspolitik. Bis zum 31. 12. 1998 hatte die Deutsche Bundesbank als Träger der Geld- und Kreditpolitik eine bedeutende Funktion zu erfüllen.

3. Internationale Organisationen

Innerhalb der internationalen Organisationen kann man zwischen *internationalen Trägern* und *supranationalen* Trägern der Wirtschaftspolitik unterscheiden.

Internationale Träger der Wirtschaftspolitik sollen das wirtschaftspolitische Handeln der beteiligten Länder *koordinieren* und *überwachen* sowie beratend

---

240 Der Städtetag – Zeitschrift für Praxis und Wissenschaft der kommunalen Verwaltung sowie ihrer wirtschaftlichen Einrichtungen und Betriebe –, hrsg. v. Präsidium des Deutschen Städtetages. Sonderdruck, Heft 1, N. f., 31. Jg., Köln 1978, S. 4.
241 Werner, J., Schneider, O., Grundlagen der allgemeinen Wirtschaftspolitik (III), in: WISU Nr. 9, 1979, Düsseldorf 1979, S. 449.

tätig sein. Sie haben in der Regel keine wirtschaftspolitische Entscheidungsbefugnis, weil die betreffenden Staaten *keine Souveränitätsrechte* an die internationalen Träger der Wirtschaftspolitik übertragen. Dennoch üben sie durch ihre Tätigkeit Einfluss auf die nationale Wirtschaftspolitik aus. Als Beispiel kann man die Organisation für wirtschaftliche Zusammenarbeit und Entwicklung (Organization for Economic Cooperation and Development = OECD) anführen. Hauptaufgabe der OECD ist die Koordinierung der Wirtschaftspolitik der Mitgliedsländer; sie ist besonders auf dem Gebiet der Entwicklungshilfe tätig.

Supranationalen Trägern der Wirtschaftspolitik werden Teilbereiche der nationalen Wirtschaftspolitik übertragen. Auf diese Weise besitzen diese supranationalen Träger eigenständige Machtbefugnisse auf diesen Teilgebieten, beispielsweise die EU-Kommission in Brüssel, der weitgehend die Agrar- und Strukturpolitik der EU bestimmt und die Europäische Zentralbank, die für die Geldpolitik der Europäischen Währungsunion zuständig ist.

4. Nichtstaatliche Träger der Wirtschaftspolitik

Bei den nichtstaatlichen Trägern erübrigt sich aus heutiger Sicht eine Unterscheidung in nationale und internationale Träger, die hier **noch** weitgehend in nationalen Rahmen agiert wird. Die Untergliederung bei diesen Trägern erfolgt nach Grund des Gemeinwohlbezugs.

a) Politische Parteien

Die politischen Parteien sind im Gegensatz zu den Verbänden durch ihre Aufnahme in Art. 21 GG zu Verfassungsorganen (also Staatsorganen) geworden[242], sodass sie auch als Träger der Wirtschaftspolitik eine hervorgehobene Position einnehmen.

Sie üben durch ihre Programme Einfluss auf die wirtschaftliche Konzeption der jeweiligen Regierung aus. Dieser Einfluss ist umso stärker, je weniger die Regierungspartei auf einen Koalitionspartner angewiesen ist. Bei Regierungskoalitionen muss in der Regel ein Kompromiss zwischen den wirtschaftspolitischen Vorstellungen der beteiligten politischen Parteien geschlossen werden. Aber auch die jeweiligen Oppositionsparteien können auf die wirtschaftspolitischen Entscheidungen einwirken; in der Bundesrepublik Deutschland beispielsweise durch den Bundesrat, sofern die Opposition über die Landesregierungen dort eine Mehrheit hat.

---

242 Schachtschabel, H. G., Allgemeine Wirtschaftspolitik, a.a.O., S. 38.

b) Tarifpartner

Da die Tarifpartner mit der Vereinbarung von Entgelten für Arbeitsleistungen einen wesentlichen Einfluss auf die Gesamtwirtschaft ausüben, spielen diese für die wirtschaftlichen Entwicklungen eine wichtige Rolle und sind dem Gemeinwohl im besonderen Maße verpflichtet.

c) Private Interessenverbände (Wirtschaftsverbände)

Unter dem Begriff des Wirtschaftsverbandes kann man den „organisatorischen Zusammenschluss von Wirtschaftssubjekten zwecks Wahrnehmung gleicher Interessen"[243] verstehen. Es gibt in der Bundesrepublik Deutschland eine Reihe solcher Verbände, z.B. Unternehmensverbände, Arbeitgeberverbände, Gewerkschaften, Bauernverband.

Diese Verbände versuchen, im Interesse ihrer Mitglieder Einfluss auf die übrigen Träger der Wirtschaftspolitik, vornehmlich auf die staatlichen Träger, zu nehmen. Die wirtschaftspolitische Macht eines Verbandes hängt insbesondere von seiner Mitgliederzahl, seinem Organisationsgrad und der wirtschaftspolitischen Ausrichtung ab. Daneben ist für die Macht entscheidend, ob der Verband direkt in den Marktprozess eingreifen kann, wie dies bei Arbeitgeberverbänden oder Gewerkschaften der Fall ist (so genannte *Marktverbände*). Die Einflussnahme der Verbände auf die staatliche Wirtschaftspolitik erfolgt entweder *direkt* durch die Beeinflussung des parlamentarischen Entscheidungsprozesses (Kontakte der Verbände zu den Parteien oder Abgeordneten durch Lobbyisten bzw. durch Entsendung von eigenen Abgeordneten ins Parlament) oder *indirekt* durch Einwirkung auf die öffentliche Meinung in vielfältiger Form.

D. Ziele der Wirtschaftspolitik

1. Ziele und Zielarten

Eine aktive Wirtschaftspolitik setzt eine klare *Zielkonzeption* voraus. Das Ziel ist dabei ein in der Zukunft angestrebter Zustand (Sollzustand), der mit wirtschaftspolitischen Maßnahmen angestrebt wird. Rein formell kann man durch Anwendung verschiedener Kriterien eine Reihe von Zielarten bilden. Wird der *zeitliche Horizont der Realisierung* von Zielarten betrachtet, ist zwischen *Nah-* und *Fernzielen* zu unterscheiden.

Wird auf die sachliche *Priorität* bei der Verwirklichung von Zielen der Wirtschaftspolitik abgehoben, so kommt man zur Einteilung der Ziele in *Hauptziele*

---

243 Die Tragweite der Aufnahme in Art. 21 GG ist umstritten. Vgl. dazu Maunz/Dürig/Herzog/ Scholz, Komm. z. GG, Art. 21 Rdnr. 2 ff., München 1978.

und *Nebenziele.* Legt man den Schwerpunkt auf den *Zielumfang,* ergibt sich die Einteilung in *generelle* und *spezielle Ziele.* Wird ein Ziel nach der *Zielausgestaltung* unterschieden, spricht man von *qualitativen* bzw. *quantitativen* Zielen. Ein qualitatives Ziel liegt dann vor, wenn das Ziel eine nicht zahlenmäßig zu erfassende Wertvorstellung beinhaltet (z.b. Anstreben einer gerechten Einkommensverteilung). Kann man ein Ziel mit numerischen Angaben versehen (z.b. Verringerung der Arbeitslosenquote auf 3%), handelt es sich um ein quantitatives Ziel.

Es könnten noch andere Zielarten durch Einführen weiterer Unterscheidungskriterien genannt werden. Aus Gründen der Übersichtlichkeit wird darauf jedoch verzichtet. Die einzelnen Zielarten der Wirtschaftspolitik lassen sich auch vermischen, indem man beispielsweise bei den *Hauptzielen* zwischen *generellen* und *speziellen* Hauptzielen unterscheidet.

2. Hauptziele der Wirtschaftspolitik in der Bundesrepublik Deutschland

a) Allgemeines

Die Hauptziele der Wirtschaftspolitik in der Bundesrepublik Deutschland sind im wesentlichen in § 1 des Gesetzes zur Förderung der Stabilität und des Wachstums der Wirtschaft (StWG) verankert worden. In § 1 StWG werden zwei *generelle Hauptziele* der Wirtschaftspolitik und vier *spezielle Hauptziele* genannt. Alle diese Ziele sind *qualitative* Ziele, weil der Gesetzgeber bei keinem der Ziele eine zahlenmäßige Angabe über den Umfang der Zielvorstellung macht, obwohl dies bei den speziellen Hauptzielen durchaus möglich wäre. Der Gesetzgeber hat deswegen bewusst auf eine *Quantifizierung* (zahlenmäßige Festlegung der Ziele in § 1 StWG) verzichtet, um der Bundesregierung einen wirtschaftspolitischen Entscheidungsspielraum bei sich verändernden Situationen zu belassen. Die Quantifizierung der speziellen Hauptziele bleibt der Bundesregierung vorbehalten. Sie ist nach § 2 StWG verpflichtet, im Januar eines jeden Jahres dem Deutschen Bundestag und dem Bundesrat einen Jahreswirtschaftsbericht[244] vorzulegen. Der Bericht muss u.a. eine Jahresprojektion enthalten, mit der die Bundesregierung angibt, welche Größenordnungen sie auf Grund der absehbaren Wirtschaftsentwicklung bei den einzelnen Zielen für das laufende Jahr anstrebt. Diese Jahresprognose hat die Aufgabe, die gesteckten Ziele durch zahlenmäßige Festlegung genauer zu formulieren. Neben dieser kurzfristigen Jahresprojektion in § 2 StWG erfordert die mittelfristige Finanzplanung des § 9 StWG eine längerfristige gesamtwirtschaftliche Projektion. Dabei kann es

---

244 Der Jahreswirtschaftsbericht der Bundesregierung muss enthalten: eine Stellungnahme der Bundesregierung zum Jahresgutachten des Sachverständigenrates; die wirtschafts- und finanzpolitischen Ziele, die die Bundesregierung für das laufende Jahr anstrebt; die Maßnahmen, mit denen die Bundesregierung ihre Zielprojektion realisieren will.

durchaus unterschiedliche Werte zwischen der kurzfristigen Jahresprognose und langfristiger Wirtschaftsprojektion geben.

Die Jahresprognose und die langfristige Projektion können nur den Charakter *allgemeiner* Leitlinien haben, da sich die Ausgangsdaten sowohl für die *kurzfristige* als auch besonders für die *längerfristige* Prognose im Laufe der Entwicklung ändern können. Sie bilden jedoch für die Wirtschaftspolitik die Grundlage zur Erreichung der angestrebten Ziele.

b) Generelle Hauptziele

Aus § 1 StWG ergeben sich als die *generellen* Hauptziele für das wirtschaftspolitische Handeln des Staates: *Die Sicherung* der *marktwirtschaftlichen Ordnung* in der Bundesrepublik Deutschland sowie die *Erhaltung* bzw. *Wiederherstellung* des *gesamtwirtschaftlichen Gleichgewichts.* Das gesamtwirtschaftliche Gleichgewicht wurde als zentraler Begriff der Wirtschaftspolitik bereits ausführlich erörtert. Die Sicherung der marktwirtschaftlichen Ordnung ist sowohl ein wirtschaftspolitisches als auch ein gesellschaftspolitisches Ziel. Die *Ordnungspolitik* richtet sich im wesentlichen auf dieses Ziel. Dies bedeutet, dass die wirtschaftspolitischen Eingriffe des Staates mit der Wirtschaftsverfassung der Bundesrepublik Deutschland in Einklang stehen müssen; d.h. der Staat kann das Wirtschaftsgeschehen nur mit *marktkonformen* Mitteln beeinflussen.

c) Spezielle Hauptziele (Das magische Viereck)

Die vier *speziellen Hauptziele* der Wirtschaftspolitik in der Bundesrepublik Deutschland findet man ebenfalls in § 1 StWG. Mit dieser Bestimmung wird der Staat verpflichtet, durch entsprechende Maßnahmen zur Erreichung folgender Ziele beizutragen:
- Stabilität des Preisniveaus
- Hoher Beschäftigungsstand (mit der Zielsetzung: Vollbeschäftigung)
- Außenwirtschaftliches Gleichgewicht
- Stetiges und angemessenes Wirtschaftswachstum.

Der Gesetzgeber hat die Idealvorstellung, dass diese vier speziellen Hauptziele gleichzeitig voll und ganz erfüllt werden sollten. Da dies in der Realität kaum möglich ist, es sei denn, die Wirtschaftspolitiker wären Zauberer (Magier), spricht man in Bezug auf die Verwirklichung aller dieser Ziele auch vom „magischen Viereck". Die Problematik des „magischen Vierecks" liegt darin, dass jedes dieser Ziele um so leichter zu erreichen ist, je mehr ein anderes Ziel oder die anderen Ziele vernachlässigt werden. Die Ziele ergänzen sich teilweise, d.h. sie sind *komplementär*. Sie können aber auch *neutral (indifferent)* zueinander sein, d.h. bei der Realisierung des einen Zieles gehen keinerlei Wirkungen auf die Verwirklichung des anderen Zieles aus. In der Realität jedoch ist zu beobachten, dass diese Ziele untereinander in einem *Zielkonflikt* stehen.

Ein Konflikt zwischen zwei Zielen liegt dann vor, wenn man sich bei der Realisierung eines Zieles immer weiter vom Erfüllungsgrad eines anderen Zieles entfernt. Ein *Zielkonflikt* kann beispielsweise zwischen den Zielen hoher *Beschäftigungsstand* und *Stabilität des Preisniveaus* existieren. Bei hohem Beschäftigungsstand und damit ausgelasteten Produktionskapazitäten besteht die Gefahr, dass sich das Preisniveau bei unvermindert steigender Nachfrage beträchtlich erhöht.

Zwei Ziele sind dann *komplementär,* d.h. konfliktfrei, wenn man sich bei der Verwirklichung eines Zieles mehr oder weniger automatisch auch dem Erfüllungsgrad des anderen Zieles nähert. In der Geschichte der Wirtschaftsentwicklung der Bundesrepublik Deutschland waren die Ziele Wirtschaftswachstum und hoher Beschäftigungsstand überwiegend von Zielkonflikten verschont. Hohe Wachstumsraten des Sozialprodukts sicherten weitgehend einen hohen Beschäftigungsstand. Dies hat sich jedoch in letzter Zeit geändert. Obwohl die Wirtschaft der Bundesrepublik Deutschland gewachsen ist, wenn auch nur in relativ bescheidenem Maße zwischen etwa 1 und 3% pro Jahr, erzielte die Arbeitslosigkeit immer neue Rekorde. Andererseits hat sich dieses Wachstum bei extrem niedrigen Preissteigerungsraten vollzogen.

Es soll der Versuch gemacht werden, wünschenswerte *Größenordnungen* der genannten Ziele anzugeben, wie sie sich aus der wirtschaftspolitischen Diskussion herausgebildet haben[245]. Dazu ist festzustellen, dass es sich bei diesen Angaben zum einen nicht um ein für alle Mal gültige Daten handelt und es zum anderen keine *absoluten,* sondern nur *relative* Größen sind. In diesem Sinne ist ein hoher Beschäftigungsstand (im Sinne von Vollbeschäftigung) dann erreicht, wenn sich die Arbeitslosenquote zwischen *0,7%* und *3%* bewegt.

Preisniveaustabilität ist gegeben, wenn die Steigerungsrate des gesamtwirtschaftlichen Preisniveaus im Hinblick auf den privaten Verbrauch im Jahresdurchschnitt zwischen *2%* und *3%* schwankt. Neuerdings werden 2% als erreichbare Obergrenze angesetzt.

Das erstrebenswerte *außenwirtschaftliche Gleichgewicht* ist bei einem Anteil des Außenbeitrags – d.h. der Differenz zwischen Exporten und Importen (Ex – Imp) von Gütern bezogen auf das Bruttoinlandsprodukt – von ± *1,5%* bis *2%* als erreicht anzusehen.

Als *angemessenes Wirtschaftswachstum* gilt eine durchschnittliche Zuwachsrate des realen Bruttoinlandsprodukts zwischen *4%* und *5%* pro Jahr.

---

245 Vgl. dazu u.a. Schmahl, H. J., Globalsteuerung der Wirtschaft. Die neue Konjunkturpolitik in der Bundesrepublik Deutschland, Hamburg 1970, S. 20 ff. sowie Dahl, O., Volkswirtschaftslehre, Wiesbaden 1975, S. 66.

d) Erweiterung des „magischen Vierecks"

In der Öffentlichkeit wird bei wirtschaftspolitischen Diskussionen oft auch vom *„magischen Fünfeck"* gesprochen. Zum „magischen Fünfeck" gelangt man durch Erweiterung des magischen Vierecks um das spezielle Hauptziel „gerechte Einkommensverteilung". Dieses Ziel beinhaltet eine Verbesserung der *Einkommens- und Vermögensverteilung,* die als ein bedeutendes gesellschafts-, sozial- und wirtschaftspolitisches Ziel angesehen wird[246].

Auf Grund der Entwicklung in den zurückliegenden Jahren muss man auch die Erhaltung bzw. Wiederherstellung der natürlichen Lebensgrundlagen Art. 20a GG (Umweltschutz) als ein wichtiges Ziel der Wirtschaftspolitik ansehen, so dass man von einem „magisches Sechseck" sprechen kann.

Die Ziele des „magischen Vierecks" sind sowohl *qualitativ* als auch *quantitativ* verhältnismäßig klar bestimmbar. Bei dem Ziel gerechte Einkommensverteilung dagegen ist eine Konkretisierung mit erheblichen Schwierigkeiten verbunden, weil es sehr unterschiedliche Auffassungen darüber gibt, was man unter einer gerechten Einkommens- und Vermögensverteilung verstehen soll. Eine ähnliche Situation ergibt sich bei der Konkretisierung des Zieles Umweltschutz.

3. Ziele der europäischen Wirtschaftspolitik

Mit Gründung der Europäischen Union und der Europäischen Währungsunion ergibt sich die Notwendigkeit einer gemeinsamen Wirtschaftspolitik, die schon in Teilbereichen mehr oder weniger intensiv praktiziert wird.

Am weitesten europäisiert ist die Geld- und Kreditpolitik, für die die Europäische Zentralbank die alleinige Verantwortung im Rahmen der Europäischen Währungsunion trägt.

Überprüft man die europäischen Verträge im Hinblick auf wirtschaftspolitische Ziele, so kristallisieren sich folgende Ziele der europäischen Wirtschaftspolitik heraus:

1. Sicherung der Preisstabilität (Preisniveaustabilität) gemessen am harmonisierten Verbraucherpreisindex für das gesamte Euro-Währungsgebiet mit einem Toleranzwert von bis zu 2% Veränderung gegenüber dem Vorjahr.
2. Hohes Beschäftigungsniveau.
3. Beständiges, nichtinflationäres und umweltverträgliches Wachstum der Wirtschaft innerhalb der Gemeinschaft.
4. Hoher Grad an Konvergenz der Wirtschaftsleistungen innerhalb der Gemeinschaft.

---

246 Vgl. Schachtschabel, H. G., Allgemeine Wirtschaftspolitik, a.a.O., S. 90 und 91.

5. Harmonische und ausgewogene Entwicklung des Wirtschaftslebens innerhalb der Gemeinschaft.
6. Hebung des Lebensstandards und der Lebensqualität.
7. Hohes Maß an sozialer Sicherheit.

E. Elemente einer systematischen (konzeptionellen) Wirtschaftspolitik

1. Zielfestsetzung

Um den Wirtschaftsprozess aktiv zu beeinflussen, muss der Träger der Wirtschaftspolitik eindeutig bestimmen, welche Ziele er anstreben will. Bei Zielkonflikten ist das Ziel schwerpunktmäßig anzuvisieren, das aus dem Zielbündel die höchste Priorität genießt. Ein Ziel ist, wie bereits erwähnt, der *Sollzustand*. Hat sich die Wirtschaftspolitik eindeutig auf ein Ziel bzw. auf mehrere Ziele ausgerichtet, setzt diese Festlegung des Zieles voraus, dass es *qualitativ* genau definiert ist und man ihm in der Regel auch einen *quantitativen* Wert zuordnet. Es genügt z.B. nicht, nur das Ziel Preisstabilität festzulegen, sondern man sollte möglichst auch einen konkreten Wert angeben. Beispielsweise: Begrenzung des Preisanstiegs pro Jahr auf 2–3%.

2. Diagnose

Bevor wirtschaftspolitische Maßnahmen getroffen werden, muss man zunächst eine Diagnose über den *Zustand* der Wirtschaft stellen, d.h. den *Ist-Zustand* der Wirtschaft möglichst umfassend beschreiben. Ausgangspunkt einer Diagnose ist der Vergleich der tatsächlichen Lage (Ist-Zustand) mit dem wirtschaftspolitisch angestrebten (erwünschten) Sollzustand (Ziel). Ergibt sich zwischen Ist- und Sollzustand ein Unterschied, gilt es, diese Abweichung zu analysieren. Dabei müssen zunächst die *Symptome* festgestellt werden, d.h. die Wirtschaftslage ist durch entsprechende Indikatoren näher darzustellen. Dieser Lageschilderung schließt sich eine *Erforschung* der *Ursachen* für die festgestellten Symptome an. Schon bei der Erstellung der Diagnose können erhebliche Schwierigkeiten auftreten, weil ein und dieselbe ökonomische Situation von den verschiedenen Trägern der Wirtschaftspolitik durchaus unterschiedlich, ja sogar gegensätzlich beurteilt werden kann. Diese Differenzen rühren oft aus einer unterschiedlichen Informationsbreite oder unterschiedlichen wirtschaftspolitischen Zielsetzungen der Träger der Wirtschaftspolitik her. So kann es beispielsweise verschiedene Auffassungen über die jeweilige Wirtschaftslage zwischen Bundesregierung und Deutscher Bundesbank bzw. der Europäischen Zentralbank geben.

3. Prognose

An die Diagnose schließt sich die Prognose an. Die Prognose ist eine „Voraussage über den zukünftigen Verlauf gewisser Entwicklungen und Zusammenhänge".[247]
Eine Prognose gründet sich auf ein Modell mit Annahmen über die Entwicklung bestimmter Daten, die den Wirtschaftsablauf entscheidend beeinflussen können. Die Prognose ist nur dann brauchbar, wenn diese Annahmen auch tatsächlich eintreten. Daher besteht für eine Prognose zwangsläufig das Problem der *Unsicherheit der Aussagen*. Selbst wenn die Prognose auf einer richtigen Einschätzung der Wirtschaftslage zum Ausgangspunkt (Diagnose) beruht, besteht wegen der *Zukunftsbezogenheit* der Annahmen die Unsicherheit der Ergebnisse einer Prognose weiter. Beispielsweise ist die Annahme über die Ölpreisentwicklung von einem hohen Grad der Unsicherheit gekennzeichnet. Sie kann bei starker Abweichung von den Voraussagen die gesamte Prognose über den Wirtschaftsablauf wertlos machen.

Trotz dieser Einschränkungen muss sich der Wirtschaftspolitiker der Prognose bedienen, weil man sonst keine zukunftsorientierte Wirtschaftspolitik betreiben kann. Der Gesetzgeber verlangt eine Jahresprognose (Jahresprojektion) in § 2 des Stabilitätsgesetzes und eine längerfristige Prognose der Wirtschaftsentwicklung in § 9 StWG, um eine sinnvolle fünfjährige Finanzplanung der öffentlichen Haushalte zu ermöglichen.

Innerhalb der Prognose unterscheidet man zwischen einer *Status-quo-Prognose* und einer *Wirkungsprognose*. Die Status-quo-Prognose legt Entwicklungen zu Grunde, die *ohne* zusätzliche wirtschaftspolitische Maßnahmen der Träger der Wirtschaftspolitik eintreten könnten. Eine solche Prognose gibt eine „Antwort auf die Frage, was wird geschehen, wenn wirtschaftspolitisch nichts geändert wird".[248] Wenn das Ergebnis der Status-quo-Prognose eine wirtschaftspolitisch unerwünschte, d.h. von den Zielen der Wirtschaftspolitik abweichende Entwicklung erkennen lässt, muss eine *Wirkungsprognose* erstellt werden. Bei einer solchen Prognose lautet die Frage, „was wird geschehen, wenn gezielte Maßnahmen ergriffen werden".[249] Eine Status-quo-Prognose geht von einer *passiven Wirtschaftspolitik* aus, während bei einer Wirkungsprognose eine *aktive Wirtschaftspolitik* unterstellt wird. Wenn beispielsweise eine Status-quo-Prognose ergibt, dass sich die vorhandene Arbeitslosigkeit schnell verringert, sind keine zusätzlichen Maßnahmen der Wirtschaftspolitik erforderlich. Geht jedoch aus einer Status-quo-Prognose hervor, dass die Arbeitslosenquote weiter ansteigen wird, ist eine Wirkungsprognose notwendig, die darüber Auskunft geben

---

247 Schachtschabel, H. G., Lexikon der Wirtschaftspolitik, München 1979, S. 132.
248 Werner, J., Schneider, O., a.a.O., S. 393.
249 Ebenda.

soll, welche zusätzlichen Maßnahmen zur Bekämpfung der Arbeitslosigkeit zu ergreifen sind und wie diese Maßnahmen wirken werden.

Von der Bekanntgabe einer Prognose können *Ankündigungseffekte* ausgehen, die zu Reaktionen der Wirtschaftssubjekte dergestalt führen, dass sie die Aussagen der Prognose begünstigen, problematischer werden lassen, ins Gegenteil umkehren oder keinerlei Auswirkungen auf den zukünftigen Ablauf zeigen.

Werden beispielsweise in einer Prognose weitere Preissteigerungen vorausgesagt, so kann dies zur Folge haben, dass diese Preiserhöhungen erst durch das Verhalten der Wirtschaftssubjekte nach Veröffentlichung der Prognose eintreten. Wäre die Prognose nicht bekannt geworden, hätten sich die Wirtschaftssubjekte mit Preiserhöhungen zurückgehalten. Man bezeichnet die Reaktionen, die infolge der Veröffentlichung von Prognosen eintreten, auch als *Rückkoppelungseffekte (feed-back-Effekte)* oder Erwartungshaltung (Pygmalion-Effekt = self-fullfilling-prophecy).

4. Therapie

Die Therapie beinhaltet den Einsatz und die ständige Kontrolle der auf Grund der Wirtschaftsprognose für notwendig erachteten wirtschaftspolitischen Mittel. Die einzelnen Mittel und ihre Wirksamkeit werden im folgenden bei den einzelnen Bereichen der Wirtschaftspolitik ausführlich behandelt. An dieser Stelle ist jedoch auf Schwierigkeiten bei der Therapie hinzuweisen. Wenn bei den Trägern der Wirtschaftspolitik Einigkeit über die Beurteilung der Wirtschaftsentwicklung herrscht, muss noch nicht Übereinstimmung darüber vorhanden sein, welche Mittel der Wirtschaftspolitik am zweckmäßigsten eingesetzt werden, um die angestrebten Ziele zu verwirklichen. Selbst wenn man die Wirtschaftslage und die erforderlichen Mittel gleich beurteilt, ist nicht immer gewährleistet, dass dies auch politisch durchgesetzt werden kann. Als Beispiel dafür soll die wirschaftliche Situation des Jahres 1973 dienen. Die Wirtschaft der Bundesrepublik Deutschland war durch eine Überhitzung der Konjunktur gekennzeichnet. Am 9. 5. 1973 beschloss die Bundesregierung das „Zweite Stabilitätsprogramm", das u.a. einen *Stabilitätszuschlag* zur Lohn- bzw. Einkommensteuer für alle Einkommensteuerpflichten mit einem Jahreseinkommen von 24.000 DM (Ledige) bzw. 48.000 DM (Verheiratete) enthielt. Damit sollte das verfügbare Einkommen der privaten Haushalte beschnitten werden, um die Konsumgüternachfrage zu dämpfen und somit die Konjunktur zu beruhigen.

Da bekanntlich die *Konsumrate* bei niedrigen Einkommen besonders hoch ist, hielten die Wirtschaftsexperten im Interesse einer *Breitenwirkung* dieser Maßnahme eine Senkung der Einkommensgrenzen für erforderlich. Die Verantwortlichen der Wirtschaftspolitik schlossen sich weitgehend diesen Überlegungen an. Eine Herabsetzung der Einkommensgrenzen beispielsweise auf 18.000 DM bzw. 36.000 DM war aber politisch nicht durchsetzbar, weil insbesondere die

Gewerkschaften energischen Widerstand gegen dieses Vorhaben ankündigten. Dieses Verhalten war auch verständlich, weil die Gewerkschaften sich wegen der Konjunktursituation mit Lohnforderungen maßvoll verhalten hatten und keine weitere Kürzung der Einkommen ihrer Mitglieder hinnehmen wollten.

F. Mittel und Bereiche der Wirtschaftspolitik

1. Arten wirtschaftspolitischer Mittel

Man unterscheidet formal eine Reihe von wirtschaftspolitischen Mitteln, von denen aus Gründen der Übersichtlichkeit folgende Arten herausgestellt werden sollen.

a) Quantitative und qualitative Mittel

Quantitative Mittel sind Mittel, deren Einsatz zahlenmäßig festlegbar (quantifizierbar) ist, z.B. die Erhöhung des Mindestreservesatzes um 1% oder die Senkung der Einkommensteuer um 10%. *Qualitative* Mittel sind dagegen Mittel, deren Einsatz sich nicht mengenmäßig bestimmen lässt, sondern die nur qualitativ ausdrückbar sind, z.B. die Einführung flexibler oder fester Wechselkurse, Änderungen der Steuergesetze, Aufhebung der Preisbindung der zweiten Hand usw.

b) Direkte und indirekte Mittel

Von direkten Mitteln der Wirtschaftspolitik spricht man, wenn der Einsatz dieser Mittel *unmittelbar* eine Wirkung auf die Wirtschaft zeigt (Beispiel: Der Staat vergrößert seine Nachfrage nach Bauleistungen). Zu den schärfsten direkten Mitteln zählen u.a. Preis- und Lohnstopp, Ein- und Ausfuhrverbote.

Werden durch wirtschaftspolitische Mittel die Pläne der Wirtschaftssubjekte nur *mittelbar* beeinflusst, spricht man von *indirekten Mitteln*. Ein indirektes Mittel liegt also dann vor, wenn beim Einsatz des Mittels keine unmittelbare Auswirkung erfolgt, sondern nur *mittelbar* über die Reaktion der von diesen Maßnahmen betroffenen Wirtschaftssubjekte (Beispiel: Der Staat will durch Erhöhung von Sonderabschreibungen – § 7b EStG – die private Baunachfrage anregen.) Bei diesen Mitteln „bleibt den Wirtschaftssubjekten somit ein *Ermessensspielraum,* ob und in welchem Ausmaß sie auf indirekte wirtschaftspolitische Maßnahmen – insbesondere geld- und finanzpolitischer Art – reagieren"[250].

---

250 Ebenda, S. 446.

c) Marktkonforme und marktinkonforme Mittel

Marktkonforme Mittel der Wirtschaftspolitik sind solche, die die geltende Wirtschaftsordnung nicht tangieren, d.h. auf die Bundesrepublik Deutschland bezogen: Die Soziale Marktwirtschaft wird in ihren Grundlagen durch diese Maßnahmen nicht gefährdet, sondern gefestigt. Die im Rahmen der gegebenen Wirtschaftsordnung gewährte Entscheidungsfreiheit der privaten Wirtschaftssubjekte wird durch den Einsatz der wirtschaftspolitischen Mittel nicht eingeschränkt. Beispiele: Maßnahmen der Wettbewerbspolitik, die der Herstellung oder Sicherung eines funktionsfähigen Leistungswettbewerbs dienen. Mittel der Geldpolitik, fiskalpolitische Mittel auf der Grundlage des Stabilitätsgesetzes, wechselkurspolitische Maßnahmen u.a.

Als *marktinkonforme bzw. marktkonträre Mittel* gelten solche, welche die privaten Wirtschaftssubjekte zu einem bestimmten Verhalten *zwingen* und damit die durch die Wirtschaftsordnung gewährte Entscheidungsfreiheit der privaten Wirtschaftssubjekte außer Kraft setzen. Diese Mittel sind dann mit der jeweiligen Wirtschaftsordnung unvereinbar, weil sie diese in ihren Grundfesten erschüttern. Konsumgebote und Konsumverbote, Investitionsgebote und Investitionsverbote, Export- und Importverbote gehören in den Bereich der marktinkonformen Mittel der Wirtschaftspolitik. Bei anderen Maßnahmen ist die Grenze zwischen marktkonformen und marktinkonformen Mitteln oft sehr fließend, d.h. die Einordnung der Maßnahmen wird dann außerordentlich schwer. Das trifft beispielsweise auf einen vorübergehenden Preis- und Lohnstopp zu.

Die Wirtschaftspolitik in der Bundesrepublik Deutschland beruht *grundsätzlich* auf der Anwendung *marktkonformer* Mittel.

Im folgenden sollen die wesentlichsten Bereiche der Wirtschaftspolitik *(Konjunktur, Außenwirtschafts-, Struktur- und Wettbewerbspolitik) dargestellt werden. Die speziellen Mittel der Wirtschaftspolitik* werden bei der Erörterung der einzelnen Bereiche behandelt.

2. Konjunkturpolitik (Globalsteuerung)

a) Begriff der Konjunktur und der Konjunkturpolitik

Unter dem Begriff *Konjunktur* (= lat. Wechsellagen) versteht man allgemein die *Wirtschaftslage* eines Landes, die vornehmlich durch den Stand der volkswirtschaftlichen *Globalgrößen* wie Sozialprodukt, Volkseinkommen, Beschäftigung und Preisniveau gekennzeichnet wird. In einer marktwirtschaftlich geprägten Wirtschaftsordnung sind diese Globalgrößen durch einen wellenartigen Verlauf in ihrer Entwicklung gekennzeichnet. Diese Entwicklung ist expansiv oder kontraktiv. Schwankungen der genannten Globalgrößen und die damit verbundenen Veränderungen der gesamten Wirtschaftslage im Zeitverlauf (Jahre) bezeichnet man als Konjunkturschwankungen. Konjunkturschwankungen sind kurzfristige Veränderungen und betreffen die Wirtschaft allgemein.

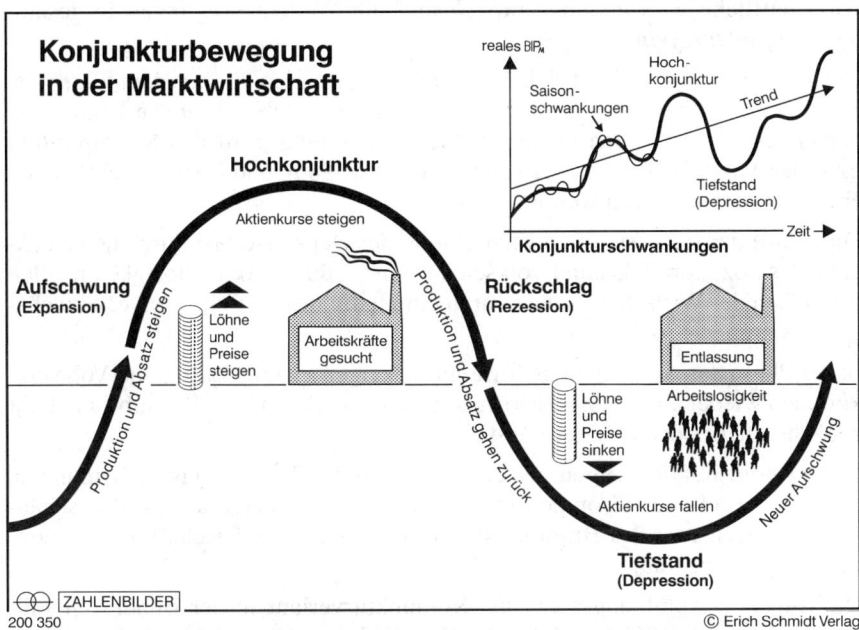

reales Bruttoinlandsprodukt zu Marktpreisen bzw. Volkseinkommen

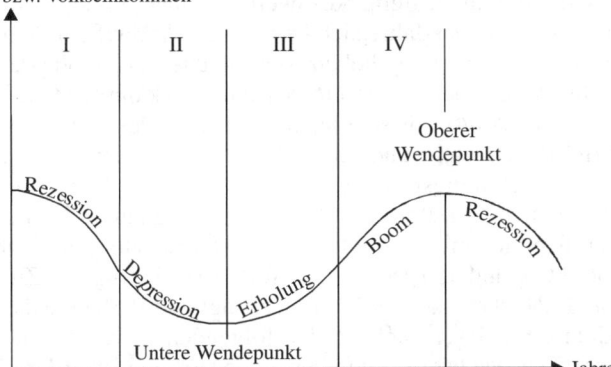

Abb. 73: Konjunkturzyklus

Entweder ist ein genereller, alle Bereiche der Wirtschaft berührender Rückgang der wirtschaftlichen Aktivitäten zu beobachten, oder es tritt eine allgemeine Überhitzung der wirtschaftlichen Aktivitäten ein. Wegen der wellenartigen Be-

245

wegung und der fast an Gesetzmäßigkeit grenzenden Wiederkehr in prinzipiell gleicher Gestalt und in etwa gleichen Zeitabständen nennt man diese gesamtwirtschaftliche Entwicklung *zyklisch* und die Wellenbewegungen insgesamt den *Konjunkturzyklus.*

Der *Konjunkturzyklus* lässt sich in *vier Phasen* aufteilen, die aus dem folgenden Schema zu ersehen sind. Als Indikatoren für diese Schwankungen können die genannten Globalgrößen dienen. In der Darstellung wird das Sozialprodukt bzw. das Volkseinkommen verwendet, Beschäftigung und Preisniveau könnten ebenfalls herangezogen werden.

Die Phase der Rezession und verstärkt die der Depression ist durch den Rückgang des Sozialprodukts und Volkseinkommens, durch Arbeitslosigkeit in allen Bereichen der Wirtschaft, sowie durch ein relativ niedriges Preisniveau zu charakterisieren.

In der Phase des Aufschwungs (Erholung) steigen Sozialprodukt und Volkseinkommen wieder an, die Arbeitslosigkeit geht zurück, und das Preisniveau bleibt zunächst mehr oder weniger konstant.

In der Boomsituation zeigen sich dann beginnende Überhitzungserscheinungen, die gegen Ende der Boomperiode durch hohe Preissteigerungen, überschäumendes Wachstum des Bruttoinlandsprodukts und Überbeschäftigung besonders ausgeprägt sind.

Die folgende Abbildung zeigt den Konjunkturverlauf in der Bundesrepublik Deutschland von 1950 bis 1999. Die Entwicklung unserer Wirtschaft ist durch eine Reihe von Boomphasen mit unterschiedlichen Zuwachsraten des realen Bruttoinlandsprodukts gekennzeichnet. Bemerkenswert ist dabei, dass die hohen Wachstumsraten der 50er und 60er-Jahre sich im weiteren Verlauf deutlich abgeschwächt haben. Ferner muss hervorgehoben werden, dass die Bundesrepublik Deutschland seit ihrem Bestehen mit drei Rezessionen zu kämpfen hatte, wobei die Rezession der Jahre 1966/67 als sehr leicht *(Abnahme* des realen Sozialprodukts um 0,3%) zu bezeichnen ist und auch schnell überwunden werden konnte. Der konjunkturelle Erholungsprozess nach der zweiten Rezession 1974/1975 *(Abnahme* des realen Sozialprodukts um 1,3%) begann 1976 mit einer *Zunahme* des realen Bruttoinlandsprodukts um 5,3% und setzte sich 1978 mit Wachstumsraten von 3,0% und 1979 von 4,2% fort. 1980 betrug die Zuwachsrate nur noch 1,0%. 1981 ist fast kein Wachstum erfolgt und 1982 ging das reale Bruttoinlandsprodukt um 0,9% zurück. In den folgenden Jahren erholte sich die Wirtschaft wieder. Die Wachstumsraten bewegten sich zwischen 1,8% im Jahre 1983 und 3,7% im Jahre 1988. Im Jahre 1993 kam es mit einem Rückgang des Sozialprodukts von 1,1% zur 4. Rezession und Stagnation bzw. Rückgang der Preise. 1994 setzte dann ein Aufschwung mit einer Wachstumsrate von 2,3% ein. Danach schwenkte die Wachstumsrate bis 1999 zwischen 0,8% im Jahre 1996 und 2,2% im Jahre 1998.

246

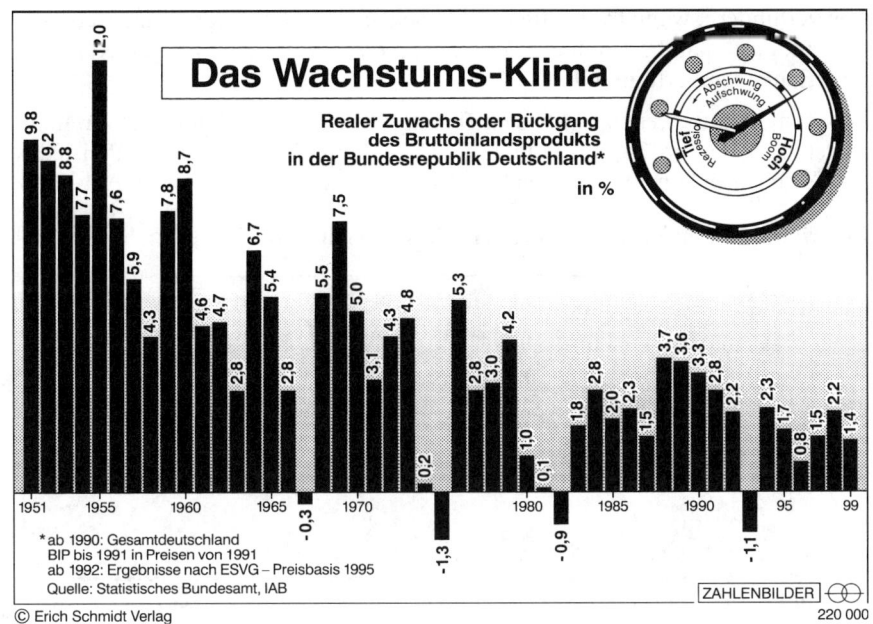

Das Wachstums-Klima

**Realer Zuwachs oder Rückgang
des Bruttoinlandsprodukts
in der Bundesrepublik Deutschland***

in %

*ab 1990: Gesamtdeutschland
BIP bis 1991 in Preisen von 1991
ab 1992: Ergebnisse nach ESVG – Preisbasis 1995
Quelle: Statistisches Bundesamt, IAB

ZAHLENBILDER

© Erich Schmidt Verlag   220 000

*Abb. 74: Die Entwicklung des realen Bruttosozialprodukts (Bruttoinlands-
produkts) in der Bundesrepublik Deutschland von 1950 bis 1999*

Unter *Konjunkturpolitik* versteht man die *„Gesamtheit aller Maßnahmen zur
Verstetigung des konjunkturellen Verlaufs des Wirtschaftsprozesses"*[251]. Da sich
die Konjunkturpolitik auf die Beeinflussung der volkswirtschaftlichen *Globalgrößen* wie Sozialprodukt, Volkseinkommen, Beschäftigung, Preisniveau, Konsum, Investition, Ein- und Ausfuhr bezieht, wird auch von der *Konjukturpolitik
als Globalsteuerung der Wirtschaft* gesprochen.

Aufgabe der Konjunkturpolitik ist es, den Konjunkturzyklus so zu beeinflussen,
dass Schwankungen des Wirtschaftsablaufs *nicht* oder nur in *abgeschwächter*
Form auftreten können. Das bedeutet, dass man versucht, durch geeignete Maßnahmen den Überhitzungserscheinungen in der Wirtschaft (Boomsituationen),
die mit inflationären Entwicklungen verbunden sind, entgegenzuwirken, bzw.
dass man eine Boomsituation erst gar nicht eintreten lässt.

Bei einer Rezession, die durch hohe Arbeitslosigkeit, Stagnation bzw. Sinken
der Preise und Rückgang des realen Bruttoinlandsprodukts gekennzeichnet ist,
wird eine möglichst schnelle Überführung der Wirtschaft in eine neue Auf-
schwungphase angestrebt. Auch kann man durch geeignete Mittel eine Rezes-

---

251 Schachtschabel, H. G., Lexikon der Wirtschaftspolitik, a. a. O., S. 95.

sion verhindern, wenn frühzeitig ihre Ursachen erkannt werden. Dazu ist es notwendig, dass man bestimmte *Frühwarnindikatoren* des zukünftigen Konjunkturverlaufs zur Verfügung hat.

Die Konjunkturbewegung lässt sich flankierend zur Entwicklung des Bruttoinlandsprodukts (Abb. 74) auch durch die Darstellung des Verlaufs des Preisindex für die Lebenshaltung der privaten Haushalte in Deutschland aufzeigen (Abb. 74a).

Entwicklung der Verbraucherpreise in Deutschland

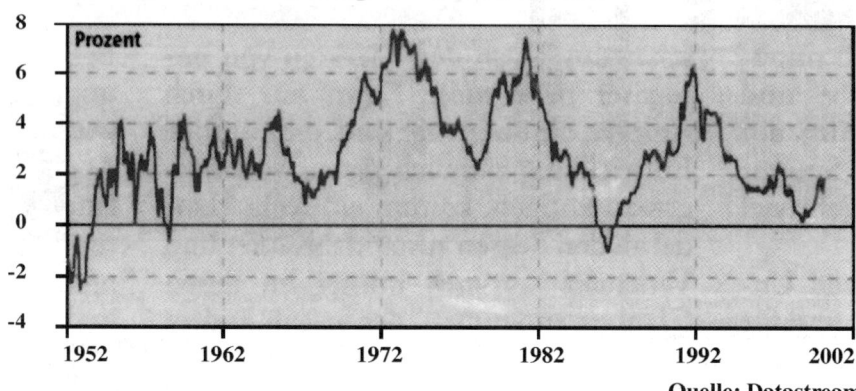

Quelle: Datastream

Abb. 74a: Entwicklung der Verbraucherpreise in Deutschland 1952–2000 in v.H.

Verglichen mit Abb. 74 zeigt Abb. 74a, dass besonders in den 70er und Anfang der 80er Jahren des 20. Jahrhunderts hohes Wirtschaftswachstum mit kräftigen Preissteigerungen verbunden war, während in den 90er Jahren ansehnliches Wachstum des Bruttoinlandsprodukts mit moderaten Steigerungsraten des Preisniveaus einherging.

b) Konjunkturindikatoren

Um konjunkturell unerwünschte Entwicklungen der Wirtschaft (Rezession oder Boomsituation) frühzeitig zu erkennen und ihnen *rechtzeitig* mit wirtschaftspolitischen Mitteln begegnen zu können, müssen die Träger der Wirtschaftspolitik ein System der Früherkennung konjunktureller Entwicklungstendenzen zur Verfügung haben.

Es gibt Erscheinungen in der Gegenwart, die dem Wirtschaftspolitiker Aufschluss über zukünftige Entwicklungen in der Wirtschaft geben. Da bekannt ist, dass wirtschaftspolitische Mittel in der Regel *mindestens* 6 Monate zum Wirksamwerden im Wirtschaftskreislauf benötigen, muss man diese Mittel rechtzeitig einsetzen, um einer Rezession bzw. Hochkonjunktur vorzubeugen oder diese Entwicklungen in ihrem Ausmaß abzuschwächen. Die Anzeichen zur Früherkennung der zukünftigen Wirtschaftsentwicklung nennt man Konjunkturindikatoren.

So gibt beispielsweise der *heutige* Auftragseingang Aufschluss über die *zukünftige* Entwicklung von Produktion und Beschäftigung der Wirtschaft. Auch die Zahl der erteilten Baugenehmigungen spiegelt die Lage der Bauwirtschaft in einigen Monaten wider. Ist also der Auftragseingang allgemein rückläufig, führt dies zu einer Abschwächung der Konjunktur mit einer gewissen Zeitverzögerung (time-lag).

Es gibt noch eine Reihe weiterer Frühindikatoren der Konjunktur. Das Problem ist nur, diese vielen Faktoren in ein System zu bringen und die einzelnen Faktoren gemäß ihrer Bedeutung für die zukünftige Konjunktur zu gewichten („eine Schwalbe macht noch keinen Sommer"). Der Sachverständigenrat zur Begutachtung der gesamtwirtschaftlichen Entwicklung (so genannter Rat der „Fünf Weisen") hat ein Frühwarnsystem für die Konjunkturentwicklung erarbeitet, das folgende Elemente umfasst, die entsprechend ihrer Bedeutung für den Wirtschaftsablauf gewichtet wurden:

Reihe	Obere Toleranzgrenze	Normwert	Untere Toleranzgrenze
1. Auftragseingang aus dem Inland, Verbrauchgüterindustrien	10,0	6,0	4,0
2. Auftragseingang aus dem Inland, Investitionsgüterindustrien	14,0	11,3	8,0
3. Auftragseingang, Maschinenbau	17,0	12,3	10,0
4. Beurteilung der Fertigwarenlager in der verarbeitenden Industrie[1,2,3]	− 3,0	0	5,0
5. Beurteilung der Fertigwarenlager in den Investitionsgüterindustrien[1,2,3]	− 3,0	0	3,0
6. Lohnsumme je geleistete Arbeiterstunde, Industrie insgesamt (ohne Energie und Bau)	10,0	9,2	8,5
7. Industrielle Nettoproduktion, verarbeitende Industrie	9,0	7,0	6,0
8. Industrielle Nettoproduktion, Investitionsgüterindustrien	8,0	7,2	6,0
9. Geldvolumen[4]	7,5	7,0	6,5
10. Kurzfristige Kredite der Kreditinstitute an inländische Unternehmen und Privatpersonen[4]	8,0	7,4	7,0
11. Zahl der Arbeitslosen[2]	− 4,0	0	3,0
12. Tariflohn- und Gehaltsniveau je Stunde (Gesamtwirtschaft)[4]	7,0	6,7	6,0

1 Toleranzgrenzen in Bezug auf Ursprungswerte festgesetzt   2 Toleranzgrenzen invers definiert   3 Quelle: IFO
4 Quelle: Deutsche Bundesbank

Abb. 75: Aufbau des Gesamtindikators[252]

252 Kloten, N., Ketterer, K. H., Der Gesamtindikator zur Konjunkturdiagnose des Sachverständigenrates – ein neues konjunkturanalytisches Instrument, in: WiSt, Heft 5, München und Frankfurt/M., 1972, S. 194.

Hauptaufgabe dieses Gesamtindikators ist es, kritische Konjunktursituationen rechtzeitig zu erkennen, um so der Wirtschaftspolitik eine relativ frühzeitige Möglichkeit zur Gegensteuerung zu geben. Die kritischen Konjunkturphasen werden in eine *obere* und eine *untere Gefährdungszone* unterteilt. Der *obere Gefährdungsbereich* gibt an, dass der Wirtschaftsverlauf in eine Phase verstärkter Preissteigerungen (Boomphase) übergeht, wenn die wirtschaftspolitischen Entscheidungsträger nicht rechtzeitig mit *dämpfenden* Maßnahmen auf den Wirtschaftsprozess einwirken.

Im *unteren Gefährdungsbereich* würde die Wirtschaft in eine Phase der Unterbeschäftigung der Produktionsfaktoren mit geringerem Wirtschaftswachstum (Phase der Rezession) eintreten, wenn nicht die Träger der Wirtschaftspolitik dieser Entwicklung durch expansive wirtschaftspolitische Mittel entgegenwirken.

c) Arten der Konjukturpolitik

Die Konjunkturpolitik umfasst im wesentlichen zwei Gebiete, nämlich die so genannte *Fiskalpolitik* und die *Geld- und Kreditpolitik.*

aa) Fiskalpolitik

Unter *Fiskalpolitik* versteht man *diejenigen Maßnahmen der Finanzpolitik des Staates, die gezielt auf die Steuerung der Konjunktur gerichtet sind.* Sie haben zum Ziel, das gesamtwirtschaftliche Gleichgewicht zu erhalten bzw. es wiederherzustellen. Die fiskalpolitischen Mittel sollen gegenläufig zum Konjunkturzyklus eingesetzt werden. Man spricht in diesem Zusammenhang auch von *antizyklischer Fiskalpolitik* des Staates.

Da die Fiskalpolitik sehr stark im Gesetz zur Förderung der Stabilität und des Wachstums der Wirtschaft (StWG) verankert ist, erscheint es zweckmäßig, die *Koordinierungseinrichtungen* der verschiedenen Träger der Wirtschaftspolitik und die *Mittel der Fiskalpolitik* am Beispiel des StWG abzuhandeln.

(1) Das StWG als Grundlage der Fiskalpolitik

(1.1) Koordinierungsorgane des StWG

In der Bundesrepublik Deutschland gibt es bekanntlich eine Reihe von Trägern der Wirtschaftspolitik. Es sind dies die Träger der öffentlichen Verwaltung (Bund, Länder und Gemeinden), juristische Personen des öffentlichen Rechts wie z.B. die Deutsche Bundesbank (bis 31. 12. 1998; ab 1. 1 1999 die Europäische Zentralbank) und private Interessenverbände (u.a. Unternehmerverbände und Gewerkschaften). Diese Träger sind auf Grund ihrer Position in der Lage, maßgeblichen Einfluss auf den Wirtschaftsablauf zu nehmen. Im StWG sind Organe geschaffen worden, deren Aufgabe darin besteht, das wirtschaftspolitische Verhalten dieser Institutionen im Hinblick auf die Ziele der Wirtschaftspolitik zu koordinieren.

(1.1.1) Konzertierte Aktion

§ 3 des StWG schreibt vor, dass die Bundesregierung bei Gefährdung eines der Ziele des § 1 einem Gremium, das sich aus Vertretern der Gebietskörperschaften, der Gewerkschaften und Unternehmerverbände zusammensetzt, Orientierungsdaten für ein gleichzeitiges, aufeinander abgestimmtes Verhalten zur Erreichung der Ziele des § 1 zur Verfügung stellt. „Diese Orientierungsdaten enthalten insbesondere eine Darstellung der gesamtwirtschaftlichen Zusammenhänge im Hinblick auf die gegebene Situation"[253]. Das Gremium wird vom Gesetzgeber als *Konzertierte Aktion* bezeichnet. Der Teilnehmerkreis ist in der Praxis über die im Gesetz genannten Vertreter erweitert worden, sodass man heute in der Öffentlichkeit unter Konzertierter Aktion ein Treffen von Vertretern maßgebender wirtschaftspolitischer Verbände beim Bundesminister für Wirtschaft[254] versteht. Die Beteiligten an der „Konzertierten Aktion" sind neben den Dachverbänden der Unternehmer und der Arbeitnehmer die Mitglieder des Sachverständigenrates zur Begutachtung der gesamtwirtschaftlichen Entwicklung, die Deutsche Bundesbank und Vertreter des Deutschen Bauernverbandes[255]. In der Konzertierten Aktion werden die vorgetragenen Orientierungsdaten der Bundesregierung beraten, und man versucht ein gleichgerichtetes wirtschaftspolitisches Verhalten zu erreichen. Die Ergebnisse der Konzertierten Aktion sind jedoch für die Beteiligten *unverbindlich*. „Die Vertreter der Verbände sind aus organisatorischen Gründen weder legitimiert noch in der Lage, die Verbandsangehörigen rechtlich zu binden"[256]. Eine Bindung wäre auch wegen der *Tarifautonomie* der Sozialpartner nicht möglich.

(1.1.2) Konjunkturrat der öffentlichen Hand

In einem föderativen Staat wie der Bundesrepublik Deutschland ist ein Abstimmen der wirtschaftspolitischen Entscheidungen der verschiedenen Gebietskörperschaften erforderlich. In § 18 des Stabilitätsgesetzes ist daher zur Koordinierung des konjunkturellen Verhaltens von Bund, Ländern und Gemeinden die Bildung eines Konjunkturrates der öffentlichen Hand vorgesehen. Dieser hat die Aufgabe, in regelmäßigen Abständen folgendes zu beraten:

– alle zur Erreichung der Ziele des StWG erforderlichen konjunkturpolitischen Maßnahmen
– die Möglichkeiten der Deckung des Kreditbedarfs der öffentlichen Haushalte.

Dem Konjunkturrat der öffentlichen Hand gehören an: Der Bundesminister für Wirtschaft als Vorsitzender, der Bundesminister der Finanzen, je ein Vertreter

---

253 Zitiert aus: § 3 StwG.
254 Möller, A., Kommentar zum Gesetz zur Förderung der Stabilität und des Wachstums der Wirtschaft, a.a.O., S. 108.
255 Vgl. ebenda, S. 108 und 109.
256 Ebenda, S. 112.

eines jeden Bundeslandes, vier Vertreter der Gemeinden und Gemeindeverbände.

Die Deutsche Bundesbank hat das Recht, an den Beratungen des Konjunkturrates teilzunehmen. Sie hat jedoch „weder ein Antragsrecht noch ein Recht, angehört zu werden"[257]. Hierin liegt ein wesentlicher Unterschied zu der Position, die die Bundesregierung im Zentralbankrat der Deutschen Bundesbank einnimmt. Nach § 13 Abs. 2 Bundesbankgesetz kann die Bundesregierung an den Sitzungen des Zentralbankrates teilnehmen, Anträge stellen und eine Aussetzung der Beschlussfassung fordern. Im Rahmen der Europäisierung der Geldpolitik hat die Deutsche Bundesbank allerdings entscheidende Kompetenzen verloren.

Von den genannten Aufgaben her ergibt sich eine Teilung des Gremiums Konjunkturrat, und zwar in „das in längeren Zeitabständen tagende ‚Spitzengespräch' (Konjunkturrat Konjunktur) und den ungleich häufiger tagenden ‚Konjunkturrat Kredit', der quasi Routineaufgaben wahrnimmt"[258]. Die Beschlüsse haben keinen verbindlichen, sondern nur *empfehlenden* Charakter. Eine Entscheidungsbefugnis des Konjunkturrates wäre grundgesetzwidrig, da sie in die Funktion der Bundesregierung eingreifen würde und keinerlei parlamentarischer Kontrolle unterworfen wäre.

(1.2) Die mehrjährige Finanzplanung als Koordinierungsinstrument des StWG
§ 9 StWG bestimmt, dass der Haushaltswirtschaft des Bundes eine *fünfjährige Finanzplanung* zu Grunde zu legen ist, in der Umfang und Zusammensetzung der voraussichtlichen Ausgaben und die Deckungsmöglichkeiten in ihren Wechselbeziehungen zu der mutmaßlichen Entwicklung des gesamtwirtschaftlichen Leistungsvermögens darzustellen sind. Das soll gegebenenfalls auch durch Alternativrechnungen erfolgen. Der Finanzplan ist vom Bundesminister der Finanzen aufzustellen und zu begründen. Die Bundesregierung beschließt diesen Finanzplan und legt ihn dem Bundestag und dem Bundesrat vor. Der Finanzplan ist jährlich der wirtschaftlichen Entwicklung anzupassen und fortzuführen.

Der Finanzplan enthält mehr als eine bloße Vorausschätzung der Ausgaben und Einnahmen, denn in ihm sind aus verschiedenen Möglichkeiten diejenigen ausgewählt worden, die als wirtschaftspolitisch wünschenswert gelten. Der Planungszeitraum beträgt fünf Jahre. Der Finanzplan ersetzt keinesfalls den jährlichen Haushaltsplan. „Er soll von dem kurzfristigen Denken in Einjahreshaushalten zu einer mittelfristigen Periodenbetrachtung führen. Dadurch werden die finanziellen Folgen der in den Jahreshaushalten (und in den ausgabewirksamen Gesetzen) getroffenen Entscheidungen auch für die nächsten Jahre sichtbar"[259].

---

257 Ebenda, S. 223.
258 Hansmeyer, K. H., Das Gesetz zur Förderung der Stabilität und des Wachstums der Wirtschaft (I), in: WISU, Heft 6, Düsseldorf 1973, S. 282.
259 Möller, A., a.a.O., S. 153.

Den Vorgang der Finanzplanung kann man in drei Phasen gliedern[260]:
- Zusammenstellung der Planungsunterlagen (Datensammlung)
- Planprogrammierung als Entscheidung für sachliche und zeitliche Prioritäten
- Planvollzug als Einbau des quantifizierten (mengenmäßig festgelegten) Plans in die öffentlichen Haushalte.

Der Finanzminister hat die Aufgabe, die Planungsunterlagen zusammenzustellen. § 10 Abs. 1 StWG verpflichtet die Bundesminister für ihren Geschäftsbereich, Planungsunterlagen für mehrjährige Investitionsprogramme aufzustellen. Sie müssen diese zusammen mit den sonstigen Bedarfsschätzungen dem Bundesminister der Finanzen zu einem von diesem bestimmten Zeitpunkt zuleiten. Das Bundeskabinett übernimmt dann die Koordinierung der Anforderungen der einzelnen Ressorts. Die Phase der Programmierung ist dann beendet, wenn die Bundesregierung gemäß § 9 Abs. 2 Satz 2 StWG den Plan beschließt, während die Phase des Planvollzuges mit der Vorlage des Finanzplans an den Bundestag und Bundesrat eingeleitet wird, deren Zustimmung jedoch nicht erforderlich ist. Die Vorlage des Finanzplans muss spätestens zusammen mit dem Haushaltsplanentwurf erfolgen, „da sonst der Plan nicht mehr zur Grundlage für die haushaltswirksamen Entscheidungen des Parlaments gemacht werden kann"[261].

Die jährliche Anpassung des Finanzplanes ist erforderlich, weil sich die wirtschaftspolitischen Daten des Basisjahres ändern können oder die Zielprojektion von geänderten Größenordnungen ausging. Die Fortführung des Finanzplanes erfolgt dadurch, dass man ein weiteres Planungsjahr anfügt. Nach § 14 StWG gilt die mittelfristige (fünfjährige) Finanzplanung *sinngemäß* für die Haushaltswirtschaft der Länder.

§ 17 StWG schreibt vor, dass sich Bund und Länder gegenseitig Auskünfte erteilen, die zur Durchführung einer konjunkturgerechten Haushaltswirtschaft und zur Aufstellung ihrer Finanzpläne notwendig sind. In der Praxis hat sich jedoch sehr schnell gezeigt, dass eine bloße Auskunftspflicht der Gebietskörperschaften untereinander in einem förderativen Staatswesen für ein abgestimmtes konjunkturgemäßes Verhalten der verschiedenen staatlichen Ebenen nicht ausreicht. Die Gebietskörperschaften müssen für ihre Finanzplanung von einheitlichen gesamtwirtschaftlichen Daten ausgehen. Um dies zu Gewähr leisten, haben sich Bund und Länder 1968 in einer Verwaltungsvereinbarung zur Bildung eines *Finanzplanungsrates* entschlossen. Dieses Koordinierungsorgan hat seine gesetzliche Grundlage nicht im StWG gefunden, sondern in § 51 des Haushaltsgrundsätzegesetzes (HGrG)[262]. Der Finanzplanungsrat ist jedoch mittelbar aus § 9 StWG abzuleiten. Er wird bei der Bundesregierung gebildet und setzt sich zusammen aus dem Bundesminister für Finanzen, der den Vorsitz führt, dem

260 Vgl. ebenda, S. 161.
261 Ebenda, a.a.O., S. 162.
262 Dieses Gesetz wurde 1969 verabschiedet; vgl. BGBl. I, S. 1237.

Bundesminister für Wirtschaft, den für die Finanzen zuständigen Ministern der Länder sowie vier Vertretern der Gemeinden und Gemeindeverbände. Die Deutsche Bundesbank hat nur ein Teilnahmerecht, aber kein Stimmrecht. Außerdem besteht keine Anhörungspflicht der Deutschen Bundesbank. Der Finanzplanungsrat ist also eine Institution, die eine *Koordinierung* der Finanzplanungen von Bund, Ländern und Gemeinden ermöglichen soll. Da das Gremium als Beirat bei der Bundesregierung fungiert, kann es die Koordination selbst nicht vornehmen, sondern nur Empfehlungen für die Ausführung der Abstimmung geben. Auf Grund der verfassungsrechtlichen Situation ist eine Koordinierung nur zu erreichen, wenn sich die im Finanzplanungsrat vertretenen Gebietskörperschaften freiwillig nach den Empfehlungen richten. Wichtig ist, dass im Finanzplanungsrat auch die Gemeinden vertreten sind, deren Investitionen immerhin rd. zwei Drittel des gesamten Investitionsvolumens der öffentlichen Hand ausmachen[263]. Nach § 16 StWG ist jedoch nur eine sehr geringe Möglichkeit gegeben, die Gemeinden in eine antizyklische Finanzpolitik mit einzubeziehen. Die Verpflichtung der Gemeinden zu einer antizyklischen Haushaltswirtschaft ist sowohl in § 16 Abs. 1 als auch in Abs. 2 des StWG sehr vage formuliert. Ein Hauptproblem stellt dabei das den Gemeinden in Artikel 28 Abs. 2 GG garantierte Recht der kommunalen Selbstverwaltung dar.

(1.3) Das Problem der außenwirtschaftlichen Absicherung

Wegen des hohen Stellenwertes hat sich der Gesetzgeber in § 4 StWG mit der Frage der *außenwirtschaftlichen Absicherung* beschäftigt, *obwohl* das StWG in seiner gesamten Intention nur auf die *Binnenwirtschaft* ausgerichtet ist. In einem so exportorientierten Land wie der Bundesrepublik Deutschland – 27%–29% des Bruttoinlandsprodukts, d.h. der in einem Jahr erzeugten Güter (Sachgüter und Dienstleistungen) gehen in den Export[264], nahezu jeder vierte Arbeitsplatz in der Bundesrepublik ist vom Export abhängig[265] – muss man dem Schutz der außenwirtschaftlichen Flanke besondere Bedeutung beimessen. § 4 StWG bestimmt, dass bei außenwirtschaftlichen Störungen des gesamtwirtschaftlichen Gleichgewichts, deren Abwehr durch binnenwirtschaftliche Maßnahmen nicht oder nur unter Beeinträchtigung der in § 1 genannten Ziele möglich ist, die Bundesregierung alle Möglichkeiten der internationalen Koordination zu nutzen hat. Wenn dies nicht ausreicht, soll sie die ihr zur Wahrung des außenwirtschaftlichen Gleichgewichts zur Verfügung stehenden wirtschaftlichen Mittel einsetzen.

---

263 Der Städtetag, a.a.O., S. 4.
264 Bundesministerium für Wirtschaft (Hrsg.), Leistung in Zahlen 87, Bonn 1988, S. 61. 1986 betrug der Anteil des Exports am Bruttosozialprodukt 27,0%; 1987 = 26,1%.
265 Vgl. Presse- und Informationsamt der Bundesregierung (Hrsg.), Bulletin, Nr. 120, Bonn 1975, S. 1186.

Das StWG sagt aber über diese Mittel zur Beeinflussung der Außenwirtschaft selbst nichts aus. Ein solches Mittel kann die *Wechselkurspolitik* sein (frei-schwankende oder feste Wechselkurse). Daneben finden sich besonders im *Au-ßenwirtschaftsgesetz* (AWG) in den §§ 6a, 22 und 23 bedeutende außenwirt-schaftliche Instrumente der Wirtschaftspolitik.

(1.4) Das wirtschaftspolitische Instrumentarium des Stabilitätsgesetzes

Zum besseren Verständnis der wirtschaftspolitischen Mittel des StWG sollen anhand der Verwendungsrechnung des Sozialprodukts die Ansatzpunkte dieser Instrumente dargestellt werden. Das Bruttoinlandsprodukt zu Marktpreisen (BIP_M) wird wie folgt verwendet:

Privater Verbrauch (C_{priv}[266]) + *private Bruttoinvestitionen* (I_{priv}) + *öffentlicher Verbrauch* ($C_{öff}$) + *öffentliche Bruttoinvestitionen* ($I_{öff}$) + *Güterexport abzüglich des Güterimports* (Ex – Imp). *Die Differenz* (Ex – Imp) *wird als Außenbeitrag der Volkswirtschaft bezeichnet.*

Durch die schematische Darstellung der Verwendungsrechnung des Bruttoin-landsprodukts lassen sich die Ansatzpunkte der wirtschaftspolitischen Mittel verdeutlichen:

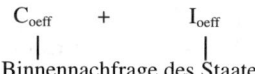

$$BIP_M = \quad C_{priv} \; + \; I_{priv} \qquad + \qquad C_{oeff} \; + \; I_{oeff}$$

Private Binnennachfrage	Binnennachfrage des Staates
Indirekte Mittel zur Beeinflussung der privaten Binnennachfrage in §§ 26 ff. StWG	Direkte Mittel zur Steuerung der öffentlichen Nachfrage, im StWG vornehmlich nach Investitions-gütern in §§ 5–8, § 15, §§ 19 ff. StWG
Bei den indirekten Mitteln sind zu unterscheiden:	Bei den direkten Mitteln sind zu unterscheiden:
– Instrumente mit expansiver (anregender) Wirkung – Instrumente mit kontraktiver Wirkung	– Instrumente mit expansiver Wirkung – Instrumente mit kontraktiver Wirkung

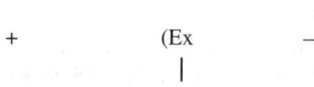

+   (Ex   –

Imp)

Ausländische Nachfrage nach deutschen Gütern	Inländische Nachfrage (privat und öffentlich) nach ausländischen Gütern

---

266 Für den privaten Verbrauch = privater Konsum wird als internationale Abkürzung C = Consump-tion verwendet.

Im StWG sind keine spezifischen Mittel zur Beeinflussung von Exporten und Importen vorgesehen.

(1.4.1) Direkte Mittel zur Beeinflussung der öffentlichen Nachfrage

In der Wirtschaftspolitik unterscheidet man bekanntlich *direkte* und *indirekte* Mittel. Direkte Mittel sind solche, die *unmittelbar* auf den Wirtschaftskreislauf einwirken. Dies ist der Fall, wenn die staatlichen Träger der Wirtschaftspolitik als *Nachfrager* auftreten und sich selbst eine bestimmte Verhaltensweise durch Gebote und/oder Verbote auferlegen. Indirekte Mittel der Wirtschaftspolitik können den Wirtschaftskreislauf dagegen erst dann beeinflussen, wenn die privaten Wirtschaftssubjekte entsprechend der Zielrichtung der wirtschaftspolitischen Maßnahmen des Staates reagieren. Da auf Grund der in der Bundesrepublik Deutschland geltenden Wirtschaftsordnung keine Konsum- und Investitionsgebote oder Konsum- bzw. Investitionsverbote möglich sind, hängt die *erhoffte* Wirkung der Mittel vom konjunkturgerechten Verhalten der privaten Wirtschaftssubjekte ab.

Der Staat kann durch den Einsatz dieser Mittel versuchen, Anregungen für die private Nachfrage zu geben oder möglicherweise eine Zurückhaltung bei der privaten Nachfrage zu bewirken. Die Entscheidungsfreiheit liegt jedoch weiterhin bei den privaten Haushalten und Unternehmen. Wenn beispielsweise bei einer abgeschwächten Konjunktur die Einkommensteuer gesenkt wird, um die private Nachfrage zu erhöhen, tritt dieser Effekt nur ein, wenn die privaten Wirtschaftssubjekte auf Grund des zusätzlichen Einkommens tatsächlich auch mehr konsumieren und investieren. Wird das durch die Steuersenkung vergrößerte Einkommen jedoch gespart, war diese Maßnahme kreislaufmäßig wirkungslos.

(1.4.1.1) Instrumente mit kontraktiver bzw. restriktiver Wirkung

– Bildung einer Konjunkturausgleichsrücklage

In Zeiten der Hochkonjunktur (Boomsituation) oder, wie der Gesetzgeber es in § 5 Abs. 2 StWG bezeichnet, „bei einer die volkswirtschaftliche Leistungsfähigkeit übersteigenden Nachfrageausweitung" werden von Bund und Ländern Haushaltsmittel einer bei der Deutschen Bundesbank zu bildenden *Konjunkturausgleichsrücklage* zugeführt.

Der Bund leistet seine Beiträge an die Konjunkturausgleichsrücklage *freiwillig* nach §§ 5, 6 StWG und auf Grund einer *Rechtspflicht* nach § 15 StWG (und nach § 25 BHO)[267].

Die Länder haben gemäß § 14 StWG ebenfalls Haushaltmittel in einer Konjunkturausgleichsrücklage anzusammeln. Da § 14 StWG auf die §§ 5 und 6 StWG verweist, gilt auch für die Länder das *Prinzip der Freiwilligkeit* bei der

---

267 Möller, A., a.a.O., S. 137.

Zuführung von Mitteln an eine Konjunkturausgleichsrücklage, wogegen § 15 auch für die Länder eine *Rechtspflicht* festlegt.[268]

Einzelheiten zur Bildung dieser Konjunkturausgleichsrücklage für Bund und Länder werden durch eine zeitlich nicht befristete Rechtsverordnung der Bundesregierung mit Zustimmung des Bundesrates geregelt[269]. Der Gesetzgeber spricht in diesem Zusammenhang von der *obligatorischen* Konjunkturausgleichsrücklage für Bund und Länder, d.h. wenn die Rechtsverordnung erlassen ist, müssen Bund und Länder eine Konjunkturausgleichsrücklage bilden. Sinn der Konjunkturausgleichsrücklage ist es, die öffentliche Nachfrage nach Investitions- und Konsumgütern zu drosseln, um so der Überhitzung der Konjunktur (Preissteigerung, Überbeschäftigung) entgegenzuwirken. Die Haushaltsmittel für die Konjunkturausgleichsrücklage von Bund und Ländern sind bei der Deutschen Bundesbank stillzulegen (§ 7 bzw. § 14 StWG) und zwar zinslos[270]. Nur so kann garantiert werden, dass diese Mittel auch tatsächlich dem Wirtschaftskreislauf entzogen werden. Würde die Hinterlegung dieser Gelder bei den privaten Geschäftsbanken erfolgen, bestünde die Gefahr, dass diese Mittel im Wege der Kreditschöpfung verstärkt wieder in den Wirtschaftskreislauf kämen und zu einer unerwünschten Ausdehnung der Nachfrage führten.

In Bezug auf den Bundeshaushalt trifft die Entscheidung darüber, ob und wie viel Haushaltsmittel der Konjunkturausgleichsrücklage zugeführt werden sollen, der Bundesminister der Finanzen nach Ermächtigung durch die Bundesregierung. Damit ist die Möglichkeit gegeben, kurzfristig auf dem Verordnungswege, d.h. ohne Einschaltung des Bundestages, Mittel aus dem öffentlichen Haushalt stillzulegen.

Mit dieser Vorschrift ist das traditionelle Recht des Parlaments, den Haushalt zu bestimmen, eingeschränkt worden. Der Gesetzgeber hat dies bewusst in Kauf genommen, weil man erkannt hat, dass die staatliche Haushaltswirtschaft flexibel auf sich ändernde konjunkturelle Situationen reagieren muss. Um möglichst schnell „antizyklisch" handeln zu können, kann die Bundesregierung in eigener Zuständigkeit das Ausgabenvolumen während des Haushaltsvollzugs *variieren*[271], ohne dass dazu erst die oft langwierige parlamentarische Prozedur einer gesetzlichen Änderung des Bundeshaushaltsplanes nötig ist. Allerdings kann der Bundesminister der Finanzen nicht global eine bestimmte Ausgabesumme sperren, sondern er muss genau festlegen, welche Haushaltmittel der Konjunkturausgleichsrücklage zugewiesen werden sollen.

---

268 Gesetz zur Förderung der Stabilität und des Wachstums der Wirtschaft, Kommentar, erläutert von K. Stern, P. Münch und K. H. Hansmeyer, 2. Aufl. Stuttgart, Berlin, Köln, Mainz 1972, S. 290–293.
269 Ebenda, S. 293.
270 Möller, A., a.a.O., S. 203.
271 Vgl. v. Arnim, H. H., a.a.O., S. 169.

– Verwendung von Haushaltsmitteln zur Tilgung von Schulden

Alternativ zur Stilllegung von Haushaltsmitteln durch Zuführung an die Konjunkturausgleichsrücklage sieht das StWG in § 5 für den Bund die *zusätzliche Tilgung von Schulden bei der Deutschen Bundesbank mit Haushaltsmitteln* vor. Die zusätzliche Tilgung von Schulden bei der Deutschen Bundesbank hat prinzipiell die gleiche dämpfende Wirkung auf die überhitzte Konjunktur, denn diese Geldmittel sind dem Wirtschaftskreislauf durch die Überweisung an die Bundesbank entzogen. Eine Wiederausgabe dieser Mittel, die zur Erhöhung der Nachfrage führen würde, findet nicht statt.

– Streckung von öffentlichen Baumaßnahmen

Nach § 6 Abs. 1 kann die Bundesregierung den Bundesfinanzminister ermächtigen, den Beginn von öffentlichen Baumaßnahmen und das Eingehen von Verpflichtungen zulasten künftiger Rechnungsjahre von dessen Einwilligung abhängig zu machen. Damit ist die Möglichkeit gegeben, den Beginn von Baumaßnahmen hinauszuzögern oder bereits laufende Baumaßnahmen *zeitlich* zu strecken. Die erforderlichen Maßnahmen werden gemeinsam vom Bundesminister der Finanzen und dem Bundesminister für Wirtschaft vorgeschlagen. Die dadurch frei werdenden Mittel muss der Bundesfinanzminister nach Ablauf des Rechnungsjahres entweder der Konjunkturausgleichsrücklage zuführen *oder* sie zur zusätzlichen Tilgung von Schulden bei der Deutschen Bundesbank verwenden. Nach § 14 StWG gilt § 6 Abs. 1 sinngemäß auch für die Länder.

– Beschränkung der Kreditaufnahmemöglichkeiten der öffentlichen Hand

Die Bundesregierung ist nach § l9 StWG berechtigt, zur Abwehr einer Störung des gesamtwirtschaftlichen Gleichgewichts durch Rechtsverordnung mit Zustimmung des Bundesrates eine *Beschränkung der Beschaffung von Geldmitteln im Wege des Kredits* durch Bund, Länder, Gemeinden und Gemeindeverbände sowie öffentliche Sondervermögen und Zweckverbände anzuordnen.

Mit einer Störung des gesamtwirtschaftlichen Gleichgewichts kann der Gesetzgeber hier nur die überhitzte Konjunktur meinen, denn bei einer Störung des gesamtwirtschaftlichen Gleichgewichts durch eine Rezession wäre die Beschränkung der Kreditbeschaffungsmöglichkeiten der öffentlichen Hand volkswirtschaftlich wenig sinnvoll. Zweck der Erschwerung der Finanzierung von Staatsausgaben durch Kreditaufnahme auf dem Geld- und Kapitalmarkt in der Hochkonjunktur (Boomsituation) ist es, die Überbeanspruchung der gesamtwirtschaftlichen Produktionsmöglichkeiten durch eine verringerte Staatsnachfrage abzubauen. Um dies in ausreichender Weise zu erreichen, ist daneben auch eine Einschränkung der Kreditbeschaffungsmöglichkeiten der privaten Wirtschaftssubjekte notwendig, was aber in den Kompetenzbereich der Europäischen Zentralbank fällt. In § 20 StWG wird ein recht komplizierter Schlüssel der Kreditlimitierung bezogen auf die Gebietskörperschaften beschrieben. § 20 Abs. 4 StWG bestimmt, dass Rechtsverordnungen nach § 19 StWG längstens auf ein Jahr zu befristen sind. Sie müssen gemäß § 20 Abs. 2 StWG unverzüglich nach ihrer Verkündung dem Bundestag mitgeteilt werden und ebenso unverzüglich aufgehoben werden, wenn es der Bundestag binnen sechs Wochen nach der Verkündung verlangt.

(1.4.1.2) Instrumente mit expansiver Wirkung

– Entnahme zusätzlicher Mittel aus der Konjunkturausgleichsrücklage

Nach § 5 Abs. 3 StWG sollen bei einer Abschwächung der allgemeinen Wirtschaftstätigkeit (Rezession), von der eine Gefährdung der Ziele des § 1 StWG ausgeht, zusätzliche Finanzierungsmittel zur Ankurbelung der Wirtschaft durch Erhöhung der öffentlichen Nachfrage zunächst aus der Konjunkturausgleichsrücklage entnommen werden. Nach 14 StWG gilt das sinngemäß auch für die Länder.

Was den Bund anbetrifft, so hat sich das Parlament für den Fall der *Entnahme* zusätzlicher Mittel aus der Konjunkturausgleichsrücklage eine größere Kontrolle vorbehalten als bei der *Zuführung* von Mitteln an die Konjunkturausgleichsrücklage. Um eine unkontrollierte Ausgabenausweitung der Bundesregierung zu verhindern, wird in § 8 Abs. 1 StWG ausdrücklich bestimmt, dass *zusätzliche* Ausgaben auf Grund des notwendigen Konjunkturprogrammes nur mit Zustimmung des Bundestages getätigt werden dürfen. Zusätzlich sind Ausgaben dann, wenn sie im Haushaltsplan nicht bzw. nur in einem Leertitel veranschlagt waren.

Die Bundesregierung hat dem Bundestag und gleichzeitig auch dem Bundesrat eine Vorlage ihres zusätzlichen Ausgabenprogramms zuzuleiten (§ 8 Abs. 1 Satz 3 StWG in Verbindung mit § 2 StWG). Während der Bundesrat zu dieser Vorlage binnen zweier Wochen gegenüber dem Bundestag Stellung nehmen kann (eine Zustimmung ist weder erforderlich noch wird sein Schweigen als Billigung fingiert[272]), gilt die Zustimmung des Bundestages als erteilt, wenn er nicht binnen vier Wochen nach Eingang der Vorlage der Bundesregierung seine Zustimmung verweigert. Dadurch wird eine Verzögerung der konjunkturpolitischen Maßnahme durch die parlamentarische Mitwirkung verhindert. Der Bundesregierung steht grundsätzlich das alleinige Recht zu, festzulegen, in welchem Ausmaß und für welche Einzelmaßnahmen die Konjunkturausgleichsrücklage verwendet wird. Bei ihrer Entscheidung, welche Maßnahmen mit Mitteln aus der Konjunkturausgleichsrücklage durchgeführt werden sollen, ist die Bundesregierung allerdings nicht völlig frei. Nach § 6 Abs. 2 StWG muss sie

---

272 Gesetz zur Förderung der Stabilität und des Wachstums der Wirtschaft, Kommentar, erläutert v. K. Stern u.a., a.a.O., S. 258.

Maßnahmen und Projekte auswählen, die in der „mittelfristigen Finanzplanung" (§ 9 StWG) enthalten sind. Die Geldmittel, die der Konjunkturausgleichsrücklage entnommen wurden, darf die Bundesregierung nur für Zwecke der Konjunkturbelebung einsetzen[273].

Das alleinige Verfügungsrecht der Bundesregierung und die Zweckbindung der Mittel zur Belebung der Konjunktur sollen verhindern, dass das Parlament diese Mittel zu großzügigen Ausgaben – z.B. in Wahlzeiten – verwendet.

– Zusätzliche Kreditermächtigung

Erst wenn die Mittel aus der Konjunkturausgleichsrücklage zur Ankurbelung der Konjunktur erschöpft sind, ist der Bundesminister der Finanzen nach § 6 Abs. 3 StWG berechtigt, Kredite über die im Haushaltsgesetz erteilten Kreditermächtigungen hinaus bis zur Höhe von fünf Milliarden DM aufzunehmen, gegebenenfalls mit Hilfe von Geldmarktpapieren (= kurzfristige, ohne festen Zinssatz ausgestattete Wertpapiere, die am festgelegten Fälligkeitstermin zum Nominalwert eingelöst werden). Die Laufzeit dieser Titel erstreckt sich im allgemeinen zwischen einem und 24 Monaten. Eine Verzinsung erfolgt durch einen Diskont (Abschlag), dessen Höhe von den so genannten Abgabesätzen bestimmt wird[274]. Die Kreditbeschaffung mit Geldmarktpapieren ist dann erforderlich, „wenn eine Schuldenaufnahme auf dem Kreditmarkt (Markt für längerfristige Wertpapiere – Anm. des Verf.) wegen der dort herrschenden Marktenge nicht sinnvoll erscheint oder konjunkturpolitisch nicht geboten ist"[275]. Die kurzfristige Finanzierung von Ausgaben mit Geldmarktpapieren bedeutet eine *indirekte Verschuldung* des Staates bei der Zentralbank, weil die EZB (die Deutsche Bundesbank im Auftrag der EZB) durch ihre Geldpolitik[276] den privaten Geschäftsbanken, bei denen der Staat den größten Teil seiner Geldmarktpapiere (Schatzwechsel, Schatzanweisungen usw.) unterbringt, durch Verpfändung bzw. Ankauf von Geldmarktpapieren Liquidität zur Verfügung stellen kann[277].

Eine *direkte Verschuldung* des Bundes und der Länder bei der Zentralbank ist mit Beginn der Europäischen Währungsunion am 1. 1. 1999 verboten, weil eine Verschuldung bei der Zentralbank für den Staat die bequemste Art der Kreditbeschaffung wäre (bekannt unter dem Schlagwort: „Die Notenpresse in Bewegung setzen"), und die wesentlichste Ursache für die großen Inflationen des 20. Jahrhunderts war.

---

273 Vgl. ebenda, S. 252.
274 Meyers Handbuch über die Wirtschaft, a.a.O., S. 803.
275 Gesetz zur Förderung der Stabilität und des Wachstums der Wirtschaft, Kommentar, erläutert von K. Stern u.a., a.a.O., S. 248.
276 Vgl. dazu die Ausführung über das geldpolitische Instrumentarium der EZB: S. 152 ff.
277 Gesetz zur Förderung der Stabilität und des Wachstums der Wirtschaft. Kommentar, erläutert v. K. Stern u.a., a.a.O., S. 249.

– Beschleunigung der Planung und Vergabe von öffentlichen Investitionsvorhaben

In § 11 StWG wird vorgeschrieben, bei einer Rezession die *Planung von geeigneten Investitionsvorhaben* so zu *beschleunigen,* dass man mit ihrer Durchführung kurzfristig beginnen kann. Dazu haben die zuständigen Bundesminister alle weiteren Maßnahmen zu treffen, die zu einer beschleunigten Vergabe von Investitionsaufträgen erforderlich sind. Diese Beschleunigung von Investitionsvorhaben der öffentlichen Hand kann sich nur auf die technische Planung beziehen, jedoch nicht auf die Planung neuer Vorhaben, denn das Investitionsprogramm liegt für den Zeitraum der mehrjährigen (fünfjährigen) Finanzplanung fest[278].

Um in einer Rezession schnell handeln zu können, ist es notwendig, dass in der mehrjährigen Finanzplanung ausreichend vergabereife Projekte vorgesehen sind (so genannte Schubladenprogramme). Für diesen Fall hat das Bundeskabinett 1967 „Grundsätze für die Beschleunigung des Vergabeverfahrens in konjunkturpolitischen Ausnahmesituationen" beschlossen[279].

(1.4.2) Indirekte Mittel zur Beeinflussung der privaten Nachfrage

Das Stabilitätsgesetz sieht in den §§ 26 ff. eine indirekte Steuerung der privaten Nachfrage durch den Staat mithilfe *steuerlicher Maßnahmen* vor. Während sich die behandelten direkten Mittel des Staates weitgehend auf dessen Nachfrage nach Investitionsgütern beziehen, zielen die steuerlichen Maßnahmen zur Beeinflussung der privaten Nachfrage sowohl auf den *privaten Konsum* als auch auf die *privaten Investitionen.* Entsprechend lassen sich die steuerlichen Maßnahmen in zwei Gruppen aufteilen:

– Steuerliche Maßnahmen, die auf einer Verringerung oder Erhöhung der Kaufkraft der Konsumenten gerichtet sind. Hierbei geht man davon aus, dass das *real verfügbare* Einkommen der privaten Haushalte eine entscheidende Größe für das Nachfrageverhalten der privaten Haushalte darstellt. In der Regel führt eine Vergrößerung des real verfügbaren Einkommens zu einer Steigerung der Nachfrage nach Konsumgütern, eine Senkung des Einkommens bewirkt einen Rückgang der Konsumgüternachfrage[280]. Durch eine entsprechende Variierung der Einkommensteuersätze (wobei die Lohnsteuer nichts anderes ist als die Einkommensteuer für Einkünfte aus unselbstständiger Arbeit) wird beim Steuerpflichtigen ein Kaufkraftentzug oder eine Kaufkrafterhöhung erreicht. Voraussetzung für die Wirksamkeit dieser steuerlichen Maßnahmen ist, dass die Nachfrager auch in gewünschter Weise reagieren (bei Steuererhöhung auch tatsächlich weniger kaufen, bei Steuersenkungen mehr nachfragen) und die Steuermehreinnahmen bzw. Steuermindereinnah-

---

278 Vgl. ebenda, a.a.O., S. 276.
279 Vgl. Möller, A., a.a.O., S. 174.
280 Vgl. ebenda, S. 291.

men haushaltsmäßig entsprechend behandelt werden, d.h. *Steuermehreinnahmen* sind bei der Deutschen Bundesbank stillzulegen, damit der Staat nicht durch vermehrte Nachfrage für eine weitere Überhitzung der Konjunktur sorgt. *Steuermindereinnahmen* müssen durch Haushaltskredite ausgeglichen werden, damit die erhöhte private Nachfrage nicht durch einen Rückgang der öffentlichen Nachfrage kompensiert wird.

– Steuerliche Maßnahmen, die eine Erhöhung oder Verminderung des privaten Investitionsvolumens bewirken sollen. Mit diesen Maßnahmen will man den *Gewinn* und die *Gewinnerwartungen* als maßgebliche Bestimmungsfaktoren der privaten Investitionen beeinflussen. In der Rezession sollen die Investitionsvorhaben steuerlich erleichtert, in der Hochkonjunktur erschwert werden. Voraussetzung für die Wirksamkeit ist wie bei der privaten Nachfrage nach Konsumgütern, dass die Unternehmer in der beabsichtigten Weise handeln (Einschränkung der Investitionstätigkeit in der Hochkonjunktur, Erhöhung der Investitionstätigkeit in der Rezession), und der Staat die Steuermehreinnahmen bzw. die Steuermindereinnahmen haushaltsmäßig *antizyklisch* verwendet.

(1.4 2.1) Instrumente mit kontraktiver bzw. restriktiver Wirkung auf die private Nachfrage nach Konsumgütern

– Heraufsetzung des Einkommensteuersatzes

Nach § 26 Nr. 3 StWG wird die Bundesregierung ermächtigt, durch Rechtsverordnung die Einkommensteuer (veranlagte Einkommensteuer und Lohnsteuer) um höchstens *10 v. H. zu erhöhen*. Es muss jedoch laut Gesetz eine Störung des gesamtwirtschaftlichen Gleichgewichts eingetreten sein oder sich abzeichnen, die erhebliche Preissteigerungen mit sich gebracht hat oder erwarten lässt.

Die Rechtsverordnung bedarf der Zustimmung des Bundestages und des Bundesrates. Der Zeitraum der Gültigkeit der Rechtsverordnung ist längstens ein Jahr.

– Nachträgliche Anpassung der Einkommensteuervorauszahlungen

Die von den Finanzämtern in den Einkommensteuerbescheiden festgesetzten Vorauszahlungen für das laufende Jahr können gemäß § 26 Nr. 1 und 2 StWG nachträglich angehoben werden. Damit verringert sich, wie bei einer Steuersatzerhöhung, das verfügbare Einkommen der Steuerpflichtigen.

(1.4.2.2) Instrumente mit kontraktiver bzw. restriktiver Wirkung auf das private Investitionsvolumen

– Beschränkung von Abschreibungsmöglichkeiten

Nach § 26 Nr. 3 StWG ist die Bundesregierung ermächtigt, bei einer sich abzeichnenden Hochkonjunktur (Störung des gesamtwirtschaftlichen Gleichgewichts durch eine Überforderung der volkswirtschaftlichen Leistungsfähigkeit) durch eine Rechtsverordnung die Inanspruchnahme von Sonderabschreibungen und erhöhten Abschreibungen sowie die Bemessung der Absetzung für Abnutzung (AfA) in fallenden Jahresbeträgen (so genannte degressive Abschreibungsmethode) ganz oder teilweise – längstens für ein Jahr[281] – auszusetzen. Rechtsverordnungen, die auf Grund dieser Ermächtigung erlassen werden, muss der Bundestag und der Bundesrat zustimmen. Wenn der Bundestag nicht binnen vier Wochen und der Bundesrat nicht binnen drei Wochen nach Eingang der Vorlage der Bundesregierung die Zustimmung verweigert hat, tritt die Rechtsverordnung in Kraft. Mit dieser Maßnahme soll die Nachfrage der Unternehmen nach Investitionsgütern eingeschränkt werden. Dabei geht man von der Tatsache aus, dass geringere Abschreibungen den steuerpflichtigen Gewinn der Unternehmer erhöhen. Damit wird die Steuerschuld vergrößert, sodass sich die den Unternehmen zur Verfügung stehenden Geldmittel verringern, wodurch der Anreiz zur Investition abnehmen soll. Ob die Unternehmer in Zeiten einer Hochkonjunktur bei ungebrochenen Gewinnerwartungen so reagieren, ist in der Realität nicht sicher.

– Heraufsetzung des Einkommen- und Körperschaftsteuersatzes

Die nach § 26 Nr. 3 sowie § 27 Nr. 1, 2 StWG der Bundesregierung gegebene Ermächtigung, bei einer sich abzeichnenden oder bereits eingetretenen Hochkonjunktur den Steuersatz für einkommen- und körperschaftsteuerpflichtige Unternehmen per Rechtsverordnung (Gültigkeit längstens ein Jahr, Zustimmung von Bundestag und Bundesrat erforderlich) *bis zu 10 v. H. zu erhöhen,* zielt in erster Linie auf eine Verringerung der Geldmittel der Unternehmen für Investitionszwecke.

– Nachträgliche Anpassung von Einkommen-, Körperschaft- und Gewerbesteuervorauszahlungen

Gemäß §§ 26 Nr. 1, 27, 28 Nr. 1 StWG kann eine nachträgliche Anpassung der Vorauszahlungen bei der Einkommen-, Körperschaft- und Gewerbesteuer nach oben erfolgen. Die Wirkung ist wie bei einer Steuersatzerhöhung. Man will damit insbesondere die für Investitionen verfügbaren Mittel der Unternehmen verringern.

(1.4.2.3) Instrumente mit expansiver Wirkung auf die private Nachfrage nach Konsumgütern

– Herabsetzung des Einkommensteuersatzes

Nach § 26 Nr. 3 StWG wird die Bundesregierung ermächtigt, mit einer Rechtsverordnung, die der Zustimmung von Bundestag und Bundesrat bedarf und

---

281 Vgl. Gesetz zur Förderung der Stabilität und des Wachstums der Wirtschaft, Kommentar, erläutert v. K. Stern u.a., a.a.O., S. 347 f.

längstens ein Jahr gilt, den Satz der Einkommensteuer (veranlagte Einkommensteuer und Lohnsteuer) *bis zu 10 v.H. herabzusetzen*. Voraussetzung für diese Maßnahme ist, dass, wie der Gesetzgeber formuliert, eine Störung des gesamtwirtschaftlichen Gleichgewichts eingetreten ist oder sich abzeichnet, die eine nachhaltige Verringerung der Umsätze oder der Beschäftigung zur Folge hätte oder erwarten lässt. Die Zielrichtung dieser Maßnahme ist klar. Durch die Verringerung der Steuerbelastung erhöht sich das verfügbare Einkommen und damit die Kaufkraft der privaten Haushalte. Die Wirtschaftspolitiker erhoffen sich davon eine Steigerung der Konsumausgaben, die dann zur Belebung der Konjunktur führen soll. Ob die durch die Steuersenkung frei gewordenen Geldmittel auch tatsächlich in den Konsum fließen und nicht gespart werden, liegt im freien Ermessen der privaten Haushalte, sodass die Wirkung dieser Maßnahme schwer kalkulierbar ist.

– Nachträgliche Anpassung der Einkommensteuervorauszahlungen

Bei abgeschwächter Konjunktur können die Einkommensteuervorauszahlungen nachträglich ermäßigt werden (§ 26 Nr. 1, 2 StWG), d.h. die Einkommensteuerpflichtigen müssen weniger Vorauszahlungen auf ihre Einkommensteuerschuld leisten. Dadurch erhöht sich das verfügbare Einkommen der Einkommensteuerpflichtigen.

(1.4.2.4) Instrumente mit expansiver Wirkung auf das private Investitionsvolumen

– Abzugsmöglichkeit von Aufwendungen für Investitionen von der Einkommen- oder Körperschaftsteuer

Bei einer eingetretenen oder sich abzeichnenden Störung des gesamtwirtschaftlichen Gleichgewichts, die zu einer nachhaltigen Verringerung der Umsätze oder der Beschäftigung geführt hat oder solche Folgen erwarten lässt, kann die Bundesregierung nach § 26 Nr. 3 und § 27 Nr. 2 StWG eine Rechtsverordnung erlassen, in der bestimmt wird, dass auf Antrag bei Anschaffung von Wirtschaftsgütern des Anlagevermögens bis zu 7,5 v. H. der Anschaffungs- oder Herstellungskosten dieser Wirtschaftsgüter von der Einkommen- oder Körperschaftsteuerschuld abgezogen werden können (so genannter *Investitionsbonus* oder *Investitionsprämie*). Der Abzug stellt im Gegensatz zu Abschreibungsvergünstigungen eine *endgültige* Steuerersparnis dar. Diese führt zwangsläufig zu einer tatsächlichen Erhöhung der unternehmerischen Gewinne. Man hofft, dass diese erhöhten Gewinne die Unternehmen zu vermehrten Investitionen anreizen und so zu einer Belebung der Konjunktur führen. Ob dies jedoch eintritt, liegt einzig und allein im Entscheidungsbereich der Investoren. Oft ist zu beobachten, dass die Investitionen stärker von den *Gewinnerwartungen* als von der Höhe der realisierten Gewinne abhängen. Bei fehlenden Gewinnaussichten können die erzielten Gewinne beispielsweise auch in festverzinslichen Wertpapieren angelet werden, die möglicherweise eine höhere Rendite als die neuen Investitionen erbringen. Die Gewährung von Investitionsprämien (Investitionsboni) in Form des Abzuges von der Steuerschuld ist eine Maßnahme, die nur diejenigen Investoren berührt, die durch ihre wirtschaftliche Tätigkeit auch einen steuerpflichtigen Gewinn erzielt haben. Alle die Unternehmen jedoch, die einen Betriebsverlust aufweisen, können dadurch nicht zu neuen Investitionen angereizt werden. Die Streuwirkung ist daher nicht übermäßig breit. „Eine von der Gewinnsituation der Unternehmen unabhängige Breitenwirkung könnte nur erzielt werden, wenn der Steuerabzug für Investitionen zu einer echten Investitionszulage, etwa nach dem Muster des § 19 des Berlinförderungsgesetzes (BerlinFG), ausgestattet worden wäre. Soweit hat jedoch der Gesetzgeber nicht gehen wollen; man fürchtete den zu großen Steuerausfall und glaubte, dass eine solche Maßnahme Anlass zu Fehlinvestitionen sein könnte"[282].

Im Dezember 1974 ist die Bundesregierung außerhalb des Stabilitätsgesetzes und unter Inkaufnahme der parlamentarischen Beratungen durch Vorlage eines Investitionszulagengesetzes diesen Weg gegangen. Zur Belebung der abgeschwächten Wirtschaftstätigkeit wurde für betriebliche Investitionen eine zeitlich befristete Zulage in Höhe von 7,5 v. H. der Anschaffungs- oder Herstellungskosten gewährt. Diese Maßnahme bezog sich auf alle Investitionsgüter, die nach dem 30. November 1974 und vor dem 1. Juli 1975 bestellt wurden. Die Unternehmer erhielten also eine *gewinnunabhängige, nicht rückzahlbare* Zulage, wenn sie im Gesetz genau festgelegte Investitionsgüter im genannten Zeitraum beschafften. In einem weiteren Gesetz vom Dezember 1974 wurde die Gewährung von Investitionszuschüssen in Höhe von ebenfalls 7,5 v. H. auf den sozialen Wohnungsbau ausgedehnt[283].

Vergleicht man die steuerlichen Maßnahmen zur Beeinflussung der privaten Investitionstätigkeit in der Boomsituation (Hochkonjunktur) und in der Rezession bzw. Depression, so sind diese nicht symmetrisch. Das StWG sieht nämlich für den Fall der Rezession bzw. Depression keine Abschreibungsvergünstigungen vor, für die Hochkonjunktur dagegen Abschreibungserschwernisse. In Bezug auf die Rezession kann man lediglich feststellen, dass in dieser Phase sicherlich die Abschreibungserschwernisse aus der Hochkonjunktur aufgehoben werden. Das sind aber keine eigenständigen, die Asymmetrie bei den steuerlichen Mitteln der Investitionsbeeinflussung aufhebenden Maßnahmen.

---

282 Gesetz zur Förderung der Stabilität und des Wachstums der Wirtschaft, Kommentar, erläutert v. K. Stern u.a., a.a.O., S. 355.
283 Vgl. Presse- und Informationsdienst der Bundesregierung (Hrsg.), Bulletin, Nr. 92, Bonn 1976, S. 879 und Das Wirtschaftsstudium (WISU), Heft 3, Düsseldorf 1975, S. 142.

– Herabsetzung des Einkommen- und Körperschaftsteuersatzes

In § 26 Nr. 3 und § 27 Nr. 1, 2 StWG wird die Bundesregierung ermächtigt, bei einer abzusehenden oder bereits eingetretenen Abschwächung der Konjunktur den Steuersatz für einkommen- und körperschaftsteuerpflichtige Unternehmen durch Rechtsverordnung (Gültigkeit längstens ein Jahr, Zustimmung von Bundestag und Bundesrat erforderlich) bis zu 10 v. H. zu senken. Diese Maßnahme soll den Unternehmen mehr Geldmittel für Investitionszwecke zur Verfügung stellen. Ob sie diese verfügbar gewordenen Mittel auch für Investitionen einsetzen, liegt außerhalb der Einflussmöglichkeiten der Bundesregierung.

– Nachträgliche Anpassung von Einkommen-, Körperschaft- und Gewerbesteuervorauszahlungen

Die §§ 26 Nr. 1, 2, 27 und 28 Nr. 1 StWG ermöglichen es der Bundesregierung in einer konjunkturell abgeschwächten Wirtschaftslage, die Vorauszahlungen der Unternehmen auf ihre Einkommen-, Körperschaft- und Gewerbesteuerschuld nach unten anzupassen, um so den Unternehmen zusätzliche Mittel für Investitionszwecke zu überlassen. Die Wirkung dieser Maßnahme hängt allein von der Reaktion der Investoren ab.

(1.4.3) Unterstützung der Geldpolitik der Europäischen Zentralbank durch die Deutsche Bundesbank und die Bundesregierung

§ 29 StWG sieht eine Änderung des Gesetzes über die Deutsche Bundesbank vor, die eine *Verdoppelung* des Volumens der Wertpapiere bezweckt, die der Bundesminister der Finanzen der Deutschen Bundesbank für Zwecke der Feinsteuerungsoperationen der EZB zur Verfügung stellen muss. Die Feinsteuerungsoperationen der EZB beinhalten bekanntlich den Kauf und Verkauf von Wertpapieren durch die Zentralbank auf eigene Rechnung am Geldmarkt, ggf. auch am Kapitalmarkt. Sie gehören zu den geldpolitischen Instrumenten der EZB. Die Verdoppelung des Volumens an Offenmarktpapieren befähigt die Deutsche Bundesbank im Auftrag der EZB in Zeiten der Hochkonjunktur, der Wirtschaft zusätzliche Liquidität zu entziehen. Eine Änderung des Bundesbankgesetzes gemäß § 29 StWG war notwendig, da sich das bisherige Volumen von Wertpapieren in Höhe von 8 Mrd. DM als zu gering erwiesen hatte. Mit der Möglichkeit, Wertpapiere bis zur Höhe von 16 Mrd. DM vom Bundesminister der Finanzen anzufordern, ist der geldpolitischer Handlungsspielraum wesentlich *erweitert* worden. Nimmt die Bundesbank bzw. die EZB Wertpapiere für Feinsteuerungsoperationen in Anspruch, fließt der Gegenwert der Papiere nicht in die Bundeskasse, sondern wird dem Bund auf einem Konto bei der Bundesbank gutgeschrieben, über das er aber nicht verfügen kann. Somit können diese Mittel nicht in den Wirtschaftskreislauf fließen.

(2) Sonstige Mittel der Fiskalpolitik

Die sonstigen Mittel der Fiskalpolitik unterscheiden sich prinzipiell nicht von den bereits im StWG abgehandelten Instrumenten. Sie sind von der Art und Zielrichtung her nahezu identisch. Der Unterschied liegt oft nur in ihrem *Umfang,* in der *Breitenwirkung* und *gesetzlichen Handhabung* der Mittel. Es sind im Vergleich zum StWG nicht in einem Bündel zusammengefasste Mittel, sondern zu einem ganz bestimmten konjunkturellen Zweck zu ergreifende Einzelmaßnahmen (so genannte ad-hoc-Maßnahmen).

Das StWG bietet der Exekutive die Möglichkeit, die im Gesetz genau festgelegten wirtschaftspolitischen Mittel durch *Rechtsverordnung* schnell einzusetzen. Bei den sonstigen fiskalpolitischen Mitteln ist dies *nicht* möglich. Hier muss der Wirtschaftspolitiker die vorgesehenen Maßnahmen auf den üblichen Gesetzgebungswegen in Kraft setzen, was unter Umständen sehr *zeitraubend* sein kann. Die Effektivität des Mitteleinsatzes wird dadurch oft in Mitleidenschaft gezogen.

Die sonstigen fiskalpolitischen Mittel beziehen sich auf die *Einnahmen-* und *Ausgabenseite* der öffentlichen Haushalte, d.h. es sind steuerliche Maßnahmen oder Veränderungen der Staatsausgaben entsprechend der jeweiligen Konjunkturlage.

Die Ausgaben können eigenen Zwecken des Staates dienen oder in Form eines Zuschusses (bzw. Abbau von Zuschüssen) an die privaten Wirtschaftssubjekte erfolgen. Die bereits erwähnte *Investitionszulage* an Unternehmen aus dem Jahre 1974 gehört beispielsweise in den Bereich der sonstigen fiskalpolitischen Mittel, während der so genannte *Investitionsbonus* ein Mittel des StWG ist.

(3) Grenzen der Wirksamkeit fiskalpolitischer Mittel

Da es in einem föderalistisch aufgebauten Staatswesen wie der Bundesrepublik Deutschland verschiedene Träger der Fiskalpolitik (Bund, Länder und Gemeinden) gibt, können sich Schwierigkeiten aus dem Zusammenspiel dieser Ebenen ergeben. Dies kann zu Beeinträchtigungen der Wirksamkeit fiskalpolitischer Mittel führen. Die einzelnen Gebietskörperschaften haben oft unterschiedliche Zielsetzungen und sehen sich bestimmten Zwangssituationen gegenüber, die eine wirksame *antizyklische Fiskalpolitik* verhindern. So ist in Zeiten der Hochkonjunktur ein Baustopp für dringende Baumaßnahmen (z.B. Fertigstellung eines Krankenhauses einer Gemeinde) zwecks Dämpfung der Nachfrage politisch kaum durchsetzbar. Bestimmte Projekte eignen sich also nicht für antizyklische Fiskalpolitik.

Durch das StWG und den geänderten Artikel 109 GG versucht man, die Gebietskörperschaften insgesamt in eine antizyklische Fiskalpolitik einzubinden. Die diesbezüglichen Vorschriften besonders des StWG bieten den Gebietskörperschaften jedoch einen Spielraum bei ihrer Auslegung, wenn dort von „Störung" oder „Gefährdung" des gesamtwirtschaftlichen Gleichgewichts als Voraussetzung für den antizyklischen Einsatz fiskalpolitischer Mittel die Rede ist.

Eine weitere Schwierigkeit ist die *zeitliche Verzögerung* (time-lag) des Einsatzes fiskalpolitischer Mittel. Es tritt das Problem des frühzeitigen Erkennens gefährlicher Wirtschaftsentwicklungen auf, das bereits ausführlich bei der Wirtschaftsdiagnose erörtert wurde. Ein zusätzliches Problem ergibt sich durch den Zeitbedarf bei der Umsetzung der für erforderlich gehaltenen fiskalpolitischen Maßnahmen. Das StWG hat die Möglichkeit zur Verkürzung der Willensbildung der politisch zuständigen Instanzen durch Rechtsverordnungen geschaffen. Allerdings kann dieser Weg über Rechtsverordnungen nur bei den ausdrücklich im StWG genannten fiskalpolitischen Mitteln gegangen werden.

Ein weiteres Problem bei der Wirksamkeit der Maßnahmen entsteht dadurch, dass bei den *direkten Mitteln* der Fiskalpolitik zwar eine *erste Wirkung* im Wirtschaftskreislauf sichtbar wird, aber die *Initialzündung* über den *Multiplikator-* bzw. *Akzeleratorprozess* oft nicht in ausreichendem Maße eintritt, d.h. die privaten Wirtschaftssubjekte lassen sich von der Ausdehnung bzw. Reduzierung der *staatlichen* Nachfrage nicht zu einer entsprechenden Reaktion veranlassen. Da die staatliche Nachfrage, wie aus dem Kreislaufschema zu ersehen ist, jedoch nicht den Umfang der privaten Nachfrage hat, sind die direkten fiskalpolitischen Mittel in ihrer Wirkung eingeschränkt.

Eine zusätzliche, ganz entscheidende Grenze des Einsatzes der fiskalpolitischen Mittel mit expansiven Charakter ist die hohe Staatsverschuldung, die Ende 1999 erstmals über 2,4 Billionen DM betrug, davon hatte der Bund fast 1,5 Billionen DM (1.495,4 Mrd. DM), die 16 Bundesländer 631,1 Mrd. DM und die Kommunen 187,4 Mrd. DM Verbindlichkeiten. Die sich aus dieser Verschuldung ergebenden Belastung für die öffentlichen Haushalte (Zins und Tilgung) lassen eine Ausweitung der Staatsverschuldung in absehbarer Zeit praktisch nicht mehr zu.

Bei den *indirekten Mitteln* der Fiskalpolitik zeigen sich die Grenzen ihrer Wirksamkeit noch deutlicher. Der Staat versucht, durch diese Mittel entsprechend der Konjunkturlage den privaten Wirtschaftssubjekten finanzielle Anreize zur Erhöhung von Investitionen oder zum Konsum zu bieten bzw. ihnen Erschwernisse aufzuerlegen. Da es in der Sozialen Marktwirtschaft keine Investitionsverbote oder Konsumgebote bzw. Konsumverbote gibt, liegt die *Entscheidung* über die *Wirksamkeit* dieser fiskalpolitischen Mittel letztlich bei den privaten Wirtschaftssubjekten. Wenn die privaten Wirtschaftssubjekte *nicht* reagieren, bleiben die Maßnahmen wirkungslos im Gegensatz zu den direkten Mitteln, bei denen wenigstens in Höhe der *staatlichen* Nachfrageerhöhung bzw. Nachfragereduzierung eine Wirkung eintritt. Ob diese *nachhaltig* ist, hängt ebenfalls von der Reaktion der privaten Wirtschaftssubjekte ab.

bb) Geldpolitik

(1) Die Europäische Zentralbank (EZB) als Träger der Geld- und Kreditpolitik für die Länder der Europäischen Währungsunion

Die EZB gehört zum Europäischen System der Zentralbanken (ESZB), das aus der EZB und den nationalen Zentralbanken der 15 Mitgliedstaaten der Europäischen Union (EU) besteht. Da nicht alle der 15 EU Staaten, sondern nur 11 Länder der EU, der Europäischen Währungsunion beigetreten sind (vgl. Abb. 76, Stand 2000), spricht die EZB vom sogenannten „Eurosystem", das sich aus der EZB und den Zentralbanken der 11 Beitrittsländer zusammensetzt (Stand 2000). Griechenland erfüllt neuerdings die Konvergenzkriterien und gehört daher ab dem 1. 1. 2001 der Europäischen Währungsunion und damit dem „Eurosystem" an.

Die entscheidende Rolle für die Geld- und Kreditpolitik in den Ländern der Europäischen Währungsunion kommt der Europäischen Zentralbank (EZB) seit dem 1. 1. 1999 zu. Ihr vorrangiges Ziel ist die Gewährleistung der Preisstabilität (Preisniveaustabilität). Um dieses Ziel zu erreichen, muss die EZB, wie die Deutsche Bundesbank, von Weisungen der Regierungen der Mitgliedsstaaten unabhängig, d.h. autonom sein. Bei den Verhandlungen über die Europäische Währungsunion hat sich die deutsche Position für eine autonome EZB durchgesetzt.[284] Laut EG-Vertrag muss die EZB bzw. das ESZB bei der Wahrnehmung

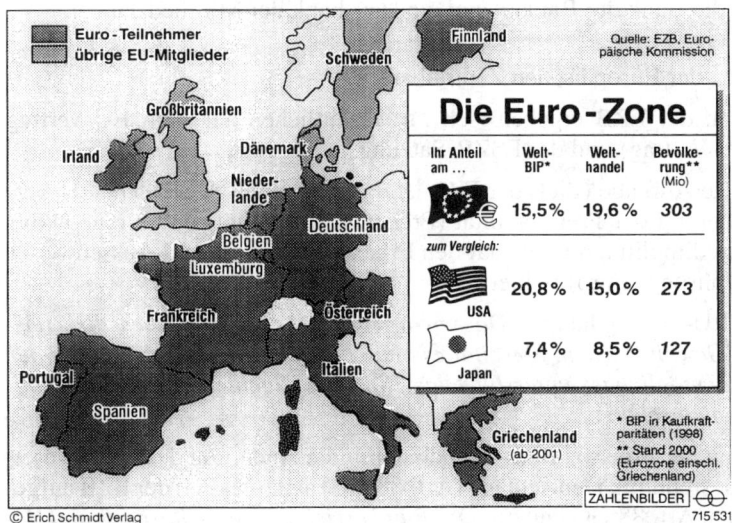

Abb. 76

---

284 Die Bundesrepublik Deutschland konnte bei den Verhandlungen auf die guten Erfahrungen mit dem Autonomiestatus der Deutschen Bundesbank verweisen.

der ihr übertragenen Aufgaben keine Weisungen der Regierungen von Mitgliedsstaaten oder anderen Stellen einholen oder entgegennehmen. Der Autonomiestatus der EZB zeigt sich in folgenden Punkten:

- Die Regierungen haben keinen Einfluss auf die geldpolitischen Entscheidungen der Organe der EZB.
- Absolutes Verbot der Finanzierung von Staatsdefiziten durch die EZB (kein Zugang der Regierungen zur Notenpresse).
- Unabhängigkeit der Mitglieder der Organe von ihrem Herkunftsland, d.h. jedes Mitglied hat nicht sein Land zu vertreten, sondern alle Mitgliedsländer gleichermaßen.
- Alle Mitglieder der Organe haben unabhängig von der Größe ihrer Länder nur eine Stimme.
- Die Mindestamtszeit der Präsidenten der nationalen Zentralbanken, die dem EZB-Rat angehören, wird von den nationalen Regierungen auf 5 Jahre festgelegt.
- Die Mindestamtszeit für die Mitglieder des Direktoriums beträgt 8 Jahre.
- Streitigkeiten zwischen dem ESZB und der EU-Kommission bzw. den nationalen Regierungen werden vor dem Europäischen Gerichtshof ausgetragen.

Wenn man diese Punkte in einem Vergleich zum Autonomiestatus der Deutschen Bundesbank betrachtet, ist festzustellen, dass de facto die Unabhängigkeit der EZB (bzw. des ESZB) noch größer als die der Deutschen Bundesbank ist.

Die EZB ist die Bank der Banken und die Hausbank der Mitgliedsländer.

1.1 Aufgaben der Europäischen Zentralbank

Die Aufgaben der EZB ergeben sich im wesentlichen aus dem EU-Vertrag (Maastrichter Vertrag) und der ESZB-Satzung.

Übergeordnete Aufgabe (Ziel) der EZB ist danach gemäß Art. 105 ff. EU-Vertrag die Sicherung der Preisstabilität (Preisniveaustabilität) durch eine aktive Geld- und Kreditpolitik, die sich auf den Erhalt des Binnen- und Aussenwertes der neuen Währung (Euro) richtet.

Art. 105 (1) EU-Vertrag lautet: *„Das vorrangige Ziel des ESZB ist es, die Preisstabilität zu Gewähr leisten. Soweit dies ohne Beeinträchtigung des Zieles der Preisstabilität möglich ist, unterstützt das ESZB die allgemeine Wirtschaftspolitik in der Gemeinschaft ..."*

Die Sicherung der Preisstabilität ist auch durch die Änderung des Grundgesetzes der Bundesrepublik Deutschland (Art. 88 GG) ausdrücklich der EZB aufgetragen worden. Art. 88 GG lautet: *„Der Bund errichtet eine Währungs- und Notenbank als Bundesbank. Ihre Aufgaben und Befugnisse können im Rahmen der Europäischen Union der Europäischen Zentralbank übertragen werden, die unabhängig ist und dem vorrangigen Ziel der Preisstabilität verpflichtet ist."*

Weitere Aufgaben der EZB sind u.a.:

- Ausgabe der Banknoten als gesetzliches Zahlungsmittel (d.h. die EZB hat das ausschließliche Recht zur Notenausgabe = Notenmonopol)
- Haltung und Verwaltung der Währungsreserven der Mitgliedsländer
- Durchführung von Devisengeschäften
- Förderung des reibungslosen Funktionierens der Zahlungssysteme
- Genehmigung des Ausgabenvolumens der Euro-Münzen durch die beteiligten Staaten. (Das Recht Münzen – Euro und Cent – zu prägen und in den Umlauf zu bringen, verbleibt bei den nationalen Regierungen; in Deutschland beim Bund – Bundesfinanzminister).

1.2 Organe der Europäischen Zentralbank

Die Organe der EZB sind:

1. Der EZB-Rat
2. Das Direktorium
3. Der erweiterte EZB-Rat

Der EZB-Rat ist oberstes Organ der EZB. Er legt die geldpolitische Strategie und den Einsatz der geldpolitischen Mittel fest[285]. Die strategischen Entscheidungen fallen also im EZB-Rat, die operativen Geschäfte werden vom Direktorium der EZB im Zusammenwirken mit den nationalen Zentralbanken ausgeführt. Der EZB-Rat setzt sich aus dem Direktorium und den Präsidenten der 11 nationalen Zentralbanken der an der Europäischen Währungsunion beteiligten Staaten (Stand Mai 2000) zusammen. Die Mitglieder des EZB-Rates werden von den nationalen Regierungen bestellt. Das Direktorium der EZB besteht aus den Präsidenten der EZB, dem Vizepräsidenten und vier weiteren Mitgliedern. Seine Aufgabe ist es gemäß die Leitlinien und Entscheidungen des EZB-Rates die Geldpolitik umzusetzen. Außerdem führt das Direktorium die laufenden Geschäfte der EZB durch und sorgt dafür, dass die geldpolitischen Operationen in allen Mitgliedsstaaten nach gleichen Grundsätzen erfolgen.

Die Mitglieder des Direktoriums werden von den Regierungen der Mitgliedsstaaten unter Einbeziehung des Europäischen Parlaments und des EZB-Rates einvernehmlich für eine Amtszeit von 8 Jahren ernannt. Das EZB-Direktorium ist das zentrale Exekutivorgan der EZB.

Der Erweiterte EZB-Rat besteht aus dem Präsidenten und dem Vizepräsidenten der EZB sowie den Präsidenten der Zentralbanken aller Staaten der Europäischen Union, d.h. auch den Präsidenten der nationalen Zentralbanken, deren Länder noch nicht Mitglied der Europäischen Währungsunion sind (Großbritannien, Dänemark, Schweden und Griechenland. Ab 1. 1. 2001 hat Griechen-

---

285 Frenkel, M. u. Stadtmann, G., Die geldpolitischen Instrumente der Europäischen Zentralbank, in WISU, Nr. 4, Düsseldorf, 1999 S. 584.

land durch die Aufnahme in die Europäische Währungsunion einen Sitz im EZB-Rat/Stand Juni 2000).

Der Erweiterte Rat der EZB ist ein beratendes Gremium, das vor allem die Verbindung der Euro-Zone mit den anderen nationalen Zentralbanken der EU aufrecht erhalten und als Wegbereiter für die Erweiterung der Europäischen Währungsunion dienen soll.

(2) Die Geld- und Kreditpolitik der Europäischen Zentralbank – Möglichkeiten und Grenzen –

Das geldpolitische Instrumentarium der EZB besteht im wesentlichen aus den bereits ausführlich erörterten Mitteln:

- Offenmarktgeschäfte
  - Hauptrefinanzierungsgeschäfte
  - Längerfristige Refinanzierungsgeschäfte
  - Feinsteuerungsoperationen
  - Strukturelle Operationen
- Ständige Fazilitäten
  - Spitzenrefinanzierungsfazilitäten
  - Einlagenfazilitäten
- Mindestreserven

Ziel des Einsatzes dieser Mittel ist, die nachfragewirksame Geldmenge zu beeinflussen, um einerseits eine Rezession bzw. Depression zu vermeiden bzw. zu bekämpfen und andererseits einer Überhitzung der Konjunktur (Boomsituation) mit Gefährdung des Geldwertes durch Preissteigerungen vorzubeugen oder bei einem eingetretenen Boom die Wirtschaft wieder in eine Normallage zurückzuführen.

Der Einsatz der geldpolitischen Mittel der EZB soll zunächst am Beispiel einer Hochkonjunktur (Boom) behandelt werden. Die EZB erhöht in dieser Situation im Rahmen ihrer Offenmarktgeschäfte zunächst den Zinssatz für die Hauptrefinanzierungsoperationen, um damit ein geldpolitisches Signal an Geschäftsbanken und Wirtschaft zu geben. Ferner wird die EZB auch den Zinssatz für längerfristige Refinanzierungsgeschäfte anheben sowie im Bereich der Feinsteuerungsoperation Termineinlagen hereinnehmen (unmittelbare Liquiditätsabschöpfung), definitive Verkäufe von Wertpapieren vornehmen (unmittelbare Abschöpfung von Liquidität) und durch Verkauf von Devisen bei Devisenwapgeschäften die Liquidität der Geschäftsbanken zu verringern versuchen. Durch strukturelle Operationen könnte die EZB mit dem Emmitieren von eigenen Schuldverschreibungen dem Geschäftsbankensektor Liquidität entziehen, wenn die Banken diese Schuldverschreibungen kaufen würden. Die Zinssätze für die ständigen Fazilitäten werden in dieser Konjunkturlage ebenfalls angehoben, sodass die Veränderung der Eckpunkte des Zinssatzes für die Spitzenrefinanzierungs- und Einlagefazilität nach oben als geldpolitisches Signal der Liquiditätseinschränkung gesehen werden kann. Damit beabsichtigt die EZB über eine Verteuerung der Kredite letztlich eine Reduzierung der Nachfrage der privaten Wirtschaftssubjekte (Investoren und Konsumenten) und des Staates. Erhöht die EZB die genannten Zinssätze, so bedeutet dies, dass die privaten Geschäftsbanken zur Beschaffung von Liquidität höhere Kosten aufbringen müssen als zuvor. Die Banken ihrerseits werden die gestiegenen Kosten der Geldbeschaffung an ihre Kreditnehmer weitergeben, was zu einer Verteuerung der Kredite führt.

Ob eine Erhöhung der Zinssätze zu einer Einschränkung der volkswirtschaftlichen Nachfrage führt, hängt im wesentlichen von der Reaktion der privaten Wirtschaftssubjekte auf diese Erhöhung und der damit in der Regel verbundenen Verteuerung der Kredite ab. Viele Bereiche der Wirtschaft sind jedoch relativ *zinsunempfindlich*, d.h. Wirtschaftssubjekte reagieren nicht mit einer Reduzierung der Nachfrage auf eine Erhöhung der Kreditkosten, weil sie beispielsweise auf Grund der guten Wirtschaftslage und der optimistischen Gewinnerwartungen die gestiegenen Kreditkosten über die Preise weitergeben können.[286]

Es gibt natürlich auch Wirtschaftssektoren, in denen eine Verteuerung der Kredite eine Einschränkung der Nachfrage zur Folge hat. Zu diesen Bereichen gehört u.a. der Wohnungsbau. Der Einfluss der Höhe des Zinssatzes auf die Nachfrage nach Investitions- und Konsumgütern wurde bereits ausführlich im Zusammenhang mit dem gesamtwirtschaftlichen Gleichgewicht behandelt.

Die Zinserhöhung können auch dann wenig wirksam sein, wenn sich die Kreditnachfrager die benötigten Geldmittel bei einem weitgehend liberalisierten Kapitalverkehr auf ausländischen Geld- und Kapitalmärkten zinsgünstig beschaffen können. Darüber hinaus wird die Zinserhöhung in dem Maße wirkungslos, in dem die Unternehmen ihre Investitionen selbst finanzieren können und nicht den Kreditmarkt in Anspruch nehmen müssen.

Eine Erhöhung der Zinssätze hat vor allem *psychologische Signalwirkung,* d.h. eine Zinserhöhung zeigt an, dass die EZB die Konjunktur für überhitzt hält und zu einer Politik des knappen Geldes übergehen will. Wenn die Veränderung des Hauptrefinanzierungssatzes trotz ihrer verhältnismäßig geringen konjunkturellen Einwirkungsmöglichkeiten als wichtigstes Zentralbankinstrument gilt, so deshalb, weil die Banken und Unternehmen wissen, dass die Zentralbank noch über einschneidendere kreditpolitische Instrumente verfügt, mit denen sie ihren Willen durchsetzen kann.

Die EZB könnte die Zinssätze, insbesondere den Hauptrefinanzierungssatz beträchtlich anheben, um dadurch die Refinanzierungsmöglichkeiten der Kredit-

---

286 Als sehr zinsempfindlich gilt neben dem Wohnungsbau auch die Schiffsindustrie.

institute rigoros einzuschränken. Eine solche drastische Erhöhung der Zinssätze würde aber am schwersten die kleinen und mittleren Unternehmen treffen, die ihre Investitionen weitgehend durch Kredite finanzieren. Die großen Unternehmen, die mit ihren umfangreichen Investitionsvorhaben die Nachfrage viel stärker anheizen, können dagegen bei einer einschneidenden Kreditverteuerung im Inland auf Geldmärkte im Ausland ausweichen, sofern sie nicht ohnehin den Weg der Selbstfinanzierung wählen.

Die Zinspolitik erweist sich daher als ein relativ grobes Instrument der Steuerung der Wirtschaft in der Hochkonjunktur, wenn auch ein gewisser dämpfender Effekt dieser geldpolitischen Mittel nicht zu bestreiten ist.

Als *wirksamstes* geldpolitisches Instrument zur Bekämpfung eines Booms ist die Erhöhung der *Mindestreservesätze* anzusehen. Diese wirkt sich *unmittelbar auf die Bankenliquidität* aus und zwar in dem Ausmaße, das die EZB anstrebt. Werden die Mindestreservesätze erhöht, dann müssen die Kreditinstitute bei unverändertem Stand der reservepflichtigen Einlagen ein *größeres* Zentralbankguthaben als bisher als Mindestreserve unterhalten. Dadurch werden direkt die *Kreditschöpfungsmöglichkeiten* der Geschäftsbanken *eingeschränkt*. Da weniger Kredite gewährt werden können, hat dies unter sonst gleich bleibenden Umständen eine Reduzierung der Nachfrage zur Folge, was in der Hochkonjunktur auch bezweckt wird. Die Grenzen für den Einsatz der Mindestreservenpolitik in der Hochkonjunktur liegen in einer möglichen kontraproduktiven Wirkung auf die Wirtschaft. Da die Mindestreservepolitik ein sehr scharfes Instrument ist, kann die EZB dieses Mittel nicht rigoros einsetzen, will sie nicht gefährliche Liquiditätsschwierigkeiten der Wirtschaft herbeiführen, die möglicherweise die Konjunktur (Boom) in das Gegenteil (Rezession) umschlagen lassen. Deshalb wird die EZB dieses Instrument sehr vorsichtig einsetzen und ihr Hauptaugenmerk auf die Zinspolitik richten.

Die behandelten Instrumente der EZB zur Dämpfung einer überhitzten Konjunktur werden von der EZB in der Regel *gemeinsam* und in *abgestufter Weise* eingesetzt. Durch die kombinierte Anwendung der Instrumente (man bezeichnet dies als *Zangenpolitik*) soll ein Ausweichen der Wirtschaftssubjekte auf günstigere Finanzierungsmöglichkeiten ausgeschaltet werden.

Befindet sich die Wirtschaft in der Phase der Rezession, so wird die EZB die Zinssätze, insbesondere den Hauptrefinanzierungszinssatz senken, um auf diese Weise die Kreditbeschaffung zu erleichtern. Eine Herabsetzung der Zinssätze bedeutet für die Kreditinstitute eine Verbilligung der Liquiditätsversorgung.

Die EZB wird zuerst bei ihren Offenmarktgeschäften den Zinssatz für die Hauptrefinanzierungsoperationen herabsetzen und dann den Zinssatz für längerfristige Refinanzierungsgeschäfte senken. Im Rahmen der Feinsteuerungsoperationen kann die EZB bestimmte Wertpapiere von den Geschäftsbanken ankaufen (unmittelbare Liquiditätserhöhung) oder durch Kauf von Devisen bei Devisenswapgeschäften den Geschäftsbanken unmittelbar Liquidität zuführen. Mit strukturellen Operationen kauft die EZB von ihr emittierte Wertpapiere zurück und verschafft den Geschäftsbanken so unmittelbar zusätzliche Liquidität. Da die Banken sich auf diesem Wege zu niedrigeren Kosten als zuvor bei der Zentralbank Geld beschaffen können, sind sie nun auch nicht mehr gewillt, am Geldmarkt die bis dahin gültigen Zinssätze zu zahlen. Die Folge der nachlassenden Nachfrage am Geldmarkt ist ein sinkender Zinssatz. Ferner werden die Geschäftsbanken jetzt bereit sein, ihren Kunden Kredite zu günstigeren Konditionen als bisher einzuräumen.[287] Dadurch wird die Bereitschaft zur Inanspruchnahme von Krediten zu Investitions- und Konsumzwecken gefördert, was eine konjunkturbelebende Wirkung haben kann. Voraussetzung ist jedoch, dass die Verbilligung der Kredite auch von den Wirtschaftssubjekten entsprechend angenommen wird, d.h. zu einer erhöhten Nachfrage nach Konsum- und Investitionsgütern führt.

Ausser den erörterten Maßnahmen wird die EZB in dieser Konjunkturlage sowohl den Zinssatz für die Spitzenrefinanzierungsfazilität als auch den für die Einlagenfazilität ermäßigen.

Zur Überwindung der *Rezession* kann die EZB auch den Mindestreservesatz *senken*. Durch die Herabsetzung des Mindestreservesatzes verfügen die Geschäftsbanken unmittelbar über *zusätzliches* Zentralbankgeld, das vorher als *Zwangsreserve* bei der EZB gehalten werden musste. Wenn die EZB bereits mit einer Zinssenkung dazu beigetragen hat, das allgemeine Zinsniveau herabzusetzen, wird sich die Senkung des Mindestreservesatzes zunächst in einem Liquiditätsüberschuss der Banken bemerkbar machen, d.h. die Geschäftsbanken verfügen über mehr flüssige Geldmittel. Da die Geschäftsbanken als erwerbswirtschaftliche Unternehmen auf die Erzielung von Gewinn ausgerichtet sind, werden sie versuchen, diese zusätzlichen Mittel als Kredit zu vergeben. Das erhöhte Geldangebot wird in der Tendenz den Zinssenkungstrend noch verstärken.

Die Grenzen der Wirksamkeit der behandelten Instrumente in der Phase einer abgeschwächten Konjunktur liegen in der Bereitschaft der Wirtschaftssubjekte, die zinsgünstigen und erweiterten Kreditmöglichkeiten zum Anlass einer verstärkten Nachfrage nach Investitions-und Konsumgütern zu nehmen, denn erst eine erhöhte volkswirtschaftliche Nachfrage führt bekanntlich zu einer Belebung der Wirtschaft. Wenn die Wirtschaftssubjekte wegen pessimistischer Einschätzung der Zukunftsaussichten (Angst vor Arbeitslosigkeit, schlechte Gewinnerwartungen) nicht bereit sind, die günstigen Kreditmöglichkeiten zu nützen, d.h. sich zu verschulden, bleiben die Instrumente der EZB in dieser Konjunkturlage relativ stumpf. In der großen Weltwirtschaftskrise der 30er-Jahre des 20. Jahrhunderts hat der englische Nationalökonom J. M. Keynes daraus die Folgerung gezogen, dass der Staat in einer solchen Situation die Nachfragelücke

---

287 Dies erfolgt jedoch sehr oft erst mit einer Zeitverzögerung (time-tag).

der privaten Wirtschaftssubjekte durch eine Erhöhung der eigenen Nachfrage schließen soll. Die verstärkte Staatsnachfrage soll durch vermehrte Kredite (Staatsverschuldung) finanziert werden *(Deficit spending)*. Das Stabilitätsgesetz hat diese Gedanken von Keynes in Rechtsnormen zur Steuerung der Wirtschaft umgesetzt.

cc) Zusammenwirken von Fiskal- und Geldpolitik

Die Ausführungen zur Fiskal- und Geldpolitik haben die Notwendigkeit eines koordinierten Einsatzes der Instrumente dieser beiden Bereiche erkennen las-

Hochkonjunktur (Boom)	
Geldpolitik	Fiskalpolitik
– Erhöhung des Hauptrefinanzierungssatzes – Erhöhung des Zinssatzes für längerfristige Refinanzierungsgeschäfte – Hereinnahme von Termineinlagen – Verkauf von Devisen im Rahmen von Devisenswapgeschäften – Definitive Verkäufe bestimmter Wertpapiere – Ausgabe EZB-eigener Schuldverschreibungen – Erhöhung des Zinssatzes der Spitzenrefinanzierungsfazilität – Erhöhung des Zinssatzes der Einlagenfazilität – Erhöhung des Mindestreservesatzes	– Erhöhung des Satzes der Einkommen- und Körperschaftsteuer – Aussetzung der degressiven Jahresabschreibung und von Sonderabschreibungen – Beschränkung der Kreditaufnahmemöglichkeiten der öffentlichen Hand – Nachträgliche Anpassung der Steuervorauszahlungen nach oben – Ausgabekürzungen z.B. durch Streckung von öffentlichen Baumaßnahmen und Stilllegung der frei werdenden Gelder bzw. zusätzliche Schuldentilgung – Mittel aus konjunkturbedingtem Steuermehraufkommen (z.B. durch Steuersatzerhöhung) werden in eine Konjunkturausgleichsrücklage (KARL) eingestellt

Niedrigkonjunktur (Rezession/Depression)	
Geldpolitik	Fiskalpolitik
– Senkung des Hauptrefinanzierungssatzes – Senkung des Zinssatzes für längerfristige Refinanzierungsgeschäfte – Ankauf von Devisen im Rahmen von Devisenswapgeschäften – Definitive Käufe bestimmter Wertpapiere – Rücknahme EZB-eigener Schuldverschreibungen – Senkung des Zinssatzes der Spitzenrefinanzierungsfazilität – Senkung des Zinssatzes der Einlagenfazilität – Senkung des Mindestreservesatzes – Senkung des Satzes der Einkommensteuer und Körperschaftsteuer	– Investitionsbonus bis 7,5% der Anschaffungskosten durch Abzug von Einkommensteuer – Körperschaftsteuerschuld oder Investitionszulage in bestimmter Höhe der Anschaffungskosten – Nachträgliche Anpassung der Steuervorauszahlungen nach unten – Beschleunigung der Planung und Vergabe der Investitionsvorhaben – Zusätzliche Entnahmen aus der Konjunkturausgleichsrücklage der öffentlichen Hand, darüber hinaus zusätzliche Kreditermächtigung

Abb. 77: Geld- und Fiskalpolitik im Zusammenwirken

sen. Für sich allein betrachtet stoßen Fiskal- und Geldpolitik bald an ihre Grenzen. Dies trifft in der *Phase der Rezession* besonders für die *Geldpolitik* zu. In dieser Situation ist der Staat mit seinen *fiskalpolitischen Instrumenten* möglicherweise eher in der Lage, den Aufschwung einzuleiten. Die EZB muss jedoch die entsprechenden *geldpolitischen* Voraussetzungen dafür zu schaffen.

Auch in der *Hochkonjunktur* bedarf die *Geldpolitik* der EZB der *Unterstützung* durch die *Fiskalpolitik*. Da der Staat durch Reduzierung seiner eigenen Nachfrage direkte Einwirkungen auf die Konjunktur hat, können davon relativ schnell Beruhigungseffekte auf die Wirtschaft ausgehen, die durch eine restriktive Geld- und Kreditpolitik unterstützt werden.

Das wechselseitige Zusammenwirken von Geld- und Fiskalpolitik kommt u.a. dadurch zum Ausdruck, dass gemäß Art. 113 EG-Vertrag an den Sitzungen des EZB-Rates der Präsident des EU-Rates und ein Mitglied der Kommission ohne Stimmrecht teilnehmen können. Der Präsident des Rates kann dem EZB-Rat einen Antrag zur Beratung vortragen. Demgegenüber wird der Präsident der EZB zur Teilnahme an den Tagungen des EU-Rates eingeladen, wenn dieser Fragen im Zusammenhang mit den Zielen und Aufgaben des ESZB erörtert.

Die Abbildung 77 stellt das Zusammenwirken von Geld- und Fiskalpolitik im Überblick dar.

3. Außenwirtschaftspolitik

Da bekanntlich die Volkswirtschaft in der Bundesrepublik Deutschland in großem Maße von Entwicklungen außerhalb der Staatsgrenzen abhängig ist, bedarf insbesondere die Konjunkturpolitik im Bereich der Binnenwirtschaft der Absicherung durch gezielte Maßnahmen der *Außenwirtschaftspolitik*.

Bei der Analyse der Wirkungen des geldpolitischen Instrumentariums ist bereits klar geworden, dass die Effektivität der geldpolitischen Instrumente von außenwirtschaftlichen Einflüssen abgeschwächt oder sogar durchkreuzt werden kann. So wird beispielsweise eine Erhöhung des Diskontsatzes im Interesse der binnenwirtschaftlichen Stabilität vom Zustrom billigen Auslandsgeldes unterlaufen. Daher müssen die geldpolitischen Maßnahmen von einer außenwirtschaftlichen Absicherung begleitet werden. Im folgenden Abschnitt soll daher auf die Außenwirtschaftspolitik als Ganzes eingegangen werden. Es ist darauf hinzuweisen, dass *Außenwirtschaftspolitik* sowohl als *Konjunktur-* als auch als *Strukturpolitik* betrieben werden kann.

a) Begriff der Außenwirtschaftspolitik

Bevor der Begriff Außenwirtschaftspolitik definiert wird, ist zunächst zu klären, was unter *Außenwirtschaft* zu verstehen ist. Die Außenwirtschaft umfasst die Gesamtheit aller ökonomischen (wirtschaftlichen) Transaktionen zwischen inländischen und ausländischen Wirtschaftssubjekten. Wer im wirtschaftlichen Sinne als Inländer bzw. Ausländer gilt, richtet sich nach dem so genannten *Wohnsitzprinzip* und nicht nach dem *Nationalitätsprinzip*. Wer seinen *festen* Wohnsitz in der Bundesrepublik Deutschland hat, wird als Inländer betrachtet. Als Ausländer gelten alle Wirtschaftssubjekte, die ihren ständigen Wohnsitz im Ausland haben, dazu gehören also auch die Personen, die Deutsche im staatsrechtlichen Sinne sind.

Die ökonomischen Transaktionen können unterschiedlicher Art sein. Zu diesen Transaktionen gehören u.a. die Exporte und Importe von Sachgütern und/oder Dienstleistungen sowie die daraus resultierenden Geldströme. Daneben gibt es die nicht im Zusammenhang mit Sachgütern und Dienstleistungen stehenden finanziellen Transaktionen wie Kapitalexport und Kapitalimport.

Außenwirtschaftspolitik kann man als die *Gesamtheit aller staatlichen Maßnahmen zur Gestaltung der außenwirtschaftlichen Beziehungen im Sinne der Beeinflussung und Steuerung des Außenwirtschaftsverkehrs nach bestimmten Zielsetzungen definieren*[288].

Hauptziel der Außenwirtschaftspolitik ist dabei die *Absicherung der außenwirtschaftlichen Flanke* im Sinne der Erhaltung bzw. Wiederherstellung des *gesamtwirtschaftlichen Gleichgewichts* in der Bundesrepublik Deutschland. Es gilt, insbesondere in Zeiten der Hochkonjunktur, die Gefahr einer importierten Inflation abzuwehren und in der Phase der Rezession durch Intensivierung der außenwirtschaftlichen Transaktionen einen Beitrag zur Belebung der Konjunktur im Inland zu leisten.

b) Grundlagen und Mittel der Außenwirtschaftspolitik

Für die Außenwirtschaftspolitik gibt es eine Reihe von *national* und *international* normierten Grundlagen, von denen hier nur die wichtigsten aufgeführt werden können.

Grundlagen der Außenwirtschaftspolitik sind in der Hauptsache: 1. Das Gesetz zur Regelung der wirtschaftlichen Beziehungen mit dem Ausland – kurz Außenwirtschaftsgesetz (AWG) – 1961 in Kraft getreten und zwischenzeitlich ergänzt. Es regelt insbesondere den Waren-, Dienstleistungs-, Kapital-, Zahlungs- und sonstigen Wirtschaftsverkehr mit dem Ausland sowie mit Auslandswerten und Gold zwischen Gebietsansässigen. 2. Verschiedene zollrechtliche Bestimmungen sowie international getroffene Währungs- und Handelsabkommen, vgl. u.a. Abkommen von Bretton Woods und GATT (Abkürzung für General Agreement on Tariffs and Trade – Allgemeines Zoll- und Handelsabkommen), ein am 30. 10. 1947 unterzeichnetes Abkommen zur Durchsetzung einer weltweiten handelspolitischen Liberalisierung. Das GATT wurde durch die Welthandelsor-

---

288 Vgl. auch Schachtschabel, H. G., Lexikon der Wirtschaftspolitik, a.a.O., S. 19.

ganisation (WTO = World Trade Organization) abgelöst. Die WTO hat eine eigene Rechtspersönlichkeit, und neben den Funktionen des früheren GATT auch neue Aufgaben übernommen, z.B. auf dem Gebiet der Agrarmarktordnungen und der allgemeinen Abkommen über Handel und Dienstleistungen. Der WTO gehören derzeit 132 Länder an.

Weitere Rechtsgrundlagen für die Aussenwirtschaftspolitik finden sich im Aussenhandelsrecht der Europäischen Union.

Auf der Basis dieser Normierungen vermögen die staatlichen Träger der Außenwirtschaftspolitik die ökonomischen Transaktionen zwischen inländischen und ausländischen Wirtschaftssubjekten entscheidend zu beeinflussen.
Die Mittel der Außenwirtschaftspolitik sind im wesentlichen *mengen-* und *preispolitischer* Art, wobei die *Wechselkurspolitik* letztlich ein preispolitisches Mittel in Bezug auf die Währungen ist.

aa) Mengen- und preispolitische Mittel

Mittel zur Beeinflussung der außenwirtschaftlichen Beziehungen sind mengen-, preis- und währungspolitische Maßnahmen. Von ihnen können in besonderer Weise zugleich Wirkungen auf die nationale *Konjunktur* und *Wirtschaftsstruktur* ausgehen.

Über die *Mengenpolitik* wird der Güteraustausch ganz oder teilweise der *individuellen Dispositionsfreiheit* der Wirtschaftssubjekte entzogen.

Ersteres dann, wenn durch staatliche Ein- und Ausfuhrverbote die außenwirtschaftlichen Aktivitäten der Wirtschaftssubjekte vollständig untersagt werden. Ein dirigistischer Ausfuhrstopp zwingt die inländischen Produzenten zum Absatz ihres Güterangebots auf dem Binnenmarkt. Das vermehrte Angebot an Sachgütern und/oder Dienstleistungen bewirkt unter bestimmten Voraussetzungen tendenziell sinkende Preise und beeinflusst damit unmittelbar konjunkturpolitische Ziele.

Strukturpolitisch bringt ein Exportverbot der inländischen Produktion Schutz: „So erfolgt z.B. ein Ausfuhrverbot für Maschinen, wenn sie der eigenen Industrie Konkurrenz machen; sei es im Ausland, indem die Exportchancen der eigenen Industrie zurückgehen; sei es im Inland, indem das Ausland dann selbst produziert und exportiert[289]."

Vergleichbare Wirkungen bringt eine nur teilweise Beschränkung des Außenhandels mit sich. Diese liegt dann vor, wenn ein grundsätzliches Ein- und Ausfuhrverbot durch Einräumung bestimmter *Im- und Exportkontingente* gelockert wird. Innerhalb dieser Kontingente verbleibt den Außenhandelspartnern dann

---

289 Glasstetter, W., Außenwirtschaftspolitik. Eine problemorientierte Einführung mit einem Kompendium außenwirtschaftlicher Fachbegriffe. Köln 1975, S. 92.

persönliche Entscheidungsfreiheit. Mit Blick auf die Wirtschaftspraxis der Bundesrepublik Deutschland freilich wird klar, dass die marktwirtschaftlichen Vorstellungen einer weitgehenden *Liberalisierung* des Außenhandels den Einsatz mengenpolitischer Restriktionen grundsätzlich verbieten.

Auch die *Preispolitik* – hier die Be- oder Entlastung der Güterpreise durch Zölle, Prämien, Subventionen oder Steuern im Außenhandel – kann zu einer Beeinflussung der Inlandskonjunktur und der inländischen Wirtschaftsstruktur führen. Für die praktische Außenwirtschaftspolitik ist insbesondere der Bereich der *Zollpolitik* und hierbei wiederum das Erheben von Einfuhrzöllen von Bedeutung. Diese bewirken im internationalen Güterverkehr eine Erhöhung der Preise importierter Güter. Grundsätzlich wird damit die Inlandsnachfrage nach diesen Gütern in einer Phase der Rezession zurückgehen, sofern die ausländischen Anbieter nicht ihre Preise senken. Eine Zollsatzerhöhung bewirkt somit in der Regel eine Umlenkung der Nachfrage nach Auslandsgütern auf im Inland produzierte Güter. Diese Wirkung kann generell zu einer Belebung der inländischen Konjunktur führen.

Umgekehrt ist in einer Phase der Hochkonjunktur, bei der die Güternachfrage größer als das Güterangebot ist, eine Senkung der Zölle angezeigt. Eine Zollsatzsenkung führt nämlich unter sonst gleich bleibenden Bedingungen zu einem vermehrten Angebot der ausländischen Güter. Dies wirkt im Inland prinzipiell preisdämpfend.

Durch Veränderungen der Einfuhrzölle können darüber hinaus Strukturwandlungen der inländischen Volkswirtschaft unmittelbar beeinflusst werden. Mit Hilfe der Erhöhung von Einfuhrzöllen werden Strukturwandlungsprozesse in bestimmten Wirtschaftszweigen verlangsamt und damit den betroffenen Branchen Zeit für Anpassungsvorgänge an nunmehr veränderte Situationen gegeben. Beispiel: Einfuhrzölle für billige Textilien aus Hongkong ermöglichen der deutschen Textilindustrie eine Umstellung auf die Produktion hochwertigerer Produkte. Damit werden in diesem Bereich zugleich Arbeitsplätze gesichert.

Umgekehrt können durch Senkung von Einfuhrzöllen Strukturwandlungsprozesse beschleunigt werden, was jedoch mit negativen sozialen Folgen verbunden sein kann (überproportionaler Abbau von Arbeitsplätzen).

Die Veränderung der Einfuhrzölle freilich bleibt grundsätzlich nicht ohne Reaktion der davon tangierten Staaten. Diese werden mit entsprechenden Gegenmaßnahmen zum Schutze ihrer eigenen Produktion antworten. Diese Abfolge von Aktion und Reaktion kann schließlich zur Schrumpfung des Welthandels und damit zur *Beeinträchtigung der Vorteile* einer *internationalen Arbeitsteilung* führen. Letztlich ist damit keinem der am Welthandel beteiligten Länder gedient. Deshalb ist man bestrebt, durch internationale Abkommen den Abbau von Kontingenten und Zöllen im Außenhandel zu betreiben (z.B. durch die WTO).

bb) Wechselkurspolitik

Wie bereits erwähnt, ist die Wechselkurspolitik ebenfalls ein Mittel der Preispolitik, da es sich auf die Währung bezieht. Da die Bildung der Wechselkurse bereits ausführlich im Kapitel G – Außenwert des Geldes – erörtert wurde, sei hier ausschließlich auf den Einsatz der Wechselkurspolitik als Instrument zur Beeinflussung der Inlandskonjunktur und -struktur abgestellt.

Unter *Wechselkurspolitik* sind dabei *alle Maßnahmen zur Beeinflussung des Außenwertes einer Währung, insbesondere mit dem Ziel der außenwirtschaftlichen Absicherung der Binnenwirtschaft der Bundesrepublik Deutschland zu verstehen*[290].

„Inhalt und Gegenstand der Wechselkurspolitik ist die Frage, ob und in welcher Form der Wechselkurs bzw. der Wechselkursmechanismus"[291] den genannten Zielvorstellungen dienen kann.

(1) Wechselkurspolitik im System fester Wechselkurse mit Bandbreiten

In einem System fester Wechselkurse mit Bandbreiten besteht eine Möglichkeit zur Beeinflussung der Binnenwirtschaft in der *Auf- oder Abwertung* der Inlandswährung. Wird die Inlandswährung (DM) gegenüber einer oder mehreren Auslandswährungen (z.B. US-Dollar) aufgewertet, so werden inländische Güter im Verhältnis zu ausländischen Gütern prinzipiell teurer (sofern die ausländische Inflationsrate diesen durch die Aufwertung bedingten Verteuerungseffekt nicht wieder kompensiert). Damit kann in Zeiten der Hochkonjunktur die Nachfrage des Auslands reduziert und somit die Gefahr einer *importierten Inflation* in der Regel eingedämmt werden.

Neben diesem *konjunkturellen* Aspekt kann eine Aufwertung der Inlandswährung prinzipiell für bestimmte Wirtschaftszweige zu *strukturellen* Problemen führen. In Phasen der Rezession wird dagegen das Instrument der Abwertung der Inlandswährung gegenüber einer/mehreren Auslandswährung(en) zu einer Verstärkung der Auslandsnachfrage nach inländischen Gütern eingesetzt werden. Strukturell gesehen besteht damit grundsätzlich die Gefahr, dass sich bestimmte Wirtschaftsbranchen mit ihrem Güterabsatz im hohen Maße in die Abhängigkeit von Entwicklungen ausländischer Volkswirtschaften begeben.

Der häufige Einsatz der Instrumente der Auf- und Abwertung im Rahmen eines Systems fester Wechselkurse mit Bandbreiten birgt international gesehen die Gefahr sich gegenseitig hochschaukelnder Reaktionen in sich. Diese Gefahr besteht insbesondere dann, wenn viele der am Welthandel beteiligten Volkswirtschaften sich in Phasen der Rezession bzw. Depression befinden. Jede Volks-

---

290 Vgl. dazu Schachtschabel, H. G., Lexikon der Wirtschaftspolitik, a.a.O., S. 175.
291 Glasstetter, W., a.a.O., S. 162.

wirtschaft ist dann bemüht, sich durch Überbieten in den Abwertungssätzen Vorteile im Hinblick auf die eigene Güterausfuhr zu verschaffen (man bezeichnet diese Form der Abwertungskonkurrenz auch als Teil der so genannten *Beggar-my-neighbour-policy*). Dieser Abwertungswettbewerb hat letztlich den Zusammenbruch der internationalen Währungsordnung und damit eine wesentliche Schrumpfung des Welthandels zur Folge.

(2) Wechselkurspolitik im System flexibler Wechselkurse

In einem System flexibler Wechselkurse ergeben sich bekanntlich Auf- und Abwertungen nicht auf Grund administrativer Entscheidungen der inländischen Wirtschaftspolitik im Benehmen mit den internationalen Partnern, sondern infolge des freien Zusammenspiels von Angebot und Nachfrage auf dem Devisenmarkt. Wechselkurspolitik besteht dann lediglich darin, dass die Deutsche Bundesbank im Auftrag der EZB als Anbieter und Nachfrager auf dem Devisenmarkt auftreten kann, um Fehlentwicklungen der Wechselkurse, die durch keine wirtschaftlichen Tatbestände zu rechtfertigen sind, entgegenzuwirken.

Beispielsweise kaufte Anfang der Achtziger Jahre die Deutsche Bundesbank Dollars zur Stützung der US-Währung auf, weil der Wechselkurs des US-Dollars wegen der politischen Vorgänge im Iran rapide absank (iranische Regierung lehnte aus politischen Gründen den US-Dollar als Zahlungsmittel für Importe und Erdölexporte ab).

cc) Instrumente des Außenwirtschaftsgesetzes

Um den Bezug zur praktischen Außenwirtschaftspolitik herzustellen, soll kurz auf einige Maßnahmen eingegangen werden, die auf Grund des Außenwirtschafts- und Bundesbankgesetzes zur außenwirtschaftlichen Absicherung ergriffen werden können.

Das *Außenwirtschaftsgesetz* geht im Prinzip von möglichst weitgehender *Liberalisierung* der außenwirtschaftlichen Beziehungen aus. Es sind jedoch generelle und spezielle Beschränkungen der Außenwirtschaft durch dieses Gesetz möglich.

Der § 23 AWG spielt in diesem Zusammenhang eine besondere Rolle. Nach § 23 AWG kann die Bundesregierung den Kapitalverkehr zwischen Inländern und Ausländern einer Genehmigungspflicht unterwerfen. Der Transfer von Devisen ist danach von der Zustimmung der Bundesregierung abhängig, was letztlich nichts anderes als eine Devisenbewirtschaftung bedeutet. Von den Instrumenten des § 23 AWG hat die Bundesregierung Anfang 1973 Gebrauch gemacht, um die enormen Zuflüsse von US-Dollars infolge der internationalen Spekulation gegen den Dollar und die Flucht von Auslandsgeldern in die DM abzuwehren.

Mit Wirkung vom 5. Februar 1973 hatte die Bundesregierung u.a. folgendes beschlossen:

- Die Aufnahme von Krediten und Darlehen im Ausland bedarf einer Genehmigung, soweit die Kreditaufnahme 50.000 DM übersteigt.
- Die Genehmigungspflicht für den Erwerb inländischer Wertpapiere durch Ausländer wird für alle inländischen Wertpapiere eingeführt.

Durch eine Änderung des AWG von 1971 konnten Inländer verpflichtet werden, einen Teil ihrer im Ausland aufgenommenen Kredite *zinslos* bis höchstens 50% bei der Deutschen Bundesbank stillzulegen *(Bardepotpflicht)*. Anfang 1973 wurde durch erneute Änderung des AWG eine Erhöhung der Bardepotpflicht bis 100% möglich.

Die genannten administrativen Maßnahmen konnten letztlich nicht die Flut der Spekulationsgelder bremsen, sodass schließlich im März 1973 der Wechselkurs der DM vor allem gegenüber dem US-Dollar freigegeben wurde. Sowohl die Kapitalverkehrskontrollen als auch die Bardepotpflicht sind schrittweise wieder abgeschafft worden.

Da das AWG *nationales* Recht darstellt, ein EU-Außenhandelsrecht sich zunehmend entwickelt (das Zollrecht ist nahezu harmonisiert), werden die Instrumente des AWG mehr oder weniger durch EU-Recht tangiert.

c) Die Zahlungsbilanz als Spiegelbild der außenwirtschaftlichen Beziehungen

Der Einsatz der Mittel der Außenwirtschaftspolitik dient letztlich dem Zweck, das außenwirtschaftliche Gleichgewicht zu erhalten bzw. wiederherzustellen. Außenwirtschaftliches Gleichgewicht ist *umfassend* mit dem *Ausgleich der Zahlungsbilanz* erreicht, wenn auch ein möglichst geringer Außenbeitrag schon als erstrebenswertes Ziel der allgemeinen Wirtschaftspolitik angesehen wird. Der Aussenbeitrag betrifft dabei lediglich die Waren- und Dienstleistungsexporte bzw. -importe. Das Kriterium Zahlungsbilanzausgleich ist jedoch weitergehend. Bevor auf das Problem des Ausgleichs der Zahlungsbilanz eingegangen wird, muss zuerst der Begriff sowie der Inhalt der Zahlungsbilanz geklärt werden.

aa) Begriff der Zahlungsbilanz

Unter der *Zahlungsbilanz* versteht man allgemein *die systematische Aufzeichnung aller in Geldeinheiten bezifferten ökonomischen Transaktionen zwischen In- und Ausländern während einer bestimmten Periode.* Ökonomische Transaktionen sind die Waren- und Dienstleistungen, unentgeltliche Leistungen und Geldkapitaltransaktionen. Es werden jeweils nur *Strömungsgrößen* und keine Bestandsgrößen erfasst. Bei der Unterscheidung zwischen in- und ausländischen Wirtschaftssubjekten gilt das *Wohnsitzprinzip*. Die Zahlungsbilanz wird in der Regel für ein Jahr aufgestellt. Die ökonomischen Transaktionen werden *grundsätzlich* nach dem Prinzip der doppelten Buchführung erfasst (z. Teil sind jedoch nur Salden ausweisbar). Die so definierte Zahlungsbilanz ist eine so genannte *ex-post-Bilanz,* weil sie erst nachträglich, d.h. nach Ablauf der ökonomischen Transaktion aufgestellt wird. Die Zahlungsbilanz für 2000 kann erst erstellt werden, wenn die im Jahre 2000 erfolgten Transaktionen vollständig erfasst sind. Man kann jedoch auch so genannte *ex-ante-Bilanzen* (Programmbilanzen) erstellen. Solche Programmbilanzen sind vor allem bei der Planung der Außenwirtschaft und bei Devisenbewirtschaftung erforderlich.

bb) Teilbilanzen der Zahlungsbilanz

Die Zahlungsbilanz untergliedert sich entsprechend den unterschiedlichen außenwirtschaftlichen Transaktionen in mehrere Teilbilanzen und zwar in:
– Handelsbilanz
– Dienstleistungsbilanz
– Bilanz der Erwerbs- und Vermögenseinkommen
– Übertragungsbilanz
– Bilanz der Vermögensübertragungen
– Kapitalbilanz
– Devisenbilanz

In der *Handelsbilanz* werden sämtliche Exporte und Importe von Waren (Sachgütern) erfasst und gegenübergestellt, die zwischen einer Volkswirtschaft und der übrigen Welt innerhalb eines bestimmten Zeitraumes (meist ein Jahr) erfolgten. Von einer „*aktiven"* Handelsbilanz spricht man, wenn die Ausfuhr von Waren größer ist als die Einfuhr (Ausfuhrüberschuss). Entsprechend wird die Handelsbilanz als passiv bezeichnet, wenn die Einfuhr von Gütern größer ist als die Ausfuhr (Einfuhrüberschuss).

Die *Dienstleistungsbilanz* erfasst die zwischen Inländern und Ausländern ausgetauschten Dienstleistungen. In der Dienstleistungsbilanz treten u.a. auch die Ausgaben und Einnahmen im internationalen Reiseverkehr in Erscheinung.

Die Bilanz der Erwerbs- und Vermögenseinkommen stellt die Entwicklung der Faktoreinkommen (Einkommen aus Arbeit, Kapital und Boden) von Inländern im Ausland und Einkommen von Ausländern im Inland dar.

In der *Übertragungsbilanz* (auch *Schenkungsbilanz* genannt) werden alle zwischen Inländern und Ausländern vorgenommenen *unentgeltlichen* Übertragungen erfasst. In dieser Bilanz führt man auch die Überweisungen der ausländischen Arbeitnehmer an ihre Heimatländer auf, da diese Arbeitnehmer unter wirtschaftlichen Gesichtspunkten und nach dem Wohnsitzprinzip als Inländer gelten. Ihre Überweisungen haben dann den Charakter von „Geldgeschenken" an ihre Angehörigen in den jeweiligen Heimatländern.

Die *Kapitalbilanz bzw. Kapitalverkehrsbilanz* erfasst alle zwischen Inländern und Ausländern erfolgten Geldkapitalbewegungen wie Gewährung von Krediten und Schuldentilgung. Innerhalb dieser Bilanz werden auch die Direktinve-

stitionen ausgewiesen. Bei den Direktinvestitionen handelt es sich um Geldkapitalbewegungen, die im direkten Zusammenhang mit der Errichtung oder Erweiterung von Produktionsanlagen durch Inländer im Ausland bzw. durch Ausländer im Inland stehen (z.B. Bau einer deutschen Automobilfabrik von VW in
den USA oder Übernahme und Erweiterung eines deutschen Unternehmens in
der Bundesrepublik Deutschland durch Amerikaner – z.B. Aufkauf der Hein-
rich Lanz Werke durch die John Deere Company).

Die Kapitalbilanz ist *„aktiv"*, wenn die Ausfuhr von Geldkapital größer ist als
die Einfuhr. Übersteigt dagegen die Einfuhr von Kapital die der Ausfuhr, spricht
man von einer *„passiven"* Kapitalbilanz.

In der *Devisenbilanz* registriert man die *Veränderungen* der Währungsreserven
eines Landes. Da die Währungsreserven hauptsächlich aus Gold und Devisen bestehen, nennt man diese Bilanz auch *Gold- und Devisenbilanz.* In der Bundesrepublik Deutschland werden nur die Währungsreserven erfasst, die sich bei der
Deutschen Bundesbank befinden. Veränderungen, die sich im Devisenbestand
von inländischen Wirtschaftssubjekten (privaten Geschäftsbanken und anderen)
vollziehen, bleiben außer Betracht. Außerdem sind nur Veränderungen des Goldbestandes der Zentralbank aufgezeichnet, soweit diese auf dem Zahlungsverkehr
mit Gold zwischen den Zentralbanken der verschiedenen Länder beruhen.

In der Devisenbilanz spiegeln sich letztlich alle Vorgänge der anderen Bilanzen
in Form von Devisenzu- oder -abflüssen wider. Sind die Salden der anderen Bilanzen untereinander ausgeglichen, kommt es weder zu einer Zu- noch Abnahme des Devisenbestandes. Ergibt sich aus den übrigen Bilanzen ein *Aktivsaldo,*
dann fließen Devisen zu, bei einem *Passivsaldo* der anderen Bilanzen strömen
Devisen ab, d.h. das betreffende Land kann bei ständigem Abfluss von Devisen
schließlich seine internationale Zahlungsfähigkeit verlieren.

Man fasst einzelne Teilbilanzen der Zahlungsbilanz zusammen und zwar die
Handels-, Dienstleistungs-, Erwerbs- und Vermögenseinkommens – und Übertragungsbilanz zur **Leistungsbilanz** zusammen.

Die Addition von Leistungsbilanz und dem Saldo der Vermögensübertragungen
ergibt den Finanzierungssaldo der Zahlungsbilanz. Wenn dieser Saldo positiv
ist, bedeutet dies Forderungen an das Ausland; bei einem negativen Saldo Verbindlichkeiten gegenüber dem Ausland.

Die *Leistungsbilanz* gibt umfassend Auskunft über den Leistungsumfang im
Außenwirtschaftsverkehr eines Landes.

Bei der Aufstellung der konkreten Zahlungsbilanz lassen sich nicht alle Transaktionen erfassen und durch doppelte Buchführung verbuchen. Oft sind nur Salden erfassbar. Außerdem müssen bestimmte Transaktionen auch geschätzt werden. Daher wird in der Zahlungsbilanz ein Posten „Saldo der statistisch nicht
aufgliederbaren Transaktionen" ausgewiesen, der die gesamte Zahlungsbilanz

formal ausgleicht, denn wenn alle Transaktionen zwischen Inländern und Ausländern in den Teilbilanzen exakt und vollständig registriert werden könnten, müssten sich die Salden der Teilbilanzen nach dem Prinzip der doppelten Buchführung ausgleichen.

cc) Zahlungsbilanzausgleich

Da die Erfassung der außenwirtschaftlichen Transaktionen grundsätzlich nach dem Prinzip der doppelten Buchführung erfolgt, ist die Zahlungsbilanz im statistischen Sinne stets ausgeglichen. Die Summe der Aktivposten ist gleich der der Passivposten. Wenn vom Ziel des Zahlungsbilanzausgleichs gesprochen wird, kann man nicht den Ausgleich im buchhalterischen Sinne im Auge haben. Der Begriff Zahlungsbilanzausgleich als ein Kriterium für das außenwirtschaftliche Gleichgewicht kann sich sinnvollerweise nur an der Struktur der Teilbilanzen orientieren.

Es sollen kurz verschiedene Konzepte des Zahlungsbilanzausgleichs auf ihre Aussagefähigkeit überprüft werden. Dabei ist immer die Frage zu stellen, ob das jeweilige Konzept geeignet ist, der Forderung zu genügen: Außenwirtschaftliches Gleichgewicht ist letztlich dann gegeben, wenn von den außenwirtschaftlichen Beziehungen (Vorgängen) keine oder keine maßgeblichen Störungen auf die Binnenwirtschaftslage in Form der „importierten Inflation" bzw. der „importierten Arbeitslosigkeit" ausgehen.

1. Konzept: *Eine Zahlungsbilanz ist im Gleichgewicht, wenn die Leistungsbilanz ausgeglichen ist.* Diese Aussage würde weitgehend dem Ziel entsprechen, dass der *Außenbeitrag* gleich Null (ausgeglichen) ist. Dieses Konzept wurde früher vertreten, es wird jedoch heute als zu wenig aussagekräftig angesehen, weil neben der Abwehr von außenwirtschaftlichen Störungen der Binnenwirtschaft auch Ziel der Außenwirtschaftspolitik sein muss, die internationale Zahlungsfähigkeit der Volkswirtschaft zu erhalten. Die Zahlungsfähigkeit ist an dem Bestand von Gold- und Devisen sowie an der Veränderung dieses Bestandes durch Zu- und Abnahme abzulesen. Aus der Gleichheit von Ex- und Importen erfolgt jedoch keineswegs eine Gleichheit von Devisenzu- und -abflüssen. Eine sinnvolle Gleichgewichtskonzeption für die Zahlungsbilanz muss daher in irgendeiner Weise die Devisenbilanz beachten. Weiter ist zu betonen, dass für hoch industrialisierte Länder sinnvollerweise auch nicht ein Ausgleich der Leistungsbilanz gefordert werden kann. Die Leistungsbilanz solle einen Überschuss ausweisen. Die Devisenbilanz kommt dann dadurch zum Ausgleich, dass die Kapitalexporte größer als die Kapitalimporte sind. Ein hoch industrialisiertes Land wird stets Kapital exportieren müssen, um sich ein Auslandsvermögen (Vertriebseinrichtungen für seine Güter usw.) zu schaffen. Außerdem wird heute von hoch industrialisierten Ländern ein Beitrag zur Entwicklung der unterentwickelten Länder (Entwicklungshilfe entweder durch Schenkung oder langfristigen Kapitalexport zu günstigen Bedingungen) erwartet und gefordert.

286

Das **2. Konzept** des Zahlungsbilanzausgleichs besagt: *Die Zahlungsbilanz ist ausgeglichen, wenn die Devisenbilanz ausgeglichen ist.* Diese Aussage kann nach den vorstehenden Erörterungen als brauchbarer angesehen werden. Bei einer ausgeglichenen Devisenbilanz besteht weder die Gefahr von außenwirtschaftlichen Störungen der Binnenwirtschaft (z.B. durch hohe Devisenzuflüsse in Zeiten einer Hochkonjunktur) noch die Gefahr des Verlustes der internationalen Zahlungsfähigkeit.

dd) Zahlungsbilanz der Bundesrepublik Deutschland

Die folgende Tabelle zeigt die Entwicklung der Zahlungsbilanz der Bundesrepublik Deutschland, die von der Deutschen Bundesbank aufgestellt wird, von 1950 bis 1999.

Die Handelsbilanz hat in dieser Zeit, mit Ausnahme des Jahres 1950, einen z.T. beträchtlichen Überschuss erzielt, während auf der Dienstleistungsbilanz überwiegend Defizite (es wurden mehr Dienstleistungen des Auslandes in Anspruch genommen als an das Ausland geleistet) zu verbuchen sind, was insbesondere auf die zunehmenden Ausgaben der Bundesbürger im internationalen Reiseverkehr zurückzuführen ist. Die Bilanz der Übertragungen ist mit Ausnahme des Jahres 1950 mit zunehmenden Beträgen stets passiv gewesen, d.h. es erfolgten mehr unentgeltliche Übertragungen an das Ausland als man von dort erhielt, was in der Höhe besonders durch die Überweisungen der ausländischen Arbeitnehmer verursacht wurde. Die Kapitalbilanz zeigt langfristig keinen eindeutigen Trend. Die Devisenbilanz (= Veränderung der Auslandsposition der Deutschen Bundesbank) zeigt ebenfalls unterschiedliche Bewegungen in der Veränderung der Devisenreserven der Deutschen Bundesbank. In der Tendenz überwiegt jedoch die Zunahme des Devisenbestandes eindeutig. Ins Auge fällt die enorme Erhöhung der Devisenbestände in den Jahren 1970 bis 1973. Diese Devisenzuflüsse stammten jedoch zum großen Teil aus Spekulationsgeldern gegen den Dollar und nicht so sehr aus laufenden Transaktionen im Waren- und Dienstleistungsverkehr.

Tabelle 21[293] zeigt die Entwicklung der Währungsreserven der Deutschen Bundesbank von 1955 bis 1998.

---

292 *Fußnote zu Tabelle 20:*
Aus: Bundesministerium für Wirtschaft (Hrsg.), Leistung in Zahlen '74 und '78, Bonn 1975 und 1979, S. 71, Wirtschaft in Zahlen '94, Bonn, 1995, S. 88, Deutsche Bundesbank (Hrsg.), Auszüge aus Presseartikeln Nr. 12/13, Frankfurt/M., S. 15 und einer Mitteilung aus dem Bundesministerium für Wirtschaft (Stand März 1995). Auskunft der Deutschen Bundesbank (Stand Mai 2000), Bundesministerium für Wirtschaft (Hrsg.), Wirtschaft in Zahlen '99, Bonn 1999, S. 89.
293 Bundesministerium für Wirtschaft (Hrsg.), Leistung in Zahlen '74 und '87, Bonn 1975 und 1988, S. 59, Deutsche Bundesbank (Hrsg.), Monatsberichte der Deutschen Bundesbank, 38. Jg. Nr. 2, Frankfurt/M. 1986, S. 49 und 78* und einer Mitteilung aus dem Bundesministerium für Wirtschaft (Stand März 1989) und Bundesministerium für Wirtschaft (Hrsg.), Wirtschaft in Zahlen '99, Bonn 1999, S. 90.

Tab. 20: Zahlungsbilanz[1] der Bundesrepublik Deutschland 1950 bis 1999 (Salden in Mio. DM)[292]

Jahr	Handelsbilanz	Ergänzungen zum Warenverkehr[2] und Transithandel	Dienstleistungsbilanz	Erwerbs- und Vermögenseinkommen	Laufende Übertragungen	Saldo der Leistungsbilanz	Vermögensübertragungen	Kapitalbilanz[4]	Veränderung der Währungsreserven zu Transaktionswerten[5]	Saldo der statistisch nicht aufgliederbaren Transaktionen	Nachrichtlich: Veränderung der Netto-auslandsaktiva der Bundesbank zu Transaktionswerten[5]
1950	− 3.012	− 25	+ 545	−	+ 2.065	− 427	−	− 137		−	− 564
1955	+ 1.245	− 249	+ 2.073	−	− 834	+ 2.235	−	− 384		−	+ 1.851
1960	+ 5.223	− 187	+ 3.235	−	− 3.488	+ 4.783	−	+ 3.236		−	+ 8.019
1965	+ 1.203	− 442	− 607	−	− 6.377	+ 6.223	−	− 4.940		−	+ 1.283
1970	+ 15.670	− 1.601	− 1.127	−	− 9.759	+ 3.183	−	+ 18.729		+ 798	+ 22.650
1975	+ 37.276	− 1.004	− 8.325	+ 93	− 17.300	+ 10.618	+ 52	− 12.560		+ 307	+ 3.309
1980	+ 8.947	− 489	− 10.118	+ 1.746	− 23.466	− 25.125	− 1.638	+ 1.683	− 5.043	− 2.365	− 25.538
1985	+ 73.353	− 1.848	− 2.947	+ 13.638	− 29.583	+ 52.613	− 2.501	− 53.373	− 11.611	+ 8.303	− 1.843
1990	+ 105.382	− 3.833	− 19.664	+ 32.859	− 35.269	+ 79.475	− 4.975	− 89.497	+ 9.605	+ 26.608	− 10.976
1991	+ 21.889	− 2.804	− 24.842	+ 33.144	− 57.812	− 30.416	− 4.565	+ 12.614	− 52.888	+ 12.762	+ 319
1992	+ 33.656	− 1.426	− 37.894	+ 33.962	− 51.222	− 22.924	− 1.963	+ 69.792	+ 22.795	+ 7.983	− 68.745
1993[6]	+ 60.304	− 3.038	− 45.080	+ 27.373	− 55.714	− 16.155	− 1.915	+ 21.442	+ 2.846	− 26.167	+ 35.766
1994[6]	+ 71.762	− 1.104	− 54.374	+ 4.852	− 59.940	− 38.805	− 2.637	+ 57.871	− 10.355	− 19.276	− 12.242
1995[6]	+ 85.303	− 4.722	− 54.720	+ 178	− 55.710	− 29.671	− 3.845	+ 63.647	+ 1.882	− 19.776	− 17.754
1996[6]	+ 98.538	− 5.264	− 55.330	+ 1.391	− 51.294	− 11.959	− 3.283	+ 23.613	+ 6.640	− 10.253	+ 1.610
1997[6]	+ 116.467	− 6.160	− 59.942	− 2.488	− 52.722	− 4.846	+ 52	+ 1.164	− 7.128	− 681	+ 8.468
1998[6]	+ 126.970	− 2.554	− 67.568	− 11.569	− 53.298	+ 8.019	+ 1.289	+ 17.254	+ 24.517	− 3.397	− 8.231
1999[6]	+ 126.787	− 9.739	− 79.839	− 23.353	− 50.314	− 36.458	− 252	+ 40.215		+ 52.408	− 61.660

1) Ab 1995 wurde die Systematik der Zahlungsbilanz grundlegend verändert. Die Leistungsbilanz besteht danach aus den Schulden von: Handelsbilanz Ergänzungen zum Warenverkehr, Dienstleistungsbilanz, Erwerbs- und Vermögenseinkommen und laufende Übertragungen. Die Werte wurden so weit wie möglich bis 1975 auf der neuen Grundlage ermittelt.
Bis Juni 1990 Transaktionen der Bundesrepublik Deutschland einschließlich Berlin (West) mit dem Ausland, jedoch ohne Transaktionen zwischen der Bundesrepublik Deutschland und der DDR. Seit Juli 1990 einschließlich Transaktionen der ehemaligen DDR mit dem Ausland.
2) Hauptsächlich: Lagerverkehr auf inländische Rechnung und Absetzung der Rückwaren und der Lohnveredelung.
3) Hauptsächlich: Wiedergutmachungen; Überweisungen der ausländischen Arbeitskräfte; Beiträge an internationale Organisationen.
4) Kapitalexport: –.
5) Zunahme: –.
6) Ergebnisse durch Änderungen in der Erfassung des Aussenhandels mit größeren Unsicherheiten behaftet.

Zu der in der Tabelle 20 dargestellten Zahlungsbilanz der Bundesrepublik Deutschland ist noch auf folgenden Sachverhalt aufmerksam zu machen: Bei der Position – Ergänzungen zum Warenverkehr – handelt es sich in der Hauptsache um Transithandel (Durchgangsverkehr von Waren). Die Rubrik Ausgleichsbedarf der Bundesbank erscheint erstmalig 1969, um die buchmäßige Veränderung des Devisenbestandes zu erfassen, die durch die Änderung der Wechselkurse entsteht. Wird beispielsweise der US-Dollar abgewertet, sinkt der Wert des meistens in Dollar gehaltenen Devisenvorrats der Bundesbank.

Tab. 21: Auslandsposition der Deutschen Bundesbank[1] (in Mrd. DM)

Stand am Jahresende	Gesamt- bestand (Netto)	darunter Gold	US-Dollar	Sonder- ziehungs- rechte	Reserve- position im IWF[2]
1955	13,1	3,9	5,8	–	0,3
1960	32,8	12,5	15,0	–	1,3
1965	31,5	17,6	5,2	–	4,3
1970	49,0	14,6	28,6	0,9	3,4
1975	84,5	14,0	51,1	4,5	4,9
1980	67,4	13,7	42,5	3,6	4,5
1985	67,7	13,7	39,3	3,8	9,4
1990	54,2	13,7	64,4	2,8	4,6
1995	106,9	13,7	68,3	2,9	7,5
1996	105,4	13,7	72,2	3,0	8,5
1997	110,9	13,7	76,5	3,2	10,7
1998	119,1	17,1	98,4	3,1	13,4

1) Bewertung des Goldbestandes und der Auslandsforderungen nach den Vorschriften des Handelsgesetzbuches (bis Ende 1986: Aktiengesetz) und des Bundesbankgesetzes (Aktiva nach dem Niederstwertprinzip, d.h. Anschaffungswert oder niedrigster Wert an einem Bilanzstichtag). Im Jahresverlauf Bewertung zu den Bilanzkursen des Vorjahres.
2) Ziehungsrechte in der Reservetranche und Kredite auf Grund der „Allgemeinen Kreditvereinbarungen" (AKV), in der sog. Witteveen-Fazilität sowie im Rahmen der Finanzierung der Ölfazilität.

4. Strukturpolitik

a) Begriffe

aa) Wirtschaftsstruktur

Struktur wird allgemein definiert als Teile eines Ganzen, die in einem bestimmten qualitativen und quantitativen Verhältnis zum Ganzen und untereinander stehen[294]. Bezogen auf die Wirtschaftsstruktur bedeutet dies nichts anderes als das *innere Gefüge,* den Aufbau einer Volkswirtschaft; d.h. den *Bestand und die Verteilung bestimmter charakteristischer Elemente einer Volkswirtschaft in Be-*

---

294 Peters, H. R., Sektorale Strukturpolitik und Mesoökonomik, in WiSt, Heft 6, München und Frankfurt/M. 1978, S. 264.

zug auf das Ganze. Man könnte den Begriff Wirtschaftsstruktur auch wie folgt definieren: Die Wirtschaftsstruktur eines Landes ist die (mehr oder weniger) systematische Zuordnung von gesamtwirtschaftlich relevanten (bedeutenden) Einzelelementen (wie z.B. Branchen) zur gesamten Volkswirtschaft. Charakteristische Merkmale, die das Strukturbild einer Volkswirtschaft prägen, sind u.a.:

– Beiträge von Wirtschaftsbereichen oder -branchen zum Sozialprodukt: so genannte *Produktions- oder Branchenstruktur,*
– Verteilung der Beschäftigten auf bestimmte Bereiche oder Branchen innerhalb der Volkswirtschaft: so genannte *Beschäftigungsstruktur,*
– Verteilung der Produktionseinrichtungen eines Landes in räumlicher Hinsicht: so genannte *Regionalstruktur,*
– Verteilung von Einkommen und Vermögen: so genannte *Verteilungsstruktur.*

bb) Strukturwandel

Das Strukturbild einer Volkswirtschaft ist immer nur eine *Momentaufnahme.* Es kann Veränderungen der Wirtschaftsstruktur nicht aufzeigen, da ein Strukturwandel im Gegensatz zu konjunkturellen Entwicklungen immer ein *langfristiger Prozess* ist. Erst der Vergleich mehrerer Strukturbilder verschiedener Zeitpunkte ermöglicht eine Aussage über Strukturwandlungen. Betrachtet man die Wirtschaftsentwicklung eines Landes über einen längeren Zeitraum, so zeigt sich, dass mit dem Wachstum der Wirtschaft z.T. enorme Veränderungen der Wirtschaftsstruktur verbunden waren. So sind im Gebiet des Deutschen Reiches im Jahre 1800 rd. 62% aller erwerbstätigen Personen in der Land- und Forstwirtschaft (primärer Sektor) beschäftigt gewesen, während im gleichen Jahr im warenproduzierenden Bereich (sekundärer Sektor) nur 21% und im gesamten Dienstleistungssektor (tertiärer Sektor) nur 17% aller Beschäftigten tätig waren. Im Jahre 1895 hatte sich das Verhältnis schon sehr stark zu Gunsten des sekundären und tertiären Sektors gewandelt (Land- und Forstwirtschaft = 36,6%, warenproduzierendes Gewerbe = 38,9%, gesamter tertiärer Sektor = 24,9%). Im Jahr 1965 ergab sich für die Bundesrepublik Deutschland folgendes Bild: primärer Sektor = 11,1%, sekundärer Sektor = 49,0%, tertiärer Sektor = 39,9%[295]. Für das Jahr 1984 zeigt sich, dass dieser Strukturwandel weiter fortgeschritten ist und zwar mehr und mehr zu Gunsten des Dienstleistungssektors, denn in der Landwirtschaft waren in diesem Jahr nur noch 5,5% aller Erwerbstätigen beschäftigt, im warenproduzierenden Bereich 41,5% und im gesamten tertiären Sektor bereits 53,1%[296]. 1988 sind nur noch 4,9% aller Erwerbstätigen in der Land- und Forstwirtschaft tätig gewesen, im warenproduzierenden Bereich 40,1% und im Dienstleistungssektor 55,0%. Die genannten Zahlen verdeutlichen, dass sich die Beschäftigungsstruktur entscheidend verändert hat. Mit der

---

295 Bundesministerium für Wirtschaft (Hrsg.), Leistung in Zahlen '73, Bonn 1974, S. 44.
296 Vgl. S. 10 ff.

Änderung der Beschäftigungsstruktur ging auch eine bedeutende Veränderung der Produktions- und Branchenstruktur einher. Da genaue Zahlen nur für die Bundesrepublik Deutschland vorliegen, soll die Entwicklung erst ab 1950 aufgezeigt werden. Im Jahre 1950 leistete die Land- und Forstwirtschaft zum Sozialprodukt einen Beitrag von 10,2%, das warenproduzierende Gewerbe hatte einen Anteil am Sozialprodukt von 49,6%, der gesamte tertiäre Bereich einen solchen von 39,5%[297]. Für das Jahr 1984 ergibt sich ein anderes Bild: Die Land- und Forstwirtschaft hat nur noch einen Anteil von 2,0%, das warenproduzierende Gewerbe kommt auf einen Anteil von 43,0% und der gesamte Dienstleistungsbereich erreicht einen Anteil von 55,0%[298]. Im Jahre 1988 sehen die Anteile wie folgt aus: Land- und Forstwirtschaft 1,6%, warenproduzierendes Gewerbe 41,9% und Dienstleistungssektor 56,5%.Diese Entwicklung hat sich bis in die Gegenwart 1999/2000 weiter fortgesetzt, wie der ausführlichen Darstellen auf den Seiten 10 ff. zu entnehmen ist.

Auch bei der Regionalstruktur haben sich einschneidende Veränderungen ergeben. Alte Industriegebiete, wie beispielsweise das Ruhrgebiet, sind in der wirtschaftlichen Bedeutung infolge von Strukturveränderungen zurückgefallen, andere Gebiete (z.B. in Baden-Württemberg, die Region Mittlerer Neckar, in Hessen die Region Rhein-Main) entwickelten sich hingegen sehr stark.

Bei der Verteilung von Einkommen und Vermögen sind ebenfalls grundlegende Verschiebungen aufgetreten.

Strukturwandlungsprozesse sind bekanntlich langfristige Vorgänge. Sie werden durch eine Reihe von Faktoren ausgelöst, von denen hier nur die wichtigsten genannt werden sollen. Der *technische Fortschritt* spielt dabei eine besonders wichtige Rolle. Die bedeutenden Strukturwandlungsprozesse der letzten 150 Jahre sind entscheidend von der Einführung des technischen Fortschritts geprägt (vom Einsatz der Dampfmaschine über die Einführung des Kokshochofens, der Durchsetzung des mechanischen Webstuhls, der Verwendung des Elektromotors, der Anwendung neuer chemischer Prozesse bis hin zur Verbreitung der Computertechnik unserer Tage).

Bevölkerungsveränderungen und damit verbundene Nachfrageverschiebungen können ebenso zu Strukturveränderungen führen wie die *Verknappung von Rohstoffen* und *Folgewirkungen von Kriegen* (Strukturprobleme im Zonenrandgebiet nach dem 2. Weltkrieg). *Außenwirtschaftliche Entwicklungen* (z.B. Billigimporte) und *Nachfrageänderungen* (z.B. Ende der 1950er-Jahre von Kohle zu Erdöl → Strukturkrise im Ruhrgebiet) sind ebenfalls Ursachen für Strukturwandlungen. Auch die heute zunehmende Globalisierung der Wirtschaft führt zu tiefgreifenden Strukturveränderungen der nationalen Volkswirtschaften.

---

297 Cassel, D., Kuber, K. P., Sektoraler Strukturwandel der Wirtschaft, in WiSt, Heft 7, München und Frankfurt 1974, S. 315.
298 Vgl. auch S. 10 ff.

cc) Strukturpolitik

Unter *Strukturpolitik* ist die *Summe aller staatlichen Maßnahmen* (ordnungs-
und prozesspolitischer Art) zur *Beeinflussung der Wirtschaftsstruktur eines
Landes nach bestimmten Zielvorstellungen* zu verstehen. „Mit ihrer Hilfe soll
eine andere Verteilung der Produktivkräfte und Einkommen erleichtert werden,
als sie der marktliche Koordinationsmechanismus bewirkt"[299]. Dabei geht es
insbesondere darum, die Strukturwandlungen einer Volkswirtschaft zu beeinflussen und die Anpassungsfähigkeit der Wirtschaft zu fördern. *Ziel der Strukturpolitik* kann sein: *die Erhaltung von Wirtschaftsstrukturen*, insbesondere bestimmter Wirtschaftsbranchen, *die Anpassung der Wirtschaft an sich wandelnde
Wirtschaftsstrukturen zu fördern oder die Wirtschaftsstruktur vorausschauend
zu gestalten.*

Die Erhaltung bestimmter Wirtschaftszweige ist im Prinzip mit der Marktwirtschaft nicht vereinbar, weil die Marktkräfte einen wachstumsbedingten Strukturwandel bewirken, der u.a. dazu führt, dass sich die Produktion bestimmter
Sachgüter und Dienstleistungen aus Kostengründen im eigenen Land nicht
mehr lohnt (z.B. bestimmte landwirtschaftliche Produkte).

Eine völlige Erhaltung dieser gefährdeten Wirtschaftszweige bewirkt eine
Hemmung dieses Strukturwandels und behindert damit im Grunde oft auch den
technischen Fortschritt, der für die Wirtschaftsentwicklung von entscheidender
Bedeutung ist. Es kann natürlich nichtökonomische Gründe für eine solche
Strukturpolitik geben (z.B. Autarkiebestreben eines Staates. Auch bei der Erhaltung von nicht rentablen landwirtschaftlichen Betrieben in Gebirgsregionen
spielt z.B. der Landschaftsschutz und die Landschaftspflege eine große Rolle.
Eine ökonomische Überlegung wird dabei ebenfalls angestellt. Die Erhaltung
dieser Betriebe durch finanzielle Unterstützung seitens des Staates ist in der Regel billiger als die Landschaftspflege von eigens damit beauftragten staatlichen
oder privaten Institutionen).

Sinnvoller ist in der Regel eine Strukturpolitik, die der Wirtschaft die Möglichkeit gibt, sich an eingetretene Strukturwandlungen *anzupassen.* Wenn man die
Marktkräfte sich völlig frei entfalten lassen würde, hätte dies oft abrupte Veränderungen des inneren Gefüges einer Volkswirtschaft mit allen damit verbundenen negativen sozialen Konsequenzen für die Betroffenen zur Folge (Verlust
von Arbeitsplätzen, Niedergang ganzer Wirtschaftszweige oder Regionen). Der
Staat erleichtert also der Wirtschaft mit gezielten Hilfen die Anpassung an die
geänderten Verhältnisse. Die Einführung neuer technischer Fortschritte wird dabei prinzipiell nicht behindert, sondern nur in überschaubare und geordnete
Bahnen gelenkt.

---

299 Zimmermann, H., Henke, K. D., Finanzpolitische Maßnahmen im Dienst der sektoralen und regionalen Strukturpolitik (I), in: WISU, Heft 10, Düsseldorf 1974, S. 481.

Strukturpolitik kann auch dazu dienen, eine *vorausschauende Gestaltung* der Wirtschaftsstruktur vorzunehmen. Dabei geht es im wesentlichen darum, die Entwicklung zukunftsorientierter Technologien in den für das Wachstum der Volkswirtschaft wichtigen Wirtschaftszweigen zu fördern, weil der Markt (z.B. wegen der hohen Entwicklungskosten) diese neuen Technologien nicht im gewünschten Umfang und in absehbarer Zeit dem Produktionsprozess zur Verfügung stellen würde. Im Vordergrund stehen dabei die Luft- und Raumfahrt, die Datenverarbeitung und der Energiesektor.

b) Arten der Strukturpolitik

Man kann im wesentlichen drei Arten von Strukturpolitik unterscheiden; die *sektorale Strukturpolitik,* die *regionale Strukturpolitik* und die *Verteilungspolitik.* Wenn über Strukturpolitik in der Öffentlichkeit diskutiert wird, steht meistens die sektorale und die regionale Strukturpolitik im Mittelpunkt, während die Verteilungspolitik oft unter anderen Gesichtspunkten (z.B. Sozial- und Gerechtigkeitsaspekten) betrachtet wird.

aa) Sektorale Strukturpolitik

Sektorale Strukturpolitik beinhaltet alle *Maßnahmen, die darauf gerichtet sind,* eine *ausgewogene, zukunftsorientierte Branchenverteilung in einer Volkswirtschaft zu erreichen.* Das Hauptgewicht der sektoralen Strukturpolitik liegt also auf der Beeinflussung der Zusammensetzung der Volkswirtschaft nach *Wirtschaftsbereichen (Sektoren).* Die Sektoren kann man nach verschiedenen Kriterien einteilen, wie z.B. nach ihrer Stellung im Herstellungsprozess (primärer, sekundärer und tertiärer Sektor) oder nach der Betriebsgröße (die Sektoren werden durch Kleinbetriebe, Mittel- oder Großbetriebe charakterisiert). Sektorale Strukturpolitik ist notwendig, um Fehlentwicklungen bei der sektoralen Wirtschaftsstruktur vorzubeugen oder abzuschwächen. Neben einer vorausschauenden sektoralen Strukturpolitik soll insbesondere ein eingetretener Strukturwandel in die notwendige und gewünschte Richtung bei gleichzeitiger Vermeidung von sozialen Härten für die Betroffenen vorangetrieben werden.

bb) Regionale Strukturpolitik

Die wirtschaftliche Entwicklung hat nicht nur Wandlungen innerhalb von Wirtschaftsbereichen oder der Wirtschaftsbereiche zueinander zur Folge, sondern wirkt sich auch auf die räumliche Verteilung von Produktionszweigen aus.

Es gibt in einem Staat Gebiete, in denen die Struktur der Wirtschaft ausgewogen ist, in anderen Gebieten kommt es zu Ballungen der Wirtschafts- und Finanzkraft und andere Räume weisen eine schlechte Wirtschaftsstruktur mit allen damit für die Region verbundenen finanziellen und arbeitsmarktpolitischen Konsequenzen auf. Besondere Probleme treten in den Regionen auf, in denen von Strukturwandlungen betroffene Wirtschaftszweige sehr stark vertreten sind. Oft stellen diese Wirtschaftszweige das einzig bedeutende Industriepotenzial der Region dar. Als Beispiele kann man die Schuhindustrie im Raum Pirmasens, die Kohle-, Eisen- und Stahlindustrie im Ruhrgebiet und im Saarland sowie die Uhrenindustrie im Schwarzwald nennen. Als diese Sektoren in strukturelle Schwierigkeiten kamen, wurde davon nicht nur die betreffende Branche in Mitleidenschaft gezogen, sondern auch die ganze Region. Es überschneiden sich also die sektoralen und die regionalen Aspekte der Strukturpolitik.

In der Bundesrepublik Deutschland gibt es strukturell ausgeglichene Regionen einige zentrale, wachstumsintensive und wohlhabende Verdichtungsräume sowie zahlreiche strukturschwache und ärmere Gebiete. Das Grundgesetz schreibt in Art. 72 Abs. 2 Nr. 3 vor, die Einheitlichkeit der Lebensverhältnisse in der Bundesrepublik Deutschland zu schaffen und zu erhalten. Da diese Einheitlichkeit durch die unterschiedliche Entwicklung der Regionalstruktur aber nicht gewährleistet werden kann, ist eine regionale Strukturpolitik erforderlich. Sie hat als *Hauptziel* eine *Reduzierung des regionalen Wohlstandsgefälles* durch Schaffung einer ausgewogenen regionalen Wirtschaftsstruktur im Auge.

cc) Verteilungspolitik (Einkommens- und Vermögenspolitik)

Die Verteilungspolitik umfasst sowohl die *Einkommens-* als auch die *Vermögenspolitik*. Da auf Grund der in der Bundesrepublik Deutschland bestehenden *Tarifautonomie* die primär zuständigen Träger der Verteilungspolitik die Tarifpartner – Arbeitgeberverbände und Gewerkschaften – sind, kann die hier zu erörternde *staatliche* Verteilungspolitik lediglich ergänzende Maßnahmen beinhalten. Verteilungspolitik in diesem Sinne ist dann *die Summe aller staatlichen Maßnahmen zur Beeinflussung der Einkommens- und Vermögensverteilung in der Volkswirtschaft*. Ziel der Verteilungspolitik ist es, eine leistungsgerechte Verteilung von Einkommen und Vermögen zu erreichen, gleichzeitig aber entsprechend der Forderung der Sozialen Marktwirtschaft auch denjenigen Personen oder Personengruppen ein ausreichendes Einkommen und eine Beteiligung am Volksvermögen zu verschaffen, die am Markt kein oder kein ausreichendes Einkommen erzielen und kein Vermögen bilden können.

Die Verteilungspolitik der Tarifpartner, die nicht Gegenstand der Erörterungen sein soll, ist seitens der Gewerkschaften in erster Linie darauf gerichtet, für die von ihnen vertretenen Arbeitnehmer gegenüber den Arbeitgebern einen „gerechten" Anteil am Volkseinkommen und Volksvermögen zu erreichen. Insofern ist die staatliche Verteilungspolitik umfassender, weil sie sich auch auf Personen bezieht, die aus den verschiedensten Gründen nicht oder nicht mehr in der Lage sind, am Marktprozess teilzunehmen.

Bei der Einkommensverteilung unterscheidet man zwischen der *funktionellen Einkommensverteilung* (primäre Einkommensverteilung) und der *personellen Einkommensverteilung* (sekundäre Einkommensverteilung).

Bei der *funktionellen Einkommensverteilung* wird die Verteilung des Einkommens nach Funktionen im Wirtschaftsprozess (Zurverfügungstellung der Produktionsfaktoren Arbeit, Kapital und Boden) erfasst. In diesem Zusammenhang sei darauf hingewiesen, dass für die funktionelle Verteilung die Aufteilung des Volkseinkommens in Lohn- und Gewinnanteile steht (die *Lohnquote* wurde bereits an anderer Stelle eingehend behandelt; die *Gewinnquote* indes ist das Verhältnis der unternehmerischen Gewinne, Zinsen und Grundrenten der Selbstständigen wie auch der Unselbstständigen zum Volkseinkommen)[300].

Die *personelle Einkommensverteilung* hingegen gibt die Verteilung des Einkommens auf die privaten Haushalte (Ein- und Mehrpersonenhaushalte) an. Da ein Haushalt Einkommen aus der Ausübung mehrerer Funktionen oder aus Übertragungen (Renten, Pensionen, staatliche Hilfe) beziehen kann, ergibt sich eine wesentlich andere Verteilung. Zu diesem Zweck werden die privaten Haushalte nach der Höhe ihres Jahreseinkommens unabhängig von der Art des Einkommenerwerbs in verschiedene Einkommensgruppen unterteilt. Man fragt dann, wie viel Prozent des Volkseinkommens auf die unteren, mittleren und hohen Einkommensklassen entfallen. Die Einkommensgruppen werden von den untersten zu den höchsten Gruppen kumuliert (gehäuft). Befinden sich beispielsweise in der Einkommensgruppe 0 bis 15.000 DM 10% aller Einkommensbezieher, in der Gruppe 15.001 bis 30.000 20%, dann entfallen auf die Gruppe 0 bis 30.000 DM insgesamt 30% aller Einkommensbezieher usw. Durch die personelle Einkommensverteilung sind alle privaten Haushalte erfasst, d.h. auch jene, die *keine* Faktoreinkommen am Markt erzielen.

Man kann die personelle Einkommensverteilung mithilfe der so genannten *Lorenz-Kurve* darstellen. Auf der waagrechten Achse (Abzisse) wird die Zahl der Einkommensbezieher in Prozenten, auf der senkrechten Achse (Ordinate) das Gesamteinkommen in Prozenten aufgetragen, das die privaten Haushalte der Volkswirtschaft beziehen. Aus dieser Darstellung lässt sich ablesen, wie viel Prozent des Gesamteinkommens auf einen bestimmten Prozentsatz der Einkommensbezieher entfallen. Die 45°-Linie stellt dabei eine absolute Gleichverteilung dar. Die folgende Abbildung zeigt die grafische Darstellung der Lorenz-Kurve.

---

300 Vgl. v. Arnim, H. H., a.a.O., S. 227/228.

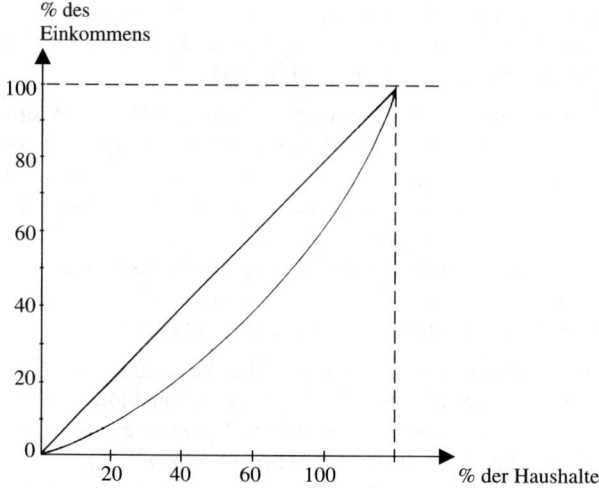

Abb. 78: Einkommensverteilung nach Lorenz

Die Abbildung zeigt, dass 40% der Haushalte nur 20% des Gesamteinkommens und 60% der Einkommensbezieher etwa 35% des Gesamteinkommens erhalten haben. Das bedeutet, dass 65% des Gesamteinkommens auf die verbleibenden 40% der höher verdienenden Haushalte entfällt.

Da sich aus Einkommen als Strömungsgröße im Wirtschaftskreislauf nach Ablauf der Periode Vermögen als Bestandsgröße bildet, und aus der Bereitstellung des Vermögens für den Produktionsprozess wiederum Einkommen (z.B. Verzinsung) entsteht, gibt es zwischen Einkommen und Vermögen eine sehr enge Verknüpfung. Man kann daher auch eine funktionelle oder personelle Verteilung für das Vermögen bilden.

Da es verschiedene Arten des Vermögens gibt, muss immer genau unterschieden werden, welche Vermögensverteilung gemeint ist. Abb. 79 gibt einen Überblick über die vielfältigen Arten des Volksvermögens[301].

Die Vermögenspolitik des Staates (aber auch die der Gewerkschaften als Tarifpartner) zielt sowohl auf die Verteilung des *Geldvermögens* als auch auf die des privaten *Produktivvermögens* ab.

---

301 Entnommen aus: Kleiner Wirtschaftsspiegel, Eine Informationsschrift der Sparkassen, Nr. 8, Stuttgart 1974, S. 3.

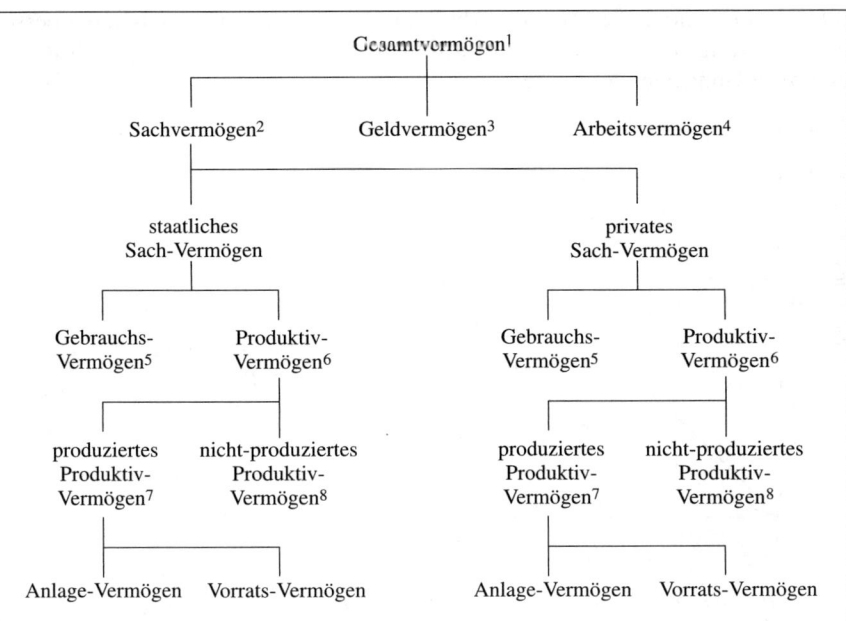

Gesamtvermögen[1]

Sachvermögen[2]   Geldvermögen[3]   Arbeitsvermögen[4]

staatliches
Sach-Vermögen

privates
Sach-Vermögen

Gebrauchs-
Vermögen[5]

Produktiv-
Vermögen[6]

Gebrauchs-
Vermögen[5]

Produktiv-
Vermögen[6]

produziertes
Produktiv-
Vermögen[7]

nicht-produziertes
Produktiv-
Vermögen[8]

produziertes
Produktiv-
Vermögen[7]

nicht-produziertes
Produktiv-
Vermögen[8]

Anlage-Vermögen   Vorrats-Vermögen   Anlage-Vermögen   Vorrats-Vermögen

1 Wertsumme der Aktiva einer natürlichen oder juristischen Person zu einem bestimmten Zeitpunkt, vermindert um den Wert der Verpflichtungen.
2 Wird durch Realinvestitionen vermehrt.
3 Wert aller in Geld ausdrückbaren realisierbaren Forderungen, vermindert um die Verpflichtungen; wird durch Finanzinvestitionen vermehrt.
4 Wert der Fähigkeiten der Person, soweit sie in Geld bewertbar sind; wird durch Investitionen in den Menschen (Ausbildung, Fortbildung, Erziehung) vermehrt.
5 Zum staatlichen Gebrauchsvermögen gehören Verbrauchsgüter wie zum Beispiel die militärischen Anlagen und Waffen, zum privaten Gebrauchsvermögen gehören die Güter, die zum Gebrauch bestimmt sind und durch den Verbrauch den Lebensstandard von Personen unmittelbar erhöhen. Hier gibt es sehr kurzfristige Konsumgüter wie die Nahrungsmittel, mittelfristige wie Kleidung, und langlebige wie Fernsehapparate, Waschmaschinen, Automobile.
6 Zum Produktivvermögen zählen alle übrigen Güter, auch wenn sie nur zum Teil nur sehr mittelbar oder gar nicht der Produktion im eigentlichen Sinne des Wortes dienen (wie Wohnhäuser, staatliche Verwaltungsgebäude, Grund und Boden).
7 Durch Investitionen vermehrbares Produktivvermögen (z.B. Gebäude, Maschinen).
8 Grund und Boden, Bodenschätze.

Quelle: Krelle/Schunck/Siebke, Überbetriebliche Ertragsbeteiligung der Arbeitnehmer, Bd. 1, Tübingen 1968, S. 13 ff.

Abb. 79: Gesamtvermögen und Vermögensbestandteile

Interessant ist noch die folgende Abbildung[302], die einen Einblick in die personelle Einkommensverteilung in Deutschland im Jahre 1993 – aufgeteilt in alte und neue Bundesländer – gibt.

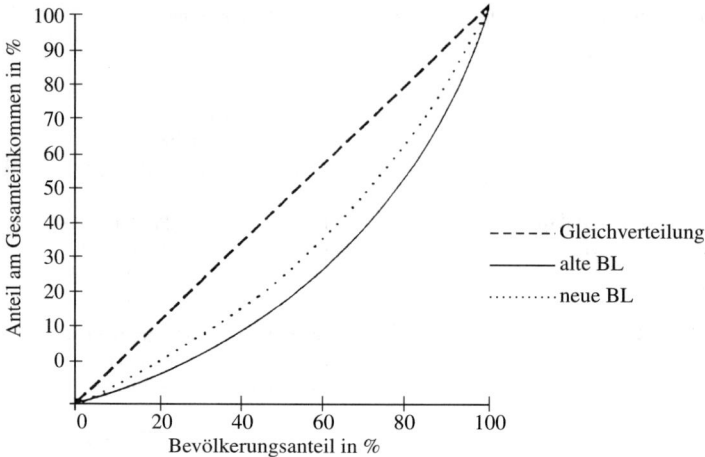

Abb. 80: Einkommensverteilung in Deutschland im Jahre 1993

Das Schaubild zeigt, dass die personelle Einkommensverteilung zwischen alten und neuen Bundesländern unterschiedlich ist. Es ist jedoch festzustellen, dass auf Grund neuerer Zahlen sich Einkommensverteilung in den neuen Ländern der der alten Bundesländer angleicht[303].

c) Mittel der sektoralen und regionalen Strukturpolitik

Im Gegensatz zu den Mitteln der Konjunkturpolitik sind die Mittel der sektoralen und regionalen Strukturpolitik *keine global* wirkenden, sondern gezielt eingesetzte Maßnahmen. Ein wesentlicher Bestandteil der Mittel *sektoraler Strukturpolitik* sind die *Subventionen, wobei als Subventionen in der Regel nur solche Geldzahlungen und finanzielle Begünstigungen durch den Staat verstanden werden, die Unternehmen ohne Gegenleistung zufließen.* Im Rahmen der sektoralen Strukturpolitik kommen nur *Subventionen* in Frage, die bestimmte Gruppen von Unternehmen begünstigen, deren Tätigkeitsfeld in von Strukturwandlungen betroffenen Wirtschaftszweigen liegt. Nicht darunter fallen beispielsweise Abschreibungserleichterungen auf Grund des StWG, die aus konjunkturpolitischen Überlegungen allen Unternehmen gewährt werden.

---

302 Entnommen aus: Heuser, R., Leclerque, G., Rudolf, B., Personelle Einkommensverteilung, in: WISU 10/98, Düsseldorf, 1998, S. 1202.
303 Vgl. Altmann, J., Wirtschaftspolitik, 7. Aufl., Stuttgart, 2000, S. 237.

Je nach Zielrichtung der sektoralen Strukturpolitik kann es sich um *Erhaltungs-* oder *Anpassungssubventionen* handeln.

Die Gewährung von Subventionen kann auch mit bestimmten Auflagen verbunden werden. Dies können *finanzielle Auflagen* sein (die begünstigten Unternehmen müssen zusätzliche Mittel in Form von Eigenmitteln oder in Form von Krediten erbringen oder den Schuldendienst für öffentliche Kredite leisten). Außerdem sind *Verhaltensauflagen* (z.B. Anbaubeschränkungen in der Landwirtschaft) und *Verwendungsauflagen* (z.B. Kauf von Maschinen) denkbar. Subventionen werden also z.T. zweckgebunden gewährt zur Vornahme bestimmter Investitionen, wodurch ihnen die Rolle der in der Marktwirtschaft so umstrittenen Maßnahmen der Investitionslenkung zukommt.

Neben den Subventionen, welche die Ausgabenseite der Staatshaushalte berühren, werden auch *Steuererleichterungen (einschließlich Zollvorteile)* gewährt, die sich dann auf der Einnahmeseite des Staatshaushaltes auswirken. Auch steuerliche Maßnahmen kann man mit Auflagen verbinden.

Diese finanzpolitischen Mittel stellen nur einen Teil des gesamten Instrumentariums der sektoralen Strukturpolitik dar, wenn auch den bedeutendsten.

Ein weiteres Mittel der sektoralen Strukturpolitik ist die *staatliche Preispolitik.* Damit kann durch Festsetzung eines Preises, der höher als der Marktpreis ist, eine bestimmte Branche gezielt gefördert werden (z.B. Landwirtschaft). Wenn man nicht gleichzeitig auch Produktionsbeschränkungen auferlegt, kommt es in der Regel zu einem Überangebot, das der Staat dann meistens vom Markt nehmen muss. Bei diesen Maßnahmen handelt es sich im Prinzip um marktinkonforme Mittel.

Auch im Rahmen seiner Beschaffungspolitik kann der Staat sektorale Strukturpolitik betreiben (z.B. gesplittete Auftragsvergabe an die Schiffsbauindustrie durch die Bundeswehr zur Beschaffung von Fregatten, bevorzugte Auftragsvergabe an Unternehmen in strukturschwachen Gebieten).

Die Mittel der *regionalen Strukturpolitik* sind denen der sektoralen Strukturpolitik sehr ähnlich. Da das Ziel der sektoralen Strukturpolitik die Förderung wirtschaftlich schwacher Regionen ist, werden die geleisteten Subventionen und die gewährten Steuererleichterungen im starken Maße mit *Verwendungsauflagen* verbunden. Die bereitgestellten Mittel sollen in der Region zur Schaffung neuer Arbeitsplätze, der Neugründung und Erweiterung von Betrieben verwendet werden. Innerhalb dieser Industrieansiedlungspolitik kann man durch Gewährung von höheren Subventionen gezielt Wachstumsindustrien fördern. Die erörterten Maßnahmen müssen begleitet sein von Anstrengungen zum Ausbau der Infrastruktur in den zu fördernden Regionen. Dabei handelt es sich vor allem um Verbesserungen im Verkehrswesen, bei der Energieversorgung sowie im Ausbildungssektor. Neben der Förderung der Ansiedlung neuer Betriebe oder der

Erweiterung bestehender Unternehmen gilt es auch, durch gezielte Maßnahmen den Wegzug von Betrieben aus strukturschwachen Räumen zu verhindern.

Besondere Probleme treten dann auf, wenn sich ein sektoraler Strukturwandel in Branchen vollzieht, die in den strukturschwachen Regionen besonders stark konzentriert sind (Kohle, Eisen, Stahl im Ruhr- und Saargebiet, Schuhverarbeitung im Raum Pirmasens usw.) Hier muss dann eine Kombination von Mitteln der sektoralen und regionalen Strukturpolitik erfolgen.

d) Mittel der Verteilungspolitik

Die Mittel, die dem Staat für eine Verteilungspolitik verbleiben (das Schwergewicht der Verteilungspolitik liegt bei den autonomen Tarifpartnern), beziehen sich im wesentlichen auf den Bereich der *Transferzahlungen* und der *steuerlichen Maßnahmen*. Bei der staatlichen Verteilungspolitik ist stets darauf zu achten, dass der Leistungswille der Wirtschaftssubjekte nicht beeinträchtigt wird.

Bei der *Einkommensverteilungspolitik* versucht der Staat die personelle *Einkommensverteilung* zu beeinflussen und zwar nach der Zielsetzung – einerseits eine *leistungsgerechte* und andererseits eine *sozialgerechte* Einkommensverteilung – zu erreichen. Dies geschieht in erster Linie durch eine entsprechende Gestaltung des Einkommensteuertarifs und der Leistung von *Transferzahlungen* (z.B. Wohn- und Kindergeld, Ausbildungsbeihilfen, Kriegsopferversorgungen, Sozialhilfe usw.).

Es kann auch versucht werden, die *Markteinkommen* mittelbar dadurch zu beeinflussen, dass eine aktive Wettbewerbspolitik betrieben wird, die die Preissteigerungsmöglichkeiten durch Ausnutzung von Marktmacht einschränken soll. Weiter ist in diesem Zusammenhang die Ausbildungspolitik wichtig, da besser ausgebildete Arbeitnehmer größere Chancen bei der Einkommenserzielung haben.

Eine weitere Maßnahme der Einkommenspolitik wäre z.B. eine gesetzlich verankerte Gewinnbeteiligung der Arbeitnehmer, was jedoch in starkem Maße eine Einschränkung der Tarifautonomie bedeuten würde, da die tarifliche Einkommenspolitik in den Zuständigkeitsbereich der Tarifpartner fällt und von diesen auch betrieben wird.

Alle diese genannten Mittel der Einkommenspolitik sollen dazu dienen, eine ausgeglichene personelle Einkommensverteilung herbeizuführen.

Die *Vermögensverteilungspolitik,* die eine Beteiligung breiter Volksschichten am Volksvermögen zum Ziele hat, kann zum einen bei der Verteilung des *Geldvermögens,* zum anderen bei der Verteilung des *Produktivvermögens* ansetzen. Die Mittel der staatlichen Vermögenspolitik ähneln denen der Einkommenspolitik. Es bieten sich steuerliche Vergünstigungen der Vermögensbildung und Maßnahmen im Rahmen der Transferzahlungen an (die bisherigen gesetzlichen

Maßnahmen zielten überwiegend auf die Sparförderung ab und wirkten sich in erster Linie auf die Geldvermögensbildung aus).

Es ist im Rahmen eines Grundrisses der Wirtschaftspolitik nicht möglich, auf Details weder der staatlichen Vermögenspolitik noch der Vermögenspolitik der Tarifpartner einzugehen. Was die *staatliche* Vermögenspolitik anbetrifft, so sind in der Bundesrepublik Deutschland neben der Begünstigung der Geldvermögensbildung für breite Schichten des Volkes bei der Verteilung des Produktionsvermögens zwei Tendenzen der Förderung zu erkennen: Es werden steuerliche Erleichterungen oder Transferzahlungen (Sparzulagen) für berechtigte Bevölkerungskreise bei der Festlegung bestimmter Einkommensteile zur Finanzierung von Investitionen der Wirtschaft gewährt. Die Anlage von vermögenswirksam gesparten Einkommensteilen kann dabei im Betrieb des beschäftigten Arbeitnehmers oder außerhalb, d.h. in der übrigen Wirtschaft erfolgen. Eine andere Möglichkeit wäre, dass bestimmte Unternehmen durch Gesetz gehalten werden, Gewinne an einen volkswirtschaftlichen Investitionsfonds zu transferieren, der diese Gelder in Produktivvermögenswerte anlegt. Berechtigte Personen erhalten dann Anteilscheine (Zertifikate) auf dieses so gebildete Produktivvermögen. Durch das folgende Schema (vgl. Abb. 81) soll abschließend ein Überblick über die Bestimmungsgründe der Einkommensverteilung und letztlich auch der Vermögensverteilung gegeben werden.

5. Wettbewerbspolitik

a) Begriff und Arten des Wettbewerbs

Wettbewerb (= Konkurrenz) bedeutet im allgemeinen Sprachgebrauch ein Verhalten mehrerer Personen, die sich gegenseitig etwas streitig machen, d.h. sie rivalisieren um eine bestimmte Sache oder Person. Der Erfolg des einen geht dann notwendigerweise auf Kosten des Erfolgs des anderen. Wettbewerb gibt es in allen Bereichen des menschlichen Zusammenlebens. Wettbewerb im Bereich der Wirtschaft wird als *Leistungswettbewerb* verstanden. Wettbewerb in diesem Sinne ist *das Bestreben von Marktteilnehmern einer Marktseite* (entweder Anbieter- oder Nachfrageseite) *durch Inaussichtstellung einer Leistung bei den Teilnehmern der Marktgegenseite vor den Teilnehmern der gleichen Marktseite* (Mitkonkurrenten) *zum Geschäftsabschluss zu kommen*[304]. Die Wirtschaftssubjekte sind also als Rivalen untereinander bestrebt, bei der Marktgegenseite zum Erfolg zu gelangen. Dabei kann in der gleichen Sache jeweils nur ein Wirtschaftssubjekt zum Zuge kommen. Leistungswettbewerb findet sowohl zwischen den Anbietern untereinander als auch unter den Nachfragern statt. In der Regel steht jedoch der Wettbewerb unter den Anbietern, d.h. das selbstständige

---

304 Nach Willeke, F. U., in: Heidelberger Vorlesungen aus dem Jahre 1964.

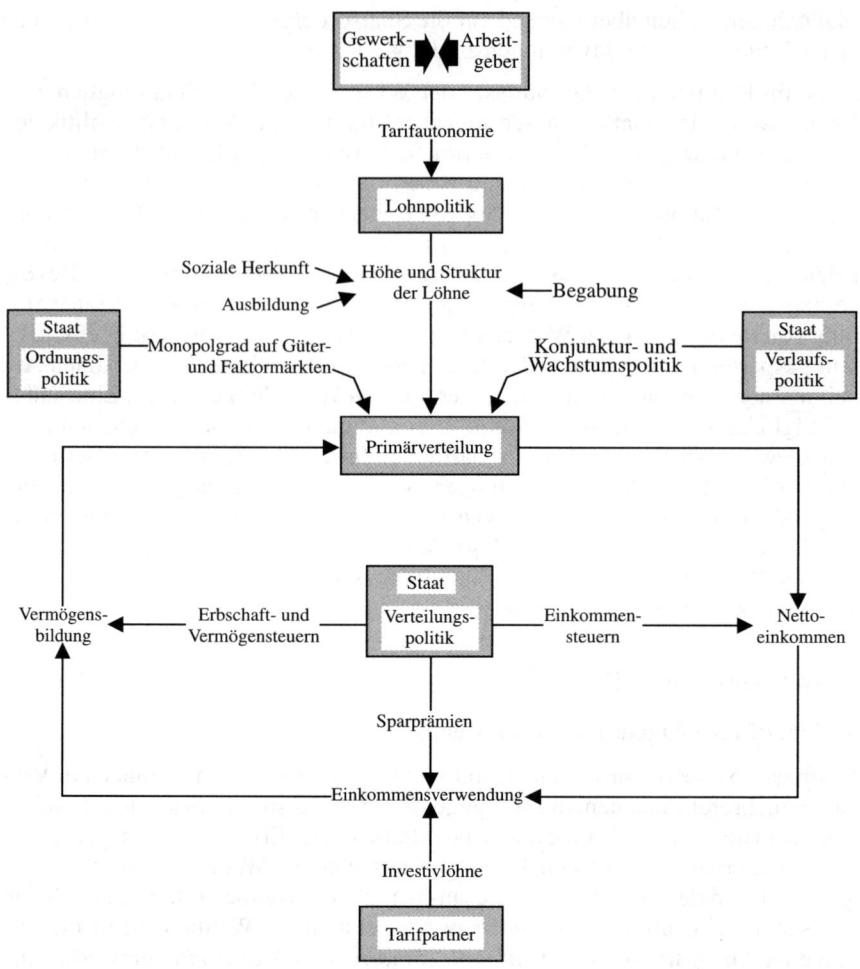

Abb. 81: Bestimmungsgründe der Einkommens- und Vermögensverteilung[305]

Streben jedes einzelnen Anbieters nach Geschäftsabschlüssen durch gegenseitige Leistungsangebote im Vordergrund der Betrachtungen über den Wettbewerb. Dass es auch unter den Nachfragern einen Wettbewerb geben kann, zeigt folgendes Beispiel: Angesichts akuter Heizölverknappungen versuchten die Nachfrager sich untereinander dadurch zu profilieren, dass sie bereit waren u.a. mit

---

305 Übernommen mit Ergänzung der Überschrift aus: Teichmann, U., Wirtschaftspolitik. Eine Einführung in Ziele, Träger und Instrumente der Wirtschaftspolitik, München 1979, S. 214.

höheren Preisangeboten ihre Mitnachfrager zu überbieten, um so in den Besitz des begehrten Heizöls zu gelangen.

Was stellen nun im wirtschaftlichen Sinne Leistungen dar, mit denen die Marktteilnehmer der Angebotseite bei den Nachfragern geschäftliche Erfolge haben wollen? Zunächst ist es einmal ein relativ *günstiger* **Preis,** dann *gute* **Qualität** der Produkte und schließlich *attraktive* **Konditionen** wie *günstige Zahlungsmöglichkeiten, Rabatte, Garantieleistungen, Lieferfristen* und ein *guter Service* bei Reparaturen und Instandsetzungen. Entsprechend diesen unterschiedlichen Leistungen unterscheidet man die *Arten des Wettbewerbs* und zwar **Preis-, Qualitäts- und Konditionenwettbewerb.** Von den einzelnen Anbietern können alle drei oder nur einige Arten des Wettbewerbs für den Konkurrenzkampf maßgeblich sein. Ein Anbieter wird sich der Gestaltung des Preises, der Qualität oder der Konditionen als Werbung für seine Produkte bedienen. Oft werden jedoch andere Werbemethoden, z.B. psychologischer Art (reines Gewissen durch Wäschespülen mit Lenor, es war schon immer etwas teurer, einen besonderen Geschmack zu haben) eingesetzt.

b) Begriff der Wettbewerbspolitik

Unter *Wettbewerbspolitik* versteht man die *Summe aller staatlichen Maßnahmen, die dazu dienen, einen funktionsfähigen Leistungswettbewerb zu sichern oder neu zu schaffen.* Die staatliche Wettbewerbspolitik muss darauf ausgerichtet sein, die Märkte der eigenen Volkswirtschaft offen zu halten, d.h. neuen Unternehmen den Markteintritt zu ermöglichen und somit die Zahl der Anbieter zu erhöhen. Mit bestimmten, später zu erörternden Maßnahmen zielt die Wettbewerbspolitik darauf ab, die Chancen zum Markteintritt zu eröffnen und zu verbessern. Die Wettbewerbspolitik sollte daneben ebenso intensiv versuchen, „das Entstehen und die Ausübung von Marktmacht einzudämmen oder zu bekämpfen und die Machtausübung zu begrenzen"[306]. Ihr Interesse muss also auf die Beziehungen der etablierten Anbieter zueinander und denen zu ihren Lieferanten und Abnehmern gerichtet sein. Wettbewerbspolitik ist weitgehend *Ordnungspolitik*.

c) Bedeutung des Wettbewerbs in der Sozialen Marktwirtschaft

Bei den Ausführungen zur Sozialen Marktwirtschaft wurde schon auf die entscheidende Rolle des Wettbewerbs, die ihm die Väter der Sozialen Marktwirtschaft zugewiesen haben, aufmerksam gemacht. Es gilt, dies hier noch zu vertiefen. Die Vertreter der Sozialen Marktwirtschaft sehen im Wettbewerb eine der wichtigsten Voraussetzungen für die Existenz ihres Wirtschaftssystem bzw. ih-

---

306 Willeke, F. U., Die Bestimmung des Monopolgrades als wettbewerbspolitisches Problem, in WISU, Nr. 7, Düsseldorf 1975, S. 337.

rer Wirtschaftsordnung. Ein funktionierender Wettbewerb wird für besonders wichtig gehalten:

1. Zur Sicherung des Markt- und Preismechanismus, der eine Vielzahl von Einzelentscheidungen koordiniert.
2. Zur Sicherung der bestmöglichen Versorgung der Konsumenten durch Bereitstellung eines marktgerechten Angebots.
3. Zur Sicherung der individuellen wirtschaftlichen Freiheit.
4. Zur Kostensenkung, zur Qualitätsverbesserung, zu günstigeren Konditionen und zur Schaffung neuer Produkte vonseiten der Anbieter. Dies alles kommt letztlich dem Verbraucher zugute, insbesondere gewährleistet ein wirksamer Wettbewerb einen Druck auf die Preise und Gewinne und verhindert eine Ausnutzung bzw. die „Ausbeutung" der Marktgegenseite.
5. Zur Gewährleistung einer schnellen Durchsetzung des technischen Fortschritts eines optimalen Einsatzes der Produktionsfaktoren durch Lenkung der Produktionsfaktoren an die Stätten höchster Produktivität, einer flexiblen Anpassung der Unternehmen an sich ändernde Marktsituationen.
6. Zur Begrenzung und Kontrolle wirtschaftlicher Macht.

Der Wettbewerb fordert von den Anbietern den ständigen Einsatz ihrer Kräfte, indem sie u.a. zu Leistungssteigerungen sowie zu permanenter Anpassung an sich wandelnde Marktverhältnisse (z.B. sich schnell ändernde Wünsche der Nachfrager)gedrängt werden. Deshalb können die Anbieter schnell auf den Gedanken kommen, sich des unliebsamen Drucks zu entledigen, indem sie bestimmte Verhaltensweisen verabreden, die ganz oder teilweise zur Ausschaltung eines funktionierenden Leistungswettbewerbs führen. Eine Form dieser Reaktionen ist die Bildung von *Kartellen*. *Kartelle sind vertragliche Absprachen selbstständiger Unternehmen der gleichen Produktionsstufe über Preise, Produktionskontingentierungen, Geschäftsbedingungen usw. mit dem Ziel eines gemeinsamen Verhaltens am Markt.*

Gegenstand der Vereinbarungen zwischen den Kartellmitgliedern ist sehr oft ein gemeinsamer Preis für ein Gut, der in der Regel höher ist als der Preis bei einem funktionierenden Wettbewerb. Dieser Preis sichert den Kartellmitgliedern erhöhte Gewinne zulasten der Nachfrager. Eine besondere Form des Kartells stellt das *aufeinander abgestimmte* Verhalten von Marktteilnehmern dar. Hier liegt weder ein mündlich noch schriftlich abgeschlossener Kartellvertrag vor, sondern ein bei unverdächtiger Gelegenheit vereinbartes Verhalten. Man bezeichnet diese Art der Wettbewerbsbeschränkung als *Frühstückskartell* oder *gentlemans agreement*. Zur Beeinträchtigung des Wettbewerbs bedarf es noch nicht einmal dieser Form, sondern es genügt schon ein *stillschweigendes* Einverständnis über ein bestimmtes Marktverhalten, ohne dass dazu eine direkte Kontaktaufnahme zwischen den Marktteilnehmern erforderlich ist. Aus einer Art von

Korpsgeist heraus verhält man sich einfach nach dem Motto „Leben und leben-lassen" oder „Eine Krähe hackt der anderen kein Auge aus". Man bezeichnet diesen Vorgang auch als *gleichgerichtete Verhaltensweise*. Bei Oligopolen ist dies oft zu beobachten (z.B. Preisfestsetzungen bei Benzin durch die als Oligo-polisten auftretenden Mineralölgesellschaften). Frühstückskartelle lassen sich durch die staatlichen Wettbewerbshüter schwerlich nachweisen. Gleichgerich-tete Verhaltensweisen sind feststellbar, aber wettbewerbsrechtlich nicht angreif-bar, sondern nur abgestimmte Verhaltensweisen (Kartelle).

Eine weitere Einschränkung des Wettbewerbs kann durch die *Bildung von Kon-zernen* erfolgen. Ein *Konzern* entsteht, wenn *ein Unternehmen auf die Verwal-tung eines anderen Unternehmens, das nach außen rechtlich selbstständig bleibt, bestimmenden Einfluss gewinnt*. Ein solcher Einfluss erfolgt durch Er-werb einer größeren Kapitalbeteiligung an dem Unternehmen, durch Personal-union in Verwaltung oder Aufsichtsrat des betreffenden Unternehmens oder durch Stimmrechtsbindungen. Konzernbildung bedeutet in der Regel eine Be-einträchtigung des Wettbewerbs und eine Zunahme von Marktmacht.

Eine andere Form der Wettbewerbsbeschränkungen ist die *Fusion*. Bei einer *Fu-sion werden mehrere Unternehmen unter Verlust der rechtlichen und wirtschaft-lichen Selbstständigkeit des einen* oder sämtlicher beteiligter Unternehmen *zu einem neuen Unternehmen verschmolzen*. Der Zusammenschluss (Fusion) von Unternehmen kann sich auf der gleichen Produktionsstufe vollziehen (horizon-tale Konzentration) oder mit Wirkung auf vor- bzw. nachgelagerte Produktions-stufen oder Märkte (vertikale Konzentration). Können die Bereiche oder Märk-te, die von einer Fusion betroffen sind, weder horizontal noch vertikal eindeutig zugeordnet werden, spricht man von konglomerater Konzentration. Die glei-chen Formen können bei Konzernbildung entstehen.

Im Fall der Fusion kann eine noch stärkere Einschränkung des Wettbewerbs erfolgen und zur Bildung von Marktmacht zum Nachteil der Marktgegenseite führen.

Auf Grund von Konzernbildung oder durch Fusion kann es *zu marktbeherr-schenden Unternehmen* kommen. Von einem marktbeherrschenden Unterneh-men spricht man, wenn *ein oder mehrere Unternehmen durch Wachstum auf dem Markt ein Monopol, Teilmonopol oder Oligopol entstehen lassen*. Das Wa-renangebot oder auch die Nachfrage befinden sich dann in einer Hand oder in wenigen Händen.

Weil die Marktkräfte nicht automatisch den Wettbewerb sichern, sondern eher Tendenzen zur Ausschaltung eines wirksamen Wettbewerbs beinhalten, forder-ten die Vertreter der Sozialen Marktwirtschaft (insbesondere die Neoliberalen der Freiburger Schule) eine *Wettbewerbsordnung*, d.h. eine *vom Staat gesetzte Ordnung des Marktgeschehens, deren Ziel die Sicherung eines funktionsfähigen*

Wettbewerbs sein soll. Die Neoliberalen gingen bei ihren Zielvorstellungen von der Marktform der vollständigen Konkurrenz (Polypol) aus. In dieser Marktform sehen sie den Wettbewerb weitgehend gesichert. Die staatliche Wettbewerbspolitik sollte mit ihren Maßnahmen möglichst diese Marktform sichern oder wiederherstellen. Bei nicht vermeidbaren Beschränkungen des Wettbewerbs durch Marktmacht ist festzustellen, welches Marktergebnis bei wirksamem Wettbewerb vorliegen würde (Konzept des *„Als-Ob-Wettbewerbs"* der Neoliberalen). Die Schwierigkeiten dieses Ansatzes für die Wettbewerbspolitik ergeben sich in der jeweils konkreten Marktsituation. Man muss dazu Vergleichsmärkte mit einem funktionierenden Wettbewerb heranziehen können.

Die Zielvorstellungen der Neoliberalen haben weitgehend Eingang in das Gesetz gegen Wettbewerbsbeschränkungen (GWB) aus dem Jahre 1957[307] gefunden (auch Kartellgesetz genannt, weil der Schwerpunkt des damaligen Gesetzes in der Bekämpfung von Kartellen lag). Es zeigte sich jedoch sehr bald, dass erstens die Annahme der Marktform der vollständigen Konkurrenz unrealistisch war und zweitens die *Konzentration (= Ballung ökonomischer Macht)* und die damit verbundene Gefahr der Einschränkung des Wettbewerbs sich in anderer Form durch Konzernbildung und der Fusion vollzogen hatte. Das GWB in der Fassung von 1957 hatte keine wirksamen Instrumente gegen diese Formen der Wettbewerbsbeschränkungen. Mit der Novellierung des GWB im Jahre 1973 wurde diese Lücke weitgehend geschlossen. Der Novellierung des GWB von 1973 lag auch eine geänderte Zielvorstellung zu Grunde. Mit der Wettbewerbspolitik soll nicht mehr in allen Fällen die Marktform der vollständigen Konkurrenz angestrebt werden. Dem jetzt vertretenen Konzept des „wirksamen oder funktionierenden Wettbewerbs" (das die Erkenntnisse der Neoliberalen weiterzuentwickeln versucht) „liegt die Vorstellung zu Grunde, dass die wichtigsten positiven Ergebnisse des atomistischen Wettbewerbs (vollständige Konkurrenz – d. Verf), vor allem seine Steuerungs- und Freiheitsfunktion, an praktisch-politischen Maßstäben gemessen, in halbwegs befriedigender Annäherung auch bei oligopolistischen Marktformen erzielt werden können, wenn nur eine aktive staatliche Wettbewerbspolitik dafür sorgt, dass der Wettbewerb ‚wirksam' bleibt"[308]. Daraus ist zu folgern, dass die Wettbewerbspolitik in der vorherrschenden Marktform des Oligopol das polypolistische Verhalten der Oligopolisten fördern soll.

---

307 Vgl. die Begründung des Regierungsentwurfs des GWB, wo es u.a. heißt: „Es darf als sichere wissenschaftliche Erkenntnis angesehen werden, dass die Marktverfassung des freien Wettbewerbs das Vorhandensein der Marktform des vollkommenen Wettbewerbs als wirtschaftliche Gegebenheit zur Voraussetzung hat, d.h. die Zahl der Marktteilnehmer auf beiden Marktseiten muss so groß sein, dass der Marktpreis für den Unternehmer eine für sein Verhalten im wesentlichen unabhängige Größe ist. Soweit diese Voraussetzung zutrifft bzw. herstellbar ist, muss der Gesetzgeber dafür Sorge tragen, dass der vollständige Wettbewerb nicht durch beschränkende Maßnahmen beeinträchtigt wird."

308 v. Arnim H. H., a.a.O., S. 104.

d) Ziele und Mittel der deutschen (nationalen) Wettbewerbspolitik

Ziel der Wettbewerbspolitik ist die Erhaltung und die Wiederherstellung eines funktionsfähigen Wettbewerbs. Sie ist darauf ausgerichtet, den Marktzutritt offen zu halten, der Bildung von Marktmacht entgegenzuwirken und dort, wo Marktmacht besteht oder nicht zu verhindern ist, den Machtmissbrauch durch Kontrolle auszuschließen oder zumindest entscheidend einzuschränken. „Wirtschaftliche Macht besteht stets dann, wenn sich jemand wirtschaftliche Vorteile auf Kosten Dritter verschaffen kann, die entweder hiervon überhaupt nichts ahnen oder nicht in der Lage sind, sich hiergegen zu wehren"[309]. Die Ausübung von Marktmacht führt zur Einschränkung oder Aufhebung des Wettbewerbs, wodurch diejenigen, die den Leistungswettbewerb eingeschränkt haben, ihre eigenen Ziele (z.B. überhöhte Gewinne) durchsetzen können, ohne den Partnern auf der Marktgegenseite (z.B. den Verbrauchern) eine entsprechende Gegenleistung zu erbringen.

Der Tendenz der Selbstaufhebung des Wettbewerbs versucht die staatliche Wettbewerbspolitik durch den Einsatz ihrer Mittel entgegenzuwirken. Wichtige Mittel der Wettbewerbspolitik finden sich im „Gesetz gegen Wettbewerbsbeschränkungen (GWB)" von 1957, das bisher sechs Novellierungen (1966 die erste Novellierung, 1973 die zweite, 1976 die dritte, 1980 die vierte, 1989 die fünfte und 1998 die sechste) erfahren hat. Die Novellierungen von 1973 und 1980 sind die wichtigsten. Mit der zweiten Novellierung wurden eine Zusammenschlusskontrolle (Fusionskontrolle) in das GWB eingeführt und die Eingriffsmöglichkeiten gegenüber marktbeherrschenden Unternehmen verstärkt. Außerdem erfolgte ein Verbot des aufeinander abgestimmten Verhaltens zur besseren Durchsetzung des Verbots wettbewerbsbeschränkender Verträge und die Abschaffung der vertikalen Preisbindung für Markenartikel. Die vierte Novellierung des GWB verbesserte das wettbewerbsrechtliche Instrumentarium und paßte das Kartellrecht an die geänderten wirtschaftlichen Verhältnisse an; außer der Verschärfung der Zusammenschlusskontrolle und der Missbrauchsaufsicht über marktbeherrschende Unternehmen wurde vor allem der Schutz kleiner und mittlerer Unternehmen vor Behinderungen durch marktbeherrschende Unternehmen verbessert. Mit der fünften Novelle von 1989 erfolgte vor allem eine Verschärfung der Fusions- und Verhaltenskontrolle bei Konzentrationsvorgängen im Handel. Mit der sechsten Novelle des GWB, die mit Beginn des Jahres 1999 in Kraft trat, ist das deutsche Kartellrecht in weiten Teilen modernisiert und europäischen Regelungen angepasst worden. Es wurden u.a.: die Ausnahmen vom Kartellverbot reduziert, der Missbrauch marktbeherrschender Stellungen dem Verbotsprinzip unterstellt und eine grundsätzliche Anmeldepflicht für Fusionen eingeführt. Die für die Einhaltung der Vorschriften des

---

309 Arndt, H., Die wirtschaftliche Macht (I), in: WISU, Heft 2, Düsseldorf 1975, S. 63.

GWB zuständige Behörde ist das Bundeskartellamt in Bonn. Für die Durchsetzung der europäischen Wettbewerbsvorschriften ist die EU-Kommission in Brüssel zuständig.

Das GWB sieht in § 1 ein grundsätzliches *Verbot von Kartellen* vor[310]. Ebenso gilt ein *Verbot für aufeinander abgestimmte Verhaltensweisen*. Mit dem grundsätzlichen Kartellverbot und dem Verbot abgestimmter Verhaltensweisen sollen gemeinsam organisierte Strategien bereits am Markt vorhandener (etablierter) Anbieter zur Abwehr der Konkurrenz von außen erschwert und Verstöße dagegen geahndet werden.

Nach § 35 GWB findet eine Zusammenschlusskontrolle durch das Bundeskartellamt statt, wenn im letzten Geschäftsjahr vor dem Zusammenschluss:

1. die beteiligten Unternehmen insgesamt weltweite Umsatzerlöse von mehr als einer Milliarde Deutsche Mark und
2. mindestens ein beteiligtes Unternehmen im Inland Umsatzerlöse von mehr als fünfzig Millionen Deutsche Mark

erzielt haben.

§ 35 findet keine Anwendung:

1. soweit sich ein Unternehmen, das nicht im Sinne des § 36 Abs. 2 abhängig ist und im letzten Geschäftsjahr weltweit Umsatzerlöse von weniger als zwanzig Millionen Deutsche Mark erzielt hat, mit einem anderen Unternehmen zusammenschließt oder
2. soweit ein Markt betroffen ist, auf dem seit mindestens fünf Jahren Waren oder gewerbliche Leistungen angeboten werden und auf dem im letzten Kalenderjahr weniger als dreißig Millionen Deutsche Mark umgesetzt wurden.

Die Vorschriften werden nicht angewandt, wenn die Kommission der Europäischen Gemeinschaften nach der Verordnung des Ministerrats über die Kontrolle von Unternehmenszusammenschlüssen zuständig ist.

Die infrage kommenden Zusammenschlüsse sind dem Bundeskartellamt vor Vollzug anzumelden = präventive Zusammenschlusskontrolle (Fusionskontrolle).

Das Bundeskartellamt hat nach § 36 GWB die Befugnis, Zusammenschlüsse von Unternehmen zu verbieten oder rückgängig zu machen, wenn dadurch die Gefahr besteht, dass der Wettbewerb eingeschränkt oder sogar aufgehoben wird, d.h. wenn durch den Zusammenschluss eine marktbeherrschende Stellung entsteht oder verstärkt wird.

---

310 Ausnahmen vom Kartellverbot gelten für folgende Arten von Kartellen: Normen- und Typenkartelle, Konditionenkartelle (§ 2), Spezialisierungskartelle (§ 3), Mittelstandskartelle (§ 4), Rationalisierungskartelle (§ 5), Strukturkrisenkartelle (§ 6).

Bei der Erörterung der Wettbewerbssicherung durch das Bundeskartellamt spielt der Begriff Marktbeherrschung sowohl bei der Missbrauchsaufsicht als auch bei der Zusammenschlusskontrolle, §§ 35 ff. eine wichtige Rolle. Deshalb soll hier kurz auf dieses Problem der Marktbeherrschung eingegangen werden. Nach dem Beurteilungsstand gemäß der sechsten Novellierung des GWB wird bei der Überprüfung von Fusionen im Rahmen der Zusammenschlusskontrolle und der Missbrauchsaufsicht eine Marktbeherrschung nach § 19 GWB für ein Unternehmen angenommen, soweit es als Anbieter oder Nachfrager einer bestimmten Art von Waren oder gewerblichen Leistungen

1. ohne Wettbewerber ist oder keinem wesentlichen Wettbewerb ausgesetzt ist oder

2. eine im Verhältnis zu seinen Wettbewerbern überragende Marktstellung hat: hierbei sind insbesondere sein Marktanteil, seine Finanzkraft, sein Zugang zu den Beschaffungs- oder Absatzmärkten. Verflechtungen mit anderen Unternehmen, rechtliche oder tatsächliche Schranken für den Marktzutritt anderer Unternehmen u. U. zu berücksichtigen.

Zwei oder mehr Unternehmen sind marktbeherrschend, wenn zwischen ihnen für bestimmte Waren und Dienstleistungen ein wesentlicher Wettbewerb nicht besteht.

Eine Marktbeherrschung wird nach dem GWB im einzelnen vermutet, wenn ein Unternehmen einen Marktanteil von mindestens einem Drittel hat.

Bei einer Gesamtheit von Unternehmen wird die Marktbeherrschung angenommen, wenn:

1. drei oder weniger Unternehmen zusammen einen Marktanteil von 50% erreichen

2. Fünf oder weniger Unternehmen zusammen einen Marktanteil von zwei Dritteln haben.

Wenn diese Unternehmen nachweisen können, dass zwischen ihnen ein wesentlicher Wettbewerb zu erwarten ist oder sie als Gesamtheit gegenüber den übrigen Wettbewerbern keine überragenden Marktstellung haben, wird von keiner Marktbeherrschung ausgegangen.

Neben dem grundsätzlichen Kartellverbot, dem Verbot abgestimmter Verhaltensweisen und der Zusammenschlusskontrolle steht dem Bundeskartellamt also mit der *Missbrauchskontrolle über marktbeherrschende Unternehmen* gemäß § 19 GWB ein weiteres Instrument zur Sicherung oder Wiederherstellung eines funktionsfähigen Wettbewerbs zur Verfügung. Das Bundeskartellamt kann nach § 19 GWB bei einer missbräuchlichen Ausnutzung einer marktbeherrschenden Stellung durch ein Unternehmen oder durch eine Gruppe von Unternehmen einschreiten, indem es dieses missbräuchliche Verhalten untersagt und alle darauf beruhenden Vereinbarungen für unwirksam erklärt. Die *Missbrauchsaufsicht* wurde durch die Novellierungen des GWB in den Jahren 1973 und 1980 wesentlich verschärft und mit der sechsten Novelle 1999 in § 19 GWB. Die missbräuchliche Ausnutzung von Marktmacht ist in der Regel darauf ausgerichtet, überhöhte Preise am Markt durchzusetzen, neue Anbieter am Markteintritt zu hindern oder bereits am Markt vorhandene neue Anbieter („newcomer") wieder vom Markt zu verdrängen. „In der wettbewerbspolitischen Praxis hat sich die verschärfte Missbrauchsaufsicht als die schwierigste und problemhafteste Aufgabe des Bundeskartellamtes herausgestellt"[311]. Dies vor allem, weil der Nachweis einer missbräuchlichen Ausnutzung bei einem marktbeherrschenden Unternehmen oder einer Unternehmensgruppe sehr schwierig ist.

Ein weiteres Mittel der Wettbewerbspolitik ist das seit der Novellierung des GWB von 1973 erfolgte grundsätzliche Verbot der *vertikalen Preisbindung* gemäß § 14 (§ 15 alt) GWB. Bedeutung hat dieses Verbot vor allem für die so genannte „*Preisbindung der zweiten Hand*", durch die die Produzenten ihren Vertragshändlern den Endverkaufspreis vorgeschrieben haben. Die Preisbindung der zweiten Hand gilt heute noch bei Verlagserzeugnissen (Büchern und Saatgut). *Unverbindliche Preisempfehlungen* der Hersteller an den Handel sind dagegen weiterhin zulässig (§ 23 BWB). Hierbei tritt das Problem auf, dass die empfohlenen Preise überhöht kalkuliert werden (so genannte *Mondpreise*) und die Händler dadurch die Möglichkeit haben, zum Teil erheblich unter dem empfohlenen Preis zu bleiben. Dem Verbraucher wird damit ein Vorteil vorgetäuscht, der tatsächlich nicht existiert.

Auch das Gesetz gegen den unlauteren Wettbewerb (UWG) vom 7. 6. 1909 enthält Mittel der Wettbewerbspolitik. Dabei geht es im wesentlichen darum, einen *ruinösen Wettbewerb* (Vernichtungswettbewerb) und dessen Auswirkungen zu verhindern. Der Gesetzgeber will damit den Einsatz unlauterer Wettbewerbsmittel ausschließen.

Weitere Maßnahmen der Wettbewerbspolitik bestehen u.a. in der gezielten Förderung mittelständischer Unternehmen durch Zurverfügungstellung günstiger Kredite oder Subventionen sowie in der Unterstützung von betrieblichen Neugründungen durch Gewährung von Existenzgründungsbeihilfen.

e) Europäische Wettbewerbspolitik

Mit Gründung der Europäischen Union ist ein gemeinsamer Markt entstanden, der hinsichtlich einer wettbewerbspolitischen Überwachung eine supranationale Institution erforderlich machte. Daher wurden nationale, wettbewerbspoliti-

---

311 Aberle, G., Staatliche Wettbewerbspolitik und marktwirtschaftliche Ordnung. – Zur Praxis der Arbeit des Bundeskartellamtes, in: WISU, Heft 1, Düsseldorf 1975, S. 18.

sche Kompetenzen auf eine supranationale Behörde – EU-Kommission – von den nationalen Regierungen übertragen. Für Deutschland sind auf dem Gebiet der Wettbewerbspolitik zwei Institutionen – das Bundeskartellamt und die EU-Kommission – zuständig. Allgemein kann man sagen, dass wettbewerbspolitische Entwicklungen, die vorwiegend den deutschen Markt als relevanten Markt betreffen, in den Zuständigkeitsbereich des Bundeskartellamtes fallen. Für alle, den EU-Markt als relevanten Markt berührenden wettbewerbspolitischen Vorgänge ist die EU-Kommission zuständig, wobei teilweise ein weitgehendes Subsidiaritätsprinzip praktiziert wird, denn die EU-Kommission verweist oft Anträge und Anmeldungen von wettbewerbspolitischer Bedeutung an die nationalen Wettbewerbsbehörden. Es kommt allerdings auch zu unterschiedlichen Auffassungen zwischen dem Bundeskartellamt und der EU-Kommission über die Zuständigkeit und bei der Beurteilung der jeweiligen Instrumente. Dabei spielt die Auslegung des Begriffs und die Festlegung des relevanten Marktes eine Rolle. Die Rechtsgrundlage für die Tätigkeit der EU-Kommission auf dem Gebiet der Wettbewerbspolitik findet man in den Artikeln 81 und 82 des EU-Vertrages (in der Fassung des Vertrages von Amsterdam) und in der Fusionskontrollverordnung (FKVO) des Ministerrates.

Das Ziel der europäischen Wettbewerbspolitik ist die Sicherung oder Wiederherstellung eines funktionierenden Leistungswettbewerbs auf dem gemeinsamen EU-Binnenmarkt. Die EU-Kommission hat dazu grundsätzlich die gleichen Instrumente wie das deutsche Wettbewerbsrecht sie für das Bundeskartellamt auf dem nationalen Markt vorsieht.

Es gilt ein grundsätzliches Kartellverbot. Gemäß Art. 81 EU-Vertrag sind alle Vereinbarungen zwischen Unternehmen, Beschlüsse von Unternehmensvereinbarungen und aufeinander abgestimmte Verhaltensweisen verboten, die den Handel zwischen den Mitgliedstaaten zu beeinträchtigen geeignet sind und eine Verhinderung, Einschränkung oder Verfälschung des Wettbewerbs innerhalb des Gemeinsamen Marktes bezwecken oder bewirken. Ausnahmen lässt Artikel 81 zu, wenn es sich um Vereinbarungen oder aufeinander abgestimmte Verhaltensweisen handelt, die u.a. der Förderung des technischen oder wirtschaftlichen Fortschritts dienen (Gruppenfreistellung).

Die klassischen Wettbewerbsbeschränkungen durch Kartelle wie Preis-, Quoten- und Gebietskartelle unterliegen dem strikten Verbotsprinzip.[312]

Weiter ist nach Artikel 82 EU-Vertrag die missbräuchliche Ausnutzung einer marktbeherrschenden Stellung auf dem Gemeinsamen Markt oder einem Teil desselben durch ein oder mehrere Unternehmen verboten, soweit dies dazu führen kann, den Handel zwischen den Mitgliedstaaten zu beeinträchtigen. Im Ver-

---

312 Herdzina, K., Wettbewerbspolitik, 5. Aufl., Stuttgart 1999, S. 229.

gleich zum GWB (§ 19) erläutert Art. 82 EU-Vertrag den Begriff der Marktbeherrschung nicht näher. „Es bestehen auch keinerlei Legalvermutungen, die der Kommission den Nachweis einer Marktbeherrschung erleichtern würden.[313] Der Begriff Marktbeherrschung ist daher ein unbestimmter Rechtsbegriff, der durch die Rechtsprechung des Europäischen Gerichtshofs (EuGH) näher bestimmt werden muss. Der EuGH legt beispielsweise einen relativen Marktanteil von 40% oder mehr) sowie einen großen Abstand zu den Konkurrenten für die Marktbeherrschung zu Grunde.

Art. 82 EU-Vertrag gibt für den Missbrauch einer marktbeherrschenden Stellung einzelne Beispiele an; u.a. die unmittelbare oder mittelbare Erzwingung von unangemessenen Ein- und Verkaufspreisen.

Wie im GWB hat die EU-Kommission auch das Instrument der präventiven Zusammenschlusskontrolle (Fusionskontrolle). Die rechtliche Grundlage dafür findet sich nicht im EU-Vertrag, sondern ist mit einer Verordnung des Ministerrates erfolgt, die am 21. September 1999 in Kraft getreten ist (Fusionskontrollverordnung – FKV –). Danach sind Unternehmenszusammenschlüsse zu verbieten, die eine beherrschende Stellung begründen oder verstärken, wodurch der Wettbewerb im Gemeinsamen Markt oder in einem wesentlichen Teil desselben erheblich behindert wird. Die Verordnung bestimmt, dass Zusammenschlussvorhaben von gemeinschaftsweiter Bedeutung innerhalb einer Woche bei der EU-Kommission anzumelden sind, die innerhalb von vier Wochen eine Entscheidung treffen muss. Wird der Antrag abgelehnt, kann das Zusammenschlussvorhaben nicht weiter verfolgt werden. Eine Klage gegen die Entscheidung beim EuGH ist möglich.

Eine Fusionskontrolle erfolgt nach der Verordnung u.a.:

1. Für alle Zusammenschlüsse von Bedeutung für den Gemeinsamen Markt, wenn der weltweite Umsatz aller am Zusammenschluss beteiligten Unternehmen mehr als 5 Mrd. ECU = Euro und der gemeinschaftsweite Gesamtumsatz von mindestens zwei der am Zusammenschluss beteiligten Unternehmen jeweils mehr als 250 Mio. ECU = Euro beträgt. Keine Kontrolle erfolgt, wenn die am Zusammenschluss beteiligten Unternehmen jeweils mehr als zwei Drittel ihres gemeinschaftsweiten Gesamtumsatzes in ein und demselben Mitgliedstaat erzielen.

2. Für Zusammenschlüsse, die eine beherrschende Stellung begründen oder verstärken, durch welche wirksamer Wettbewerb im Gemeinsamen Markt oder in einem wesentlichen Teil desselben erheblich behindert wird.

Soweit ein Zusammenschluss nicht unter die Verordnung fällt, ist nationales Wettbewerbsrecht nicht anwendbar. Allerdings kann ein Mitgliedstaat bei der

---

313 Ebenda.

312

EU-Kommission beantragen, dass ein solcher Zusammenschluss an die nationale Wettbewerbsbehörde verwiesen wird, wenn auf dem Gebiet dieses Mitgliedstaates ein „gesonderter Markt" vorhanden ist, auf dem der Zusammenschluss eine beherrschende Stellung zu begründen oder zu verstärken droht.

f) Wirksamkeit der Wettbewerbspolitik

Der Erfolg der Wettbewerbspolitik in der Bundesrepublik Deutschland ist mehr als bescheiden zu nennen. Das Gesetz gegen Wettbewerbsbeschränkungen von 1957 und die erfolgten Novellierungen mit dem *Verbot abgestimmter Verhaltensweisen, der vorbeugenden Zusammenschlusskontrolle, der Präzisierung und Verschärfung der Bestimmungen über die missbräuchliche Ausnutzung einer marktbeherrschenden Stellung, dem grundsätzlichen Verbot der Preisbindung der zweiten Hand, den Kooperationserleichterungen für die mittelständische Wirtschaft* u.a. haben den ständigen Konzentrationsprozess der Wirtschaft in der Bundesrepublik Deutschland in Form von Konzernen, Fusionen und Kartellen *nicht aufhalten* können. Ohne die Instrumente der Wettbewerbspolitik (hauptsächlich der des GWB) wäre vielleicht die Konzentration noch stärker fortgeschritten. Auf vielen Märkten liegt kein wesentlicher Wettbewerb mehr vor. Da die Angaben über den Konzentrationsgrad der Wirtschaft in der Bundesrepublik Deutschland nicht immer aktuell sind, soll anhand der Zahl der Zusammenschlüsse ein Bild von dem fortschreitenden Konzentrationsprozess gezeichnet werden.

Die in der Abbildung 82 ersichtliche Konzentrationswelle hat sich mit Ausnahme weniger Jahre ständig vergrößert und erreichte mit 2007 im Jahre 1991 einen vorläufigen Höhepunkt. Das Bundeskartellamt ist im Laufe seiner Tätigkeit erfolgreich gegen Kartelle, Fusionen und missbräuchliche Ausnutzung einer marktbeherrschenden Stellung eines Unternehmens vorgegangen. Oft werden jedoch die Entscheidungen eines Kartellamtes (Bußgeldbescheide, Verfahren wegen Missbrauchs von Marktbeherrschung usw.) durch die Rechtsmittelinstanzen (u.a. Bundesgerichtshof) revidiert oder entscheidend eingeschränkt. So wurde der Bußgeldbescheid des Kartellamtes gegen die führenden deutschen Hersteller von Bodenbelägen wegen Bildung eines Preiskartells durch die Rechtsmittelinstanzen von 4 Mio. DM auf 1 Mio. DM reduziert. Im Jahre 1974 forderte das Bundeskartellamt den Arzneimittelproduzenten Merck auf, bei hochdosierten B-12 Vitaminpräparaten den Preis um 60 bis 70 Prozent zu senken, weil Merck nach Auffassung der Behörde seine marktbeherrschende Stellung missbräuchlich ausgenutzt habe. Der Bundesgerichtshof hat jedoch die Firma freigesprochen. Der Präsident des Bundeskartellamtes Kartte sprach damals von einem „Schlag gegen das Kartellrecht"[314]. Ähnlich ging das Verfahren

---

314 Nach Auskunft des Bundeskartellamts.

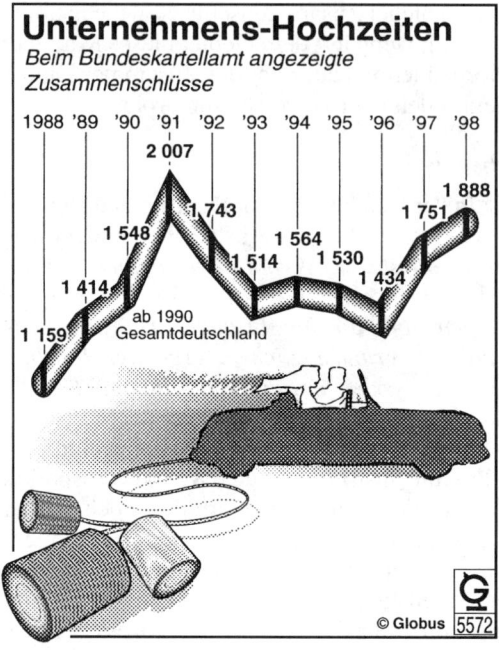

Unternehmens-Hochzeiten
Beim Bundeskartellamt angezeigte
Zusammenschlüsse

1988 '89 '90 '91 '92 '93 '94 '95 '96 '97 '98

2 007

1 888

1 743

1 751

1 548

1 564

1 514

1 530

1 434

1 414

ab 1990
Gesamtdeutschland

1 159

© Globus 5572

Abb. 82:
Unternehmens-
zusammenschlüsse
in der Bundesrepublik
Deutschland 1988 bis 1998

gegen die Firma Hoffmann-La Roche aus. Das Kartellamt hatte von der Firma verlangt, die Preise seiner Schlafmittel Valium und Librium um 34 bzw. 40% wegen missbräuchlicher Ausnutzung einer marktbeherrschenden Stellung zu senken.

Das bisher spektakuläre Verbot eines Firmenzusammenschlusses durch das Kartellamt ist im Fall der vorgesehenen Fusion der Fichtel & Sachs AG mit dem britischen Konzern Guest, Keen & Nettlefolds (GKN) erfolgt.

Über die Wirksamkeit der europäischen Wettbewerbspolitik ließen sich ähnliche Aussagen wie zur deutschen Wettbewerbspolitik machen, denn auch der europäische Konzentrationsprozess schreitet weiter voran.

6. Exkurs: Nachfrageorientierte versus angebotsorientierte Wirtschaftspolitik

a) Allgemeines

Seit den 70er-Jahren ist in Theorie und Praxis der Wirtschaftspolitik ein zum Teil sehr heftiger Streit zwischen den Vertretern einer nachfrageorientierten und einer angebotsorientierten Wirtschaftspolitik entbrannt. Im Rahmen eines Lehrbuches ist es jedoch nicht möglich, diese Auseinandersetzungen über den richti-

314

gen Ansatz der Wirtschaftspolitik ausführlich zu erörtern. Es kann nur eine knappe Darstellung der beiden Positionen in ihren Grundzügen gegeben werden. Bevor auf die einzelnen Bereiche eingegangen wird, ist etwas Grundsätzliches zu der Konzeption der Wirtschaftspolitik zu sagen. Die beiden darzustellenden Ansätze der Wirtschaftspolitik versuchen – auf bestimmten Annahmen (z.B. über das Verhalten der Wirtschaftssubjekte) beruhend –, eine theoretische Grundlage für die Handlungsweise praktischer Wirtschaftspolitik zu geben. Dazu ist festzustellen, dass wirtschaftstheoretische Konzepte nicht von der jeweiligen ökonomischen Situation unbeeinflusst sind. Dies ist insbesondere dann der Fall, wenn ein bisher dominierendes Konzept nicht mehr als so erfolgreich angesehen wird. Folge davon kann sein, dass weniger im Vordergrund stehende wirtschaftstheoretische Vorstellungen in herkömmlicher bzw. modifizierter Form eine Renaissance erfahren.

Zurückkommend auf die beiden genannten Konzepte der Wirtschaftspolitik ist festzustellen, dass seit den 30er-Jahren des 20. Jahrhunderts bis etwa Ende der 60er-Jahre die Auffassungen von John Meynard Keynes, also ein nachfrageorientierter Ansatz, in Theorie und Praxis der Wirtschaftspolitik hochgepriesen und realisiert wurde, während sich in den 70er-Jahren des 20. Jahrhunderts, von den USA ausgehend, eine Trendwende hin zur angebotsorientierten Wirtschaftspolitik vollzog. Theoretische und praktizierte Erkenntnisse des angebotsorientierten Ansatzes stellen nicht etwas völlig Neues dar, sondern beruhen weitgehend auf den Aussagen der vor Keynes herrschenden Lehre, die als Theorie der Klassiker bezeichnet wird. Daher findet man heute für die angebotsorientierte Wirtschaftspolitik auch die Bezeichnung *neoklassisch*.

Der Hauptunterschied zwischen beiden Richtungen liegt neben den verschiedenen Ansatzpunkten (Nachfrage- bzw. Angebotsseite einer Volkswirtschaft) im wesentlichen in der Beurteilung der Rolle des Staates in der Wirtschaft. Hier kommen deutlich unterschiedliche dogmatisch-ideologische Auffassungen der jeweiligen Vertreter zum Tragen. Während die Vertreter einer nachfrageorientierten Wirtschaftspolitik im Rahmen einer marktwirtschaftlichen Ordnung dem Staat eine aktive wirtschaftspolitische Rolle zur Sicherung des gesamtwirtschaftlichen Gleichgewichts zuweisen, sehen die angebotsorientierten Verfechter die wirtschaftspolitische Aufgabe des Staates im wesentlichen darin, die Rahmenbedingungen für die Entfaltung der Aktivitäten der privaten Wirtschaftssubjekte optimal zu gestalten. Der Staat hat sich wirtschaftspolitischer Tätigkeiten weitgehend zu enthalten. Das gesamtwirtschaftliche Gleichgewicht soll über den Markt gesichert, eine Störung des gesamtwirtschaftlichen Gleichgewichts durch die Selbstheilungskräfte des Marktes überwunden werden. Die Attraktivität beider Konzepte ist sehr von der jeweiligen Wirtschaftssituation abhängig, deshalb sollte man äußerst vorsichtig sein, die eine oder andere Richtung als den allein richtigen Ansatz für die Wirtschaftspolitik anzusehen. Wenn sich beispielsweise die Mehrheit der Mitglieder des Sachverständigenrates zur

Begutachtung der gesamtwirtschaftlichen Entwicklung (SVR) seit etwa Mitte der 70er-Jahre der angebots-orientierten Richtung (allerdings einer gemäßigten wie noch zu zeigen sein wird) angeschlossen hat, bedeutet dies nicht, dass damit das wirschaftliche Patentrezept zur Bewältigung der wirtschaftlichen Probleme der Bundesrepublik Deutschland gefunden wurde. Die Realität zeigt dies, insbesondere bei dem Hauptproblem – Bekämpfung der Arbeitslosigkeit – sehr deutlich.

b) Nachfrageorientierte Wirtschaftspolitik

Die Vertreter dieses Ansatzes sehen in der gesamtwirtschaftlichen Nachfrage einer Volkswirtschaft den entscheidenden Steuerungsimpuls der wirtschaftlichen Entwicklung. Die nachfrageorientierte Wirtschaftspolitik beruht im wesentlichen auf den theoretischen Erkenntnissen von John Meynard Keynes, die besonders unter dem Eindruck der großen Weltwirtschaftskrise der 30er-Jahre gewonnen wurden. Das Gedankengut von Keynes trug entscheidend mit dazu bei, die bisher sowohl vom Ausmaß als auch von der Dauer schwerste Weltwirtschaftskrise zu überwinden. Die Wirtschaftspolitik der 60er-Jahre, u.a. auch gesetzlich abgesichert durch das StWG, war maßgeblich keynesianisch bestimmt. Im StWG, so könnte man sagen, ist Keynes ein Denkmal gesetzt worden, denn dieses Gesetz spiegelt nahezu ausschließlich sein Gedankengut wieder.

Da die Aussagen von Keynes bereits ausführlich bei der Darstellung des gesamtwirtschaftlichen Gleichgewichts erörtert wurden[315], reicht eine knappe Zusammenfassung mit einigen Ergänzungen zum Verständnis des Konzepts der nachfrageorientierten Wirtschaftspolitik aus.

Keynes und seine Anhänger gehen im Gegensatz zu den Klassikern und Neoklassikern von einer prinzipiellen Instabilität des privaten Sektors aus[316]. Im Falle einer Störung des gesamtwirtschaftlichen Gleichgewichts sei der private Sektor nicht in der Lage, aus eigener Kraft zu einem Gleichgewicht bei Vollbeschäftigung zurückzukehren und deshalb habe der Staat die Verpflichtung, durch aktives Eingreifen in den Wirtschaftsablauf (z.B. deficit-spending) das Vollbeschäftigungsgleichgewicht wieder herzustellen. Keynes wies nach, dass ein Gleichgewicht von Angebot und Nachfrage bei Unterbeschäftigung existieren kann. Für Keynes ist die gesamtwirtschaftliche Nachfrage die entscheidende Größe, die die Höhe der Produktion, des Volkseinkommens und der Beschäftigung bestimmt. Arbeitslosigkeit wird nach Keynes verursacht durch eine Abnahme der gesamtwirtschaftlichen Nachfrage, die sich aus der Nachfrage des privaten Sektors, des Staates und des Auslands nach Konsum- und Investitionsgütern zusammensetzt.

---

315 Vgl. S. 108 ff.
316 Vgl. Issing, O., Angebotsorientierte Wirtschaftspolitik, in: WiST, Heft 10, München und Frankfurt/M., 1982, S. 463.

Auf Grund seiner Größe und Bedeutung spielt der private Sektor bei der gesamtwirtschaftlichen Nachfrage die entscheidende Rolle. Keynes baut seine Theorie auf drei grundlegenden psychologisch bedingten Verhaltensweisen der privaten Wirtschaftssubjekte auf. Erstens: der psychologische Hang zum Verbrauch, d.h. bei wachsendem Volkseinkommen wird der Anteil des Konsums am Volkseinkommen zunehmend kleiner (sinkende Grenzneigung zum Konsum). Zweitens: steigende Liquiditätsvorliebe bei sinkenden Zinsen, d.h. die privaten Wirtschaftssubjekte halten bei sinkenden Zinsen ein Teil ihres Einkommens zu spekulativen Zwecken in Form von liquiden Mitteln (Bargeld), die dann dem Wirtschaftskreislauf zeitweise entzogen sind. Drittens: die Investoren richten sich bei ihren Investitionsentscheidungen mehr nach den zukünftigen Gewinnerwartungen als nach den Zinsen.

Geht man, des besseren Verständnisses wegen, von einem gesamtwirtschaftlichen Gleichgewicht bei Vollbeschäftigung aus, so kann nach Keynes folgender Prozess einsetzen. Auf Grund der abnehmenden Grenzkonsumneigung wird von den Konsumenten nicht der volle Betrag des bei der Produktion entstandenen Volkseinkommens konsumiert, sondern ein immer größer werdender Anteil gespart. Es entsteht ein Nachfrageausfall in Höhe des gesparten Betrages. Die Liquiditätsvorliebe der Wirtschaftssubjekte führt dazu, dass weitere Teile des Volkseinkommens nicht nachfragewirksam eingesetzt, sondern als Bargeld in Reserve gehalten werden. Zinssenkungen durch die vermehrten Sparbeträge veranlassen die Unternehmen aber nicht zu vermehrten, den Nachfrageausfall an Konsumgütern ausgleichenden Investitionen, weil die Unternehmen wegen der zurückgegangenen Nachfrage der Konsumenten ihre Gewinnaussichten pessimistisch beurteilen. Sie sehen deshalb keinen Grund zu erhöhten Investitionen. Darüber hinaus bewirken sinkende Zinsen eine weitere Vergrößerung der Liquiditätsvorliebe. Die entstandene Nachfragelücke setzt einen nach unten kumulativ wirkenden Prozess (Multiplikator- und Akzelleratorprozess) in Gang, der zu einem Rückgang von Produktion, Volkseinkommen und Beschäftigung führt. Auf einem niedrigerem Niveau volkswirtschaftlicher Aktivität kommt es dann wieder zu einem Gleichgewicht, einem Gleichgewicht bei Unterbeschäftigung, wie Keynes nachgewiesen hat. Nach seiner Auffassung, ist ein solches eher der Normalfall als die Ausnahme. Da Keynes von nach unten starren Löhnen ausgeht, ist von der Arbeitsmarktseite keine Verbesserung der Beschäftigungssituation zu erwarten. Weil die Nachfragelücke von den privaten Wirtschaftssubjekten nicht geschlossen werden kann, soll der Staat nach Keynes durch eine entsprechende Nachfrage diese Lücke ausfüllen. Da in dieser Situation die Steuereinnahmen zurückgehen und Steuererhöhungen die Nachfrage des privaten Sektors noch weiter reduzieren würden, soll der Staat seine zusätzlichen Ausgaben zur Nachfragebelebung durch Kredit finanzieren (deficit-spending).

Dabei müssen zusätzliche Ausgaben in ihrer Höhe nicht der gesamten Nachfragelücke entsprechen, sondern nur ausreichend sein, um einen nach oben gerichteten Multiplikator- und Akzelleratorprozess[317] in Gang zu setzen, der schließlich zu einem Gleichgewicht bei Vollbeschäftigung führt.

c) Angebotsorientierte Wirtschaftspolitik

Die Vertreter der klassischen Wirtschaftstheorie (= Klassiker, vereinfacht: die Mehrzahl der Nationalökonomen vor Keynes, d.h. bis zu Beginn der 30er-Jahre), auf die sich heute die Exponenten einer angebotsorientierten Wirtschaftspolitik weitgehend stützen, waren der Ansicht, dass die Wirtschaft, abgesehen von kurzfristigen Schwankungen, stets zum Gleichgewicht bei Vollbeschäftigung tendiere. Diese Ansicht beruht im wesentlichen auf zwei wichtigen Annahmen: Gültigkeit des Sayschen Theorems[318] sowie nach unten und oben flexible Löhne[319]. Nach Meinung der „Klassiker" Gewähr leisten flexible Löhne, dass alle Beschäftigungswilligen Arbeit finden. Unfreiwillige Arbeitslosigkeit kann nach ihrer Auffassung nur auftreten, wenn zu einem bestimmten (starren) Lohnsatz mehr Arbeit angeboten als nachgefragt wird. Flexible Löhne führen durch die entstehende Konkurrenz der Arbeitswilligen untereinander solange zu einer Senkung des Lohnsatzes, bis sich ein Gleichgewicht zwischen Arbeitsangebot und Arbeitsnachfrage gebildet hat, bei dem alle Arbeitswilligen in den Produktionsprozess eingegliedert werden können. Voraussetzung dafür ist jedoch, dass die Unternehmer bereit sind, bei den niedrigen Lohnsätzen auch alle Arbeitssuchenden zu beschäftigen[320]. Diese Annahme ist in der Realität sehr fraglich, weil die Vorteile des Sachkapitaleinsatzes und der Rationalisierung (vermehrter Einsatz von Sachkapital bei gleichzeitiger Steigerung der Leistungsfähigkeit des eingesetzten Sachkapitals und Ersparnis von Lohnnebenkosten – wie Urlaubsgeld, Sozialversicherungsbeiträge (Arbeitgeberanteil), Überstundenzuschläge, Nachtarbeitszuschläge u.a.) dazu führen, dass trotz niedriger Lohnsätze nicht alle Arbeitssuchenden eine Beschäftigung finden. Ein weiteres Problem tritt in diesem Zusammenhang auf: Niedrige Lohnsätze bei Nichteingliederung aller Arbeitssuchenden führen zu einem Ausfall von Massenkaufkraft, die ihrerseits eines der wichtigsten Elemente der volkswirtschaftlichen Gesamtnachfrage ist.

Über die Gültigkeit der weiteren Säule der klassischen Wirtschaftstheorie, dem Sayschen Theorem, muss nach der Darstellung auf den Seiten 108 ff. nur noch

---

317 Zur Beschreibung dieses Prozesses vgl. S. 130 ff.
318 Zum Sayschen Theorem vgl. die Ausführungen auf S. 109.
319 Vgl. Rose, K., Einkommens- und Beschäftigungstheorie, in: Kompendium der Volkswirtschaftslehre, 5. Aufl., Göttingen 1975, S. 184.
320 Schönfelder, W., Alternativen und Strategien der Wirtschaftspolitik, in: UBWV, Nr. 8, Heidelberg, Hamburg, 1983, S. 258.

hinzugefügt werden, dass der im Sayschen Theorem unterstellte Automatismus zu einem gesamtwirtschaftlichen Gleichgewicht bei Vollbeschäftigung wohl so nicht realistisch oder mit großem Zweifel behaftet ist.

Die Auffassungen der Vertreter einer angebotsorientierten Wirtschaftspolitik gewannen Ende der 70er, Anfang der 80er-Jahre zunächst in den USA, dann in Großbritannien und schließlich auch in der Bundesrepublik Deutschland für die praktische Wirtschaftspolitik an Bedeutung. Der Grundgedanke dieser Überlegungen lässt sich darin zusammenfassen, dass die angebotsorientierte Wirtschaftspolitik im Gegensatz zur Theorie der nachfrageorientierten Wirtschaftspolitik von der Stabilität des privaten Sektors ausgeht, der in der Lage ist, alle Gleichgewichtsschwankungen von selbst auszugleichen, wenn die dafür günstigen notwendigen Rahmenbedingungen vorhanden sind. Die angebotsorientierten Exponenten der Wirtschaftspolitik vertrauen mehr oder weniger stark auf die Selbstheilungskräfte der privaten Wirtschaft, d.h. das Ausmaß staatlicher Betätigungen im Wirtschaftsgeschehen sollte so gering wie möglich gehalten werden. Ein Rückgang staatlicher Tätigkeiten auf das Niveau im liberalen „Nachtwächterstaat" des 19. Jahrhunderts ist auch nach Meinung der Anhänger der Angebotspolitik auf Grund der Vielzahl historisch gewachsener staatlicher Aufgabenbereiche heute nicht mehr realisierbar.

Ein geschlossenes Konzept der angebotsorientierten Wirtschaftspolitik liegt nicht vor. Sie lässt sich immer noch nicht hinreichend deutlich definieren[321]. Im weitesten Sinne kann die angebotsorientierte Wirtschaftspolitik als Politik zur Verbesserung der Produktionsbedingungen verstanden werden[322]. Ihre Realisierung ist auf einen langfristigen Zeitraum abgestellt. Es sind zwei Varianten zu unterscheiden: eine extreme und eine gemäßigte, je nachdem, ob ergänzende Maßnahmen der Nachfragesteuerung ausgeschlossen werden oder nicht[323], was auch eine unterschiedliche Auffassung zur Stellung des Staates im Wirtschaftsgeschehen einschließt (bei genereller Aufrechterhaltung der Auffassung, der Staat habe sich möglichst aus dem Wirtschaftsgeschehen herauszuhalten).

Die extreme Variante, in Anlehnung an die radikale Umsetzung durch Administration des amerikanischen Präsidenten, auch „Reagonomics" genannt, verneint auch nur kurzfristige Erfolge der Nachfragepolitik und setzt allein auf die Wirksamkeit der Marktkräfte. Eine besondere Rolle bei dieser Variante spielen die Überlegungen des amerikanischen Wirtschaftswissenschaftlers Arthur Laffer hinsichtlich der Steuerpolitik. Er sieht im amerikanischen Steuersystem, das hohe direkte Steuern aufweist, das Haupthindernis für eine positive Entwicklung der amerikanischen Wirtschaft[324]. Hohe Steuern beeinträchtigen nach sei-

---

321 Schiller, K., Grenzen der Wirtschaftspolitik, in: FAZ, Nr. 272, vom 23. 11. 1985, S. 15.
322 Ebenda.
323 Issing, O., Angebotsorientierte Wirtschaftspolitik, in: WiST, Heft 10, 1982, S. 463.
324 Vgl. Schönfelder, W., a.a.O., S. 257.

ner Meinung die Leistungsbereitschaft und die Eigeninitiative der privaten Wirtschaftsobjekte. Diese wiederum reagieren zur Steuervermeidung mit Flucht in die sog. Schattenwirtschaft (Schwarzarbeit u. ä.) und Steuerflucht durch Transaktionen ins Ausland. Nach Laffer gibt es eine optimale Höhe für die direkte Besteuerung, bei der die Steuereinnahmen am höchsten sind. Er hält die amerikanischen Sätze bei den direkten Steuern für zu hoch und forderte Steuersenkungen. Damit sollten bei niedrigerem Steuersatz insgesamt höhere Steuereinnahmen erzielt werden[325]. Niedrige Steuersätze lösen nach Meinung von Laffer eine Konjunkturerholung aus, die dazu führt, dass auch die Steuereinnahmen steigen. Die Steuereinnahmen bei niedrigen Steuersätzen seien dann höher als die bei einer stagnierenden Wirtschaft mit hohen Steuersätzen. Da sich eine konjunkturelle Erholung der Wirtschaft in der Regel erst über einen längeren Zeitraum vollzieht, bedeuten Steuersenkungen zunächst Mindereinnahmen beim Steueraufkommen. Es sei daher notwendig, gleichzeitig mit Steuersenkungen auch Kürzungen bei den Staatsausgaben vorzunehmen, um hohe Haushaltsdefizite des Staates zu vermeiden. In der Realität wurden durch die Reagan-Administration Steuersenkungen in größerem Umfang durchgeführt, während sie bei der von den Vertretern der Angebotspolitik geforderten gleichzeitigen Verringerung der Staatsausgaben sehr zurückhaltend reagierte. Von den relativ bescheidenen Kürzungen (nur 43 Mrd. Dollar im Haushaltsvoranschlag für das Haushaltsjahr 1983) entfielen mehr als 1/3 auf Kürzungen der Sozialausgaben, was den Kritikern des Konzepts – zumal die Steuersenkung die Bezieher hoher Einkommen steuerlich begünstigte – als Argument für die soziale Unausgeglichenheit des Konzepts der angebotsorientierten Wirtschaftspolitik dient.

In der Bundesrepublik Deutschland wird von den angebotsorientierten Wirtschaftswissenschaftlern und der Mehrheit des Sachverständigenrates zur Begutachtung der gesamtwirtschaftlichen Entwicklung (SVR) eine gemäßigte Variante des angebotsorientierten Konzepts der Wirtschaftspolitik vertreten. Die Grundgedanken sind im wesentlichen die gleichen wie bei der extremen Variante; also Förderung der Antriebskräfte zur Entfaltung der Marktwirtschaft, insbesondere kostenmäßige Entlastung der Unternehmertätigkeit zur langfristigen Verbesserung der Gewinn- und Rentabilitätserwartungen, Abbau hemmender staatlicher Regelungen, Verbesserung der Produktionsmöglichkeiten und Produktionsstrukturen, Stärkung der Eigenverantwortlichkeit und Privatinitiative der privaten Wirtschaftssubjekte. Der Sachverständigenrat will zwar im Gegensatz zur extremen Variante des angebotsorientierten Konzepts den Staat nicht aus seiner wirtschaftspolitischen Verantwortung entlassen, allerdings definiert er die Rolle des Staates in der angebotsorientierten Wirtschaftspolitik neu. Danach soll der Staat:
– unnötige Hemmnisse wirtschaftlicher Aktivität wegräumen,

---

325 Smeets, H. D., Zur Theorie der Reagonomics, in: WiST, Heft 3, Frankfurt/M., 1983, S. 156.

- durch mehr Konstanz der Wirtschaftspolitik und Zurückhaltung bei Eingriffen in den Markt Risiken senken,
- Reserven an privater Risikobereitschaft mobilisieren helfen, insbesondere die Neigung zur Eigenkapitalanlage sowie die Gewinnbeteiligung von Arbeitnehmern fördern,
- sich im Steuersystem verstärkt an Unternehmensrisiken beteiligen (u.a. steuerliche Vergünstigungen bei Investitionsmaßnahmen, Anm. d. Verf.),
- seine eigenen Ausgaben in engeren Grenzen halten, die kreditfinanzierten Ausgaben senken, aber auch die Abgabenquote nicht weiter erhöhen,
- die Mobilität der Arbeitskräfte und deren Bereitschaft, sich fortzubilden, unterstützen,
- Produkt- und Verfahrensinnovationen global fördern,
- die wirtschaftliche Dynamik von unten stärken, besonders die Chance zur Gründung einer selbständigen Existenz sowie die Entwicklungsmöglichkeiten kleinerer und mittelgroßer Unternehmen verbessern,
- den Wettbewerb, namentlich den Wettbewerb mit dem Ausland, scharf halten, Subventionen und Schutzmaßnahmen, die den Strukturwandel hemmen, abbauen[326].

Es ergibt sich, wie kürzlich Karl Schiller schrieb, ein großer Katalog von fälligen angebotspolitischen Maßnahmen, der sich ziemlich beliebig verlängern lässt, zum Beispiel von der Steuerpolitik bis hin zu Deregulierungen im Verkehrssektor und zur Lockerung der Ladenschlussgesetze. Und gerade die Grenzenlosigkeit dieses Katalogs zeigt paradoxerweise die Grenzen der Angebotspolitik[327]. Auf Grund der wirtschaftlichen Realitäten kann auch der SVR nicht umhin, den Einsatz nachfrageorientierter Maßnahmen in bestimmtem Maße zu tolerieren. Er verfolgt also eine Art Doppelstrategie. „Bei aller Hochachtung vor der angebotspolitischen Botschaft, dass mit einer großartigen Entrümpelung der Wettbewerbshemmnisse der wirtschaftende Mensch wieder mehr Mündigkeit und mehr Handlungsraum erhalten sollte, das Beschäftigungs- und das Konjunkturproblem lassen sich damit nicht aus der Welt schaffen. Da die angebotsorientierte Wirtschaftspolitik langfristig angelegt ist, erfordert sie einen hohen Zeitbedarf, was sie im wesentlichen von nachfrageorientierter, antizyklischer Wirtschaftspolitik mit ihrem kurzfristigen Charakter unterscheidet." Das Konjunkturproblem scheint in dieser Langzeitperspektive ausgeklammert zu sein. Nun kann man der Meinung sein, die Ernüchterung über die Steuerbarkeit des Zyklus (Konjunkturzyklus, Anm. d. Verf.) sei so weit gegangen, die Grenzen

---

326 Sachverständigenrat zur Begutachtung der gesamtwirtschaftlichen Lage (Hrsg.) Jahresgutachten 1981/82, Stuttgart, Mainz 1982, S. 143.
327 Schiller, K., a.a.O.

der Wirtschaftspolitik würden nun als so eng empfunden, dass man die Konjunkturbewegungen sich selbst überlassen müsse[328].

Eine Darstellung der angebotsorientierten Wirtschaftspolitik kann nicht auf eine kurze Behandlung des Monetarismus verzichten. Von ihrem theoretischen Ansatz und ihrer Geisteshaltung her vertreten die Monetaristen, als deren Hauptvertreter der amerikanische Wirtschaftswissenschaftler und Nobelpreisträger Milton Friedman zu nennen ist, eindeutig den angebotsorientierten Ansatz.

Die Monetaristen sind der Auffassung, dass sich der Staat in die Wirtschaft allgemein, besonders aber bei der Steuerung der Konjunktur und in der Sozialpolitik zurückhalten soll. Sie vertreten prinzipiell die Meinung, dass die Selbstheilungskräfte der Wirtschaft zu einem gesamtwirtschaftlichen Gleichgewicht bei hoher Beschäftigung führen.

Schwerpunkt der monetaristischen Aktivitäten ist jedoch die Geldpolitik. Die Monetaristen halten eine strikte Bekämpfung der Inflation für unerlässlich. Sie werfen der nachfrageorientierten Wirtschaftspolitik vor, dass sie durch eine expansive Politik dem Wirtschaftswachstum und der Vollbeschäftigung den Vorrang vor der Stabilität des Preisniveaus einräumen. In ihren Aussagen stützen sich die Monetaristen auf eine modifizierte Art der sog. Quantitätstheorie des Geldes, wie bereits unter dem Kapitel Binnenwert des Geldes (S. 146 ff.) erörtert wurde. Ziel ihrer Bemühungen ist eine Verstetigung der nachfragewirksamen Geldmengenveränderung, denn sie vertreten die Meinung, dass dadurch langfristig die Konjunkturschwankungen gemildert werden könnten und somit eine Wirtschaftspolitik nach keynesianischer Art (d.h. der Staat soll in der Phase der Hochkonjunktur mit restriktiv wirkenden Mitteln die Konjunktur dämpfen und in der Rezession mit expansiven Maßnahmen die Wirtschaft ankurbeln – sog. STOP- and GO-Politik –) überflüssig wird.

Die Deutsche Bundesbank hat 1974 mit der Festlegung eines sog. Zielkorridors, innerhalb dessen die Geldmenge wachsen soll, um keine inflatorischen Entwicklungen auszulösen, einen Teil des monetaristischen Gedankenguts aufgegriffen, aber sonst die weitergehenden Vorstellungen der Monetaristen nicht verfolgt. Ähnliche Auffassungen wie die Deutsche Bundesbank zur Geldmengensteuerung vertritt auch die Europäische Zentralbank.

d) Zusammenfassung

Will man zusammenfassend die beiden Konzepte der Wirtschaftspolitik würdigen, so ist zu sagen, dass der angebotsorientierte Ansatz eine gewisse Ergänzung der Wirtschaftspolitik darstellen kann. Dies dergestalt, dass die langfristigen Aspekte der Wirtschaftspolitik stärker berücksichtigt werden und Lösungs-

---

328 Ebenda.

schwierigkeiten in der Situation einer stagnierenden Wirtschaft bei gleichzeitiger inflationärer Entwicklung (sog. Stagflation) durch den nachfrageorientierten Ansatz bestehen. Außerdem wird die Nachfragepolitik durch die Grenzen der Staatsverschuldung tangiert. Dabei muss man jedoch berücksichtigen, dass in Zeiten der Hochkonjunktur mit reichlich fließenden Steuereinnahmen entgegen dem Konzept der nachfrageorientierten Wirtschaftspolitik die Staatsverschuldung nicht im erforderlichen Umfang abgebaut wurde, um dann in Zeiten der Rezession einen Spielraum für eine vertretbare Neuverschuldung zur Nachfragebelebung zu haben. Daneben muss betont werden, dass die Nachfragepolitik keynesianischer Art im Prinzip auf eine kurzfristige Wirkung angelegt ist. Die Angebotspolitik, die mit Beginn der 80er-Jahre in einigen Ländern, wie USA, Großbritannien und teilweise in der Bundesrepublik Deutschland sehr euphorisch betrieben wurde, hat nach dem bisher zu übersehenden Ergebnis keine sehr überzeugenden Erfolge, insbesondere bei der Beschäftigungssituation, zu verzeichnen; allerdings ist der Zeitraum für eine langfristig angelegte Politik noch relativ kurz.

Zur Gesamtbeurteilung der beiden Ansätze soll abschließend Karl Schiller zitiert werden, der in einer klaren Analyse in einer Ansprache anlässlich seines fünfzigjährigen Doktorjubiläums vor der Universität Heidelberg u.a. Folgendes ausführte:

„Es geht immer nur um die Grenzen des jeweiligen Konzepts." Nachdem die Nachfragepolitik in der Bekämpfung der Rezession von 1967 in der Bundesrepublik mit raschem Erfolg angewendet worden war, wurde sie in den siebziger Jahren, besonders in der zweiten Hälfte, auch international nicht mehr unter den ihr adäquaten Voraussetzungen betrieben. Expansive Nachfragepolitik war unter den Bedingungen von Angebotsschocks – wie der Ölverknappung – und tiefgreifenden Strukturwandlungen in der Tat nicht angemessen. Mit anderen Worten: Durch Abusus unter nichtkeynesianischen Bedingungen geriet sie in Misskredit.

Wir haben daher heute mit der Nachfragepolitik – im Guten wie im Schlechten – einen genügend großen Erfahrungsschatz gewonnen, um ihre Grenzen zu definieren: Eine solche Politik muss eindeutig bezogen sein auf den Fall der Rezession im Sinne eines kumulativen Verfalls der allgemeinen Nachfrage; ihre Grenzen werden dann sichtbar, wenn die Stabilitätserwartungen der Wirtschaftssubjekte in Bezug auf Löhne und Preise bedroht werden. Dies alles wird heute wohl auch von einigen Vertretern der Angebotspolitik eingeräumt. Trotz des allgemeinen Kahlschlages, den Angebotspolitiker und Monetaristen ansonsten auf diesem Feld veranstaltet haben, sollte man also sein nachfragepolitisches Pulver für den beschriebenen Kasus trocken halten.

Sicherlich hatte man auch international in den Siebzigerjahren die Grenzen der Wirtschaftspolitik zu weit gezogen. Um so herber war dann mit Beginn der

Achtzigerjahre die Enttäuschung. So gewann also das von verschiedenen Stellen – besonders dem Sachverständigenrat in der Bundesrepublik – vorbereitete Konzept der Angebotspolitik an Ansehen. Seine Grenzen sind viel schwieriger zu bestimmen; es steht bis heute auf dem Prüfstand der Praxis.

„Angebotspolitik lässt sich leider nicht – immer noch nicht – durch Draufzeigen hinreichend deutlich definieren", sagt Olaf Sievert mit Recht. Im allgemeinen spricht man von der Verbesserung der Produktionsbedingungen im weitesten Sinne. Und da wir in einer Welt voller Wettbewerbsverzerrungen und staatlicher Interventionen und Subventionen leben, ergibt sich ein großer Katalog von fälligen angebotspolitischen Maßnahmen, der sich ziemlich beliebig verlängern lässt, zum Beispiel von der Steuerpolitik bis hin zu Deregulierungen im Verkehrsbereich und zur Lockerung der Ladenschlussgesetze. Und gerade die Grenzenlosigkeit dieses Katalogs zeigt paradoxerweise die Grenzen der Angebotspolitik ...

Angebotspolitik ist unter heutigen Bedingungen unbestritten auf die „lange Frist" eingestellt, sie erfordert einen sehr hohen Zeitbedarf und von den Regierenden einen langen Atem. Das unterscheidet sie wesentlich von der antizyklischen Nachfragepolitik, die leicht sehr kurzatmig werden kann. Das Konjunkturproblem scheint in dieser Langzeitperspektive ausgeklammert zu sein. Nun kann man der Meinung sein, die Ernüchterung über die Steuerbarkeit des Zyklus sei so weit gegangen, die Grenzen der Wirtschaftspolitik würden nun als so eng empfunden, dass man die Konjunkturbewegungen sich selbst überlassen müsse. Ähnlich denkt ja auch der Monetarismus im strengen Sinne, der letztlich den Verzicht auf jegliche Politik bedeutet.

Bei aller Hochachtung vor der angebotspolitischen Botschaft, dass mit einer großartigen Entrümpelung der Wettbewerbshemmnisse der wirtschaftende Mensch wieder mehr Mündigkeit und mehr Handlungsraum erhalten solle – das Beschäftigungs- und das Konjunkturproblem lassen sich damit nicht aus der Welt schaffen. So kann der lange Marsch in eine vollkommen marktwirtschaftliche Allokation der Ressouren von „temporären Beschäftigungseinbrüchen und Umstellungsarbeitslosigkeit" begleitet sein. Wenn beide, Fiskalpolitik und Geldpolitik, die sicherlich in den Zeiten der Nachfragepolitik gelegentlich sehr überhöht wurden, nun gemäß der neuen reinen Lehre langfristig verstetigt sein sollen, werden bei großen Beschäftigungsschwankungen außerordentlich hohe Anforderungen an die politisch-soziale Robustheit des Gesamtsystems gestellt, weil immer lauter ein Handlungsbedarf behauptet wird[329].

---

329 Schiller, K., a.a.O.

Literaturverzeichnis

Abele, G., Staatliche Wettbewerbspolitik und marktwirtschaftliche Ordnung. Zur Praxis der Arbeit des Bundeskartellamtes in: WISU; Heft 1, Düsseldorf 1975.

Altmann, J., Wirtschaftspolitik, 7. Aufl., Stuttgart, 2000.

Altmann, J., Volkswirtschaftslehre, 4. Aufl., Stuttgart, Jena 1994.

Arndt, H., Die wirtschaftliche Macht (I), in: WISU, Heft 2, Düsseldorf 1975.

v. Arnim, H. H., Volkswirtschaftspolitik, 2. Aufl., Frankfurt/M. 1976.

Bamberger, I., Berg, C., Kirch, W., Weber, W., Volks- und Betriebswirtschaftslehre I, Telekolleg II, München 1974.

Bartling, H., Luzius, G., Grundzüge der Volkswirtschaftslehre, München 1977.

Bundesministerium der Finanzen (Hrsg.), Finanzbericht 2000, Bonn 1999.

ders., Sind Schulden vernünftig?, Bonn 1976.

ders., Der Bundeshaushalt, Bonn 1978 ff.

ders., Unsere Steuern von A–Z, Bonn 1978 ff.

ders., Broschüre zum Europäischen Währungssystem, Bonn 1979.

Bundesministerium für Wirtschaft (Hrsg.), Leistung in Zahlen, Bonn 1975 ff.

Bundesministerium für Wirtschaft (Hrsg.), Wirtschaft in Zahlen, Bonn 1993 ff.

Cassel, D., Kuber, K. P., Sektoraler Strukturwandel der Wirtschaft, in: WISU, Heft 7, München und Frankfurt/M. 1974.

Dahl, O., Volkswirtschaftslehre, Wiesbaden 1975.

Deutsche Bundesbank (Hrsg.), Monatsberichte der Deutschen Bundesbank.

Europäische Zentralbank (Hrsg.), Monatsberichte.

Europäische Zentralbank (Hrsg.), Die einheitliche Geldpolitik in Stufe 3, Allgemeine Regelungen für die geldpolitischen Instrumente und Verfahren des ESZB, Frankfurt/M 1998.

Geigant, F., Die Wirtschaft, 4. Aufl., München 1972.

Giersch, H., Allgemeine Wirtschaftspolitik, Wiesbaden 1960.

Glasstetter, W., Außenwirtschaftspolitik. Eine problemorientierte Einführung mit einem Kompendium außenwirtschaftlicher Fachbegriffe, Köln 1975.

Grünärml, F., Möglichkeiten und Grenzen der Entgeltfinanzierung staatlicher Infrastrukturleistungen, in: WISU, Nr. 2, Düsseldorf 1975.

Gutmann, G., Wirtschaftssystem, Wirtschaftsordnung, Wirtschaftsverfassung, in: Die Wirtschaftsverfassung der Bundesrepublik Deutschland, hrsg. von Gutmann, G., Klein, W., Paraskewopolus, S. und Winter, H., Stuttgart, New York 1976.

Häuser, Karl, Volkswirtschaftslehre, Frankfurt/M. 1974.

Häuser, K. (Hrsg.), Funkkolleg Volkswirtschaftslehre, Studienbegleitbrief 4, Weinheim, Berlin, Basel 1971.

Hagemann, F., Heinen, H. P., Scholz, H. G., Wirtschafts- und Soziallehre Teil 1 und 2, Düsseldorf 1972/73.

Haller, H., Die Steuern. Grundlinien eines rationellen Systems öffentlicher Ausgaben, Tübingen 1964.

ders., Finanzpolitik, 5. Aufl., Tübingen und Zürich 1972.

Hansmeyer, K. H., Das Gesetz zur Förderung der Stabilität und das Wachstum der Wirtschaft (I), in: WISU, Nr. 6, Düsseldorf 1973.

Hartmann, G. B., Grundlagen der allgemeinen Volkswirtschaft, 11/12 Aufl., Rinteln 1975.

ders., Grundlagen der allgemeinen Volkswirtschaftslehre, Rinteln 1976.

Herdzina, Klaus, Wettbewerbspolitik, 5. Aufl., Stuttgart 1999.

Henschel, H., Knappe, E., Volkswirtschaftslehre 1, Würzburg 1975.

Hohlstein, M., Pflugmann, B., Sperber, H. und Sprink, J., Lexikon der Volkswirtschaft, München 2000.

Issig, O., Angebotsorientierte Wirtschaftspolitik, in: WiSt, Heft 10, München und Frankfurt/ M. 1982.

Keim, H., Steffens, H., (Hrsg.) Wirtschaft Deutschland. Daten – Analysen – Fakten Köln, 2000.

Keynes J. M., The General Theory of Employment, Interest and Money, London 1936.

Kloten, N., Ketterer, K. H., Der Gesamtindikator zur Konjunkturdiagnose des Sachverständigenrates – ein neues konjunkturanalytisches Instrument, in: WiSt, Heft 5, München und Frankfurt/M. 1972.

Köhler, C., Geldwirtschaft 2. Aufl. Berlin, Hannover 1976.

Krack, J., Neumann, K., Konjunktur, Krise Wirtschaftspolitik – Die wirtschaftliche Entwicklung in der Bundesrepublik sowie Möglichkeiten und Grenzen politischer Einflußnahme, Frankfurt/M., 1978.

Lampert, H., Die Interdependenzen zwischen der Wirtschaftspolitik und der Sozialpolitik, in: WISU Nr. 5, Düsseldorf 1977.

Leistico, K. W. A., Anatomie der Wirtschaft. Eine Einführung in die Volkswirtschaftslehre, Hamburg 1977.

Maunz, Th., Dürig, G., Herzog, R., Scholz, R., Grundgesetzkommentar, München 1978.

Meyers Handbuch über die Wirtschaft (hrsg. von der Lexikonredaktion des Bibliographischen Instituts), 2. Aufl., Mannheim, Wien, Zürich, 1970.

Möller, A., Die Schulden der öffentlichen Hand. Staatsverschuldung als Instrument der Wirtschaftspolitik, Bonn 1976.

Möller, A., (Hrsg.) Gesetz zur Förderung der Stabilität und des Wachstums der Wirtschaft und Art. 109 Grundgesetz – Kommentar unter besonderer Berücksichtigung der Entstehungsgeschichte, Hannover 1969.

Müller-Armack, A., Soziale Marktwirtschaft, in: Handwörterbuch der Sozialwissenschaften, Bd. 9, Stuttgart, Tübingen, Göttingen 1956.

Müller, H., Peters, H., Einführung in die Volkswirtschaftslehre, 9. Aufl. Herne, Berlin 1978.

Ott, A. E., Grundzüge der Preistheorie, Göttingen 1968.

Peters, H. R., Sektorale Strukturpolitik und Mesoökonomie, in: WiSt, Heft 6, München und Frankfurt/M. 1978.

Ponta, W., Lehrbuch der Wirtschaftswissenschaften, Bd. 1 und 2, Wiesbaden 1973.

Presse- und Informationsamt der Bundesregierung (Hrsg.), Bulletin, Nr. 120, Bonn 1975 und Nr. 92, Bonn 1976.

Recktenwald, H. C., Staatsausgaben in säkularer Sicht, in: Theorie und Praxis des finanzpolitischen Interventionismus, Tübingen 1970.

Reip, H., Volkswirtschaftslehre in Problemen, Bad Homburg, Berlin, Zürich 1976.

Rose, K., Produktivität, in: Handwörterbuch der Sozialwissenschaften, Bd. 8, Stuttgart, Tübingen, Göttingen 1964.

ders., Einkommens- und Beschäftigungstheorie, in: Kompendium der Volkswirtschaftslehre, 5. Aufl., Göttingen 1975.

Sachverständigenrat zur Begutachtung der gesamtwirtschaftlichen Lage (Hrsg.), Jahresgutachten 1974/75 ff. Stuttgart, Mainz 1974 ff.

Samuelson, P. A., Volkswirtschaftslehre, Bd. 1, 4. Aufl., Köln 1969.

Schachtschabel, H. G., Allgemeine Volkswirtschaftspolitik, Stuttgart, Düsseldorf 1975.

ders., Lexikon der Wirtschaftspolitik, München 1979.

Schiller, K., Grenzen der Wirtschaftspolitik, in: FAZ, Nr. 272 vom 23. 11. 1985.

Schmahl, H. J., Globalsteuerung der Wirtschaft. Die neue Konjunkturpolitik in der Bundesrepublik, Hamburg 1970.

Schmidt, I., Wettbewerbspolitik und Kartellrecht, 6. Aufl., Stuttgart 1999.

Schönfelder, W., Alternativen und Strategien der Wirtschaftspolitik, in: UBWV, Nr. 8, 23. Jg., Heidelberg, Hamburg 1983.

Schönfelder W., Das gesamtwirtschaftliche Gleichgewicht, in: UBWV, Nr. 3 und 4, 32. Jg., Heidelberg, Hamburg 1993.

Scholz, H. G., Heinen, H. P., Hagemann, F., Volkswirtschaftslehre, Grundzüge und Probleme, 2. Aufl., Köln 1975.

Seeck, H., Steffens, G., Die Deutsche Bundesbank, 3. Aufl., Düsseldorf 1975.

Seeger, O., Unsere Wirtschaft, 13. Aufl., Rinteln 1975.

Senf B., Timmermann, D., Denken in gesamtwirtschaftlichen Zusammenhängen. Eine kritische Einführung, Bd. 1, Bonn 1971.

Siebert, H., Einführung in die Volkswirtschaftslehre, Teil II, 2. Aufl., Stuttgart, Berlin, Köln, Mainz 1971.

Smeets, H., Zur Theorie der Reagonomics, in: WiST, Heft 3, Frankfurt/M. 1985.

Spindler, J., Becker, W., Starke, O. E., Die Deutsche Bundesbank. Grundzüge des Notenbankwesens und Kommentar zum Gesetz über die Deutsche Bundesbank, 4. Aufl., Stuttgart, Berlin, Köln, Mainz 1973.

Städtetag – Zeitschrift für Praxis und Wissenschaft der kommunalen Verwaltung sowie ihrer wirtschaftlichen Einrichtungen, hrsg. vom Präsidium des Deutschen Städtetages, Sonderdruck, Heft 1, N. f. 31 Jg., Köln 1978.

Staender, K., Lexikon der öffentlichen Finanzwirtschaft, 5. Aufl. Heidelberg, 2000.

Stern, K., Münch, P., Hansmeyer, K. H., Gesetz zur Förderung der Stabilität und des Wachstums der Wirtschaft – Kommentar –, 2. Aufl., Stuttgart, Berlin, Köln, Mainz 1972.

Stobbe, A., Volkswirtschaftliches Rechnungswesen, 2. und 3. Aufl., Berlin, Heidelberg, New York, 1969 bzw. 1972.

Szigeti, P. R., Volkswirtschaftslehre für Praktiker, 3. Aufl., Berlin, Herne 1972.

Teichmann, U., Wirtschaftspolitik. Eine Einführung in Ziele, Träger und Instrumente der Wirtschaftspolitik, München 1979.

Thieme, H. J., Soziale Marktwirtschaft. Konzeption und wirtschaftspolitische Gestaltung in der Bundesrepublik Deutschland, Hannover 1973.

Vogel, K., Kirchof, P., Kommentar zum Bonner Grundgesetz (Bonner Kommentar), Bonn 1971.

Wagenblaß, H., Das Gesetz zur Förderung der Stabilität und des Wachstums der Wirtschaft als Instrument der Wirtschaftspolitik in der Bundesrepublik Deutschland, in: UBWV Nr. 1, 18. Jg., Heidelberg, Hamburg 1979.

ders., Grundfragen der Volkswirtschaftslehre. Güterarten, Produktion, Güterverteilung, in: UBWV, Heft 1, 15. Jg., Heidelberg 1976.

Werner, J., Schneider, O., Grundlagen der allgemeinen Wirtschaftspolitik (III), in: WISU Nr. 9, Düsseldorf 1979.

Weindl, J., und Woyke, W., Europäische Union – Institutionelles System, Binnenmarkt sowie Wirtschafts- und Währungsunion auf der Grundlage des Maastrichter Vertrages, 4. Aufl., München, Wien 1999.

Willeke, F. U., Die Bestimmung des Monopolgrades als wettbewerbspolitisches Problem, in: WISU, Nr. 7, Düsseldorf 1975.

Wittmann, W., Einführung in die Finanzwissenschaft, Teil II, 2. Aufl., Stuttgart 1975.

ders., Ziele und Zielbeziehungen der Finanzpolitik (I), in: WISU, Heft 11, Tübingen 1973.

Woll, A., Allgemeine Volkswirtschaftslehre, 1. Aufl., München 1971.

ders., Allgemeine Volkswirtschaftslehre, 3. Aufl., Siegen und Bad Homburg 1974.

Zimmermann, H., Henke, K. D., Finanzpolitische Maßnahmen im Dienst der sektoralen und regionalen Strukturpolitik (I), in: WISU Heft 10, Düsseldorf 1974.

Stichwortverzeichnis

328

331

Band 880
Insolvenzrecht
Ein Lehrbuch. Begründet
von Prof. Dr. Dr. h. c. Fritz Baur,
Tübingen. 3., völlig neu bearbeitete
und erweiterte Auflage.
Von Prof. Dr. Rolf Stürner,
Freiburg, 1991. XXXV, 419 S.
DM 36,80 öS 269,– sFr 34,–.
ISBN 3-8252-0880-X

Band 1093
Gesellschaftsrecht
Die privatrechtlichen Ordnungs-
strukturen und Regelungsprobleme
von Verbänden und Unternehmen.
Ein Lehrbuch für Juristen und
Wirtschaftswissenschaftler.
Von Prof. Dr. Friedrich Kübler,
Frankfurt. 5., neubearbeitete und
erweiterte Auflage. 1999.
5., neu bearbeitete und erweiterte
Auflage. XXVI, 487 S. DM 48,-
öS 350,- sFr 44,50.
ISBN 3-8252-1093-6
(Mittlere Reihe)

Band 1135
Grundkurs im BGB Band 1
Von Prof. Dr. Hans Schulte,
Karlsruhe. 5., neu bearbeitete
Auflage. 1996. XIV, 306 S.
DM 34,80 öS 254,– sFr 32,50.
ISBN 3-8252-1135-5

Band 1271
Rechtsfälle aus dem Wirtschaftsprivatrecht
Für Studenten der Wirtschaftswissenschaften. Von Prof. Dr. Hartmut
Eisenmann, Prof. Dr. Herbert
Gnauck und Prof. Dr. Helmut Käß,
alle Pforzheim. 5., neu bearbeitete
und erweiterte Auflage. 1999. XIX,
220 S. DM 34,- öS 248,- sFr 31,50. .
ISBN 3-8252-1271-8

Band 1356
Grundriß Gewerblicher Rechtsschutz und Urheberrecht
Mit 53 Fällen und Lösungen.
Von Prof. Dr. Hartmut Eisenmann,
Pforzheim. 4., neu bearbeitete und
erweiterte Auflage. 2000. In
Vorbereitung. ISBN 3-8252-1356-0

Band 1365
Grundkurs im BGB Band 2
Von Prof. Dr. Hans Schulte,
Karlsruhe. 3., überarbeitete Auflage
1992. XIII, 395 S. DM 34,80
öS 254,– sFr 32,50.
ISBN 3-8252-1365-X

Band 1366
Grundkurs im BGB Band 3
Fälle mit Lösungen. Von
Prof. Dr. Hans Schulte, Karlsruhe.
3., völlig neu bearbeitete Auflage.
1999. XI, 234 S. DM 28,- öS 204,-
sFr 26,-. ISBN 3-8252-1366-8

Band 1376
Privatrecht in der Zwischenprüfung
350 multiple-choice-Aufgaben mit
Lösungen zur Vorbereitung und
Wissenskontrolle. Von Prof. Dr. Udo
Kornblum, Stuttgart, und Prof. Dr.
Wolfgang B. Schünemann,
Dortmund. 7., neu bearbeitete
Auflage. 1999. XIX, 220 S.
DM 34,80 öS 254,- sFr 32,50.
ISBN 3-8252-1376-5

Band 1545
Allgemeiner Teil des BGB
Von Prof. Dr. Ulrich Eisenhardt,
Hagen. 4., neu bearbeitete Auflage.
1997. XXX, 432 S. DM 34,80
öS 254,– sFr 32,50.
ISBN 3-8252-1545-8

Band 1764
Corpus Iuris Civilis
Die Institutionen. Text und
Übersetzung. Von Prof. Dr. Okko
Behrends, Göttingen, Prof. Dr. Rolf
Knütel, Bonn, Prof. Dr. Berthold
Kupisch, Münster und Prof. Dr. Hans
Hermann Seiler, Hamburg. 2., erwei-
terte und verbesserte Auflage. 1999.
XX, 296 S. DM 32,80 öS 239,-
sFr 30,50. ISBN 3-8252-1764-7

Band 1941
Zwangsvollstreckungsrecht
Von Prof. Dr. jur. Rolf Stürner,
Freiburg. 1996. LIV, 742 S.
DM 46,80 öS 342,– sFr 44,–.
ISBN 3-8252-1941-0

Band 2189
Steuerrecht
Von Prof. Dr. Hans-Wolfgang Arndt,
Mannheim. 2., völlig neu bearbeitete
Auflage. XIV, 139 S. DM 29,80
öS 218,- sFr 27,50.
ISBN 3-8252-2189-X

Bitte bestellen Sie direkt bei:
Uni-Taschenbücher GmbH
Postfach 80 11 24 · 70511 Stuttgart · Telefon 07 11/ 780 18 26
Telefx 07 11/ 780 13 76

Hüthig Fachverlage

59706197